KB063899

정원의 쓸모

THE WELL GARDENED MIND

Copyright ⓒ Sue Stuart-Smith 2020
All rights reserved

Korean translation copyright ⓒ 2021 by Will Books Publishing Co.
Korean translation rights arranged with Felicity Bryan Associates LTD
through EYA(Eric Yang Agency).

이 책의 한국어판 저작권은 EYA(Eric Yang Agency)를 통한
Felicity Bryan Associates LTD사와 독점계약한 (주)윌북에 있습니다.
저작권법에 의하여 한국 내에서 보호를 받는 저작물이므로
무단전재 및 복제를 금합니다.

흙 묻은 손이 마음을 어루만지다

정원의 쓸모

수 스튜어트 스미스 지음 | 고정아 옮김

윌북

추천의 글

인생을 바꾸는 원예의 카타르시스! 이 책을 읽으며 내 마음속에 떠오른 생각이었다. 아름다운 식물 곁에 가기만 해도 갑자기 기분이 좋아지는 경험을 누구나 해본 적이 있을 것이다. 꽃을 바라보는 것만으로도, 꽃향기를 맡는 것만으로도, 나무로 가득한 숲을 걷는 것만으로도, 우리 안의 깊은 우울은 씻겨 내려간다. 이 책은 정원 가꾸기, 즉 식물을 보살피는 일 속에 숨어 있는 적극적인 치유의 에너지를 문학적인 언어로 그려낸다. 채소를 직접 가꾸어 먹는 기쁨도, 텃밭의 잡초를 뽑거나 해충을 없애는 기쁨도, 비 온 뒤 눈 깜짝할 새에 훌쩍 자라는 식물을 바라보는 기쁨도, 씨앗을 심으며 그 미래를 생각하는 설렘도, 모두 정원의 거대한 쓸모다. 인간을 위해 피어나지는 않지만, 그 수많은 축복 속에서도 유독 인간에게 더 많은 기쁨을 주는 듯한 향기로운 꽃들. 그 곁을 걷기만 해도 치유와 정화의 에너지를 심어주는 나무들. 꽃과 나무들이 아직 우리 곁에 있기에, 우리에겐 치유의 희망이 있다.

▶ 정여울

『1일 1페이지, 세상에서 가장 짧은 심리 수업 365』 저자

건강하고 정직한 성취감을 맛본 사람들에게는 새로운 세계가 열린다고 믿는다. 정원의 치유 능력을 다각도로 해석하는 작가의 통찰력을 통해 조금 더 건강한 삶과 자연스러운 죽음까지 엿보게 되고, 스트레스나 트라우마같이 개인적이며 내밀한 상처를 이기고자 문밖으로 걸어 나간 사람들이 다시 한번 자기 삶의 주체가 되는 책 속 이야기를 읽으며 나의 내면에서도 자라나는 용기를 느낀다.

▶ 임이랑

『아무튼, 식물』, 『조금 괴로운 당신에게 식물을 추천합니다』 저자

지혜로 가득한 책. 정원을 소유하거나 정원사가 아니어도 이 책이 주는 위로와 기쁨을 찾을 수 있을 것이다. 수 스튜어트 스미스는 터무니없거나 과장된 주장을 하지 않는다. 하지만 그가 마음에 관해 말하는 모든 말에는 진심이 담겨 있다. 심리학과 정신의학의 역사를 배우면서도, 마음과 정원을 위한 실용적인 조언까지 얻을 수 있다. 필독을 권한다.

❯ 스티븐 프라이
작가, 배우

온화하고 현명한 책. 수 스튜어트 스미스는 땅과 정신 건강의 밀도 높은 관계를 탐구하고, 원예가 우리 마음에 활력을 줄 수 있는 많은 사례와 방법을 보여준다. 정신역학적인 과정으로서 땅의 영향력을 조사하며, 마음과 몸의 상호 연결성, 그리고 우리 외부의 것들에 대한 깊은 진실을 밝혀낸다.

❯ 앤드루 솔로몬Andrew Solomon
『한낮의 우울Noonday Demon』 저자

정원 가꾸기와 자연과의 접촉이 우리의 행복에 얼마나 깊게 영향을 줄 수 있는지에 대한 설득력 있고 감동적인 이야기. 반드시 읽어야 한다.

❯ 에드먼드 드 왈Edmund de Waal
『20세기 도자의 역사20th Century Ceramics』 저자

중요하고 시의적절한 책. 현대 사회에서 정신 건강은 점점 더 관심을 받고 있지만 의학에서는 여전히 가장 덜 발달되었고, 사람들이 이해하기 어렵고, 연구의 결과물 또한 부족한 영역이다. 임상의이자 정원사로서의 평생 경험을 바탕으로 아름답게 서술한 과학책이자 에세이다. 아름답게 쓰여 있다. 강력 추천한다!

❯ 몬티 돈Monty Don
BBC 프로그램 Gardeners' World 진행자

톰에게

진실로 현명한 생각은 모두 이미 많은 사람이 몇천 번 했다.
하지만 그런 생각을 진실로 우리 것으로 만들려면, 깊이 숙고해서
개인적 경험에 뿌리를 내리게 만들어야 한다.

요한 볼프강 폰 괴테

차
례

1
마음을 가꾸는 식물

세상의 빛 속으로 나오라,
자연을 네 스승으로 삼으라.[1]

윌리엄 워즈워스(1770~1850)

　할아버지가 1차 대전에서 돌아와 어떻게 회복했는지 들은 것은 정신과 의사가 되겠다는 꿈을 품기 한참 전, 원예가 내 인생에서 중요한 역할을 하리란 사실을 알아차리기 한참 전이었다.

　할아버지 '앨프리드 에드워드 메이'는 항상 '테드'라고 불렸다. 할아버지는 청소년 정도의 나이에 해군에 입대해서, 마르코니 무선 전신 오퍼레이터 교육을 받고 잠수함 승조원이 되었다. 그러다 1915년 봄 갈리폴리 전투 때, 할아버지가 탄 잠수함이 다르다넬스해협에서 좌초했다. 승조원들은 대부분 살아남았지만 포로가 되었다. 테드는 터키의 포로 시절 초기 몇 달 동안 일기를 썼는데, 그 뒤로 이어진 잔혹한 강제 노동 수용소 시절은 기록하지 못했다. 1918년, 마지막으로 수용되었던 마르마라 해변의 시멘트 공장에서 마침내 바다로 탈출했다.

테드는 구조되어 영국 병원선에서 치료를 받았고, 어느 정도 건강이 회복되자 머나먼 육로를 통해 귀향길에 나섰다. 그리고 낡은 우비에 터키 페즈 모자(터키 사람들이 쓰는 챙이 없는 원통형 모자_옮긴이)를 쓴 채, 젊고 건강한 모습일 때 헤어진 약혼녀 패니의 집 앞에 나타났다. 패니는 그를 거의 알아보지 못했다. 몸무게는 40킬로그램도 되지 않았고, 머리카락도 모두 빠진 상태였다. 6500킬로미터나 된 귀향길은 '끔찍했다'고 테드는 말했다. 해군에서 건강검진을 받았는데, 영양실조가 너무 심각해서 몇 달 이상 살지 못하리라는 판정까지 받았다.

하지만 패니는 수프 조금과 몇 가지 음식을 한 시간 단위로 먹이며 테드를 성심껏 간호했고, 마침내 음식을 소화할 수 있을 만큼 회복되었다. 머리카락이 나게 하려고 머리를 부드러운 브러시 두 개로 몇 시간씩 마사지했고, 드디어 백발이지만 풍성하게 머리카락도 자라났다. 테드는 천천히 건강을 되찾았고, 얼마 지나지 않아 패니와 결혼했다.

사랑과 끈기로 암울한 진단은 극복할 수 있었지만, 포로수용소의 경험은 테드를 떠나지 않았다. 공포는 밤이 되면 더 지독해졌다. 테드는 수용소에서 자려고 할 때면 사방에서 기어 다녔던, 거미와 게를 두려워했다. 그래서 여러 해 동안 어둠 속에 혼자 있지 못했다.

1920년, 1년짜리 원예 강좌에 등록하면서 테드는 회복의 다음 단계로 나아가기 시작했다. 원예 강좌는 전쟁 피해를 입은 전직 군인의 재활을 위해 전후에 마련한 여러 프로그램 가운데 하나였다. 이 과정을 마치고 나서 테드는 홀로 캐나다로 갔다. 땅을 일구는 삶이 자신의 육체적, 정신적 건강을 더 회복시켜주리라는 희망을 품고, 새로운 기회를 찾아 떠났다. 그 시절 캐나다 정부는 전직 군인의 이민을 장려해서, 귀환 군인 몇천 명이 대서양을 건너갔다.

위니펙에서 밀 수확을 하던 테드는 나중에는 앨버타의 목장에서 채소밭을 가꾸는 더 안정적인 직업을 구했다. 패니가 몇 달 동안 함께 머물기도 했지만, 무슨 이유에서인지 캐나다에서 새 삶을 시작하려던 그들의 꿈은 실현되지 않았다. 어쨌든 테드는 2년 만에 더 굳세고 건강한 남자가 되어 영국으로 돌아왔다.

몇 년 뒤, 테드와 패니는 햄프셔에 작은 농지를 사서 돼지, 벌, 닭을 치고, 꽃과 과일나무, 채소를 길렀다. 2차 대전 중에는 5년 동안 런던 해군 본부 무선국에서 일했다. 우리 어머니는 할아버지가 기차를 탈 때 들고 다닌 돼지가죽 가방을 기억한다. 가방에는 집에서 잡은 고기와 집에서 기른 채소가 가득했다. 돌아올 때는 그것들 대신 설탕, 버터, 차가 들어 있었다. 우리 외가는 전쟁 시절에도 버터를 풍족하게 먹었으며, 할아버지는 담배도 직접 길러서 피웠다는 어머니의 이야기에는 아직도 자부심이 어려 있다.

나는 할아버지의 선량한 성품과 열렬한 정신을 기억한다. 어린 눈에 할아버지는 아주 강하고 스스로에게 불만이 없는 듯 보였다. 남들을 불안하게 하거나 자기 트라우마를 얼굴에 드러내는 사람이 아니었다. 몇 시간씩 정원과 비닐하우스를 돌보았는데, 입에는 항상 파이프를 물고 있고, 담배 주머니도 가까이 두었다. 우리 가족은 할아버지가 건강하게 오래 산 것(70대 후반에 돌아가셨다), 그리고 지독한 트라우마에서 어느 정도 회복한 것이 원예와 땅을 일구는 일의 치유력 덕분이라고 여긴다.

할아버지는 내가 열두 살 때 사랑하는 셰틀랜드시프도그와 함께 산책을 나갔다가 동맥류 파열로 갑자기 돌아가셨다. 지역 신문에는

"전 최연소 잠수함 승조원 사망"이라는 부고가 실렸다. 부고에는 테드가 1차 대전 때 두 번이나 전사했다고 보고된 일, 다른 포로들과 함께 시멘트 공장을 탈출해서 23일 동안 물 위에서 지낸 일도 적혀 있었다. 부고는 할아버지의 원예에 대한 사랑으로 마무리되었다. "그는 여가 시간 대부분을 넓은 정원을 가꾸는 데 바쳤고, 몇 가지 희귀 난초 재배자로 지역에서 유명세를 얻었다."

아버지가 40대 후반에 돌아가시자, 젊은 나이에 혼자 남은 우리 어머니도 정원을 가꾸는 데 마음을 의존하신 듯하다. 장례식을 치르고 두 번째 봄이 되었을 때, 어머니는 이사를 가서 그 집의 버려진 정원을 되살리는 일에 착수했다. 아직 어리고 내 생각에만 빠져 있던 나였지만, 어머니가 땅을 파고 잡초를 뽑는 활동을 하면서 상실에 대처하고 있다는 사실은 알아차렸다.

그 시절 나는 식물을 키우는 일에 내 시간을 많이 바칠 거라고는 생각하지 않았다. 내 관심사는 문학이었고, 온 정신과 삶을 문학으로 채우느라 여념이 없었다. 내 생각에 원예란 야외에서 하는 가사일이었으며, 스콘 굽기나 커튼 세탁이 싫은 만큼 잡초 뽑기도 하고 싶지 않았다.

아버지는 내가 대학을 다니던 내내 입원과 퇴원을 반복하다가 졸업반에 올라갈 때 돌아가셨다. 어느 날 새벽, 전화로 그 소식을 듣고는, 동이 트자마자 케임브리지의 조용한 거리로 나가서 공원을 지나 강가로 갔다. 맑고 밝은 10월이었고, 세상은 푸르고 고요했다. 나무와 풀과 물이 어쩐 일인지 위로가 되었고, 평화로운 풍경 속에서 이제 아버지는 그 아름다운 날을 보지 못한다는 참담한 현실을 받아들일 수 있었다.

아마도 그 푸른 강변이 행복하던 시절과 깊은 인상을 남긴 어린 시절 풍경을 상기시켜준 모양이다. 어릴 때 우리 남매는 휴일이나 주말이면 자주 템스강에 나가서 놀았다. 우리는 보트를 타고 수원지를 찾아 최대한 멀리까지 탐사도 갔다. 나는 고요한 새벽 안개를 보거나 오빠와 함께 여름 풀밭에서 뛰놀고 낚시를 하며 느끼던 자유를 기억한다.

케임브리지 대학 마지막 학기에는 시가 내 정서에 중요한 의미를 띠기 시작했다. 내 세계는 불가역적으로 변했고, 나는 자연의 위로와 인생의 순환을 노래하는 시들에 매달렸다. 딜런 토머스와 T. S. 엘리엇도 힘이 되었지만, 가장 큰 힘을 준 시인은 워즈워스였다. 워즈워스는 "자연을 바라보는 법"을 알려주었다.

나는 자연을 바라보는 법을 배웠다.
생각 없는 어린 시절과 달리,
귀에 거슬리지 않고
우리를 단련시키는 큰 힘이 있는
인류의 고요하고 슬픈 음악을 들으며.²

슬픔은 사람을 고립시킨다. 경험이 다른 사람과 공유될 때도 마찬가지다. 가족에게 상실이 닥치면 서로 의지하지만, 그러면서도 각자가 상실감에 혼란스러워한다. 서로가 거친 감정에 다치지 않도록 보호하려는 마음이 있어서, 감정이 폭발할 때는 다른 사람들을 피하려고도 한다. 반면 나무, 물, 돌, 하늘은 인간의 감정에 무감각하지만, 우리를 거절하지 않는다. 그리고 자연은 우리 감정에 흔들리지 않는다. 그렇게 전염되지 않는 특징 덕분에 상실로 인한 외로움을 달래주는 일종의 위안이 된다.

아버지가 돌아가시고 나서 몇 해 동안 나는 자연에 이끌렸다. 정원은 아니고 바다였다. 아버지의 고향 근처 남부 해안, 크고 작은 배가 바쁘게 오가는 솔런트해협에 아버지 유해를 뿌렸지만, 내가 위안을 찾은 곳은 배 한 척 보이지 않는 노퍽 북부의 길고 한적한 해변이었다. 그때까지는 그렇게 긴 수평선을 본 적이 없었다. 그곳은 세상의 끝 같아서, 아버지에게 최대한 가까이 다가간 듯했다.

그 해에 나는 프로이트를 공부하다가 인간 정신의 작동 방식에 흥미를 갖게 되었다. 그래서 문학의 길을 포기하고 의사가 되기로 했다. 그리고 의대 3학년 때 원예를 좋아하는 톰과 결혼했다. 톰이 식물 가꾸는 일을 좋아하니 나도 좋아해보기로 마음먹었지만, 솔직히 회의적이었다. 원예는 그저 허드렛일 같기만 했다. 물론 날씨가 좋으면 실내보다는 야외에 있는 편이 나았지만.

우리는 몇 년 후 아기 로즈와 함께 하트퍼드셔 서지 힐에 있는 농장 건물을 개조한 집으로 이사했다. 톰의 고향 집 근처였다. 그 후 벤과 해리가 잇달아 태어났고, 톰과 나는 정원을 만들기로 했다. 우리가 '헛간'이라고 이름 붙인 새 집은 넓은 들판, 바람을 맞는 언덕 북쪽면에 있어서 보호막이 필요했다. 우리는 자갈밭에 나무를 심고, 생울타리를 치고, 윗가지 울타리도 세웠다. 주변 땅을 갈아엎는 작업도 했다. 톰의 부모님과 많은 친구들이 돕고 격려해주어 힘을 낼 수 있었다. 우리가 돌 고르기 파티를 열면 로즈와 로즈의 할아버지, 할머니, 고모, 삼촌들이 함께 땅에서 돌을 주워 양동이에 담아 날랐다.

나는 육체적으로나 정신적으로나 뿌리 뽑힌 상태라, 집에 대한 귀속 감각을 새로 찾을 필요가 있었다. 그래도 내가 뿌리를 내리는 데 원예가 어떤 역할을 하리라고는 생각하지 않았다. 그저 정원이 아이들 인생에 점점 중요해진다는 점만을 의식했다. 아이들은 덤불 속에 놀이터를 만들고, 자신들이 만든 상상의 세계에서 많은 시간을 보냈다. 정원은 환상이자 동시에 현실인 장소였다.

톰의 창의적 에너지와 통찰력 덕분에 정원은 점점 발전했지만, 나는 막내 해리가 만 한 살이 되었을 무렵에서야 마침내 스스로 식물을 기르기 시작했다. 처음에는 허브에 관심이 생겨서 관련 서적을 탐독했다. 이 새로운 영역의 지식을 가지고 나는 부엌에서, 그리고 이제 '내 것'이 된 허브밭에서 여러 가지 실험을 했다. 몇 차례 재난이 있었고 보리지 덩굴과 비누풀을 잔뜩 키운 것도 그 일부였다. 그럼에도 직접 키운 온갖 허브로 맛을 낸 음식을 먹는 일은 삶에 기쁨을 주었다. 나는 거기서 한 발 더 나가 채소를 재배했다. 이 시기에는 먹을 수 있는 식물을 키우며 기쁨을 느꼈다!

이때 나는 30대 중반이었고, 국립보건서비스NHS(영국의 공공 의료 체계. 대부분 치료비가 무상이다_옮긴이)에서 초급 정신과 의사로 일하고 있었다. 원예는 내가 바친 노력의 결과를 눈앞에 보여준다는 점에서 내 직업과 대조되었다. 일터에서는 훨씬 더 이해하기 힘든 정신의 속성들을 다루었다. 병동과 클리닉에서 일할 때는 대부분 실내에 있어야 했지만, 정원 일은 나를 야외로 데리고 나갔다.

나는 점점 정원을 돌아다니며 자유롭게 사방을 둘러보고 식물들의 변화, 성장, 질병, 결실을 살펴보는 즐거움을 깨닫게 되었다. 그러다 보니 차츰 잡초 뽑기, 흙 고르기, 물 주기 같은 평범한 일에 대한 생각이 변했다. 그런 일을 해낸다기보다 그 일에 전적으로 참여하는 게 중요하다는 사실을 알게 되었다. 물을 주다 보면 (급하게 하지만 않으면) 마음이 진정된다. 일을 마치고 나면 이상하게 나 자신도 식물들만큼 상쾌해진다.

그 시절뿐 아니라 지금도, 원예에서 누리는 가장 큰 기쁨은 씨앗을 싹 틔우는 일이다. 씨앗은 자신이 어떻게 될지 말해주지 않는다. 크기도 그 안에 잠든 생명과 관계가 없다. 콩은 폭발적으로 자란다. 특별히 아름답지는 않지만, 처음부터 거의 난폭할 만큼 강력한 생명력을 보여준다. 담배풀 씨앗은 먼지만큼 작아서, 어디 뿌렸는지 보이지도 않는다. 씨앗만 보면 구름처럼 피어나는 향기로운 꽃은 고사하고 어떤 시시한 일도 해낼 거라 생각할 수 없다. 그래도 그렇게 한다. 나는 새로운 생명과 애착을 형성하는 과정을 고스란히 느낀다. 거의 강박적으로 씨앗과 모종을 자꾸자꾸 확인하게 되기 때문이다. 그러면서도 온실에 들어갈 때면 이제 막 피어오르는 생명의 고요를 방해하고 싶지 않아서 숨까지 참는다.

식물을 키울 때는 기본적으로 일을 약간 미룰 수는 있지만, 계절과 싸울 수는 없다. 다음 주에는 이 씨를 뿌리고 저 모종을 심어야 한다. 일을 미루면 기회를 놓치고 가능성을 박탈당하지만, 흐르는 강물에 뛰어들듯 일단 씨앗을 심어놓으면 우리가 계절의 에너지에 실려 움직이고 있다는 사실을 깨닫는 때가 온다.

나는 특히 초여름에 하는 정원 일을 좋아한다. 그때는 성장의 힘이 가장 강하고, 땅에 심을 것이 너무도 많다. 한번 시작하면 멈추기가 싫다. 보통 어스름한 새벽빛 속에서 시작해 어두워져서 앞이 보이지 않을 때까지 일한다. 일을 끝낼 때쯤이면 불을 환하게 밝힌 집의 온기가 나를 안으로 끌어들인다. 다음 날 아침에 살그머니 나가 보면, 내가 일한 곳이 밤사이에 제대로 자리가 잡혀 있다.

물론 당연히 계획이 틀어지는 경험도 한다. 기대 속에 나갔다가 시들어버린 어린 상추나 이파리가 다 떨어진 케일을 맞닥뜨릴 수도 있다. 민달팽이와 토끼의 분별없는 식습관이 분노발작을 일으키기도 하고, 잡초의 끈질긴 생명력이 진을 빼놓기도 한다.

식물을 돌보는 기쁨이 모두 창조 행위와 관련되지는 않는다. 정원에서 파괴적인 행위를 하는 일의 좋은 점은 그것이 용인 가능할 뿐 아니라 '필요하다'는 사실이다. 그 일을 하지 않으면 정원은 온통 잡초에 뒤덮인다. 그래서 정원 일의 많은 행동이 공격성을 띠고 있다. 전정가위를 들고 가지를 치거나 땅을 깊이 파헤치거나, 민달팽이를 없애고 먹파리를 죽이거나, 바랭이 풀을 뜯어내고 쐐기풀을 뽑거나 하는 일들이 그렇다. 우리는 복잡한 생각 없이 이런 일에 힘을 쏟을 수 있다. 그것은 성장을 돕는 파괴이기 때문이다. 정원에 나가 한참 동안 일을 하다 보면 녹초가 될 수 있지만, 내면은 기이하게 새로워진다. 식물이 아니라 마치 나 자신을 돌본 듯 정화한 느낌과 새로운 에너지를 얻는다. 이것이 원예 카타르시스다.

해마다 겨울이 지나갈 무렵이면, 바깥세상은 아직 3월 바람에 떨지만 온실 안 온기는 나를 꽉 붙든다. 온실에 들어가는 일이 뭐가 그렇게 특별한가? 공기 중 산소 농도 때문인가? 아니면 빛과 온도 때문인가? 아니면 그저 푸르고 향기로운 식물들 곁에 가까이 있어서인가? 이 조용하고 안전한 공간에서는 모든 감각이 고양된다.

지난해 어느 흐린 봄날, 나는 온실에서 물을 주고, 씨를 뿌리고, 배양토를 옮기는 데 몰두하고 있었다. 그때 갑자기 하늘이 개면서 햇빛이 쏟아져, 나를 다른 세상으로 실어갔다. 반투명한 풀잎들 사이로 빛이 쏟아지는 찬란한 녹색 세상이 펼쳐졌다. 잎마다 흩뿌려진 물방울들이 빛을 받아서 눈부시게 반짝였다. 한순간 넘치는 지상의 복을 느꼈다. 그 감각을 아직도 선물처럼 간직하고 있다.

그날은 온실에 해바라기 씨앗을 뿌렸다. 한 달 정도 뒤에 모종을 옮겨 심으면서, 다 살지는 못하겠다고 생각했다. 가장 큰 놈은 괜찮아 보였지만, 나머지는 시들시들했고 보살핌을 받지 못한 듯 보였다. 그런데, 여전히 더 관심을 가지고 돌봐야 하긴 했지만, 병약하던 녀석들도 조금씩 기운을 차리기 시작하면서 기쁨을 주었다. 마침내 그 모종들이 제대로 성장하기 시작하자, 내 관심은 더 연약한 다른 모종들로 옮겨갔다.

원예는 반복이다. 내가 이만큼 하면 자연이 그만큼 하고, 거기 내가 응답하면 자연도 다시 응답하는 식으로 반복하는 게 대화와 비슷하다. 속삭임도 아니고 고함도 아니고 어떤 이야기도 아니지만, 이 주고받음 속에는 느리지만 계속 이어지는 대화가 있다. 때로는 내가 느린 쪽이 되어서 잠시 입을 다물기도 한다. 식물이 그런 방치를 견디고 살아남아주니 감사한 일이다. 잠깐 떠났다 돌아오면 훨씬 흥미롭다.

내가 없는 사이 다른 사람이 무슨 일을 했나 싶은 기분이다.

어느 날 해바라기가 모두 튼튼하게 자라서 당당하게 꽃을 피워내기 시작했다. 언제 어떻게 이렇게 키가 컸나? 놀라웠다. 유일하게 희망이 있다고 생각한 모종─역시나 그놈이 가장 튼튼했다─은 큼직한 진노랑색 꽃을 피워, 까마득한 높이에서 나를 내려다보았다. 그 앞에 서니 아주 작아진 듯 느껴졌지만, 내가 그 생명을 이끌어냈다는 사실이 긍정적인 감각을 안겨주었다.

한 달이 또 지나자 해바라기들은 다시 변했다. 벌들이 모든 꽃을 해치웠고, 꽃잎은 시들었다. 가장 큰 해바라기도 굽은 머리를 제대로 지탱하지 못했다. 얼마 전까지 그토록 당당하던 모습이 이렇게 서글프게 바뀌다니! 한순간 해바라기를 모두 베어내고 싶었다. 하지만 초라한 슬픔을 가만히 참고 지켜보면, 해바라기들은 햇볕에 하얗게 말라서 전과 다른 종류의 위엄을 띠고 우리에게 가을을 보여줄 터였다.

정원 가꾸기에는 이미 진행 중인 상황을 '깨닫는' 일이 포함된다. 되는 일과 되지 않는 일에 대한 이해를 정교하게 만들고 발전시켜야 한다. 기후, 땅, 그 안에서 자라는 식물을 포함해서, 장소 전체와 관계를 맺어야 한다. 그것이 우리가 씨름해야 하는 현실이고, 그 과정에서 어떤 꿈들은 포기해야 한다.

톰과 내가 돌밭을 처음 개간하고 만든 장미 정원도 그런, 사라진 꿈이다. 우리는 화단을 벨 드 크레시Belle de Crécy, 카르디날 드 리슐리외Cardinal de Richelieu, 마담 아르디Madame Hardy 같은 예쁜 옛 장미들로 채웠다. 내가 가장 좋아한 장미는 섬세하고 화려하고 달콤한, 얇은 꽃잎이 마치 구겨진 연분홍색 박엽지 같은 팡탱-라트루Fantin Latour였다. 보드랍고 폭신한 꽃에 코를 대면, 향기 속으로 사라질 것만 같았다. 그 꽃이 우리 곁에 머무는 시간이 그렇게 짧을 줄 몰랐다. 얼마 지나지 않아 꽃들이 환경에 적응하지 못한다는 사실을 알게 되었다. 우리 땅은 장미와 잘 맞지 않았다. 게다가 윗가지 울타리 때문에 환기가 잘 되지 않아 사태가 악화되었다. 해마다 점점 지독해지는 검은무늬병, 흰곰팡이와 전투를 벌였고, 약을 뿌려주었을 때를 빼면 장미는 슬프고 힘들어 보였다. 장미들을 얼른 없애지 못하고 망설였지만, 자연에 대항해서 정원을 가꾸어봤자 무슨 소용이 있을까? 결국 장미를 떠나보내야 했다. 그때 속상하던 마음이 아직도 생생하고, 지금도 안타깝다! 이제 그 화단에는 여러해살이 식물들뿐 장미는 한 그루도 없지만, 우리는 아직도 그곳을 장미 정원이라고 부른다. 그렇게 기억은 남아 있다.

톰도 화학 스프레이 뿌리는 것을 좋아하지 않았지만, 나는 특히 아버지의 병 때문에 더욱 싫어했다. 내가 어렸을 때 아버지는 공해 물질에 노출되어 발병한 골수부전을 앓았다. 그 비극을 촉발한 원인은 완전히 밝혀지지 않았지만, 오래전에 사용이 금지되어 마당 헛간에 버려진 채 뒹굴던 농약들과 그 전해 여름에 이탈리아에서 휴가를 보낼 때 처방받은 항생제가 후보로 꼽혔다. 아버지는 거의 죽을 뻔했다. 다행히 치료를 받고 어느 정도는 회복했고, 그 뒤로 14년을 더 사셨다. 키가 크고 체격이 좋은 분이었기에, 우리는 아버지의 골수가 제 기능을 하지 못한다는 사실을 자주 잊었다. 하지만 병은 언제나 뒤에 숨어 있었고, 때때로 위기가 찾아오면 우리는 간절히 기도하는 것 말고는 할 수 있는 게 없었다.

그 시기에 내 상상력을 사로잡은 정원은 우리 집 정원이 아니었다. 어머니는 오빠와 나와 친구들을 데리고 이사벨라 숲으로 자주 놀러 갔다. 그곳은 리치먼드 공원(런던에 있는 왕립 공원. 영국에서 가장 넓은 도심 공원이다_옮긴이) 안에 있는 조림지다. 거기 가면 우리는 커다란 철쭉꽃들 사이를 드나들며 탐험과 숨바꼭질을 즐겼다. 철쭉 덤불이 워낙 우거져서, 가끔 길을 잃었다는 공포를 느끼기도 했다.

그 숲에는 불안 요소가 하나 더 있었다. 숲 깊은 곳 작은 빈터에 빨갛고 노란 칠을 한 나무 이동 주택이 있었는데, 문 위에 "여기 들어오는 이는 모든 희망을 버려라"라고 적혀 있었다. 우리는 서로에게 문을 열어보라고 떠밀었다. 나는 희망을 버리라는 말을 쉽게 받아들일 수 없었다. 문을 열면 뭐라고 이름 붙이기도 어려운 무시무시한 게 튀어나오리라는 생각이 들었다. 미지의 것이 모두 그렇듯이 환상은 현실보다 훨씬 강력한 힘을 발휘했다. 어느 날, 마침내 우리는 그 문을 열었다. 노랗게 칠한 집 안에는 나무로 만든 간이 침대가 전부였고, 무서운 일은 일어나지 않았다.

모든 경험은 나 자신의 일부가 되지만 경험하는 동안에는 아무것도 알아차리지 못한다. 나중에 정신분석 심리 치료 교육을 받으면서 스스로를 분석하기 시작했을 때에야, 나는 내 어린 시절의 세계가 아버지의 병으로 얼마나 흔들렸는지 깨달았다. 이동 주택 문 위에 적힌 문구가 내 어린 시절 상상력에 왜 그렇게 큰 영향력을 미쳤는지, 열여섯 살 때 이탈리아 세베소에서 일어난 화학물질 누출 사고[3]가 왜 그렇게 관심을 끌었는지 알게 되었다. 폭발 사고로 자욱하게 퍼져나간 유독가스는 참혹한 결과를 일으켰지만, 사고의 전모는 얼른 드러나지 않았다. 토양이 오염되고, 지역 주민들 건강은 장기적으로, 심각하게 손상되었다. 그 재난은 내 안의 무언가를 건드렸고, 나는 처음으로 환경문제와 관련된 정치적 움직임을 의식하게 되었다. 하지만 이런 일들이 무의식 안에서 이루어지다 보니, 나는 그 사건과 우리 아버지를 병들게 한 미지의 화학물질 사이의 유사성을 보지 못했다. 그저 내가 환경문제에 대해 각성했다고만 생각했다.

이렇게 자신을 분석하며, 과거를 돌이켜보고, 기억을 살펴보는 데에는 인생에 대한 각성이라는 다른 종류의 각성이 필요했다. 애통함은 입을 다물 수 있고, 감정이 다른 감정을 숨길 수 있음을 이해하게 되었다. 새로운 통찰의 순간들은 영혼을 울린다. 반갑고 상쾌한 통찰도 있지만, 받아들이고 적응하기 어려운 깨달음들도 있다. 그러는 내내 나는 정원을 가꾸고 있었다.

정원이 제공하는 안전한 물리적 공간은 정신적 공간 감각과 고요함을 안겨주어서, 그곳에서 자신의 생각을 들을 수 있게 된다. 손으로 일하는 데 몰두할수록, 내면에서는 더욱 자유롭게 감정을 정리하고 해결할 수 있다. 요즘 나는 원예를 활용해서 마음을 진정시키고 긴장을 푼다. 잡초 양동이가 차오르면, 내 머릿속에서 시끄럽게 경쟁하던 생각들은 사라지고 가라앉는다. 잠들어 있던 생각들이 수면에 떠오르고, 때로는 엉성하던 생각들이 결합해서 그럴듯한 형체를 이룬다. 육체적 활동을 하면서 동시에 정신을 가꾸는 기분이다.

나는 정원을 만들고 가꾸는 데 진지한 실존적 과정이 개입할 수 있음도 이해하게 되었다. 그래서 질문을 해보았다. 원예가 나에게 어떻게 영향을 미치는가? 어떻게 우리가 잃어버렸다고 느끼는 세계에서 우리 자리를 찾는 데 도움이 되는가? 21세기의 이 시점, 우울증과 불안증⁴을 비롯한 정신 질환이 늘어가고 사람들의 삶은 점점 도시화해서 기술 의존성이 높아지는 이 시점에는 정신과 정원의 상호 작용 방식에 대한 이해가 어느 때보다 중요할지 모른다.

　정원의 회복력은 고대부터 인정받았다. 오늘날에도 원예는 많은 나라에서 지속적으로 인기 취미 10위 안에 든다. 정원 가꾸기는 본질적으로 돌보는 행위이며, 많은 사람이 아이를 낳고 기르는 일과 함께 정원 가꾸기를 인생에서 중요한 일 중 하나로 여긴다. 물론 원예를 노동처럼 느끼는 사람, 원예보다는 다른 것을 하고 싶어 하는 사람도 있다. 하지만 많은 사람이 원예가 실외 운동과 몰입 활동을 결합해, 우리의 마음을 진정시키고 에너지를 채워준다고 인정한다. 자연과 관련된 다른 활동과 다른 분야의 창조적 활동도 그런 효과를 낼 수 있지만, 원예는 거기에 더해 식물, 땅과 밀접한 관계를 형성하게 해준다. 자연과 접촉하면 우리는 여러 차원에서 영향을 받는다. 때로는 우리를 가득 채워서 자연의 영향을 곧장 의식하는 경우도 있지만, 때로는 느리고 잠재의식적으로도 작동해서 트라우마, 질병, 상실로 고통받는 사람들에게 특별한 도움을 주기도 한다.

시인 윌리엄 워즈워스는 자연이 인간의 내면에 미치는 영향을 누구보다 깊이 탐구했다. 심리적 통찰력과 잠재의식을 이해하는 능력 덕에, 워즈워스는 정신분석의 선구자[5]로도 여겨진다. 워즈워스는 직관을 이용한 도약으로(현대 신경과학을 통해 확인할 수 있다[6]) 인간의 오감은 세상을 수동적으로 인식하는 것이 아니라, 경험을 하면서 이미 경험을 구성한다는 사실을 알았다. 워즈워스의 표현을 빌리면, 우리는 주변 세계를 인식하면서 "절반쯤 창조"한다. 자연은 정신에 생기를 주고, 정신은 자연에 생기를 준다. 워즈워스는 자연과 인간 사이의 이런 살아 있는 관계가 정신의 건강한 성장을 촉진하는 힘의 원천이라고 믿었다. 그리고 원예의 의미도 이해했다.

워즈워스는 여동생 도로시와 함께하는 원예 활동을 중대한 회복 행위로 여겼다.[7] 원예는 상실에 대한 대응이었다. 그들은 어릴 때 부모를 잃었고, 서로가 길고 고통스러운 이별을 겪었다. 두 사람은 레이크 지역 도브 코티지에 정착해서 정원을 만들었는데, 그 정원은 그들 삶의 핵심 요소가 되어서 집에 대한 내면적 감각을 회복시켜주었다. 그들 남매는 채소, 약초를 비롯해 여러 가지 유용한 식물을 길렀지만, 가파른 언덕 비탈에 있는 정원은 자연주의적인 성격이 강했다. 워즈워스가 "산모퉁이"[8]라고 표현한 이 작은 정원에는 그와 도로시가 산책하다가 채집해서 땅에 바치는 공물처럼 가져온 들꽃, 고사리, 이끼가 가득했다.

워즈워스는 정원에서 자주 시를 썼다. 워즈워스는 시의 본질이란 "고요 속에 돌아본 감정"[9]이라고 했고, 따라서 강력하고 혼란스런 감정을 차분하게 정리하려면 적절한 환경이 필요했다. 도브 코티지의 정원은 안전한 울타리 안에 있는 동시에 그 너머의 아름다운 풍경과도 연결되어, 적절한 환경을 제공해주었다. 워즈워스는 거기 사는 동안 뛰어난 시를 많이 썼고, 이후 평생 동안 이어진, 정원을 걸으면서 리듬을 느끼며 소리 내서 시를 읊어보는 습관을 키웠다.[10] 정원은 물리적 환경인 동시에 정신을 위한 환경이었다.[11] 그와 도로시가 직접 만들었기에 더 의미가 깊었다.

사람들은 잘 모르지만 워즈워스는 노령에도 정원 일에 정성을 다했다. 후원자 보몬트 부인에게 겨울 정원을 만들어주기도 했는데, 부인의 우울증 완화를 위해 치유의 안식처가 되도록 설계했다. 시인은 이런 정원을 만드는 목적은 "자연이 병을 치료하게 도와주려는 것"[12]이라고 썼다. 정원은 자연의 치유 효과를 압축해 제공하여, 일차적으로 우리 감정에 영향을 미친다. 현실에서 물러나 있다고 해도, 우리는 어쨌든 워즈워스가 말한 대로 "세상의 현실 한가운데" 있다. 이 현실은 생명의 주기와 계절의 변화뿐 아니라 자연의 모든 아름다움도 포함한다. 다시 말하면, 정원은 우리에게 휴식을 제공하면서 동시에 생명의 근원적 측면들과 접촉하게 해준다.

안전한 정원이라는 공간은 마치 정지된 시간처럼 우리 내면 세계와 외부 세계가 일상생활의 압력을 떨치고 공존할 수 있도록 이끈다. 그래서 정원은 가장 내면적이고 꿈이 가득한 자신과 현실의 물리적 세계가 만나는 '사이' 공간이 된다. 이런 모호한 경계는 정신분석가 도널드 위니콧Donald Winnicott이 말하는 경험의 '이행transitional' 영역이다.[13] 위니콧의 이행 과정 개념은 지각과 상상의 결합을 통해 우리가 세상에서 살아간다는 워즈워스의 견해에 상당한 영향을 받았다.

소아과 의사이기도 한 위니콧은 고유한 정신 모델로 어린아이가 가족과 맺는 관계, 아기가 엄마와 맺는 관계를 설명한다. 위니콧은 양육자와 관계를 맺음으로써만 아기가 생존할 수 있음을 강조했다. 외부에서 엄마와 아기를 보면 서로 구별된 존재로 보이지만, 두 사람의 주관적 경험은 그렇게 똑 떨어지지 않는다. 둘의 관계에는 중첩 또는 '사이'라는 중대한 영역이 끼어든다. 그 영역이 있기에 엄마는 아기가 표현하는 감정을 느끼고, 아기는 자신과 엄마의 경계를 인식하지 못한다.

양육자 없는 아기가 없듯이, 원예가 없는 정원도 없다. 정원은 언제나 누군가의 정신이 구현된 상태이고, 누군가의 돌봄을 통해 얻은 결과다. 원예 과정에서도 무엇이 '나'고 무엇이 '나 아닌 것'인지 말끔하게 구별할 수 없다. 한 발 물러나 정원을 살펴본다고 자연이 제공한 부분과 우리가 기여한 부분을 떼어놓을 수 있을까? 그 경계는 정원을 가꾸는 도중에도 그렇게 분명하지 않다. 정원 일에 깊이 몰두해 있을 때면, 가끔 내가 정원의 일부고 정원이 내 일부라는 느낌이 든다. 자연이 내 안에 들어왔다가 흘러나간다.

정원은 집과 그 너머 세상의 '사이in-between'에 있기 때문에 이행 공간을 구현한다. 거기서는 야생의 자연과 손질된 자연이 겹치고, 원예가의 흙장난이 낙원의 꿈이나 정제됨과 아름다움이라는 문명적 이상과 어긋나지 않는다. 정원에는 이렇게 반대되는 것들이 모인다. 어쩌면 이런 것들이 자유롭게 모이는 유일한 공간일지도 모른다.

위니콧은 사람은 놀이를 통해 심리적으로 성장하지만, 상상의 세계에 들어가려면 안전하다는 느낌과 함께 감시받지 않는다는 느낌이 필요하다고 강조했다.[14] 그리고 이 경험과 관련해서 그의 트레이드마크가 된 패러독스를 사용해서, 아이가 "엄마 옆에 혼자"[15] 있을 수 있는 능력을 키우는 게 중요하다고 말했다. 원예를 할 때면 나는 종종 놀이에 몰두한 듯한 느낌을 다시 받는다. 정원이라는 안전한 공간에서 혼자 있으면서도 나 자신의 세계에 들어가도록 해주는 사람들 곁에 있는 듯한 기분이 든다. 몽상도 놀이도 모두 심리 건강에 기여한다는 사실이 계속 밝혀지고 있고, 이 효과는 어린 시절과 함께 끝나지 않는다.

어떤 장소에서 일하면서 정서적, 육체적으로 기여하며 일한 경험은 정체성에도 스며든다. 그런 경험은 우리의 정체성을 보호해주고, 힘든 일이 닥쳤을 때 고통을 완화해준다. 하지만 현대 사회에서 장소에 기반한 정체성이라는 전통적 개념은 사라졌다. 그래서 우리는 장소에 대한 애착 형성이 우리에게 미치는 안정 효과를 느끼지 못하게 되었다.

애착 이론[16]은 정신과 의사이자 정신분석학자인 존 볼비John Bowlby가 1960년대에 개척한 후 방대한 관련 연구가 이루어졌다. 볼비는 애착을 인간 심리의 '반석'이라 여겼다. 예리한 박물학자이기도 한 볼비의 박물학적 지식이 그 사상의 발전을 뒷받침했다. 볼비는 새들이 해마다 같은 장소에—그것도 흔히 자신이 태어난 장소와 가까운 곳에—둥지를 지으며, 보통 동물들은 사람들 생각과 달리 멋대로 떠돌아다니지 않고[17] 자신의 굴 근처 '고향' 땅을 점유한다고 설명한다. 그리고 똑같은 방식으로 "모든 사람에게는 각자 자신만의 고유한 환경이 있다"라고 말한다.

장소에 대한 애착[18]과 사람에 대한 애착은 진화의 경로가 겹친다. 둘 다 '고유함'이 특징이다. 아기에게 젖을 먹이는 것만으로 유대감이 형성되지는 않는다. 우리는 생물학적 욕구의 충족뿐 아니라 특정한 냄새, 촉감, 소리를 통해서 애착을 형성한다. 장소도 감정을 일으키고, 자연 환경은 특히 감각적 쾌감을 풍성하게 제공한다. 우리는 갈수록 슈퍼마켓과 쇼핑몰처럼 특징과 개성이 없는 기능적 장소에 둘러싸인 채 살아간다. 그런 장소들은 우리에게 식품이나 기타 유용한 것들을 제공해주지만, 감정적 유대를 형성할 대상은 아니다. 오히려 회복과는 반대되는 경우가 많다. 현대 생활에서 장소는 배경 정도의 의미로 축소되었고, 상호 작용은 (그런 게 있다면) 삶을 지탱해주는 살아 있는 관계를 이루지 못하고 일시적일 뿐이다.

볼비 사상의 중심에는 엄마가 우리 인생 최초의 장소라는 개념이 있다. 아이들은 겁이 나거나 피곤하거나 속이 상할 때 안전한 엄마의 품을 찾는다. 이 '안식처'는 거듭되는 분리/상실과 그에 따르는 재회/회복의 작은 경험들을 통해서 볼비가 말하는 '안전 기지'가 된다. 아이는 안전하다는 느낌을 받으면 용기를 내서 환경을 탐색하는데, 그럴 때에도 안전한 귀환처인 엄마에게서 멀리 떠나지 않는다.

야외에서 노는 일이 드물어졌다는 것은 현대 어린이들에게 슬픈 일이다. 공원과 정원은 전통적으로 상상력 넘치고 탐구적인 놀이의 중요한 배경 역할을 했다. 덤불 속에 '어른 없는' 공간을 만들어냄으로써 미래의 독립을 연습할 수 있었다. 그런 공간은 정서에도 도움이 된다. 연구에 따르면, 아이들은 속상한 일이 생기면 본능적으로 자신의 '특별한' 장소로 피신해 안전한 느낌 속에서 흔들린 감정을 추스른다.[19]

볼비가 보여주었듯이, 애착과 상실은 함께한다. 우리는 애착을 버리는 법을 모르고, 언제나 재회를 추구한다. 그 강력한 애착 체계 때문에 상실에서 회복하는 일은 그토록 고통스럽고 힘들다. 우리에게는 선천적으로 유대를 형성하는 강력한 능력이 있지만, 그 무엇도 깨진 유대관계를 복구하도록 도와주지 않는다. 그래서 애도는 경험을 통해서 배워야만 한다.

상실에 대처하려면 우리는 안식처를 발견하거나 재발견해야 하고, 다른 사람들의 위로와 공감을 느껴야 한다. 어린 시절 부모님을 잃은 워즈워스에게, 자연 세계의 온화한 면모는 위로와 공감을 주었다. 정신분석학자 멜라니 클라인Melanie Klein은 애도에 대한 한 논문에서 이렇게 언급한다. "시인은 우리가 애도할 때 자연도 함께 애도해준다고 말한다."[20] 그런 뒤 클라인은 애통의 상태에서 벗어나려면 세상에 대해, 그리고 우리 자신에 대해 '좋은 느낌'을 회복해야 한다고 설명한다.

아주 가까운 사람의 죽음은 우리 일부가 죽는 것과 같다. 우리는 그런 정신적 고통을 외면하고 싶지만 어느 시점에 의문이 생겨난다. 우리가 스스로 생기를 되찾을 수 있을까? 정원을 돌보고 식물을 가꿀 때면 항상 이별과 재회를 맞닥뜨린다. 성장과 부패라는 자연 주기는 애도가 생명 주기의 일부라는 사실, 그리고 애도하지 못하면 영원한 겨울에 사로잡히는 것과 같다는 사실을 이해하고 받아들이게 도와준다.

이럴 때는 의식儀式, 또는 경험을 이해하게 해주는 다른 상징적 행동들의 도움도 받을 수 있다. 하지만 오늘날 사람들 대부분이 살아가는 세속적이며 소비주의적인 세계는 전통적 의식과도, 또 우리가 인생을 헤쳐 나가게 도와주는 통과 의례들과도 거리가 멀다. 원예는 그 자체로 일종의 의식이 될 수 있다. 원예는 외부 환경을 변화시키고 주변을 아름답게 만들지만, 동시에 우리 안에서 상징적 의미로 작동한다. 정원은 몇천 년 동안 인간 영혼에 깊은 영향을 준 은유들[21], 너무 깊어서 우리 사고 속에 감추어져 있다시피 한 은유들과 접촉하게 해준다.

원예에서는 인간의 창조력과 자연의 창조력이라는 두 에너지가 만난다. '나'와 '나 아닌 것', 우리가 고안하는 것과 환경이 우리에게 허락하는 것이 함께한다. 그래서 우리는 머릿속 꿈과 발 아래 땅 사이 틈을 연결할 수 있다. 우리가 죽음과 파괴의 힘을 막아 세울 수는 없지만, 적어도 저항할 수는 있다.

아마 어린 시절에 들었을 이야기가 내 기억 한구석에 숨어 있다가 이 책을 쓸 때 돌아왔다. 왕과 아름다운 딸, 그리고 무수한 구혼자가 나오는 전형적 동화다. 왕은 구혼자들을 내치려고 이루지 못할 과제를 내건다. 자기 딸과 결혼하려면, 이전까지 세상 누구도 본 적 없는 아주 특별한 것을 가져오라고 선포한다. 오직 왕만이 그것을 처음으로 볼 수 있어야 했다. 구혼자들은 성공을 안겨줄 물건을 찾아 온 갖 기이한 장소들로 탐험을 떠났다가, 특이하고 신기한 선물을 가지고 돌아온다. 하지만 아무리 조심스럽게 포장을 해도, 언제나 먼저 본 사람이 있었다. 그 아름다운 물건을 만든 사람이나 찾은 사람이 먼저 볼 수밖에 없었다. 더없이 희귀하고 귀중한, 깊은 다이아몬드 광산에서 가져온 보석이라고 해도.

공주를 남몰래 사랑하던 궁전 정원사의 아들이 왕의 과제를 다른 방식으로 해석한다. 자연과 밀접하게 지내면서 얻은 지혜였다. 궁전 뜰 호두나무에 호두가 가득 열렸는데, 정원사의 아들은 그중 하나를 호두까기 집게와 함께 왕에게 바친다. 왕은 호두처럼 평범한 것을 받고 어리둥절해하지만, 정원사의 아들은 호두 껍질을 열면 이전까지 누구도 본 적 없는 것을 보게 되리라고 말한다. 왕은 약속을 지켜야 했다. 그래서 결말에서는 모든 좋은 동화에서 그렇듯 가난뱅이가 부자가 되고 연인들이 사랑을 이룬다. 하지만 이 동화는 자연의 경이가 드러나는 방식에 대한 이야기이기도 하다. 더욱 핵심적인 내용은 인간이 자연 곁에 있음으로써 힘을 얻는다는 것이다.

세상에 상실이 없다면 우리에게는 창조의 동기가 부족할 것이다. 정신분석학자 해나 시걸Hanna Segal은 이렇게 썼다. "우리 안의 세계가 파괴될 때[22], 그것이 죽고 사랑이 없을 때, 우리가 사랑하는 사람들이 파편화되고 우리 자신이 무력한 절망에 빠져 있을 때, 그때 우리는 우리 세계를 새롭게 개조하고, 조각들을 재조립하고, 죽은 파편들에 생명을 불어넣고, 생명을 재창조해야 한다." 원예는 생명을 작동시키는 일이고, 죽은 파편과 같은 씨앗은 우리가 세계를 새로이 개조할 수 있도록 도와준다.

정원 일은 이런 새로움, 끊임없이 스스로를 재형성하는 생명 때문에 그토록 매력적이다. 정원은 우리가 시작에 참여하고 형성에 손을 보탤 수 있는 장소다. 작은 감자밭도 이런 기회를 준다. 흙 이랑을 헤치면, 이전까지 누구도 본 적 없는 감자 다발이 햇빛 속으로 나온다.

2
녹색 자연과 인간 본성

내 쪼그라든 심장이 녹색을 회복할 줄
누가 알았을까? 그것은 땅 속에
아주 파묻혔더랬지…[1]

조지 허버트(1593~1633)

우리 정원에서 겨울이 시작된다고 알리는 첫 생명의 신호는 설강화다. 설강화의 푸른 싹은 어두운 땅을 비집고 머리를 내밀며, 그 단순한 흰색 꽃은 새로운 시작이라는 순수한 목적을 보여준다.

해마다 2월이면, 우리는 설강화가 죽기 전에 그 일부를 나누어서 다시 심는다. 그러면 그것들은 1년 대부분의 시간 동안 보이지 않는 땅속에서 자라며 불어난다. 알뿌리들을 먹는 정원의 쥐들도 설강화는 건드리지 않기 때문에 거침없이 증식한다. 설강화의 매력은 증식 능력뿐 아니라 '연속 감각'이다. 지금 우리 뜰을 뒤덮은 수많은 설강화는 30여 년 전 톰의 어머니 정원에서 가져온 알뿌리 몇 양동이에서 시작되었다.

식물 세계에서는 부활과 재생이 자연스럽지만, 인간의 심리는 그렇게 자연스럽게 회복되지 않는다. 우리 정신에 성장과 발전을 향한 충동이 내재되어 있다지만, 함정이 있다. 트라우마와 상실에 대한 자동 반응—외면, 무감각, 고립, 부정적 생각에 대한 집착 등—때문에 우리는 회복의 길에서 멀어진다.

우울증으로 인한 불안과 강박적 사고의 반복은 악순환을 이룬다. 우리 정신이 사태를 이해하려고 하다 보면, 집착이 생겨난다. 불가해한 문제를 풀려고 애쓰다 보면, 정신적 쳇바퀴에 갇혀서 앞으로 나아가지 못한다. 우울증에는 또 다른 순환성도 있다. 우울할 때면 우리는 세계와 자신을 훨씬 더 부정적으로 지각하고 해석한다. 이것은 다시 우울감을 키우고 고립시킨다. 돌보지 않고 방치한 정신은 우리를 쉽게 나락으로 끌고 내려간다.

내가 원예의 치유 효과를 인지하기 훨씬 전에, 내 마음에 씨앗을 뿌린 환자가 있었다. 케이는 두 아들과 함께 작은 정원이 딸린 집에 살았다. 우울증을 앓았는데 재발이 잦았고, 때로는 증상이 아주 심각해지기도 했다. 케이는 폭력과 방임으로 얼룩진 유년기를 보냈다. 그래도 어른이 되어서는 관계를 이루려고 애쓰며 두 아들을 거의 혼자 힘으로 키웠다. 아이들의 청소년기에는 갈등이 가득했다. 아들들이 차례로 집을 떠나자, 케이는 20년 만에 혼자 살게 되었으며 다시 우울증에 빠졌다.

치료를 하다 보니, 케이가 자신에 대한 많은 나쁜 감정—어린 시절에서 비롯되어 좋은 것들을 받아들이기 힘들게 만든 감정들—을 내면화했다는 사실이 분명해졌다. 마음속 깊이 자신이 좋은 것을 받을 자격이 없다고 생각하고 있었다. 좋은 일이 생겨도 곧 잃게 되리라고 걱정했다. 그 결과 케이는 인간관계를 포함해서 인생을 바꿀 많은 기회를 잃었고, 그럼으로써 스스로 예견하던, 그리고 일정 정도는 삶이 학습시킨 실망을 미리 막았다. 우울증은 이런 식으로 성장하지 않고 희망도 키우지 않는 편이 안전하다는 믿음을 거듭 강화한다. 실망이 더 큰 고통을 가져다줄 거라는 두려움을 품게 만든다.

케이의 집 뒤편에는 지난 세월 동안 아들들이 망가뜨린 정원이 있었다. 아이들이 떠나자 케이는 정원을 다시 가꾸기로 마음먹고 원예를 시작했다. 어느 날 케이가 말했다. "그때가 내가 좋은 사람이라는 느낌을 받는 유일한 시간이에요." 충격적이었다. 그렇게 말하는 확신에 찬 태도도 그랬지만, 케이는 자신에 대해 긍정적인 감각을 좀처럼 느끼지 못하던 터였다.

케이가 말한 좋은 느낌이란 무엇이었을까? 정원에서 일하다 보니 케이는 관심을 자기 외부로 돌리게 되었고, 정원은 케이에게 안식처가 되어주었다. 두 가지 면에서 다 도움이 되었지만, 무엇보다 원예는 세상이 그렇게 나쁘지 않고 케이 자신도 그렇게 나쁘지 않다는 현실의 증거가 되어주었다. 케이는 자신이 무언가를 자라게 할 수 있음을 깨달았다. 그렇다고 원예가 케이의 오랜 우울증을 치료해주지는 않았지만, 안정감을 줌과 동시에 꼭 필요한 자기 존중감의 원천이 되었다.

원예는 창조적 행동이다. 하지만 항상 높은 평가를 받지는 않았다. 때로는 '고상한 취미' 또는 불필요한 사치로 여겨졌으며, 반대로 저급한 육체노동으로 폄하되기도 했다. 이런 극단적인 견해들의 원천은 성경으로까지 거슬러 올라간다. 에덴동산은 아름답고 풍요로웠고, 아담과 이브는 거기서 쫓겨나 땅을 일구며 힘들여 노동하게 되기 전까지 더할 나위 없이 완벽한 세상을 살았다. 정원이 낙원과 징벌적 중노동 사이에 끼어 있다면, 중간은 어디인가? 원예는 어느 지점에서 의미 있는 일이 되는가?

5세기 초 프랑스 앙제의 주교였던 성 마우릴리오의 이야기[2]가 어느 정도 답을 준다. 어느 날 마우릴리오가 미사를 집전하는데, 한 여자가 교회에 들어와서 죽어가는 자기 아들에게 성사를 베풀어달라고 청한다. 상황의 긴급함을 몰랐던 마우릴리오는 미사를 계속했는데, 미사가 끝나기 전에 아이는 죽었다. 마우릴리오는 죄책감에 시달리다가 몰래 앙제를 떠난다. 그는 영국으로 가는 배에서 앙제 성당의 열쇠를 잃어버리는데, 이 일을 돌아가지 말라는 신호로 받아들인다. 마우릴리오가 영국에서 지체 높은 귀족의 정원사로 일하는 동안, 앙제 시민들은 사랑하는 주교를 찾으려고 수색대를 보냈다. 그리고 7년 후, 앙제 시민들은 주인에게 가져다줄 농작물을 들고 저택 정원에서 나오는 마우릴리오와 마주쳤다. 그들은 반갑게 인사하고, 놀랍게도 여행 도중에 되찾은 열쇠를 그에게 건넸다.

마우릴리오는 이제 자신이 용서받았음을 깨닫고 다시 주교 자리로 돌아갔고, 이후 성인이 되었다. 그의 모습은 앙제 벽화들에 남아 있다. 영국 귀족의 정원에서 과일나무와 꽃들에 둘러싸여서 일하며 노동의 열매를 주인에게 바치는 모습을 그린 태피스트리 일부도 전해

온다.

마우릴리오는 소년의 죽음이 안겨준 후회와 자책으로 자아 정체 감이 박살나고 깊은 우울감에 빠졌다. 그리고 돌봄의 의무를 다하지 못했다는 실패를 받아들이기 위해 오랜 시간 노력했다. 원예를 통해서 자신이 느낀 죄책감과 자아 비하감을 조금씩 회복했다. 결국엔 자기 존중감을 되찾고(이야기에서는 열쇠를 되찾는 일화로 표현된다), 그 결과 이전 역할로 돌아가서 공동체와 재결합한다.

마우릴리오가 죽은 뒤, 가톨릭교회는 마우릴리오의 7년간의 정원사 생활[3]을 '참회의 정신으로 일하면' 죄사함을 받을 수 있다는 사례로 사용했다. 하지만 나는 참회나 자기 징벌의 이야기로 읽지 않는다. 마우릴리오는 초기 교부들처럼 사막으로 달아나서 척박한 땅을 개간하지 않았다. 원예의 수호성인 성 포카스나 성 피아크르처럼 고독한 유배에 들어가지도 않았다. 대신 세속적인 장소에서 꽃과 과일을 기르는 길을 선택했다. 아마도 그렇게 귀족의 정원에서 일함으로써, 과도한 자기 징벌을 요구하지 않고 자비로운 방식으로 두 번째 기회를 준 신과의 관계를 되찾았으리라. 원예는 '손실을 회복'하고 마침내 세상에서 자기 역할을 되찾는 기회였다. 나는 이 이야기를 원예의 치유적 효과를 담은 고대 기록이자 원예의 회복력에 대한 은유라고 여긴다.

다음 세기에는 성 베네딕트가 원예를 참회를 위한 노역의 영역에서 격상시켰다. 성 베네딕트는 수도 생활에 대해 쓴 『규칙서Rule』라는 책에서 육체노동의 성스러움을 주장했다. 성 베네딕트의 메시지는 교회뿐 아니라 사회에서도 혁명적이었다. 당시 사회에서는 노예나 농민 계급만이 흙을 일구었기 때문이다. 베네딕트회 수도사들에게 원예는 균형 장치 역할을 했고, 수도원에서는 아무리 지위 높고 학식 있는 사람이라도 정원 일에 일정한 시간을 바쳐야 했다.[4] 이런 돌봄과 존경의 문화 속에서, 원예 도구들은 제단의 성물들과 같은 수준의 존중을 받기도 했다. 신체와 정신과 영혼이 균형을 이룬 생활 방식이자, 자연 세계와의 상호 연관성을 표현하는 행위를 고귀한 삶으로 여기는 생활 방식이었다.

로마제국이 멸망하고 유럽이 암흑시대에 들어섰을 때, 땅은 긴급히 재생되어야 했다. 로마 시대에는 노예노동으로 유지되고 지력을 고갈시키는 대토지 소유제 '라티푼디움'이 성행했다. 베네딕트 수도회는 규모와 영향력이 커지자, 버려지고 망가진 영지들을 취해서 수도원으로 개발하거나 지력을 회복시키기 시작했다. 베네딕트회 수도사들의 회복 작업은 영적인 만큼 물질적이기도 했다. 사실 두 가지는 분리할 수 없었다. 영적인 삶은 땅과의 관계에 토대를 두어야 한다고 성 베네딕트는 믿었다.

수도원에는 대개 포도원과 과수원이 있고 채소, 꽃, 약초를 기르는 밭이 있었다. 울타리를 두른 정원도 만들어서, 고요히 명상을 하거나 질병에서 회복하는 장소로 삼았다. 11세기에 성 베르나르도가 남긴 프랑스 클레르보 대수도원의 호스피스 정원[5]에 대한 설명은 치유 정원에 대한 최초의 기록이라 할 수 있다. 베르나르도는 이렇게 썼다. "병자가 푸른 풀밭에 앉아 있다. 온갖 향기로운 풀이 고통을 달래준다. …싱그러운 푸른 풀과 나무가 눈에 원기를 준다. …귀여운 새들의 합창이 귀를 어루만진다. …땅은 풍성함으로 숨을 쉬고, 병자는 눈과 귀와 코로 색깔, 노래, 향기를 즐거이 들이마신다." 자연의 아름다움이 주는 회복력에 대한 놀라울 만큼 감각적인 기록이다.

12세기, 빙겐의 수도원장 성 힐데가르트는 베네딕트회의 가르침을 한층 더 높은 곳으로 이끌어가는 탁월한 모습을 보여줬다. 약초 전문가로서뿐 아니라 작곡가, 신학자로서도 존경받은 힐데가르트는 인간 영혼과 자연의 성장력—'비리디타스viriditas'[6]라고 부른—사이 관계를 토대로 고유한 철학을 발달시켰다. '비리디타스'는 강물의 수원처럼 모든 생명체가 궁극적으로 의존하는 에너지의 샘이다. 라틴어 녹색과 진리를 합한 단어로, 좋음과 건강의 기원을 의미하며, 생명을 거부하는 메마름인 '아리디타스ariditas'와 반대된다.

'비리디타스'의 푸른 힘은 글자 그대로의 의미와 상징적인 의미를 모두 갖는다. 인간 영혼의 생기뿐 아니라 자연의 풍성함도 가리킨다. 힐데가르트는 사고의 중심에 '녹색'을 위치시킴으로써, 자연 세계가 번성할 때에만 사람도 번성할 수 있다고 인식했다. 지구의 건강과 인간의 신체적, 영적 건강은 나눌 수 없다고 본 힐데가르트는 오늘날 생태 운동의 선구자로 인식된다.

환한 빛과 새로운 생명의 에너지가 가득한 정원은 삶의 녹색 맥박을 가장 강력하게 느낄 수 있는 곳이다. 우리가 자연의 성장력을 신으로 인식하든, 어머니 대지로, 생명 원리로, 또는 이들의 혼합으로 인식하든, 거기에는 살아 있는 관계가 작동한다. 쓰레기로 퇴비를 만들든, 꽃가루받이를 돕든, 땅을 아름답게 만들든, 원예는 회복하고자 하는 우리의 소망에 자연이 생명을 부여함으로써 이루어지는 일종의 교환 과정이다. 원예 활동을 위해서는 온갖 형태의 자양분—녹색과 그늘, 색채와 아름다움, 땅의 모든 열매들—을 공급하도록 해충과 잡초를 몰아내는 노력도 필요하다.

오늘날에는 회복의 정서적 의미[7]를 간과하기 쉽지만, 회복은 우리 정신 건강에 아주 중요하다. 회복에 대한 정신분석적 견해는 종교적 죄사함과 같은 흑백논리가 아니다. 성실한 원예가처럼 평생토록 다양한 형태의 정서적 복구와 수선을 반복해야 하는 일이다. 멜라니 클라인은 어린아이들의 놀이를 관찰하면서 이 반복의 중요성을 처음 인식했다. 클라인은 아이들의 그림과 상상 놀이가 흔히 파괴 충동을 표현하며 그 뒤에는 사랑과 돌봄의 감정을 담은 회복 행위가 이어진다는 것, 그리고 이런 순환 과정에 의미가 가득하다는 것에 충격을 받았다.

클라인은 이 생각을 라벨의 오페라 〈어린이와 마법L'Enfant et les Sortilèges〉[8]을 통해서 설명했다. 시도니 가브리엘 콜레트Sidonie-Gabrielle Colette가 집필한 대본을 토대로 만들어진 이 오페라는 엄마가 숙제를 하지 않는 아들을 방에 가두는 데서 시작한다. 아이는 분노발작에 빠져 방을 어지럽히고, 장난감과 반려동물들에 대한 공격으로 파괴를 만끽한다. 그러다 갑자기 방이 생명을 얻자 아이는 불안과 공포를 느낀다.

고양이 두 마리가 나타나서 소년을 정원으로 데리고 나간다. 정원의 나무 한 그루가 소년이 전날 나무껍질에 만든 상처 때문에 고통스런 신음을 내뱉고 있다. 소년은 안타까워서 나무줄기에 뺨을 댄다. 그때 최근 소년이 잡아서 죽인 잠자리의 짝이 나타나 꾸지람한다. 소년은 정원의 곤충과 동물들이 서로 사랑한다는 사실을 깨닫는다. 잠시 후 소년이 함부로 대했던 동물들이 복수를 하려고 하면서 싸움이 일어난다. 소동 속에서 다람쥐가 다치자, 소년은 본능적으로 스카프를 풀어서 다친 다리를 묶어준다. 이 돌봄 행위로 소년의 주변 세계는 달라진다. 정원은 온화한 장소가 되고, 동물들은 소년이 착하다고 노래하며 어머니가 기다리는 집으로 소년을 보내준다. 클라인의 말대로 "소년은 서로 돕는 인간 세계로 복귀했다".

아이들은 자신을 둘러싼 세계에서 스스로에 대해 긍정적인 확인을 받아야 한다. 또한 자신에게 사랑하는 능력이 있다고 믿을 수 있어야 한다. 어른도 다르지 않다. 하지만 이야기 속 소년처럼 분노와 원망에 휘말리면 불만을 흘려보내기 어렵고, 자존심이 걸려 있을 때는 특히 그렇다. 결국 이런 감정을 떠나보내고 돌보려는 마음을 되찾는 것은 얼마간 신비로운 일이고 때로 그런 일은 간접적으로 일어난다. 정원은 소년에게 생명의 연약함과 상호 연결성을 의식하게 만들어 연민 감정을 키워주었고, 덕분에 엄마와 다시 만나게 된다. 베풂과 돌봄의 감정을 회복하면, 분노와 절망 대신 희망의 선순환이 이루어진다. 우리 심리의 이런 측면은 파괴와 부패가 지나가면 재성장과 소생이 뒤따르는 자연의 생명 주기에 비견할 수 있다.

사람보다 식물을 대하는 일이 훨씬 수월하고 비위협적이다. 게다가 식물과 함께 일하면 우리는 생명에의 의지를 되찾을 수 있다. 케이에게 원예는 인간관계의 예측 불가능성과 복잡성에 휘말리지 않고도 돌봄 감정을 표현할 수 있는 방법이었다. 정원에 나가 있으면 세상의 소음은 줄어들고, 나에 대한 남들의 생각과 판단에서 벗어날 수 있다. 아마도 그래서 자신에 대해 좋은 느낌을 받을 여유가 더 생기는 모양이다. 이렇게 인간관계에서 벗어나 있는 일이 역설적으로 우리 인간성과 재접촉하는 방법이 될 수 있다.

아이를 키울 때와 마찬가지로, 정원을 완전히 통제할 수는 없다. 원예가는 성장의 조건을 제공하는 것 말고는 할 수 있는 일이 그다지 많지 않다. 나머지는 자기 시간과 방식에 따라 자라는 식물의 생명력에 달려 있다. 그렇다고 방임해도 좋다는 뜻은 아니다. 돌봄에는 특별한 종류의 관심, 디테일을 알아차리는 이해가 필요하다. 식물은 환경에 민감하고, 성장하는 데에는 온도, 바람, 비, 햇빛, 해충 등 많은 변수가 작용한다. 많은 식물은 어떻게든 견뎌내지만, 그래도 정원을 가꾸는 데는 질병의 기미를 미리 알아차리거나 어떻게 하면 잘 자라는지 파악하는 일이 필요하다.

땅을 가꿀 때는 세상을 향한 돌봄의 태도도 가꾸게 된다. 하지만 현대인의 삶에서는 이 돌봄의 자세가 그다지 권장되지 않는다. '수선'보다 '교체'를 우선시하는 문화는 파편화한 사회망과 도시 생활의 빠른 속도와 결합해서, 돌봄을 폄하하는 가치 체계를 세웠다. 사실 우리는 돌봄을 생활의 중심으로 삼는 일에서 너무 멀어졌다. 최근에 환경 운동가 겸 사회 운동가 나오미 클라인Naomi Klein이 말했듯이[9], 돌봄은 '급진적 개념'이 되었다.

가치의 이야기만이 아니다. 우리 대다수가 살고 있는 세계의 현실은 돌봄 충동을 무시하게 만든다. 우리 사회의 기계는 보통 사람들이 수리할 엄두도 낼 수 없을 만큼 복잡하고, 우리는 스마트폰을 통해서 받는 즉각적인 피드백과 '좋아요'에 익숙하다. 식물뿐 아니라 우리 몸과 정신에도 작용하는 자연의 느린 리듬은 가치를 잃었다. 자연의 리듬은 현대 세계를 지배하는 '즉석 해결' 마인드와 맞지 않는다.

이런 압력은 (정신 건강에 어떤 속성 치료가 가능하기라도 한 것처럼)

빠른 결과를 약속하는 치료 패키지와 프로그램에 대한 수요로 나타난다. 잘못된 생각이나 감정을 알아내면 문제를 이해해서 곧바로 그것의 타격을 줄이는 데는 도움이 된다. 하지만 영속적인 변화를 가져오는 신경 연결 통로를 놓는 데는 여전히 여러 달이 걸린다. 좀 더 복잡한 상황에서 우리는 무언가 성장하기를 기다려야 할 뿐 아니라 그보다 먼저 우리가 정말로 성장을 바라는 상태가 되어야 한다. 아무리 스스로 변화를 원한다고 생각해도, 변화는 대부분 우리를 불안하게 만들기 때문이다.

오늘날 두뇌는 흔히 컴퓨터에 비유되는데, 이런 비유는 즉석 해결이 필요하다는 생각을 키워줄 뿐이다. 두뇌 구조는 하드웨어로, 정신은 소프트웨어로 여겨지며, '프로그램', '모듈', '앱' 같은 용어가 기능을 설명한다. 심지어 아직 발달하지 않은 영아의 두뇌가 데이터를 입력해야 할 데이터베이스로 여겨지기도 한다. 이런 관점은 안타까운 오도를 낳는데, 우리의 하드웨어와 소프트웨어를 분리할 수 있다는 생각도 그중 하나다. 하지만 둘은 너무도 긴밀하게 연결되어 있어서 분리가 불가능하다. 경험, 생각, 감정은 끊임없이 신경망을 형성하고, 신경망은 생각과 느낌에 영향을 준다. 무엇보다 두뇌를 컴퓨터로 보는 관점의 진짜 문제는 우리를 비자연적으로 만든다는 점이다.

영혼 또는 자아를 정원처럼 가꾼다는 생각은 고대부터 찾아볼 수 있었는데, 현대 과학의 두뇌 연구에도 적용되기 시작했다. 물론 한 가지 비유를 다른 비유로 바꿀 뿐이라 볼 수도 있지만, 비유 없이는 우리는 정교한 사고를 할 수가 없다. 게다가 이것은 더 정확한 비유다. 신경망을 생성하는 세포들은 나무처럼 가지를 뻗으며 자란다. 처음에는 그런 시각적 유사성 때문에 나무라는 뜻의 라틴어를 따서 '가지 돌기dendrite'라고 불렀다. 최근에 밝혀졌듯이, 신경세포와 식물은 똑같은 세 가지 수학 법칙[10]에 따라서 자란다. 신경망의 건강을 유지하는 데는 적극적인 가지치기와 잡초 뽑기 과정이 필요하고, 이 일은 두뇌의 상주 원예사라고 할 수 있는 세포들이 수행한다는, 더 깊은 유사성도 있다.

생명이 시작될 때는 두뇌에 뉴런 5000억 개 이상이 뒤엉킨 황무지가 펼쳐진다. 이 상태에서 성숙한 두뇌로 발전하려면, 남은 세포들이 서로 연결되고 복잡한 망을 구성할 공간을 마련하도록 세포 중 80퍼센트가 제거되어야 한다. 이 과정을 통해 우리를 우리로 만드는 고유한 연결 패턴이 생긴다. 인생 초기의 두뇌는 양육 방식, 즉 아기가 받는 사랑과 돌봄과 관심을 통해서 성장한다. 두뇌의 뉴런은 경험에 대응해서 발화하면서 인접 뉴런들과 연결이 강해지거나 약해진다. 이런 연결 지점인 시냅스에는 신경전달물질이라는 화학물질들이 이동하는 작은 틈이 있다. 시간이 지나면서 사용하지 않는 시냅스는 가지치기되고, 꾸준히 사용하는 시냅스는 자리를 잡아서 성장 공간을 얻는다.

뇌의 신경망은 일생 동안 형성되고 재생된다. 이렇게 변화하는 신경 연결 능력을 가소성plasticity이라고 한다. 이 말은 '짓다' 또는 '주조하다'라는 뜻을 가진 그리스어 '플라세인plassein'에서 왔는데, 오늘날에는 불행히도 인공적인 것을 연상시킨다. 1950년대에 이 사실이 처음 밝혀졌을 때는 두뇌 신경망이 어떻게 형성되는지 아무도 몰랐고, 미세 교세포microglial cell의 역할이 밝혀지기 전까지는 수수께끼로 남아 있었다. 미세 교세포는 면역계의 일부로, 두뇌 세포 총량의 10분의 1을 차지한다. 예전에는 감염이나 부상으로 활성화할 때를 빼면 수동적으로 존재할 뿐이라고 여겼지만, 오늘날에는 임신 후 겨우 며칠 된 배아 상태에서 이미 나타나 두뇌가 성장하고 자기 치료를 하는 데 처음부터 관여한다는 사실이 밝혀졌다.

이 전문 세포는 기동성이 높아서[11], 신경망 속을 돌아다니며 허약한 연결 부위와 손상된 세포를 제거한다. 활동 대부분은 잠을 잘 때 일어난다. 그때 수축된 뇌에서 미세 교세포가 손가락 같은 돌기로 독소를 없애고, 염증을 가라앉히고, 중복되는 시냅스와 세포를 잘라내 공간을 확보한다.

최근에는 발전한 영상 기술[12]을 통해 이 세포들의 활동을 관찰할 수 있게 되었는데, 마치 각 세포가 자기만의 신경 영토를 돌보는 듯 보인다. 이 세포들은 정말로 원예사처럼 잡초를 뽑고 치울 뿐 아니라, 뇌의 뉴런과 시냅스가 자라게 도와주기도 한다. 신경 발생이라고 하는 이 과정은 미세 교세포와 다른 두뇌 세포들이 방출하는 단백질인 뇌 유래 신경영양인자brain-derived neurotrophic factor, BDNF에 의해 촉진되는데, 신경세포에 작용해 비료와 같은 효과를 낸다.[13] BDNF 수치가 낮으면 신경망이 힘을 잃고 우울증에 걸릴 확률이 높아진다는 견해가 힘을 얻고 있다.[14] BDNF 수치는 운동, 놀이, 사회적 접촉 등 다양한 자극을 통해서 올릴 수 있다.

계속적으로 잡초를 뽑고 가지를 치고 비료를 주는 과정을 통해, 세포 수준에서 두뇌 건강이 유지된다. 미세 교세포의 활동은 건강이란 수동적인 것이 아니라는 인생의 근본적 법칙을 잘 보여준다. 현미경으로 볼 수 있는 규모에서 일어나는 일은 그보다 큰 화폭에서도 일어나야 한다. 정신도 돌봄을 받아야 한다. 우리의 정서적 삶에는 복잡하고 끊임없는 돌봄과 재작업이 필요하다. 형태는 각자 다르겠지만, 근본적으로 부정적이고 자기 파괴적인 힘에 맞서기 위해 돌보고 창조하는 태도를 갖추어야 한다. 그리고 무엇보다 어떤 것이 우리에게 영양을 공급해주는지 인식해야 한다.

인간은 아프리카 사바나에서 태어난 초원 동물이고[15], 우리 신경계와 면역계는 자연 세계의 다양한 양상에 최선의 방식으로 대응하도록 진화했다. 햇빛 양, 노출되는 미생물 종류, 주변 식생 상태, 우리가 하는 운동 종류가 다 환경이다. 이 의미는 앞으로 밝혀나가겠지만, 식물이 자연에서 번성하는 길과 인간이 번성하는 길이 서로 연결되어 있다는 힐데가르트의 직관이 옳다는 사실이 증명되고 있다. 우리가 바깥 자연을 돌보면, 우리 안의 자연, 우리의 본성도 돌보게 된다. 바로 그런 이유로 사람은 자연 세계에 있을 때 더 강한 활력과 원기를 느끼고, 원예가들은 평온한 활기를 맛본다. 자연에서 시간을 보내면, 연결을 원하는 인간의 본성이 깨어난다.

연구를 위해 원예 치유 집단들을 탐방하면서, 나는 이 모든 것을 강력하게 느꼈다. 한 집단에서 1년 가까이 소규모 원예 프로젝트에 참여한 그레이스를 만났다. 그레이스는 10년 전 20대 시절에, 어머니의 죽음을 포함해 불행하고 고통스런 경험을 연쇄적으로 겪었다. 그런 뒤 우울증이 생겼고 공황 발작이 시작되었다. 약물은 증상을 어느 정도 완화시켜주었지만, 인생은 점점 축소되었다. 그레이스는 불안증 때문에 동네 가게에도 가지 못했고, 대부분 시간을 집에서 보냈다. 낮은 자존감과 아무것도 변하지 않을 거라는 절망이 그레이스를 괴롭혔다.

그레이스는 이전에 원예를 해본 적이 없었고, 정신과 의사가 프로젝트를 제안했을 때도 그게 도움이 되리라고는 생각하지 못했다. 참여해야 할지 확신할 수 없었지만, 일단 참여해보니 금세 정원의 평화로움에 사로잡혔다. "정원에는 야단법석이 없어요. 그래서 나를 진정시켜줘요." 그레이스는 말했다.

일을 많이 해야 할 필요가 없다는 사실도 좋았다. 원한다면 그냥 앉아서 휴식만 해도 괜찮았다. 그레이스는 곧 집단의 추진력에 이끌렸다. 과제를 공유하면, 집단의 유대가 형성된다. 여기에 자연도 일정한 역할을 한다. 사람들은 자연에 있을 때 더 쉽게 마음이 통하기 때문이다. 원예에는 심리적, 사회적, 신체적 이점이 모두 있다는 뜻이다.

프로젝트의 기존 참여자들이 자신을 지지해준다는 느낌은 그레이스에게 큰 영향을 주었다. 원예 치료사가 해야 할 일을 꼼꼼히 일러주는 것도 좋았다. 이를 통해 그레이스는 자신감을 얻었다. 단순하고 실용적인 기술 교육이지만, 그레이스처럼 인생 중간에 주저앉은 사람에게는 무의식적으로 중대한 메시지가 전달되었다. 변화와 재생이 가능하다는 메시지이자 그레이스도 무언가를 길러낼 수 있다는 메시지였다.

시간이 흐르고 식물들이 자라면—당연히 식물은 자란다—그때는 보는 것이 믿음이 된다. 먹는 것도 믿음이 된다. 자신이 키운 농작물을 요리해서 함께 먹을 때면, 우리는 맛을 실감하고, 좋은 일이 일어났다는 사실을 실감한다. 그레이스는 이렇게 말했다. "어떤 일을 시작부터 끝까지 지켜보고 그 성장에 힘을 기울였다는 사실을 의식하면, 마음에 큰 울림이 일어납니다." 모두 함께 음식을 준비하고 나눠 먹는 과정은 갓 딴 농작물의 훌륭한 맛을 넘어서는 새로운 경험이었다. 정원에서 따서 바로 삶은 옥수수를 처음 맛보았을 때, 그레이스는 풍미와 식감에 압도되었다. 함께 수프를 먹고 정리를 하다가 모임 전체가 갑자기 기쁨의 노래를 부르며 춤을 춘 일도 있었다.

그레이스는 식물에 관심이 점점 깊어지는 자신이 놀라웠다. 또한 식물들이 꽃을 피우고 열매를 맺는 모습이 그토록 큰 기쁨과 만족을 준다는 데 감격했다. 자기 아닌 무언가를 돌보는 일은 부질없는 에너지 소모라고 느낄 수 있다. 그레이스도 처음에는 다소간 그렇게 생각했다. 자기 계발과 투자를 강조하는 현대 사회에서는 나 자신이 아닌 데에 노력을 들이는 돌봄이 소모적 활동으로 보일 수 있다. 많은 노력이 필요한 돌봄 활동은 때로 힘들기도 하지만, 중요한 신경화학적 보상이 따른다. 돌봄이 가져다주는 평온과 만족은 주는 사람과 받는 사람 모두에게 이득이 된다. 그렇게 되는 데는 명백한 진화적 이유가 있다. 쾌적한 감정이 주는 항스트레스와 항우울 효과는 사랑의 호르몬이라 부르는 옥시토신의 작동과 두뇌의 천연 아편인 베타엔도르핀이 방출됨으로써 얻을 수 있다. 그레이스는 말했다. "정말 큰 도움이 돼요. 아주 새로운 감정이에요. 거기 있을 때는 다른 세계에 있는 기분이 들어요."

'다른 세계'는 돌봄과 양육을 베풀 때뿐 아니라, 자연 속에 있거나 파종, 수확, 공동 식사 같은 사교 활동을 통해 진정 효과를 얻을 때도 경험할 수 있다. 원예 프로젝트는 땅과 가까운 곳에서 누리는 협동 주거를 일정 정도 재현한다. 사실 인류는 몇십만 년을 이런 상태로 살았다. 그레이스는 원예 프로젝트에 일주일에 한 번 참석하는데, 그때 받는 좋은 기분은 며칠을 간다. 집에서 불안이 느껴질 때, 정원을 생각하기만 해도 도움이 된다고 말한다. "이제 마음속에 안식처가 생긴 것 같아요." 그레이스가 말했다. 그레이스는 이제 동네 가게에도 갈 수 있게 되었고, 외출해서 다른 일도 하기 시작했다. 나와 만났을 때는 2년 차 프로젝트 계약을 마친 참이었다. 원예가 자신에게 얼마나 큰 도움이 되었는지에 대해서 그레이스는 확고했다. "10점 만점에 11점이에요." 점수를 매겨달라고 하지도 않았는데 이렇게 말했다.

정원과 자연이 사람의 행복과 정신 질환 회복에 도움이 된다는 생각은 18세기 유럽에서 처음 조명을 받았다.[16] 영국 의사 윌리엄 튜크 William Tuke 같은 개혁가들은 정신 질환자들에게 흔히 강제되는, 가혹한 환경과 야만적 치료에 반대했다. 환경 자체가 치유력을 발휘할 수 있다고 생각한 튜크는 1796년 요크 근교에 '리트리트The Retreat'라는 시설을 지었다. 그의 환자들은 행동 제약을 받지 않고 구내를 자유롭게 돌아다닐 수 있었고, 원예를 포함해서 여러 가지 의미 있는 일을 할 기회를 얻었다. 이곳은 "무너진 정신이 회복과 평온을 찾을 수 있는 조용한 안식처"[17]로 구상되었으며, 온정, 품위, 존중에 토대한 치료

법을 사용했다. 이후 한동안 넓은 시골 땅에 환자들이 꽃과 채소를 기르며 시간을 보낼 수 있는, 정원과 온실을 갖춘 보호 시설이 유행처럼 지어졌다.

대서양 건너 미국에서는 1812년에 미국 '건국의 아버지' 의사 벤저민 러시Benjamin Rush가 정신 질환 치료법에 대한 책을 출간했다. 러시는 "입원비를 대기 위해 병원 구내에서 나무를 베거나 불을 피우거나 정원 가꾸는 환자들이 잘 회복된다"[18]는 사실을 지적했다. 반대로 사회적 지위가 높은 환자들은 "병원 담장 안에서 시들어가는" 경우가 더 많았다.

20세기에 들어서서도 많은 시설이 큰 정원을 만들고 환자들이 키우는 꽃, 과일, 채소를 활용했다. 그러다가 1950년대가 되자, 새롭고 강력한 약물들이 도입되면서 정신 질환 치료법이 급격하게 변했다. 돌봄의 초점이 약물 치료로 옮겨가면서 환경의 역할은 중요성이 감소했고, 그에 따라 이후의 신축 병원들은 외부에 녹색 공간을 거의 만들지 않았다.

이제 우리는 한 바퀴 돌아 출발 지점으로 돌아왔다. 우울증과 불안증이 늘고 약물 비용도 증가했다. 여기에 자연의 유익한 효과에 대한 증거가 늘면서, 원예를 비롯한 다양한 형태의 '녹색 돌봄'이 새로운 추진력을 얻고 있다. 최근 일반의들에게 원예나 실외 운동을 처방하도록 권고하는 새로운 사회적 처방 프로그램[19]들이 생겨났다. 영국의 현 정책은 이러한 공동체 기반 활동 계획을 지지한다. 얼마 전 출간한 『자연과 공공 보건에 대한 옥스퍼드 교과서Oxford Textbook of Nature and Public Health』의 공동 편자인 의사 윌리엄 버드William Bird[20]는 녹색 돌봄의 강력한 옹호자다. 버드는 실존 자료들을 토대로, NHS가 원예 프로젝트에 1파운드를 지원하면 보건 비용이 감소해 5파운드를 절약할 수 있다고 계산했다.[21] 그가 말하는 대로 "사람들은 현재, 자연과도 또 서로와도 분리된 상태로 살기" 때문이다.

치유 원예는 대개 유기적 경작을 원칙으로 한다. 성장에 필요한 노동을 제공하는 사람들의 심리적 지속 가능성뿐 아니라 환경적 지속 가능성에도 초점을 맞추기 때문이다. 영국 자선단체 '마인드'가 녹색 체육과 원예를 포함한 다양한 녹색 활동에 참여한 경험에 대해 대규모 조사[22]를 수행했는데, 응답자 94퍼센트가 정신 건강에 도움이 되었다고 답했다.

몇십 년 동안 진행된 연구[23]에서는, 원예가 기분을 풀어주고 자존감을 높이며 우울증과 불안을 완화한다는 강력한 결과를 얻어냈다. 이런 연구들은 스스로 원예를 선택한 사람들을 대상으로 수행되었기에, 환자들을 각기 다른 치료법에 임의로 배정하는 최고 수준의 임상 시험 기준에는 이르지 못했다. 그런데 최근 덴마크의 한 연구 팀이 이 시험에 성공했다.[24] 그 연구 팀은 스트레스 장애 진단을 받은 환자들을 두 집단으로 나누었다. 한 집단은 검증된 10주 과정의 인지행동치료CBT를 받고, 다른 한 집단은 같은 기간 동안 원예 활동에 참여했다. 10주 동안 일주일에 몇 시간 정도 식물을 돌보는, 대단할 것 없는 일이지만, 두 번째 집단은 짧은 기간에도 CBT 프로그램과 비슷한 수준의 효과를 보았다. 이 논문은 2018년 《영국 정신의학 저널British Journal of Psychiatry》에 실렸는데, 원예 치료 시험을 다룬 논문으로는 첫 학술지 게재였다. 이로써 원예가 주류 의학계에서 신뢰를 얻고 있음을 알 수 있다.

이런 연구와 시험은 물론 중요하지만 치유적 원예가 갖는 긍정적 효과의 전모를 포착하지는 못한다. 원예의 특이점은 인생의 정서적, 신체적, 사회적, 직업적, 영적 측면을 두루 포괄한다는 데 있다. 당연히 장점이지만, 연구를 통해 제대로 평가해내기 어렵게 만드는 요인이기도 하다. 거기다 과학적 연구는 비교적 단기간에 이루어지는데, 사람들에게는 보통 그레이스에게처럼 더 오랜 기간이 필요하다. 실제로 무언가 자라는 모습을 보며 도움을 받으려면, 몇 계절을 지나면서 성장 주기를 겪어야 한다.

영국에서 가장 오래되고 성공적인 원예 치료 프로젝트는 옥스퍼드셔의 '브라이드웰 가든스'다. 이 프로그램은 최대 2년까지 참여할 수 있다. 프로젝트에 참여한 정원사들—참여자는 환자가 아니라 정원사라고 불린다—은 대체로 심각한 정신 건강 문제를 앓고 있고, 장기 환자도 많다. 그들은 사회적으로 단절되었으며, 질병이 개인의 정체성이 되었다. 이곳 팀은 1년 단위로 70~80명 정도가 작업을 하는데, 대부분 일주일에 두 번 참여한다.

원예는 질병은 말할 것도 없고 병원이나 진료실과도 무관한 일상적 활동이기 때문에, 그 자체로 비정상을 정상화하는 기능이 있다. 자연의 성장과 함께 일하는 것은, 좋은 것에 양분을 대는 효과가 있다. 브라이드웰의 정원사들은 이런 이해를 발전시켜서, 인생에서도 똑같은 일을 할 수 있고 나쁜 것을 전부 짊어지고 갈 필요가 없음을 깨닫는다. 후속 조사에 따르면, 프로그램 수료자 중 60퍼센트 정도가 직업 생활이든 자원봉사든, 일정한 형태의 일을 하거나 직업훈련을 받으며, 나머지도 상당수가 새로운 활동을 시작하거나 공동체에 참여하는 등 긍정적 변화를 이루었다. 처음 상태를 생각하면 주목할 만한 변화다.

브라이드웰은 코츠월드 교외의 큰 정원 안에 설치되어 있다. 그곳에는 베네딕트회 수도원 정원처럼 자체 포도원 등의 생산적 영역이 평화와 안식을 위한 정신적 공간과 공존한다. 목공 작업장과 대장간도 있다. 멋드러진 철 세공 출입문은 몇 년 전에 대장간에서 정원용 삽과 쇠스랑을 녹여 만든 재생 작품이다.

프로그램 스태프들은 대장간 일이 어린 시절 폭력과 학대를 경험한 사람들에게 특히 많은 도움이 된다는 사실을 알아차렸다. 이런 종류의 카타르시스는 말로 쉽게 옮길 수 없는 감정과 갈등을 뚫고 해결책을 얻어내도록 도와준다. 부정적 감정과 경험을 어떻게 관리하느냐에 따라 정신 건강이 결정되기 때문에, 대장간 일의 효과는 치유에 큰 의미가 있다. 지크문트 프로이트Sigmund Freud가 '승화'[25]라고 부른 방어기제는 다양한 종류의 변형적, 창조적 작업을 통해서 일어날 수 있다. 물리화학에서 승화가 고체가 액체 상태를 거치지 않고 바로 기체로 변하는 것이듯, 인간 정신에서 승화는 한 가지 상태에서 다른 상태로 도약하는 일이다. 예술가는 원초적 본능과 강력한 감정을 미적 가치가 있는 창조물로 바꿈으로써 그와 비슷한 일을 한다고 프로이트는 주장했다.

분노, 애통, 좌절을 승화시키거나 창조적으로 표출하는 방법은 많다. 원예도 그중 하나다. 흙을 파고 가지를 치고 잡초를 뽑는 일은 모두 파괴를 통해 성장을 북돋는 돌봄의 형태다. 흙을 일구면 공격성과 불안을 방출하게 되고, 그에 따라 외부뿐 아니라 내부의 풍경도 바뀐다. 원예는 본질적으로 변화를 일으키는 행위다.

상실의 슬픔을 마주해야 헤어나올 수 있지만 거기엔 고통이 따른다. 그래서 우리는 때로는 다른 위안에 의존한다. 찰스 디킨스의 『위대한 유산』에 나오는 미스 해비셤[26]은 애도를 거부하고 원한을 키운다. 결혼식 당일에 버림을 받자 시계를 멈추고, 햇빛을 차단하고, 실내에 틀어박힌다. 해비셤의 집 '새티스 하우스'는 깨진 꿈의 묘지가 된다. 썩어가는 시체처럼 테이블에 남아 있는 웨딩 케이크에는 검은 버섯이 큼직하게 자라고 그 틈에는 점박이 거미들이 산다.

인간 본성의 기이한 점은 좋은 것을 나쁜 것으로 바꾸고도 그걸 즐길 수 있다는 사실이다. 미스 해비셤이 키우는 여자아이 에스텔라는 양육이 아니라 형성되었고, 핍이 나중에 알게 되듯이 그 목적은 "남자에 대한 미스 해비셤의 복수를 수행하기 위해서"다. 에스텔라의 여린 심장에는 사랑과 연민 대신 경멸과 무심함이 심어졌다.

새티스 하우스의 정원은 "잡초에 뒤덮인 황무지"가 되었는데, 디킨스는 평범한 야생 회귀와는 다르다고 분명히 밝힌다. 핍은 "황폐한 정원"을 산책하다가 "죽어 악취를 풍기는 양배추들"을 마주치고, 이어 더욱 기이한 것을 본다. 멜론과 오이 재배 장치였는데 "죽어가면서도 자발적으로 자라난 부분들이 낡은 모자와 장화를 힘없이 흉내 내고, 여기저기 멋대로 돋아난 새순들이 망가진 냄비처럼" 보였다. 정원의 자연적 성장력은 그 주인의 정신처럼 뒤틀려서, 재생 없는 부패가 일어나고 있었다.

새티스 하우스를 마지막으로 방문했을 때, 핍은 오랜 은둔 세월이 미스 해비셤의 "사랑의 실패와 자존심의 상처"를 "괴물 같은 강박"으로 키웠음을 인식한다. 또 "해비셤이 햇빛을 차단하고 살면서 훨씬 더 많은 것을 차단했다"는 사실도 깨닫는다. "은둔을 통해 천 가지 자연스러운 치유 효과를 가로막았기 때문"이다. 미스 해비셤이 전지가위만 꺼내들었어도, 그 모든 복수심으로 정원을 변모시킬 수 있었으리라. 하지만 그 대신 원한으로 자신을 소모했고 결국 미스 해비셤은 불길 속에 죽고 새티스 하우스도 사라지고 만다.

소설 마지막 대목을 보면, 핍과 에스텔라는 옛 새티스 하우스 터에서 우연히 만난다. 핍은 폐허에서 "지난날의 담쟁이들이 새싹을 틔우고, 폐허의 낮은 흙더미들에 초록색이 번지는 모습"을 본다. 자연의 재생에 대한 작은 신호를 통해, 우리는 핍과 에스텔라의 인생이 그렇게 엉망이 되지는 않으리라 감지할 수 있다.

3

씨앗과 자신감

아무것도 뿌리지 않은 정원에서 많은 것이 자란다.[1]

토머스 풀러(1654~1734)

무언가를 키우는 일에서는 작은 손길만으로도 놀라울 만큼 큰 보상이 따라온다. 나는 우리 아스파라거스밭을 가꾸며 상상 이상의 보람을 느낀다. 내 손 안에 있던 아주 작은 씨앗 봉투에서 시작된 생명이기 때문이다. 똑같은 이유로 영국앵초Auricula가 봄마다 꽃을 피울 때도 격렬한 기쁨을 경험한다. 활짝 핀 꽃의 고운 색깔과 꽃잎을 덮은 영롱한 가루는 언제나 기쁨을 주지만 무엇보다 내가 꽃을 피우는 데 한몫했다는 사실이 그 기분을 더 북돋워준다. 첼시 꽃 박람회에서 사온 갈색 봉투가 부린 마법 덕분이다.

아스파라거스와 앵초를 키우는 데는 인내와 끈기가 필요하지만, 호박은 씨앗을 한 줌 뿌려두기만 하면 가을에 다 먹을 수도 없는 소출을 낸다. 해마다 우리 정원에서 퇴비가 일으키는 자연의 변형 능력이 가장 눈부시게 드러나는 곳은 호박밭이다. 모든 일이 씨앗 몇 개와 퇴비를 통해 이루어진다.

원예에는 미술이나 음악 같은 다른 창조적인 작업보다 수월하게 접근할 수 있다. 시작하기만 하면 이미 절반쯤 한 셈이다. 모든 씨앗은 잠재력을 품고 있다. 원예가는 그저 풀어내기만 하면 된다. 이에 대한 심리적 의미는 교도소 원예 프로젝트 현장에서 새뮤얼(가명)을 인터뷰했을 때 절감했다. 새뮤얼은 30년 동안 주로 약물 관련 범죄로 교도소를 드나들었다. 듬성듬성한 흰머리와 주름 깊은 뺨은 그를 인생의 패배자로 보이게 했다. 가족 이야기를 할 때면 강한 수치심과 실패감을 드러냈다. 새뮤얼은 계속 가족을 실망시켰다. 그래서 이제는 자신이 마약을 멀리하고 새 삶을 살 거라는 기대를 가족 누구도 하지 않으리라고 생각했다.

하지만 이번 수형 생활은 이전과 달랐다. 교도소에서 원예 프로젝트를 실행했고, 원예를 해본 적이 없는 새뮤얼은 새로운 시도를 해보기로 했다. 그리고 며칠 전, 자신이 키운 땅콩호박을 수확한 직후에 80세 된 어머니와 통화를 했다. 몇십 년 만에 처음으로 어머니에게 전할 좋은 이야기, 자랑할 만한 이야기가 생긴 것이다. 어머니 역시 아들에게 자신의 원예 경험을 들려주었다. 그들은 어머니가 예나 지금이나 사랑하는 호박꽃을 주제로 공감을 나누었다. "내 이야기를 듣고 걱정을 하지 않는다는 게 어머니에게는 큰 기쁨이었죠."

새뮤얼에게는 과거의 모든 것이 장벽처럼 느껴졌지만, 땅콩호박 수확은 처음으로 자신 안에서 무언가가 변할 수 있다는 구체적 증거가 되었다. 새뮤얼은 말했다. "변화가 없으면 변하지 않아요. 무언가 달라져야 해요. 여기서 나는 새로운 유대를 이루었습니다." 새뮤얼은 정원에서 새롭게 희망을 얻었고, 출소하면 원예 인턴으로 일하겠다고 지원을 해둔 상태다.

원예를 처음 하는 사람은 누구나 식물이 제대로 자랄지 걱정한다. 하지만 새 생명이 뿌리를 내리고 힘차게 성장하는 모습을 목격하면, 우리는 자신이 가진 엄청난 힘을 느낀다! 이 경험, 그리고 경험을 통해 얻는 긍정적 감각의 핵심에는 일종의 환상이 있다. 나는 그 환상이 사람들로 하여금 무언가를 키우게 한다고 생각한다.

숙련된 원예가는 환상의 토대를 이루는 마법을 잊기 쉽지만, 그렇다고 해서 완전히 잊는 것은 아니다. 최근에는 내 남편 톰에게서 그 모습을 보았다. 톰이 3년 전에 심었다가 이제 포기하려던 모종 트레이에서 모란이 싹을 틔웠다. 톰은 엄청난 일을 해냈다는 듯 만면에 웃음을 짓고 말했다. "봐! 기다림이 헛되지 않았다니까."

마이클 폴란Michael Pollan은 저서 『세컨 네이처』에서 움직이는 환상을 볼 수 있었던 어린 시절의 기억을 전한다. 네 살배기 폴란은 집 정원 한구석에 숨었다. 근처를 쑤시고 다니다가 "뒤엉킨 덩굴과 넓적한 이파리들 틈에서 녹색 얼룩 축구공"을 보았다. 수박이었다. 마치 "보물을 발견한 것" 같은 기분, 그 이상을 느꼈다. "이 수박이 내가 심은 씨앗, 아니 어쨌건 내가 몇 달 전에 뱉어서 묻은 씨앗에서 자랐다고 생각했기 때문이다.[2] '내가 이 일을 일어나게 했어.' 한순간 나는 수박이 그냥 익게 두어야 한다는 생각과 내 성취를 자랑하고픈 치솟는 욕망 사이에서 갈등했다. '엄마한테 보여줘야 해.' 그래서 수박을 따서 품에 안고 집으로 뛰어가면서 목이 터져라 소리쳤다." 수박은 "1톤은 나갔는데", 그다음에 인생의 작은 비극이 벌어졌다. 현관 앞에 거의 다다랐을 때 중심을 잃어서 수박을 떨군 것이다. 수박은 산산조각이 나버렸다.

이 대목을 읽으며 나는 "내가 이 일을 일어나게 했어"라는 문구에 특히 눈길이 갔다. 어린 폴란은 강렬한 자신감과 자부심을 느꼈다. 행운이 있다면 우리 모두 느낄 수 있는 감정이다. 그런 소중한 순간들은 어린아이뿐 아니라 어른의 삶에도 중요하다. 그 감정은 교도소에서 어머니와 통화하는 새뮤얼에게뿐 아니라 집으로 달려가는 소년 폴란에게도 살아 있었다. 그리고 이런 순간들이 얼마나 큰 영향력을 발휘했는지에 대해, 폴란은 자신도 모르게 수박을 키웠다는 사실이 안겨준 기쁨이 이후 원예 생활의 동기가 되었다고 믿는다.

정신분석학자 매리언 밀너Marion Milner[3]는 그림을 독학하면서 환상이 갖는 창조력을 발견했는데, 그 과정을 『그림 그릴 수 없는 것에 대해On Not Being Able to Paint』라는 책에 담았다. 창조력이 평생토록 중요하다고 믿은 위니콧은 밀너의 생각을 한층 더 발전시켰다. 위니콧은 아기가 상상적 도약을 통해서 자신이 세계의 중심이며[4] 스스로 그 세계를 창조했다고 느낀다고 결론을 내렸다. 그래서 아기가 엄마를 원하는 순간 바로 엄마가 아기에게 반응하면, 아기는 잠시나마 자신이 엄마를 만들었다고 느낄 수도 있다. 유아기의 전능감이란 그 정도다!

영아기의 주관적 경험에 직접 접근해서 이런 개념이 사실인지 확인할 수는 없다. 하지만 어린아이들이 자신의 힘에 대해 과도한 환상을 품는 모습은 흔히 볼 수 있다. 이 환상은 자신감의 토대가 되므로, 점차 부드럽게 깨져야 한다. 환상이 너무 많이, 너무 일찍 깨지면 좋지 않다. 아이가 자신의 보잘것없음과 나약함을 느끼면 파괴성을 띨 수도 있기 때문이다. 그렇다고 환상을 대놓고 부추겨서도 안 된다. 그저 약간 돌보고 길러주어야 한다. 무력감을 지우고 자신이 "무언가의 원인이 되는 즐거움"[5]을 누리는 아이들의 상상 놀이를 보면서 이런 사실을 확인할 수 있다. 어린 시절에만 국한되는 상황은 아니다. 위니콧과 밀너는 우리가 평생토록 겪는 풍성하고 강렬한 많은 경험이 이와 비슷한 창의적 환상 감각과 관련된다는 통찰을 보여준다.

　씨앗을 돌보는 일과 그 일을 위한 정신과 자연의 상호 작용에서 우리는 이 환상을 얼마간 경험할 수 있다. 무언가를 자라게 하는 경험은 신비스럽고, 그 신비스러움의 일부는 경험자의 것이라 말할 수 있다. 심지어 그런 환상에 이름도 있다. '그린 핑거green fingers'라는 영어 단어는 식물을 잘 기르는 재능을 가리킨다. 이 환상은 사람과 식물 관계의 핵심을 이룬다. 어떤 일을 일으킨다는 만족감, 사건의 원인이 되는 기쁨에는 이 환상이 기여한다고 나는 생각한다.

　위니콧이 말하는 '충분히 좋은 엄마'[6]는 환상을 '충분히' 키워주는 엄마다. 엄마가 완벽하지 않기 때문에 (예를 들어 항상 옆에 있지 못하기 때문에) 아기는 작은 좌절들을 경험하고, 그에 따라 현실에 대한 마술적 통제감을 조금씩 잃는다. 위니콧은 "엄마의 최종 과제[7]는 아이의 환상을 점진적으로 깨는 것이지만, 먼저 환상의 기회를 충분히 주지 않으면 그 일에 성공할 수 없다"라고 썼다.

위니콧은 이러한 과정을 '촉진' 과정이라고 부른다. 이 과정은 아이가 섣부른 판단이나 다른 사람의 기대에 압박을 받지 않고 자기 본연의 모습으로 자랄 수 있는 환경을 제공한다. 위니콧은 심리 치료 과제도 비슷하게 이해하면서, 원예를 비유로 들었다. 그리고 특정 정신분석가의 고압적 작업에 반대하면서 이렇게 썼다. "그가 수선화를 키운다면[8], 수선화 알뿌리가 충분히 좋은 양육을 통해 수선화로 자라게 하는 것이 아니라 자신이 수선화를 만들어내고 있다고 생각할 것 같았다."

위니콧은 환상을 충분히 경험하지 못한 아이들은 환상에서 벗어나는 일을 훨씬 힘들어하며, 그래서 더 쉽게 용기를 잃거나 절망에 빠진다고 생각했다. 다시 말해, 환상의 경험은 추후에 거듭된 실망과 가혹한 현실을 감당할 수 있는 역량을 키워주고, 또 자신감과 희망의 원천이 되어준다. 대자연은 정원에서도 '충분히 좋은 엄마'처럼 우리에게 많은 것을 베풀면서, 어김없이 인간 능력의 한계를 상기시켜준다. 우리는 환상을 허락받지만 오래도록 누리지는 못한다. 하지만 어떻게 해서인지 환상은 우리가 폭우, 가뭄, 추위 같은 가혹한 현실—정원을 망쳐버리는 해충은 빼고라도—을 헤치고 나가는 데 충분한 힘을 준다. 전체 상황에서 보자면, 원예는 우리의 무력함을 이렇게 고통스럽게 상기시켜주기 때문에 (자부심이 큰 몫을 차지하는 감정이기는 하지만) 오만이라는 잡초를 원예가의 정신에서 그리 흔히 찾아볼 수 없는 것이리라.

조금이지만 현실을 빚어냄으로써 효능감을 얻을 수는 있다. 하지만 결정적으로 정원에서 우리는 완전한 통제력을 가질 수 없다. 인생 전체도 마찬가지다. 우리는 약간 통제력을 가진 상황에서 가장 잘 살고, 완전한 통제력을 가진 상황에서는 그러지 못한다. 통제력을 잃으면 스트레스를 받지만 그렇다고 너무 많은 통제력을 가지면 인생은 지루하고 뻔해지며, 아무런 자극도 없을 것이다. 그래서 역설적으로 환상과 환멸, 효능감과 무능감을 모두 경험하면 포기가 아니라 추진력을 얻는다. 우리는 매력적인 환상의 기쁨을 느끼고 싶어 한다. 그래서 폴란이 덤불에서 수박을 발견했기 때문에 원예 생활을 하게 되었다고 솔직하게 말할 수 있는 것이다.

무언가를 길러내려고 할 때 자신에게 '그린 핑거'가 없는 건 아닐까 두려운 초심자에게는 수수께끼로 가득 찬 식물 세계가 위협적으로 느껴질 수도 있다. 환상의 힘이 작용하기 때문에, 첫 파종 시도에 실패하면 낙심과 실망에 빠져 "나는 아무것도 안 돼", "내가 손을 대면 다 망해" 같은 생각에 빠지기 쉽다. 그래서 어린이나 초보자는 해바라기나 무처럼 아주 안정적인 식물로 원예를 시작하는 게 좋다. 올바른 맥락에서 시작하면 누구든 그린 핑거를 가질 수 있다.

정원의 변형 능력은 자존감의 다른 원천이 없을 때 가장 뚜렷하게 드러난다. 2007년부터 학교 원예 캠페인을 벌이고 있는 영국 왕립원예협회Royal Horticultural Society, RHS[9]는 최근에 초등학교, 특히 대도시 빈곤 지역 학교들에서 진행한 프로젝트의 효과를 조사하는 연구를 의뢰했다. 이 연구를 통해 유익한 사실이 많이 밝혀졌는데, 정원 자체가 진정 능력 있는 환경이라는 점도 그중 하나다. 채소와 꽃을 키우고 퇴비를 만드는 일은 교과의 여러 측면을 생생하게 체험하도록 해주었기에, 연구는 원예의 새로운 적합성을 발견했다. 원예가 학교 생활에서 훌륭한 균형 유지 수단이 된다는 사실도 밝혀졌다. 원예에서는 학교 성적이 중요하지 않기 때문이다. 아무런 의욕이 없거나 특별한 도움이 필요하거나 행동 문제가 있는 아이들에게 이익이 더욱 두드러졌다.

가장 관심을 끈 것은 루턴 인근 학교의 핼러윈 프로젝트에 대한 조사 결과였다. 이 학교에 다니는 아이들은 대부분 정원도 녹지도 없는 고층 건물에 산다. 학습 장애 비율이 높고, 많은 학생의 학력이 전국 평균을 크게 밑돈다. 이 집단의 7세 아동들은 신기하고 재미있어 하며 핼러윈 호박을 키웠다. 많은 아이가 이 일을 계기로 자신감을 키우게 되었다. 이런 결과는 프로젝트 자체를 뛰어넘는 변화였다. 호박을 키우는 활동은 즐거운 학습 과정이라는 한 가지 차원을 뛰어넘어, 자존감이 낮은 아이들에게는 새로운 주체성과 흥미를 발견하는 계기가 되어준 것이다.

학습과 행동에 문제가 있는 아이들이나 새뮤얼 같은 수감자는 서로 관계가 없는 듯 보인다. 하지만 실제로 대부분 교도소에는 교육제도에서 낙오한 사람들이 가득해서, 학습 장애 인구 비율 아주 높다. 거기다 많은 수감자에게는 부정적 자기 확신이 몸에 배어 있어서 스스로 변화의 가능성을 잘 상상하지 못한다. 하지만 무언가를 자라게 만드는 경험은 제도를 속이거나 사기를 치거나 절도를 하는 일과 무관한, 자기 정체 감각을 발견하는 유의미한 첫걸음이 되고, 폭력이나 협박에서 유래하지 않는 지금까지와 다른 형태의 자존감을 준다.

새뮤얼은 세계에서도 손꼽힐 만큼 큰 교정 시설, 라이커스섬의 교도소에서 복역했다. 그곳에서 뉴욕원예협회가 뉴욕시 교정부, 교육부와 협력해 시행하는 프로젝트 '그린하우스 프로그램'에 참여했다. 해마다 남녀 400명에게 식물을 키우는 법을 가르치는 프로그램인데, 이 과정을 통해 다시 교도소에 들어오지 않고 사회인으로 살아갈 희망과 의욕을 북돋워준다.

그린하우스 프로그램에는 석방 후 뉴욕원예협회의 지역사회 그린팀에서 인턴으로 일할 기회를 얻게 되는 혁신적인 보상이 따른다. 출소한 뒤 뉴욕 전역 정원과 공원 몇백 곳에서 일하면서, 도시 녹색화에 기여하고 지역사회와 접점을 만들게 된다.

새뮤얼이 참여한 이 프로그램은 많은 전과자가 라이커스에서 배운 기술을 더 발전시키도록 도와주었다. 전과가 있으면 제대로 된 직업을 구하기 매우 어렵다. 라이커스를 떠난 많은 이가 취약한 이행기를 지내고, 65퍼센트 이상이 출소 후 3년 안에 재수감된다. 하지만 원예 프로그램에 참여한 사람들의 재범률은 10~15퍼센트에 그친다.

이른 아침 햇빛 속에 라이커스로 가는 다리를 건너면서, 겨우 몇 킬로미터 거리에 장대하게 펼쳐진 맨해튼 스카이라인을 돌아보았다. 그 반대 쪽으로는 더 가까이에 라과디아 공항 활주로가 자리 잡고 있다. 라이커스는 오래전부터 어둡고 위험한 장소로 악명이 높았다. 최근에는 일련의 추문이 떠돌아 악명이 더 강화되었다.

라이커스섬 개별 교도소 8개소에는 남녀 8000명이 수용되어 있다. 90퍼센트는 아프리카계 미국인이나 히스패닉이고, 정신 질환 진단을 받은 수용자도 40퍼센트가 넘는다. 재판을 기다리는 미결수도 많다. 대다수의 죄목은 마약 소지, 매장 절도, 매춘이다.

라이커스섬 자체가 건강에 해로운 메탄가스를 방출한다고 한다. 본래 면적은 35헥타르(1헥타르는 1만 제곱미터, 약 3000평이다_옮긴이)였지만 1930년대에 매립을 통해 현재와 같은 160헥타르로 확장했는데, 독성 물질이 일부 매립되었다. 정원을 만들기 좋은 환경은 아니다. 하지만 뉴욕원예협회는 1986년, 이 섬에서 그린하우스 프로그램을 시작했다. 당시 소장 제임스 질러가 온실을 짓고, 버려진 땅 1헥타르를 생산적 정원으로 개조했다. 2007년에는 힐다 크러스가 프로그램 운영을 넘겨받아서 정원 공간을 일곱 군데 더 만들었다. 힐다는 원예 치료사와 교사 열두 명으로 이루어진 팀을 이끌고 일주일에 6일, 원예 치료를 한다.

연간 수확량 8000킬로그램에 이르는 농작물은 수감자, 스태프, 그린 팀에서 일하는 출소자들이 나누어 갖는다. 프로그램 참가자들은 뉴욕시 공원들에 심을 다년생식물도 키우고, 거기서 키운 꽃으로 스태프 휴게실도 장식한다. 별것 아닌 듯 보일지 몰라도, 정원의 소출로 프로그램 참가자뿐 아니라 교도소 직원들도 혜택을 보는 일은 중요하다고 힐다는 말했다. 한번은 힐다와 함께 보안 검색을 통과하다가 그 효과를 체험했다. 교도소 직원이 힐다에게 이렇게 인사를 했기 때문이다. "안녕하세요, 힐다! 그린 핑거 일 계속하는 거죠?"

그린하우스 프로그램은 원예 치료, 직업훈련, 환경 교육의 요소를 모두 담고 있다. 한 회기가 끝나면, 농기구와 각종 장비를 모두 점검하고 수를 확인해 안전한 곳에 보관해둔다. 30년 동안 수감동에서는 때때로 폭력 사태가 벌어졌지만, 정원에서는 그런 일이 전혀 없었다.

높은 칼날 철망이 울타리를 이루는 교도소지만, 일단 안에 들어가면 어디에나 정원이 있다. 수감자들이 입은 주황-하양 줄무늬 작업

복만이 낯선 느낌을 줄 뿐이다. 원예 일을 처음 해보느냐고 묻자 한 참여자가 번개처럼 대답했다. "네, 우리 집 벽장에서 대마초 키운 일을 빼면요!" 그날 오전 정원에서 일하는 집단은 모두 마약 관련 수감자였다. 그들이 정원에서 얻고 싶은 것은 다양했다. 어떤 이는 채소를 키우고 싶어 했고, 어떤 이는 아이들에게 식물 키우는 법을 가르치고 싶어 했다. 한 젊은이는 여자 친구를 센트럴파크에 데리고 가서, 새로이 얻은 식물 지식을 자랑하고 싶다고 했다.

"여기서는 다들 별 개성이 없어요." 한 수감자가 말했다. 무슨 뜻인지 묻자, 너도나도 설명하려고 했다. "방에 돌아가면 우리는 말을 잘 안 해요. 너무 좁아요. 작은 방에 60명이 살면 남성 호르몬이 들끓어요. 여기서는 가면을 벗을 수 있어요." 다른 사람이 덧붙였다. "꽃을 위협하려는 사람도, 서로를 위협하려는 사람도 없어요." 또 한 사람이 말했다. "여기서는 모두가 똑같아요. 이게 헛소리를 없애줘요." "문제가 생기면 대화로 해결해요. 더는 이 안의 사람들과 어울리지 않게 돼요." 나는 결국 정원에는 강력한 균형 회복 효과가 있다는 사실을 이해했다. 이후 다른 교도소들에서도 같은 소식을 들었다. 정원이 제공하는 환경에서는 사회적 위계와 인종의 의미가 훨씬 약하다. 흙 속에서 일하면, 인간관계의 많은 부분을 특징짓는 허세와 편견이 사라진, 진정한 대인 관계를 키울 수 있는 듯하다.

라이커스섬의 다른 곳은 모두 음울하고 단조로웠지만, 정원에서는 국화 같은 화려한 꽃이 피고, 채소밭에서는 케일, 근대, 파프리카가 자랐다. 나에게 정원을 구경시켜주던 이들은 이제 돌아가서 그해 초 우연히 땅에 떨어진 새 모이에서 자라난 옥수수들을 꼭 보아야 한다고 했다. 그들은 옥수수를 따서 먹을 생각이었다. 그리고 옥수수가 버려진 것에서 자라났다는 사실에 깊이 감동하고 있었다.

그 집단 남자들 중 마틴이 눈에 띄었다. 마틴은 키가 큰 데다 호리호리했다. 태도는 점잖고, 원예에 열정이 커 보였다. 그런데 마틴은 자신이 스스로 등록한 게 아니라 '선택'되었다고 나중에 말해주었다. 한 교도관이 그냥 자기 이름을 올렸다고 했다. 그전에는 등록할 기회가 있었지만 그냥 흘려보냈다. 원예가 아무런 도움이 되지 않을 거라고 생각해서였다. 하지만 일단 원예를 시작하자 바로 매혹되었고, 이제는 이전까지 자신의 마음이 '닫혀 있었다'고 스스로 인정한다. "정원에서는 모든 게 자연스럽고 강요나 강압, 조작이 없어요. 이게 좋아요. 그걸 감사하고 끌어안을 줄 알게 됐어요." 참가자들은 정원에서 신체적 자유를 누리면서 내면의 자유도 느끼고, 그러면서 다른 방식의 삶을 보게 된다.

마틴은 토마토가 자라는 모습을 보고, 이어서 놀라운 맛의 차이를 경험하면서, 큰 깨달음을 얻었다고 말했다. 정원에 대한 그의 열중을 잘 이해하지 못하는 부인을 설득하고, 아이들에게도 원예를 가르치고 싶다고 했다. 그가 사는 지역에는 곳곳에 도시 농장이 있어서, 그 옆을 자주 지나다녔다고 한다. 이제는 직접 거기 참여하고 싶다는 바람이 생겼다. 라이커스의 정원을 겪기 전까지는 슈퍼마켓에서 파는 과일과 채소 이상의 것은 생각해보지 않았다. "포장 용기에 담겨 있으니 완벽하고 최고일 거라고 생각했죠."

농작물을 키우며 경험한 고양감과 별개로, 마틴은 정원의 고요함과 신선한 공기도 좋아하게 되었다. "여기서는 언어가 달라져요. 수감동 안에 들어가면 부정, 소동, 폭력뿐이에요. 여기에 나오면 다시 자신을 찾을 수 있어요. 광기의 섬에서 누릴 수 있는 소중한 평화입니다."

그러다가 대화를 마무리할 때쯤 자기 말에 설득력이 부족했다고 느끼는 듯 자신의 머리를 톡 치고 덧붙였다. "여기 작은 틈이 생기면, 이리로 무언가를 꺼낼 수 있어요." 그때 교도관이 큰 소리로 "시간 다 됐습니다!" 하고 외쳤다. 그러자 마틴이 말했다. "다시 교도관 목소리로 돌아왔네요. 때가 되면 언제나 변해요."

조부모나 부모가 땅을 경작하는 모습을 본 참가자도 있지만, 대부분은 자연과 접촉한 경험이 너무 적어서 흙에 손대기를 싫어했다. 마틴도 원예가 어떤 일인지 알지 못했다. 하지만 교도관의 현명한 가르침을 통해서 알게 되었다. 마틴의 정신에 생긴 '작은 틈'으로 가능성의 씨앗이 뿌려졌다. 그리고 그는 그렇게 멋진 표현으로 자기감정을 전할 수 있었다.

이후에 여자 참가자들도 만났다. 프로젝트 경험을 들으려고 갔더니, 그들은 과거사를 쏟아냈다. 그 프로그램이 그들에게 어떤 의미인지 설명할 수 있는 유일한 방법이었다. 포주의 학대, 폭력적 관계, 사산, 형제자매의 죽음, 어릴 때 여읜 부모에 대해 이야기했다. 이야기를 들으면서, 그들이 얼마나 돌봄을 받지 못했는지, 고통과 폭력으로 끝난 관계들에 얼마나 시달렸는지 알 수 있었다.

더는 살고 싶지 않다는 생각이 드는 시점까지 떠밀렸던 비비안은, 이제는 "정원의 모든 생명 덕분에" 살고 싶어졌다고 말했다. 비비안은 프로젝트에 참여하자마자 원예에 매혹되었다. "완전히 홀렸어요." 이야기를 하다 보니 비비안에게는 정원의 평화와 고요함도 중요하지만, 자기 바깥의 무언가를 돌보는 일도 중요하다는 것을 감지할 수 있었다. "이곳은 평화로워요. 모든 스트레스가 사라져요. 온실이 가장 좋고, 사막 식물에 대해 배우는 것도 좋아요. 식물이 우리가 내뱉는 공기를 들이마신다는 사실도 좋아요. 가끔은 식물들한테 말도 해요. 우리는 식물과 비밀을 공유해요."

캐럴도 마틴처럼 원예가 계셨다고, 앞으로도 계속해나가고 싶다고 했다. "여기서 많은 걸 배웠어요. 자기 씨앗을 만들고 그걸 키우는 법 같은 거요. 전엔 딸기가 어떻게 만들어지는지 몰랐어요. 딸기꽃이 가장 먼저 피어요. 이제 남편한테 할 흥미로운 이야깃거리가 생겼어요. 실제로 남편한테 '이것들을 심겠다'고 말해요. 아이들하고 이런 느낌을 나누고 싶고, 아이들에게 식물 키우는 법을 알려주고 싶어요. 돈도 절약하고, 맛도 좋고, 냄새도 좋아요!"

한 줌의 씨앗이 수확물로 변모하는 걸 보며 많은 사람이 쾌감을 느끼며, 거기서 원예 사랑이 시작된다. 이 집단도 예외가 아니었다. 이들도 씨앗에 숨어 있는 힘에 매혹되었다. 힐다가 몇 주 전 씨앗이 얼마나 커지는 보여주려고 가지고 온 코코넛은 정원 한가운데 놓인 물양동이에 들어 있다. 그 위로 새순이 60센티미터 정도 자랐다. 코코야자는 세상으로 자신을 내보냈고, 참가자들은 그 과정을 직접 관찰하면서 감탄했다.

내향적 특징을 갖는 식물들과의 교류는 평온을 주며, 평가받지 않을 자유를 준다. 이런 감정은 누구에게든 도움이 되지만, 교도소에서는 새로운 차원의 공감이 이루어진다. 새와 곤충은 들어오고 나가지만, 식물은 뿌리박혀 움직이지 못한다. 그렇게 똑같이 갇혀 있는 상태라는 사실이 일종의 공감을 일으킨다. 원예는 특히 불확실성 속에 살아야 하는 미결수들이 불안정한 감정에 대처하게 도와준다. 재판 연기처럼 큰 고통을 안겨주는 문제는 때로 반복해서 일어난다. 알베르토의 경우도 그랬다. 알베르토는 나쁜 소식을 들을 때마다 정원에 나갔고, 그러면 마음이 진정되었다고 한다. "정원은 잠시지만 정신을 다른 곳에 데려다줘요."

수줍음 많은 미결수 디노는 자신과 다른 사람들에게서 보이는 변화에 대해 이렇게 말했다. "이 일은 우리에게서 좋은 걸 많이 끌어냈어요. 나는 말하는 것보다는 그냥 일하는 게 좋아요." 디노는 정원을 아름답게 만드는 데 자부심을 품었지만, 거기에는 함정도 있었다. 소유욕이 강했기 때문이다. 그는 다른 사람들과 나누고 협력하는 법을 배우고 있다. "무언가를 너무 사랑하는 건 좋지 않아요. 과잉보호하고 싶은 마음을 억눌러야 해요. 다른 사람들에게 폐가 되니까요. 때로 다른 사람들은 여기서 물러났으면 하는 생각도 들지만, 이게 나만의 것이 아니라 모두의 것이라는 사실을 계속 되새겨야 해요."

야로는 가장 어린 수감자였는데, 가장 좋아하는 꽃을 보여주고 싶다며 나를 진홍색 금어초들이 있는 화단으로 데리고 갔다. "뭐 보여드릴게요." 그러면서 야로가 꽃을 한 송이 꺾자, 어린 시절 이 꽃들을 가지고 놀던 일이 떠올랐다. 야로도 그때의 나처럼 금어초의 '입' 부분을 움직이며 인형극을 흉내 냈다.

이어 야로는 좋아하는 것 한 가지를 더 보여주었다. 티피나옷나무였다. 나에게 줄기의 부드러운 털을 쓰다듬어 보라고 했다. "호랑이 가죽 같아요." 나무를 쓰다듬으며 야로가 말했다. 야로의 수줍은 태도와 더불어 정원이 그런 부드러운 감정을 표현할 수 있는 안전한 장소가 되었다는 사실은 인상 깊었다. 살풍경한 실내에서는 그런 감정을 드러낼 엄두도 내지 못할 테니까.

프로젝트 팀이 꾸려지면, 힐다는 참가자들에게 식물을 조심스럽게 다루는 법과 신경 써야 할 부분들을 가르쳐준다. 그렇게 참가자들이 식물을 돌보면서 위압적이지 않은 관계에서 자신을 열게 된다고 믿는다. 식물은 빠르게 반응하지 않으며, 우리가 인지할 수 있는 방식으로 움츠리거나 웃거나 고통을 느끼지 않는다. 이런 점이 우리에게 좋은 영향을 미친다. 어린 시절에 제대로 돌봄을 받지 못하면, 이후의 인생에서 돌봄을 배우기는 매우 어렵다. 내면의 모델이 없기 때문이다. 그뿐 아니라 다른 사람의 약한 모습을 보면 최악의 행동을 하게 될 수도 있다. 학대가 대물림되기 쉬운 이유다. 식물의 취약성은 작은 동물이나 사람의 취약성과 다르다. 동물과 사람의 취약성은 폭력의 희생자에게 잔인하고 가학적인 충동을 촉발할 수 있다. 하지만 식물에는 고통을 가할 수 없기 때문에, 잔혹성을 일으키지 않는다. 그래서 식물을 통해서는 안전하게 돌봄과 애정을 배울 수 있다. 크든 작든 잘못될 여지가 별로 없다.

마틴과 새뮤얼을 비롯, 라이커스의 사람들을 만나서 대화하고 느낀 것은 NHS에서의 임상 경험과도 일치했다. 나는 하트퍼드셔 빈곤 지역에서 다양한 수준의 폭력, 알코올중독, 범법 행위를 목격하며 자란 환자들을 만나보았다. 세대를 이어 반복되는 이런 문제는 대응하기 어렵다. 심리 치료를 시작하기도 쉽지 않고, 시작한다 해도 조기 중단 위험이 크다. 그래도 언제나 작은 변화만으로 많은 것을 이루거나 1년에 걸친 일주일 1회 치료로 인생이 달라지는 환자들이 있다.

물질문화가 지배하는 세계에서는 모든 것에 가격이 붙는다. 도시에서 빈곤층으로 살게 되면, 주변의 많은 것에서 불가피하게 배제된다. 자연과 일하면 다른 경험을 하게 된다. 힐다의 전임 제임스 질러는 이런 관찰 기록을 남겼다. 철새들의 이주 경로인 라이커스섬 정원에 어느 날 작은 홍관조 한 마리가 나타났다. 그날 함께 일하던 수감자가 새를 보고 질러에게 저런 새는 가격이 얼마나 되냐고 물었다.[10] 자연에는 가격이 없고 공짜로 누릴 수 있다는 생각은 수감자들에게 계시가 되어서, 주변과 완전히 새로운 관계를 만들게 해주었다.

많은 일이 그렇듯이, 원예 역시 무엇을 하느냐보다 어떻게 하느냐가 중요하다. 역사 속 정원은 자연을 통제하고 지배하며, 때로는 파괴하는 경우가 많았다. 부적합한 기후에서 완벽한 잔디밭을 만들려고 막대한 양의 물을 소모했고, 수많은 화학물질로 토양을 오염시키기도 했다. 하지만 치유의 원예는 당연히 지속 가능한 원예다. 자연의 생명력에 맞서지 않고, 더불어 일하는 원예다. 그린하우스 프로젝트 같은 프로그램에 참여하면 생태학의 기본을 학습하게 된다. 그 경험은 더 큰 맥락의 이슈, 우리 식량이 어떻게 생산되는지, 우리가 이 지구에서 어떻게 살고 있는지에 대한 깨우침을 줄 수 있다.

교도소 안에서는 좋은 일을 했다고 느낄 만한 상황이 별로 없다. 이제 나는 쓸모 없다는 생각을 가지고 수감되었다가 나가면, 어떤 희망을 얻을 수 있을까? 부정적 자기 확신은 종신형이나 마찬가지다.

범죄학자 섀드 마루나Shadd Maruna가 리버풀에서 수행한 연구[11]에서도 이런 사실이 드러난다. 마루나는 심층 면접을 통해서, 누범자들을 범죄의 고리에서 벗어나게 해줄 만한 것이 무언지 조사했다. 끊임없이 범죄의 길을 걸어간 사람들은 특징적으로 자기 인생에 대해 '징벌 시나리오'를 갖고 있었다. 반대로 중간에 인생을 바꾼 사람들은 과거의 잘못을 희망적인 이야기에 통합해 넣는, 새로운 '생성적 서사'를 채택했다.

직업교육을 하면 수감자의 취업 전망이 높아진다. 하지만 거기에는 다른 심리적 변화도 따라야 한다. 범죄와 갱단 활동은 어떤 미숙련 직업보다 소득이 좋기 때문이다. 마루나는 또 전과자 일부의 희망적 서사에는 스스로 내면화한 반항적 요소도 포함되어 있다는 사실을 알아냈다. 원예는 본질적으로 희망적이고 회복 지향적인 행동이지만, 특히 오늘날의 세계에서는 반항적인 행위일 수도 있다. 마틴이 일하고 싶다고 한 도시 농장은 고도로 산업화한 식품 체인의 대안으로, 지속 가능한 방법으로 과일과 채소를 키우려는, 팽창하는 반反문화의 일부다. 원예는 이렇게 더 큰 맥락의 서사, 사람들이 그 안에서 자기 위치를 찾아낼 수 있는 서사도 제공한다.

샌프란시스코 샌퀜틴 교도소의 원예 프로그램에 대한 연구 결과에서, 더 큰 맥락의 서사가 수감자들에게 미치는 영향을 알 수 있다. 샌퀜틴의 '인사이트 가든 프로그램'은 2002년, 베스 웨이트커스가 시작했다. 프로그램 평가[12]를 살펴보면, 수감자의 생태 이해력이 높아질수록 개인적 가치의 변화도 커진다. 교도소에서 운영하는 영속 농업permaculture과 생태 교육은 그 자체로도 교육적 가치가 있다. 그리고 더나아가 변화를 만드는 강력한 치유적 도구가 되어서, 참가자들이 인생을 이해하는 새로운 맥락도 준다. 베스가 말했듯이, 지속 가능한 원예의 원리는 인생의 준칙이 될 수 있다. 흙 속에 손을 넣음으로써, 수감자들은 "환경을 거스르지 않고 함께 살아야 한다는 것, 사람과 함께 사는 일도 마찬가지라는 것"을 이해한다.

현재 인사이트 가든 프로그램은 확장되어서, 캘리포니아의 다른 교도소 여덟 곳에서도 운영된다. 베스는 회복적 사법이 비용 대비 효과가 높다고 주장한다. 샌퀜틴의 프로그램 1년 운영 비용이 같은 기간 동안 죄수 1인을 수감하는 비용보다도 적다는 것이다. 이 프로그램 참여자도 뉴욕원예협회 프로그램에서처럼 재범률[13]이 아주 낮다. 마찬가지로 지역사회의 원예 사업과 이룬 강력한 연계가 프로그램의 성공에 기여했다. '플랜팅 포 저스티스'는 전과자를 고용하는 지역 연계 조경 및 원예 사업이다. 베스는 사람들이 관점을 '나에게서 우리로' 옮길 수 있게 되면 어떤 변화가 일어나는지 설명한다. 그리고 식물을 키우고 돌봄으로써 사람들의 삶에 대한 태도가 바뀐 사례를 너무도 많이 보았다고 말한다. 이제 사람들이 그 가치를 인정하기 시작했다.

자기 존중감을 높여주는 원예의 힘은 범법 위험에 놓인 어린이와 청소년에게 특히 큰 힘을 발휘한다. 자연 세계와 교류하면 진정한 능력을 얻고, 식물의 성장력과 함께 일하면서 건설적인 성취를 이룰 수 있다. 하지만 오늘날의 아이들 대부분은 자연과 단절되어서 자란다. 야외에 잘 나가지도 않는다. 실제로 최근 어린이들이 실외에서 보내는 주당 평균 시간[14]은 최대 보안 감옥의 수감자보다도 적다.

영국 최대의 자선 원예 단체 '스라이브Thrive'는 런던, 미들랜드, 레딩에 지부를 두고 있다. 스라이브는 사회적 문제나 건강 문제가 있는 사람들을 위한 치유 및 교육 프로그램을 운영한다. 그들의 '그로잉 옵션 프로젝트'는 14세에서 16세 사이 학교 이탈 청소년을 대상으로 한다. 아이들 대부분은 수학과 영어의 기초가 빈약하고, 이전까지 어떤 참여형 활동도 해본 적이 없다. 대부분 부정적 자기 확신과 더불어 반항적인 태도만을 키워왔다.

청소년들은 일주일에 하루, 종일 프로그램에 참여한다. 소유 의식을 가질 수 있도록 각자 구역이 정해져 있다. 정원은 넓은 들판에 있는데, 낮은 철망 울타리가 둘려 있다. 이 울타리는 넓은 들판에서 안전하다는 느낌도 주지만, 포위당하지 않는다는 감각도 준다. 이런 프로젝트는 운영하기 상당히 어려운데, 특히 처음 신규 회원을 받을 때 그렇다. 스태프와 자원봉사자들은 인내심을 가지고 참가자들의 행동을 관리해야 한다. 하지만 야외에 있는 것만으로도 도움이 되는 부분이 있다. 분노를 발산하고 싶은 청소년들은 야외에서 풀 수 있기 때문이다.

비행 청소년 서비스의 자문 역할을 한 위니콧은 반사회적 행동과 비행을 감상적으로 바라보지 않았다. 다만 그런 행동을 일으킨 다양한 박탈을 인식하는 것이 중요하다고 믿었다. 그들의 행동을 "희망의 신호로서의 비행"[15]이라고 표현하면서, 문제를 일으키는 청소년은 원하는 것을 얻어내는 방법을 모르기에 잘못된 방식으로 추구한다고 말했다. 그리고 아이들이 얻어내기를 포기하지 않았다는 사실이 중요하다고 강조했다. 그들의 파괴성 뒤에는 인정에 대한 소망이 있다. 그들의 미래가 어떤 희망을 보일지는 이 소망을 어떻게 잘 조절하는가에 달려 있다.

시간이 지나면서, 그로잉 옵션 프로젝트 참가자들은 자신들이 키우는 식물이 자라고 열매 맺는 모습에서 인정받는다는 느낌을 얻게 되었다. 그 전해 참가자였던 청소년은 시작할 때 "나한테 규칙을 강요하지 말라"고 선언했다고 한다. 장화조차 신으려고 하지 않아서 스태프는 어려움을 겪었다. 하지만 1년 후에 바로 그 참가자는, 자신이 원하지 않는다고 생각할 때조차 많은 것을 얻어낼 수 있었다고 이야기했다. 흙을 일구고 농작물을 길러내는 일은 청소년들이 효능감을 얻기가 갈수록 어려워지는 이 세상에서 효능감을 얻는 수단이 될 수 있다. 이 청소년 역시 다른 많은 프로젝트 참가자들처럼 자존감이 향상되었다. 이후 상급 학교로 진학도 했는데, 프로젝트를 시작할 때에는 생각도 못 한 성취였다.

그로잉 옵션 프로젝트에 참여하면, 기본적 원예 훈련 몇 가지를 수료할 수 있다. 하지만 목표는 청소년에게 원예 직업훈련을 시키는 것이 아니다. 그들이 어떤 분야로 가든, 인생의 다음 단계에 도움을 줄 '전환 가능 기술'을 익히도록 하는 것이 목표다. 그리고 '전환 가능 기술'에서 가장 중요한 것은 자신감이다.

'무언가의 원인이 되는 즐거움'은 강력하지만 순간에 지나간다. 원예가 이런 큰 에너지와 동기를 줄 수는 없지만, 여기에는 좀 더 느린 다른 효과가 있다. 이전과 다른 태도들을 내면화하려면, 반복을 통해 점진적으로 습득해야 한다. 밀너는 『그림 그릴 수 없는 것에 대해』에서, 한 가지 행동을 반복 수행함으로써 자신의 존재 구조에 새로운 개념을 '짜넣는' 느낌이 들었다고 설명했다. 나는 정원에서도 비슷한 일이 일어난다고 생각한다. 정원에서는 '실행'을 통해서 배운다. 자연에 대해서뿐 아니라 우리 자신과 우리가 할 수 있는 것에 대해서도 배운다.

정원에서 손과 몸으로 일하려면 흙을 직접 만져야 한다. 이런 접촉을 어린이 정신분석의 선구자 장 피아제Jean Piaget는 '감각-운동 학습[16]이라고 불렀다. 개념 학습을 선호하는 오늘날의 교육에서 경험 학습은 약간 무시당하고 있지만, 피아제는 경험 학습이 인지 발달을 지탱한다고 보았다. 우리는 세계와 교류함으로써 정신에 세계의 내적 모델을 만들어 넣을 수 있다. '실행을 통한 학습'은 운동, 감각, 정서, 인지 기능을 모두 통합한다. 거기에 바로 힘이 있다. 밀너가 지적하듯, 실행하면 사물들이 우리 존재 속에 "짜넣어지고"[17] 개인적 연관성을 얻게 된다.

아이들에게는 주변을 탐험하고 조작하려는 자연스러운 충동이 있다. 하지만 현대 생활에서는 이런 충동이 억압된다. 이러한 기회 부재는 박탈로 인식되지도 않는다. 아이들이 실내에 있으면 안전하다고 생각할 뿐이다. 게다가 아이들은 최신 기술에 쉽게 매혹된다. 과학 기술은 다양한 장치로 사전 프로그램된 놀이들을 제공한다. 그 다양성과 창조성에도 불구하고, 가공된 환상은 우리를 의존 상태에 머물게 한다. 위니콧과 밀너가 말하는 창조적이고 효능감을 주는 환상과는 거리가 멀다. 어린 시절에도 어른이 되어서도, 꿈을 꾸어야 한다. 행동하고 주변에 영향을 미쳐야 한다. 그러면 인생을 만들어나갈 능력에 대해 낙관적 감각을 갖게 된다.

폴란은 덤불에서 수박을 발견했을 때 느낀 짜릿한 기쁨 때문에 청소년 시절 원예를 진지하게 시작했다. 수박뿐 아니라 파프리카, 오이, 토마토 등 각종 농작물을 키우면서 경작 기술을 익혔다. 폴란은 특별한 능력을 습득하듯 원예 기술을 배웠다. 그리고 원예란 "일종의 연금술[18], 씨앗과 토양과 물과 햇빛을 엮어서 가치 있는 물건을 만들어내는 마술적인 일"이라고 말했다.

에너지를 쏟아 흙을 일구면, 무언가 대가가 따른다. 거기에 마법이 있고, 성실한 노력도 있다. 무엇보다 땅이 낸 열매와 꽃들은 현실이 된 '좋음'의 형태다. 원예에는 믿음을 줄 가치가, 그것도 우리 손 닿는 곳에 있다. 씨앗을 뿌리면서 우리는 가능성의 서사를 심는다. 그것은 희망의 행위다. 씨앗이 전부 발아하지는 않지만, 땅에 씨앗이 있다는 사실을 알면 안정감이 느껴진다.

4

안전한 녹색 공간

평화는 내적 공간에서 온다.[1]

에릭 에릭슨(1902~1994)

해마다 봄에서 여름으로 넘어갈 무렵이면, 나는 우리 정원의 밤나무와 느티나무 사이에 해먹을 건다. 나무 그늘 아래 누워 있으면 그들의 힘이 느껴진다. 처음 해먹을 걸 때는 가지들이 내 체중을 감당할수 있을까 의심스러웠지만, 그 후로 여러 해 동안 자랐으니 이제 안전에 대한 걱정은 없다. 나뭇가지 사이로 하늘을 바라보며 상념에 잠기면, 나뭇잎과 바람의 속삭임이 내 생각을 더 생생하게 만든다.

내가 해먹에서 보내는 시간은, 이 작은 숲이 내게 주는 의미에 비해 어이없을 만큼 적으리라. 하지만 중요한 것은 접근 가능성이다. 원할 때면 거기 갈 수 있다는 사실만으로도 충분하다—실제로도 가끔은 가니까.

모든 정원은 두 가지 차원으로 존재한다. 하나는 현실의 정원이고 다른 하나는 상상이나 기억의 정원이다. 우리 집 작은 숲도 내 상상 속에 독자적으로 존재한다. 나는 언제라도 거기 갈 수 있다. 겨울이면 현실의 숲에는 헐벗은 나무들뿐이지만, 내 마음속 나무들은 계절의 영향을 받지 않고 사시사철 푸르다. 톰과 내가 넓은 들판 한가운데서 10년 정도 살았기 때문에, 그 숲이 이토록 큰 의미로 다가오는 모양이다. 여름에는 그늘이 없어 고통스러웠고, 겨울에는 바람이 무방비 상태라는 느낌을 안겨주었다. 그래서 무릎 높이밖에 안 되는 어린 나무들을 심고, 그것들이 뿌리를 내리고 자라는 모습을 지켜보며 기다렸다.

나무는 체계성과 영속적 생명을 느끼게 해준다. 그리고 안전함과 보호받고 있다는 느낌을 준다. 나무는 크기와 아름다움 때문에 애착을 형성하기가 아주 쉽다. 새, 벌레를 비롯한 온갖 동식물의 서식지가 되고, 우리에게도 마찬가지다(물리적으로는 아닐지라도 정서적으로는 그렇다). 어쩌면 원시적인 작용이 있는지도 모른다. 우리 조상은 어쨌든 나무에서 살았으니까. 원시 인류 조상은 숲 위쪽에 거처를 만들어서, 숲 아래쪽 포식자를 피했다. 가지도 있고 우듬지도 있는 나무는 인간 신체를 연상시킨다. 우리는 다른 어떤 식물보다 나무에게서 인내, 지혜, 강인함 같은 인간적 특징을 읽어낸다.

나무 높이 올라가면 일대를 널리 내다볼 수 있다. 나무에 올라가 보았다면, 나뭇가지가 사람의 팔처럼 포근하게 안아준다는 사실을 알 것이다. 보호하는 동시에 열려 있어서, 안정감을 주면서도 갇힌 느낌은 주지 않는 것이 가장 적절하게 품어주는 방식이다. 신생아 단계를 벗어난 아기들은 대부분 익숙한 품에 안겨 외부를 바라보고 세계를 탐색할 때 가장 행복해한다.

미국의 정신과 의사이자 정신분석학자인 해럴드 설즈Harold Searles는 심리적 파탄을 경험한 환자들이 몇 시간씩 나무를 바라보며 '인간에게서 얻지 못하는 유대감'을 찾는 모습을 관찰했다.[2] 그리고 이 모습이 자연과 사람 사이의 깊고 오랜 정서적 유대를 반영한다고 생각했다. 너무 바쁜 일상에서는 잘 경험하지 못하는 일이다.

1950년대 말에 생명을 위협하는 사고를 당해 병원에 입원한 작가 겸 학자 고로느위 리스Goronwy Rees의 자서전[3]에 이런 유대감에 대한 놀라운 사례가 실려 있다. 리스의 침대에서는 작은 정원이 내다보였다. 그는 정원을 유심히 바라보았고, 마침내 이렇게 썼다. "나는 완전히 정원의 일부가 되었다. 잠이 들 때면 때로 나무가 그 긴 녹색 손가락을 병실 안으로 뻗어 나를 자기 품으로 데려가서는 내가 이파리의 서늘한 감촉으로 상쾌한 기분이 되어 깨어날 때까지 품고 있는 것 같았다." 눈을 뜨고 있는 시간 내내 정원은 리스를 위로하고 진정시켰다. 하지만 정원을 볼 수 없는 밤이 되면 공포에 사로잡혔다. 기억과 상처의 고통 속에 얼른 새벽이 오기를 기다릴 수밖에 없었다.

리스는 나무가 가장 성실하고 주의 깊은 간호사도 할 수 없는 방식으로 자신을 돌본다고 느꼈다. 많은 환자처럼 그 역시 쉽게 도움을 청하지 못하는 사람이었다. 아파서 돌봄을 받는 처지가 되면, 상황은 복잡해진다. 남에게 짐이 될까 걱정하고 또 빚지는 느낌도 받는다. 하지만 자연에 마음을 열면, 자연은 우리에게 거리낌 없이 돌봄을 베푼다.

위니콧은 정신 발전 모델에서 아기 때 품에 안기는 감각이 중심적 역할을 한다고 말한다. "품에 안기지 않으면 유아는 조각조각 부서진다.[4] 이런 단계에서 육체적 돌봄은 심리적 돌봄이다"라고 썼다. 출생 직후에는 육체와 정신이 분화되어 있지 않기 때문에, 육체적 포용은 정신적 포옹이기도 하다. 영아를 품에 안고 어르면, 그 경험은 아기의 정신에 주형을 만든다. 이때 만들어진 틀은 나중에 충격과 스트레스에 직면해서 스스로를 '포옹해야' 할 때 당시 감정을 재창출하게 해준다.

포옹받지 못하는 감정은 심각한 트라우마를 겪은 다음에 강하게 드러난다. 위니콧은 의대생 시절, 1차 대전에서 전쟁 트라우마를 겪은 군인들을 돌보면서 이런 사실을 직접 목격했다. 이 일은 그에게 큰 영향을 미쳤다. 나중에 위니콧은 포옹을 못 했을 때 일어나는 일을 머더 구스의 동요에 나오는 계란 캐릭터 '험프티-덤프티'를 비유로 들며 설명했다. 그 가사는 이렇다. 험프티-덤프티가 담장에서 떨어지자, "임금님의 말과 신하가 모두 와도 험프티-덤프티를 다시 붙일 수 없었네." 위니콧은 스스로는 인정하고 싶지 않은 심리적 진실—심각한 타격을 입으면 무너질 수 있다는—을 전하기 때문에 이 동요가 인기 있다고 보았다.[5]

1970년대에 지리학자 제이 애플턴Jay Appleton은 "자신은 보되 자기 모습은 필요한 만큼만 보여주고 싶은" 우리 욕구에 토대해서 풍경의 심리학을 개발했다. 애플턴은 우리가 선천적으로 '전망'의 요소와 '은신처'의 요소가 결합된 환경을 선호한다고 보았다. 애플턴이 제시한 '서식지 이론'[6]에 따르면, 우리는 자동적으로 위험과 보호의 정도에 따라서 물리적 환경을 평가한다. 조망과 은신처를 모두 제공하는 공원이나 사바나 같은 풍경에 대한 선호는 다양한 문화에서 공통적으로 발견된다. 애플턴은 이것이 진화 과정에서 나무가 있는 초원처럼 생존에 유리한 특징이 미적으로 아름답다고 인간에게 상징화되었기 때문이라고 생각한다. 전망이 있으면서 보호도 제공하는 정원은 전망과 은거에 대한 요구를 충족시킨다. 육체적 또는 정신적 포옹이 보호와 개방성을 동시에 줄 수 있는 만큼, 정원도 가두지 않는 안전한 울타리 느낌을 줄 수 있다.

동서고금에 걸쳐 울타리를 두른 정원은 세계의 혼란과 정신의 혼란을 모두 피하는 성소 역할을 했다. 담장 안 정원으로 들어갈 때면 그곳이 다른 곳보다 따뜻하다고 바로 느낀다. 담장이 햇빛의 열기를 품어주기 때문이다. 게다가 바람과 바깥세상의 소음은 닿지 못한다. 그런 환경은 외상 후 스트레스 장애PTSD에서 회복하는 사람들에게 특히 도움이 된다. 감싸주기도 하고 개방하기도 하는 환경의 결합은 강력한 안전 감각과 평온감을 만들어낸다. 정원은 근본적으로 공포가 없는 공간이다.

직접 심각한 트라우마를 겪었거나 아니면 트라우마를 겪은 사람들과 함께 일해보지 않았다면, 트라우마의 파괴성이 얼마나 지속적인지 과소평가하기 쉽다. 하지만 공포감을 느낄 때 몸이 얼마나 빨리 반응하는지, 뛰는 가슴과 떨리는 손을 통제하기가 얼마나 어려운지는 모두가 안다. 이러한 '싸움 또는 도주fight or flight' 반응은 두뇌의 경보 센터인 '편도체'가 촉발한다. 편도체는 두뇌 안쪽 깊이 있고, 자율신경계의 통제를 받는다.

우리는 인류가 진화하면서 겪은 과거와 함께 산다. 아니면 과거가 우리를 통해 살고 있다. 두뇌를 보면 진화의 과정에서 사라진 것이 없다. 뇌 구조는 신경과학자 야크 판크세프Jaak Panksepp가 말한 대로 '중첩된 계층 구조nested hierarchy'[7]다. 두뇌는 층층으로 이루어져서, 고등한 피질이 좀 더 오래된 포유류, 파충류적 구조를 감싸고 있다. 다양한 구조들이 수많은 신경망을 통해 소통하면서 기억, 감각, 사고, 감각을 통합시켜준다. 정상적인 환경에서 두뇌가 펼쳐 보이는 연결성은 경이롭지만, 트라우마는 이런 통합 상태를 심각하게 파괴한다. 편도체가 활성화되면 피질의 고등한 사고 기능이 가로막히기 때문이다. 생존 측면에서 보면 일리 있는 일이다. 호랑이에게 쫓길 때 생각할 필요가 있겠는가? 하지만 다른 상황에서 그런 일이 발생한다면, 공포에 납치당하는 것이나 마찬가지다. 사고는 얼어붙고, 기억도 왜곡되고, 앞뒤가 맞게 말하기도 어렵다.

PTSD를 앓으면 공포에 납치된 감정이 일상생활의 일부가 된다. 편도체의 활성화는 기억 배치법도 변화시켜서, 기억이 소환되는 게 아니라 재경험하게 된다. 트라우마적 기억이 재생될 때면, 그 일이 다시 일어나는 듯 느껴진다. 트라우마는 통합될 수도, 진정될 수도 없다는 뜻이다.[8] 트라우마의 반복적 재경험은 악몽과 함께 내적인 안전 감각을 좀먹는다. 세상은 점점 불안한 곳으로 느껴지고, 위험 가능성에 대해 끊임없이 경보가 울린다. 이런 과잉 경계 상태는 에너지를 극도로 소진시켜서, 회복을 위한 자원을 거의 남겨두지 않는다. 안전 습관— 예를 들면 벽을 등지고 앉는다든가—은 모두 기본적 안전 감각을 형성하기 위해 발달한다.

항상적 공포와 각성 상태로 아드레날린을 과도하게 쏟아내며 살다 보니, PTSD 환자는 까다롭고 교활하고 공격적인 사람으로 낙인찍히기가 쉽다. 사람은 모두 각자의 안전 공간 안에서 바쁘게 살아가기 때문에, 갑자기 돌변해서 고함을 치는 사람의 공포와 흥분의 원인을 알 수가 없다. 이런 상황이 지속되면 주변 사람도 항상 살얼음판 위를 걷는 느낌을 받기 때문에, 가족 관계마저 위기에 몰린다.

미국 정신과 의사이자 트라우마 전문가 주디스 허먼Judith Hermann 이 말하듯, 모든 트라우마 치료의 첫 단계[9]는 '안전 감각의 회복'이다. 치료의 다른 단계들에는 더욱 적극적인 개입이 필요하지만, 이 첫 단계가 근본적이다. "안전이 적절하게 확보되지 않으면, 어떤 치유 작업도 성공할 수 없다"고 허먼은 썼다. 신뢰와 물리적 안전 감각이 확립되면, 과잉 경계와 방어 자세의 필요성이 줄어든다. 극단적인 유형이긴 하지만, 우리 모두에게 적용된다. 누구든 방어 자세를 풀 수 있어야 안전하다고 느낀다. 그럴 때에만 새로운 경험을 할 수 있다. 그렇지 않으면 정신은 성장하고 변화할 수 없다. 그렇기에 원예 치료[10]에서 정원의 안전한 울타리는 그 자체로 치유의 도구가 된다.

서리주 헤들리 코트의 정원 철제 정문을 열고 들어가면, 바로 옆에 있는 국방부 재활 센터가 아주 멀리 느껴진다. 안전한 울타리가 있다는 감각은 탁 트인 오솔길들과 결합해서 트라우마 경험자들에게 경계를 풀 수 있는 공간적 경험을 제공한다. 원예 치료사 애나 베이커 크레스웰Anna Baker Cresswell이 설립한 자선단체 '하이그라운드'는 이곳에서 원예 프로그램을 진행했다. 그 효과가 증명되어 이제 노팅엄셔주 스탠퍼드 홀에 새로 지은 국방부 의료 재활 센터DMRC의 더 넓은 부지로 옮겨 갈 예정이다.

헤들리 코트 정원은 높은 주목나무 생울타리가 감싸고 있다. 중심에 큰 연못과 분수가 있고, 화단과 채소밭이 층을 이루어 내려가며, 그 너머에는 과수원이 있다. 그곳에 방문했던 늦여름에는 풍요의 감각이 가득했다. 꽃으로 이루어진 경계는 온갖 색채의 향연이었다. 파랗고 붉은, 키 큰 참제비고깔, 흐드러진 수레국화와 코스모스가 평화로운 녹색의 틀을 감싸고 있었다.

하이그라운드 참가자들은 대부분 머리 부상이나 신체 절단을 회복해가는 남자들이고, 불가피하게 PTSD를 겪고 있다. 대부분이 수술과 처치를 거듭해서 받아야 하고, 입원과 퇴원을 반복한다. 헤들리 코트의 원예 치료사 캐럴 세일즈Carol Sales는 환자 한 사람 한 사람에게 맞춤형 프로그램을 제공한다. 또한 환자들이 파종부터 수확까지 지켜보고 채소와 꽃을 집에 있는 가족에게 가져갈 수 있도록 계획한다. 캐럴의 이야기를 듣다 보면, 따뜻한 인격과 일에 대한 깊은 헌신을 느낄 수 있다.

PTSD 환자들은 '후각적 기폭제'11를 자주 경험한다. 트라우마와 관련된 냄새가 기억을 촉발하는 것이다. 치유의 정원에서는 전투 경험자에게 흔한 기폭제가 되는 디젤유 냄새나 타는 냄새를 맞닥뜨릴 위험이 없다. 오히려 헤들리 코트에서 키우는 향기로운 꽃과 식물들에는 진정시키면서도 고양시키는 효과가 있다. 이곳에 오는 환자들은 정원에 들어오면 몇 분 안에 심박 수가 낮아지며 안정을 찾는다고 말한다.

정원은 신체를 이완 상태로 이끄는 데 특히 효과적이다. 식물에는 때로 가시도 있고 독도 있다. 하지만 갑자기 움직이거나 달려들지 않는다. 따라서 그 속에서 일할 때는 주변을 경계하거나 등뒤를 살필 필요가 없다. 나무들 사이에 부는 바람 소리는 또 다른 진정 효과를 준다. 이 소리는 정신을 산만하게 하는 소음을 걸러준다. 거기다 녹색을 볼 때는 눈에 조정 작용이 필요없다.[12] 녹색이나 파란색은 자동적으로 각성 상태를 낮춰준다. 치유 공간의 특징에 대해 글을 쓰는 의사 에스터 스턴버그Esther M. Sternberg는 녹색을 가리켜 '우리 두뇌의 기본 모드'라고 했다. 그러면서 "진화의 역사에서 최초로 나타난 광수용체 색소 유전자는 햇빛의 분광 분포와 녹색 식물에서 반사되는 빛의 파장에 가장 민감하다"고 설명한다.[13] 그러므로 정원의 풍부한 녹색이 회복력과 직접적인 관계가 있다 해도 놀랄 일이 아니다.

스웨덴 찰머스 공과대학의 건축학 교수 로저 울리히Roger Ulrich는 심장, 피부, 근육의 측정치를 분석해, 자연이 인간 스트레스 반응에 미치는 이로운 효과를 연구했다. 30년에 걸친 연구는 자연이 몇 분 안에 심혈관계에 명백한 회복 효과를 준다는 사실을 일관되게 보여주었다. 정원의 즉각적 진정 효과는 두뇌가 감각 경험을 처리하고 생리적 반응을 조정하는 속도와 민감도를 통해 알 수 있다. 자율신경계에서 '싸움 또는 도주' 반응을 만드는 교감신경의 활동이 줄고, 음식 소화와 에너지 회복에 필요한 휴식 상태를 이끄는 부교감신경이 활성화된다. 풍요롭고 안전한 환경에서 쾌적한 이완과 휴식을 누리는 일에는 분명 생존의 이점이 있다. 자율신경계의 이런 반응은 옛 조상들이 살기 좋은 환경을 선택하도록 도와주었을 것이다.

심박수와 혈압의 변화[14]는 자연 환경에 몇 분 만 노출되어도 감지된다. 스트레스 호르몬인 코르티솔의 수치[15]는 시간이 조금 더 걸리지만, 통상 20~30분 후에 떨어진다. 코르티솔 수치가 오랫동안 높은 상태로 유지되면, 면역계를 억제하고 포도당과 지질대사를 방해해서 지속적인 피해가 일어난다. 또 해마의 뉴런을 파괴해서 기억을 손상시키고, 뉴런의 성장과 회복을 돕는 두뇌의 영양제 BDNF의 생산을 억제한다. 그래서 지속적인 스트레스는 두뇌에 독소가 된다. 스트레스는 새로운 학습을 어렵게 할 뿐 아니라 인생의 풍성함과 의미도 잃게 만든다.

헤들리 코트처럼 울타리를 두른 공원은 풍요로운 자연을 집중 처방함으로써 강력한 항스트레스 효과를 준다. 캐럴에 따르면, 정원 안 온실은 사람들이 가장 안전함을 느끼는 장소다. 로즈제라늄이나 시클라멘 등의 꽃향기가 가득한 온실은 진정 능력과 생산성이 있는 장소다. 나를 보호해주는 공간에 있다는 느낌을 강하게 받으면, 주변을 둘러보는 데 쓸 관심을 자기 앞의 과제로 돌릴 수 있게 된다. 내가 온실에 들어갔을 때는 한 사람이 일하고 있었는데, 뜨거운 햇빛 속에서 토마토를 따는 데 열중하는 모습이 인상 깊었다. 우리는 자신이 하는 일에 집중하는 것을 당연하게 여긴다. 하지만 트라우마를 겪은 사람들에게는 집중이란 큰 발전이고, 그들에게 정신에 대한 통제력을 회복하고 있다는 느낌을 안겨준다.

식물을 돌보는 일은 기본적으로 성심을 기울이는 활동이다. 부주의한 돌봄은 진정한 돌봄이 아니다. 진정한 돌봄은 상대를 수용하고, 바깥에 있는 누군가 또는 무언가의 요구에 우리를 맞추고 집중하는 것이다. 캐럴은 헤들리 코트의 환자들에게 이런 몰입 능력을 키워주고 싶어 한다. 처음에는 일에 잘 집중하지 못했지만, 훈련이 거듭되면서 환자들은 모든 일에 온 마음을 기울일 수 있게 되었다. 캐럴은 이것을 '부지불식간의 치료'라고 부른다.

트라우마는 정신이 시간 속에서 경험을 처리하는 방식을 해친다. 과거가 계속 현재를 침범한다. 성심을 기울이는 법을 훈련하면[16] 현재의 순간에 집중해야 하기 때문에 상황을 바꿀 수 있다. 생각과 감정과 기억이 경험 처리 과정을 파괴해도, 거기에 집착하거나 판단하지 않으며 단순히 인정하고 다시 현재로 관심을 돌린다. 그래서 캐럴은 환자와 함께 당근을 캐 씻어서 먹으며, 환자에게 그 감각을 느껴보라고 하고 맛과 질감에 대해 이야기해보라고 한다. 잡초를 뽑고 모종을 심을 때면 환자들이 꽃 색깔이나 꽃가루와 꿀을 찾는 곤충을 인지하도록 작업 속도를 늦춘다. 그리고 작업하는 내내 참가자들이 현재의 순간에 집중하도록 이끈다. 정신이 적색경보 상태에 있으면, 여유롭고 수용적인 태도로 경험에 마음을 열기 어렵다. 그렇지만 이 능력을 회복해야 과거를 제자리에 돌려놓을 수 있다. 연구에 따르면, 성심을 기울인 자각의 상태는 편도체로 가는 신호를 줄여서, 두뇌 내 신경 활동을 좀 더 통합된 상태로 회복시켜준다.[17]

캐럴은 야외 활동을 좋아했지만 폭발로 두 다리를 잃고 미래에 대한 모든 상상을 잃어버린 군인 롭의 이야기를 들려주었다. 롭은 병원에 있을 때 호기심으로 정원 프로그램에 참여했고, 캐럴은 먼저 그를 온실로 보냈다. 그렇게 몇 회기가 지나자, 롭은 야외에서 흙을 파고 싶어 했다. 그가 의족을 하고도 정원 일을 할 수 있다는 사실을 깨달았을 때, 캐럴은 '전구가 켜지는 듯한' 듯한 느낌을 받았다고 말했다. 이후 롭은 최대한 자주 정원에 나갔다. 그가 퇴원할 때, 캐럴은 집에서도 원예 활동을 계속할 수 있게 여러 식물을 선물했다.

롭 같은 사람에게 이후에도 원예를 계속할 수 있도록 동기를 불어넣는 일은 중요하다. 환자들이 하이그라운드 프로그램에 참여하는 기간은 재활 치료 기간 중 상대적으로 짧기 때문이다. 집에 돌아갔을 때 집 밖으로 나갈 동기가 없어진다면, 실내에 머물며 텔레비전과 인터넷을 통해서만 외부 자극을 찾게 된다. 캐럴은 남자들이 흔히 이런 일을 '남자는 동굴에 들어간다'는 말로 합리화하지만, 그렇게 넘어갈 일이 아니라고 말한다. 그런 과정을 겪다가 세상과 거의 완전하게 절연할 수도 있기 때문이다.

피난처retreat과 안식처refuge의 차이를 확실하게 구별해야 한다. 두 가지는 심리적 함의가 서로 다르다. 피난처는 방어의 장소로, 일반적으로 뒤쪽에 있다. 안식처는 멈추는 곳, 휴식 장소로, 거기에서는 자신을 정돈하고 나와서 삶에 참여할 수 있다고 느낀다. 애플턴은 "현대의 후손들에게 선천적으로 전달된 원시 인간의 보편적 특징 하나는 자신은 남들을 보되 남들은 자신을 못 보게 하고픈 욕망이다"[18]라고 했는데, 이는 사람의 기본적인 관음적 경향을 가리킨다. 인터넷은 이런 욕망에 잘 들어맞는다. 세상에서 철수하도록 촉진하면서도 세상을 내려다보게 해준다. 이런 상황은 사람들을 점점 더 현실과 분리시키는 피난처가 될 수 있다. 하지만 정원은 안식처로서, 현실과 고리를 유지하면서도 휴식을 준다. 중요한 점은 그 일을 하려면 야외로 나가야 한다는 것이다.

야외에서 시간을 보내는 일에는 햇빛에 노출된다는 기본적인 이점이 있다. 우리는 빛이 영양소라는 사실[19]을 쉽게 잊는다. 피부에 햇빛을 쬐면 비타민D가 만들어지고, 햇빛의 청색광은 수면-기상 주기를 설정하며, 두뇌 속 세로토닌 생산 속도를 조절한다. 세로토닌은 행복감의 배경이 되고, 기분을 조절하며, 공감을 높여준다. 또 우리의 생각과 반응에도 큰 영향을 미친다. 공격성을 낮추고, 반성적 사고를 촉진하며, 충동 성향을 줄여주기 때문이다. PTSD가 세로토닌계의 기능 부전과 관련 있고[20], 거기서 악순환 고리가 생겨난다는 증거가 점점 늘어나고 있다. 세로토닌이 결핍되면 편도체 활성화의 역치가 낮아져서 신체의 스트레스 반응을 더 자주, 더 쉽게 촉발한다.

두뇌의 모든 세로토닌은 세로토닌 솔기핵raphe nucleus이라는, 뇌간 깊이 위치한 뉴런 두 다발에서 나온다. 이 뉴런들은 뇌의 먼 곳까지 긴 가지를 내뻗는다. 런던 임페리얼 대학의 데이비드 너트David Nutt 교수는 세로토닌계 전문가다. 너트 교수는 인간의 뇌는 엄청나게 빠른 속도로 진화했는데, 두뇌 피질의 크기가 여덟 배 팽창하는 동안 세로토닌 솔기핵의 크기는 그대로였다고 말한다. 이 관점에서 보면, 우리는 구조적으로 세로토닌 고갈을 겪기 쉽다. 고대의 선조들은 많은 햇빛과 운동, 그리고 토양과의 접촉으로 이런 상황을 해결했다. 이 모두가 세로토닌 수치를 높이는 데 도움이 된다.

신체 운동은 세로토닌뿐 아니라 엔도르핀과 도파민 같은 신경전달물질의 수치도 높여서, 기분을 고양한다. 또한 BDNF 배출도 촉진해서 세로토닌과 BDNF가 서로 상승 작용을 일으킨다. 게다가 신체 운동은 두뇌에 직접적인 통합 작용을 하는데, PTSD 환자들에게 보이는 비정상적으로 낮은 전전두엽 피질 활동 수치를 올려준다.

최근 신체 운동의 이점[21]이 또 한 가지 발견되었다. 지속적인 스트레스 상태는 키누레닌kynurenine이라는 대사 물질의 수치를 상승시키는데, 이 수치는 뇌의 염증성 변화와 연결된다. 다리의 큰 근육을 사용하면[22] 키누레닌의 순환을 줄이는 유전자가 활성화한다. 운동은 오래전부터 두뇌 건강을 촉진한다고 여겨졌다. 이제는 근육 대사가 특정한 항스트레스 효과를 갖는다는 사실도 드러났다.

원예는 '수동성을 능동성으로'[23] 바꾸어 사람들에게 효능감을 준다. 스탠퍼드 대학 신경과학 교수 로버트 사폴스키Robert Sapolsky는 영장류의 스트레스 연구를 통해서, 일정한 신체적 발산이 없으면 스트레스가 인간에게 훨씬 더 파괴적인 영향을 미친다는 사실을 밝혔다. 어떤 운동이든 대체로 스트레스를 낮추는 데 도움이 되는데, 즐겁고 흥미로울수록 효과가 크다. 야외 운동이 훨씬 좋다.[24] 체육관에서 하는 운동보다 이른바 '녹색 운동'이 스트레스 수치를 낮추고 기분과 자존감을 높이는 데 효과적이다. 정원은 우리를 움직이게 한다. 더구나 운동기구에 올라서면 시간을 재지만, 정원에서는 아무도 시간을 재지 않는다. 운동 시간이 아니라 원예 시간이기 때문이다.

젖은 흙냄새도 정원에서 흙을 파는 일이 주는 즐거움 가운데 하나다. '지오스민geosmin'[25]이라고 하는 이 냄새는 토양 박테리아 '방선균actinomycetes'의 활동에 의해 방출되며, 사람에게 상쾌하고 포근한 느낌을 안겨준다. 인간 후각 중추는 흙냄새에 아주 민감하다. 아마도 먼 조상들이 삶의 필수적 자원을 감지하는 데 도움이 되었을 것이다. 어떤 사람들은 5분의 1조밖에 안 되는 희박한 농도에서도 이 냄새를 감지해낸다.

운동과 냄새로 기분을 고양시키는 것 말고도, 정원에서 흙을 파면 토양 속 다른 박테리아들의 직접적 활동을 통해서 세로토닌 조절에 도움을 받을 수 있다. 10년쯤 전, 신경과학자 크리스토퍼 로리Christopher Lowry는 토양 속에 있는 박테리아 소량이 두뇌의 세로토닌 수치를 올려줄 수 있다는 사실을 밝혀냈다. 잡초를 뽑거나 흙을 팔 때, 거름과 퇴비로 지력이 높아진 땅에 많은 마이코박테륨 박케M. vaccae('M. 박케'라고 한다)를 흡입하고 소화하게 된다.

우리는 M. 박케 등 여러 공생적 박테리아와 공동 진화했다. 최근 M. 박케는 면역계를 조절해주는 능력으로 우리의 '오랜 친구'임을 인정받았다.[26] 로리는 실험을 통해, 쥐들을 M. 박케에 노출시키면 염증 수치가 낮아지고 스트레스 대항력이 높아진다는 사실을 밝혀냈다. M. 박케를 섭취한 쥐의 미로 탈출 시간은 다른 쥐의 절반밖에 되지 않는다는 연구도 있다. 또 다른 연구에서는, 기제가 알려지지는 않았지만 이 박테리아가 두뇌 속 정원사인 소교세포를 활성화해서 두뇌의 염증을 줄여준다는 사실을 밝혔다. 또한 전전두엽 피질과 해마에 세로토닌을 공급하는 세로토닌계에도 직접 작용한다는 사실도 알아냈다. 그 때문에 이 실험에서 쥐들이 기분 조절을 더 잘하는 신호를 보이고, 인지 기능과 기억력이 향상되었을지도 모른다.

M. 박케가 미치는 영향이 어느 정도인지 아직은 분명하지 않다. 정원 환경에서 그 정도를 측정하기는 어려울 수 있다. 다른 여러 가지 물리적, 생리적 이점이 함께 작용하기 때문이다. 하지만 이런 결과를 통해 연구 팀들은 흙 속에서 보내는 시간을 더 늘려야 하지 않을까 생각하게 되었다.

M. 박케 말고도 흙 속에 흔하면서 정신 건강을 향상시키는 데 도움을 주는 다른 박테리아[27]가 있을 수 있다. 정원 흙 한 티스푼에도 미생물이 몇십억 마리씩 산다. 그러니 원예가들이 더 다양하고 더 건강한 장내세균을 보유한다는 사실이 놀랍지 않다. 연구 결과들을 종합해보면, 다양한 박테리아 대사 물질은 우리 장내의 미주신경—휴식과 소화를 담장하는 부교감신경계의 일부—의 활성화에 도움이 되고, 또 어떤 대사 물질들은 두뇌의 소교세포와 일종의 '혼선'을 일으켜서 두뇌의 항염증 기능을 높여준다.

햇빛, 운동, 흙과의 접촉은 원예가 신경계에 회복 효과를 발휘하는 데 핵심적 역할을 한다. 그와 동시에 큰 상실에 직면했을 때, 정원이 비유적 차원에서 의미하는 바도 치료에서 중요한 역할을 한다. 트라우마를 겪으면 우리 정신의 상징 능력은 훼손된다. 그때 정원은 간편한 상징들을 제공하며, 때로 심리적 생명줄이 되어줄 수 있다. 캐럴은 헤들리 코트 과수원에 있는 늙은 유럽밤나무와 관련한 사례를 들려주었다. 환자들은 꾸준히 가지를 쳐낸 이 나무에 매혹되었다. 때로는 가지가 잘린 부분에 올라가고 싶다고, 자신이 새로 돋아난 가지들에 둘러싸여 거기 앉아 있는 모습이 떠오른다고 말했다. 가지를 친 나무들은 생존의 상징이다. 나무들은 수족이 잘리고 좌절을 겪었지만, 성장을 이어나갈 방법을 찾았다. 그곳의 상이군인들도 그런 방법을 찾아야 했다.

도르테 폴슨Dorthe Poulson과 울리카 스티그도터Ulrika Stiggsdotter가 덴마크에서 퇴역 군인을 대상으로 수행한 연구[28]도 비슷한 결론을 얻었다. 퇴역 군인들은 나무에서 안전을 느꼈으며, 나무가 삶의 애착을 되찾는 데 일차적 도움이 되었다고 말했다. 연구 장소는 코펜하겐 북부 회르스홀름 수목원으로, 수목원 깊은 곳에 숲속의 섬 같은 나카디아 정원이 있다. 이 정원에 가려면 목련과 철쭉이 늘어선 넓은 오솔길을 걸어야 한다. 침엽수들―그 가운데는 희귀한 고목들도 있다―이 하늘 높이 치솟아 있고, 새들의 노래가 공중을 채운다. 정자 모양 나무

문을 지나면 정원이 나온다. 8000제곱미터 안에 온실과 호수가 있고, 시냇물이 흐른다. 나무 사이에는 해먹이 걸려 있고, 안락의자를 갖춘 휴식 공간과 채소를 키우는 밭들이 있다.

폴슨과 스티그도터는 퇴역 군인들 대부분이 처음 오면 나무를 한 그루 찾아서 자신만의 안전 공간으로 삼는 모습을 관찰했다. 어떤 이들은 나무줄기 중간에 설치한 발판에 올라갔고, 어떤 이들은 아래쪽 가지들이 강력한 보호 감각을 일으키는 자이언트세쿼이아 아래 앉아서 시간을 보냈다. 한 퇴역 군인은 나무 곁에 앉아 있기만 해도 안도감이 든다고 말했다. "나무가 있고, 내가 여기 있습니다. 아무런 기대도, 질문도, 그 무엇도 없지요." 다른 퇴역 군인은 처음으로 눈을 감아도 좋을 만큼 안전한 느낌을 받았다고 말했다. 착한 식물 거인 같은 자이언트세쿼이아에 특별히 이끌린 한 퇴역 군인은 나무와 나눈 강력한 촉각적 관계에 대해 말했다. "거기 손을 대면 구멍이 숭숭 난 느낌, 아주 포근한 느낌이 들어요. 나무는 두꺼운 껍질로 자신을 보호하고, 그래서 나에게 평화를 줘요. 이 고목은 아주 장엄한 느낌이 납니다."

큰 나무와 맺는 애착은 작은 모종들과 맺는 애착과는 다르다. 모종은 작기 때문에 우리가 돌보고 보호하지만, 나무 그늘에서는 우리는 작은 존재고 나무의 큰 힘에 기댈 수 있다. 이 모든 일에는 언어 이전의 강력함이 있다. 우리는 모두 말없이 깊은 감정을 소통하고 싶어지는 때가 있다. 설명하기 힘든 스트레스와 고통을, 말이 필요 없는 생명에게 가져가는 것은 어쩌면 자연스러운 충동이리라. 제임스 프레이저James Frazer는, 고전이 된 신화와 종교 연구서 『황금가지』에서 세계 곳곳에 존재하는, 오래된 나무 숭배 의식들을 보여준다.[29] 나무 숭배는 이런 소통의 욕구가 인간 영혼 깊이 자리하고 있음을 암시한다. 의

식들에는 질병, 비통, 죄의식을 상징적으로 나무에 옮기는 과정이 있
는데, 나무가 인간의 고통을 짊어질 수 있다는 믿음을 반영한다. 말
없고 듬직한 나무는 우리가 가진 괴로움을 받아들이지만, 우리의 외
로움, 슬픔, 고통으로 움츠러들지는 않는다.

정원에서는 모든 일이 느리게 흘러간다. 꽃, 관목, 나무는 스스로
의 속도에 맞추어 성장한다. 사람을 상대할 때도 마찬가지다. 심각한
트라우마는 필연적으로 느리게 회복된다. 40대의 전직 군인으로 자선
단체 스라이브가 운영하는 원예 프로젝트에 참여하는 에디의 이야기
를 해보자. 에디는 2년 가까이 프로젝트에 참여했고, 곧 원예사 자격
증도 취득할 예정이다.

정원에서 일하기 시작했을 때, 에디는 부끄러움이 많았다. 불안하
고 의심이 많았고, 사람들과 거리를 두어야 했다. 원예 치료사들은 이
런 일에 익숙하다. 다른 사람과 함께 일할 준비가 되었을 때를 알아차
리는 것이 그들의 중요한 기술이다. 에디는 첫 두 달 동안 몇 번이나
중도 포기할 뻔했다. 차츰 의심이 누그러들고 불안감이 줄었지만, 여
전히 가능하다면 혼자 일하는 편을 선호했다.

트라우마는 사람을 강력하게 고립시킨다. 다른 종류의 관계가 너
무도 두렵게 여겨지는 동안, 자연은 이런 단절 상태를 경감시키는 데
도움이 된다. 에디와 함께 정원을 순회하다가 유칼립투스나무 앞에

멈춰 섰을 때, 이 상황을 목격했다. "이 앞을 지나갈 때는 꼭 이걸 해야 돼요." 그러더니 에디는 나뭇잎 두 개를 따서 뭉개고는 그 향을 마셨다. 이어 나에게도 몇 개를 건네고 해보라고 권했다. "이렇게 하면 항상 기분이 좋아져요." 나도 느낄 수 있었다. 유칼립투스 잎 냄새는 상쾌했다. 나무와 나누는 이런 교감이 에디에게 하나의 의식, 그 앞을 지나갈 때마다 실행하는 공식적 인사가 되었다는 사실이 인상적이었다. 에디는 그 나무와 친구가 되었다. 나뭇잎 향을 들이마시는 행위가 유대감을 키워주었고, 특히 초기 몇 달 동안 에디를 진정시키는 데 많은 도움이 된 것이 분명했다.

유칼립투스나무 앞에 설 때까지 에디는 나와 눈을 마주치지 않았다. 그런데 나무가 눈을 마주쳐도 좋다는 느낌을 준 모양이다. 나는 나이와 달리 아직 소년 같은 모습을 간직한 에디의 얼굴을 가만히 바라보았고, 에디는 자기 이야기를 경청하는 나에게 회색 눈동자를 고정했다. 에디는 18세에 입대했고, 문제가 있다는 첫 신호는 20대 후반에 나타났다. 자다가 소리를 질렀고, 깜짝 놀라 깨어나기 시작했다. 휴가를 받아 집에 가면 늘 불안하고 경계심에 사로잡힌 상태로 지냈다. 에디는 적이 보이지도 않는데 항상 "저 사람한텐 무슨 꿍꿍이가 있는 걸까?" "저 차가 폭발하려나?" 하고 걱정하는 게 얼마나 힘든지 설명했다. 결국엔 알코올로 불안을 달래기 시작했고, 어느 정도 인생은 지탱해나갔지만 성격이 변해버렸다. '유쾌하고' '수다스런' 성격은 사라졌다.

에디의 문제는 알코올의존증이 심각해지고 결혼 생활이 파탄에 이르면서 정점에 이르렀다. 한동안 자동차에서 살기도 했다. 그러다 병원에 입원해서 인지행동치료를 받고, 분노 관리 집단에 참여했다. 에디의 이야기는 특별할 게 없다. PTSD를 앓는 퇴역 군인이 도움을 찾는 데는 평균 11~13년이 걸리기 때문이다. 그들이 도움을 찾을 때쯤이면, 인생은 망가져 있기 일쑤다. 많은 사람이 에디처럼 파경과 실직을 겪고 집도 잃는다. 그중 75퍼센트는 알코올의존증에 빠진다. 군대에서 자신이 버티지 못한다는 사실을 드러내기는 어렵다. 에디는 자신이 "이 광기와 홀로 싸우려고 여러 해를 보냈다"고 하더니, 이어 "그건 오만이에요. 인정하지 않으려는 것 말예요" 하고 덧붙였다. 그럼에도 에디는 군 생활을 그리워하고 동료애를 따뜻하게 추억했다.

수치심은 도움을 찾는 일만 가로막는 게 아니라, 마침내 받게 된 도움에 의지하는 것도 가로막는다. 에디는 처음에 정원 프로그램에 참여했을 때 모두를 의심했다고 말했다. "남들을 내 멋대로 평가했죠. 내가 여기서 이 정신 질환자들하고 뭐 하는 거지? 이런 식으로요." 하지만 자연 세계는 그와 달리 사람들을 있는 그대로 수용할 수 있는 환경을 제공한다. 다른 사람의 도움을 받는 데에는 갈등하던 에디도 자연의 공짜 선물인 유칼립투스나무의 상쾌한 냄새에서 즐거움을 얻는 일은 부끄러워하지 않았다.

에디가 스라이브 정원에서 처음 경험한 유대가 청결하고 상쾌한 나무 냄새라는 것에는 중요한 의미가 있다. 마음에 독성 감정이 가득하면 새로운 경험을 받아들이기가 어렵지만, 냄새는 그런 장벽을 뚫고 들어온다. 후각은 가장 강력하고 원시적인 감각이다. 코는 편도체, 두뇌 깊이 자리한 정서와 기억 중추들과 직접 소통한다. 뇌의 이 부분들은 후각계와 함께 진화했고, 그래서 정서와 기억과 냄새는 밀접하게 연결되어 있다.

트라우마를 겪은 에디 같은 퇴역 군인이 다시 생명에 마음을 여는 과정은 점진적으로 이루어진다. PTSD가 일으키는 두뇌 변화를 회복하는 데 시간이 걸리기 때문에 현실에서 안전한 경험을 반복하는 일이 그렇게 중요한 것이다. 이런 경험은 트라우마로 끊기거나 약해진 긍정적 감각을 강화해준다.

에디는 자신과 정원의 관계가 발전한 과정에 대해 열렬하게 말했다. "여기에는 아름다운 게 아주 많아요. 여기 신이 있고, 그분은 나보다 크다는 느낌이 들어요." 자신이 더 큰 무언가의 일부라는 감각은 그에게 깊은 인상을 주었다. "자연에서는 모든 게 얽혀 있고 목적이 있어요. 벌은 꽃가루받이를 하고, 다른 곤충이나 동물들은 벌을 잡아먹죠. 꽃과 식물은 왜 자랄까요?" 에디는 자기 질문에 답을 내놓지도 않았고, 내 대답을 기다리지도 않았다. 그저 뒤로 기대앉아 나를 응시하면서 외쳤다. "우아! 저 색깔! 기분이 좋아질 수밖에 없어요!"

이 정원의 안전한 울타리 안에서 에디는 자연에 대한 사랑과 신앙심을 되찾았다. 어린 시절에도 에디는 자연과의 이런 친교 감각을 느꼈다. 소년 시절, 공원에 간 적이 있었다. "몇 킬로미터를 걸어서 강까지 갔어요. 비밀 장소들이 작은 오아시스처럼 여기저기 숨어 있었죠. 훼손되지 않은 자연이었어요."

이렇게 장소를 내면화하는 일은 마음속에 풍경을 형성하고, 그럼으로써 내적 에너지의 원천이 된다. 이야기를 듣다 보니 정원이 에디를 마음속에 있는 훼손되지 않은 무언가와 연결해주었음을 알 수 있었다. 현재의 경험을 통해 어린 시절의 기억과 연결된 것은 통합된 자기 감각을 되찾고 자기 정체성 감각을 회복하고 있다는 신호였다. 에디의 말대로 자연에서는 모든 게 "얽혀 있다". 식물과 흙과 더불어 일하면서 에디는 내적 평화를 경험하는 능력을 회복했다.

미국의 저명한 정신과 의사 칼 메닝거Karl Menninger는 2차 대전 후

캔자스에서 트라우마를 겪은 퇴역 군인들과 함께했다. 그때 메닝거는 환자들이 식물과 일하면서 생명을 향해 다시 마음을 여는 모습에 깊은 인상을 받았다. 에디의 경험은 그의 관찰 내용과 일치한다. 메닝거는 항상 원예 치료를 정신과 치료의 중요한 보조 수단으로 권장했다. 그의 설명에 따르면, 원예는 "개인이 흙과 가까워지고[30], 대자연과 가까워지고, 아름다움과 가까워지고, 성장과 발전의 수수께끼와 가까워지는" 활동이다. 메닝거는 정원에서 의미 깊은 친밀함을, 다른 사람들과 관련되지 않은 친밀함을 경험할 수 있음을 인식했다.

정원에는 최근에 에디가 거의 혼자 꽃과 풀을 심은 구역이 있었다. "버려진 땅을 아름다운 곳으로 만드는" 일은 에디에게 큰 만족감을 주었다. 흙이 아주 단단해서 변화를 이루려면 힘든 육체노동이 필요했는데, 그런 분투는 분노와 좌절감을 해독하는 데 좋다. 에디가 그 일의 만족감에 대해 설명하다가 걸음을 멈추고 앞을 가리키며 소리쳤다. "저거예요. 저 작은 화단요. 저게 나예요!" 에디의 말은 그가 거기서 느끼는 일체감을 보여주었다. 그곳을 변화시키면서 에디 자신도 버려진 땅에서 되찾은 듯했다.

5

도시 식물

뛰어난 시골 자연 풍경의 향유와 그와 연관된 재창조 수단은 아주 독특한 방식으로 몇몇 부자들이 독점하고 있다. 사회의 대다수는, 거기서 큰 혜택을 받을 사람들까지도 배제되어 있다.[1]

프레드릭 로 옴스테드(1822~1903)

우리 채소밭 한구석에는 루핀 몇 포기가 자란다. 하트퍼드셔의 흙에 뿌리를 내린 루핀이 여름에 꽃을 피우면, 나는 언제나 크레타섬 깊은 곳 어느 계곡으로 날아간다.

루핀을 보면, 톰과 함께 들꽃 여행을 하던 때의 기억이 되살아난다. 어느 외진 숙소에 묵었는데, 람브로스라는 숙소 주인이 하루 동안 가이드가 되어주겠다고 했다. 우리 세 사람은 함께 길을 걸으며 이야기도 하고, 이따금 멈춰서 풀과 꽃도 구경하고, 지천으로 널린 부드러운 야생 아스파라거스도 뜯어 먹었다. 어느 순간 톰과 람브로스가 멈춰 서서 한 나무를 바라보았는데, 나는 내 리듬에 맞춰 앞서서 구불구불한 길을 걸어갔다.

모퉁이를 돌자, 사방이 파란색에 둘러싸인 작은 올리브 숲이 나타났다. 그날 아침 루핀을 보긴 했지만, 그 들판에는 온통 루핀이 가득했다. 엄청나게 펼쳐진 루핀의 매혹은 이루 말할 수 없었다. 나는 길을 벗어나 꽃 무더기 속으로 들어갔다.

나무들을 보건대 그곳은 오래된 장소였고, 나는 숲의 비밀을 발견한 기분으로 자리에 멈춰 섰다. 맑은 하늘에서 쏟아지는 햇빛 속에 그 파란색을 만끽하며 그곳에 얼마나 오랫동안 서 있었는지 모르겠다. 시간은 흐르지 않고 멈춘 듯했고, 내 안으로 심오한 고요가 스며들었다. 그때 이 마법을 깨고, 나를 부르는 익숙한 목소리가 들려왔다. 나는 고독의 마지막 순간을 음미한 다음 두 사람을 그리로 불렀다.

영국에 돌아온 뒤, 크레타 초원의 그 순간을 되살리고 싶어서 나는 야생 루핀 씨앗을 백방으로 찾았다. 같은 품종의 씨앗은 찾기 힘들었고, 결국엔 다른 야생종 루핀—루피누스 페렌니스Lupinus perennis—으로 만족하기로 했다. 그때부터 지금까지 키워온 루핀은 크레타의 루핀보다 키도 크고, 색깔도 그 눈부신 파란색과 비교가 되지 않는다. 하지만 여전히 나와 다른 장소를 이어주는 상징 역할을 한다. 여름에 루핀꽃이 피면, 마음속에 문이 하나 열리면서 나는 크레타로 돌아간다.

모든 예술적 노력이 그렇듯이, 정원 만들기는 상실에 대한 반응이 될 수 있다. 정원을 만드는 일은 창조이면서 동시에 재창조다. 낙원은 우리가 사랑한 풍경, 우리가 박탈당한 풍경과 우리를 연결해준다. 유명한 고대 바빌로니아의 공중 정원은 바로 그래서 만들어졌다. 네부카드네자르 2세는 고향의 푸르고 울창한 산을 그리는 왕후의 마음을 달래주고 싶었다. 그래서 푸른 산의 대용물로 공중 산책로가 있는 피라

미드 정원을 만들어주었고, 왕후는 그곳을 거닐면서 향수를 달랬다.

그보다 훨씬 전에 고대 수메르인은 도시를 건설하면서 그 안에 자연을 들여왔다. 도시를 푸르게 한다는 생각은 현대에 생긴 것이 아니다. 도시의 공원과 정원은 도시만큼이나 오래되었다. 기원전 4000년에 오늘날의 이라크 지역에 건설된 역사 최초의 도시 우루크[2]는 공간의 3분의 1이 정원이나 공원, 3분의 1이 들판, 3분의 1이 거주지로 배치되었다. 고대 로마는 이것을 '루스 인 우르베rus in urbe―라틴어로 '도시 안의 시골'이라는 뜻―'라고 불렀다. '루스 인 우르베'는 사람들에게 자연과 분리된 삶을 보상해주고, 양쪽 모두를 최선으로 누릴 수 있게 해주었다. 고대인은 정원에 재생의 힘이 있음을 인식하고, 우거진 초목, 나무 그늘, 아름다운 꽃으로 도시 환경을 장식했다.

어느 시대에든, 최고의 도시일지라도 시끄럽고 혼잡하고 악취가 가득했다. 17세기의 유명 에세이스트이자 원예가인 존 에블린John Evelyn은 '루스 인 우르베' 개념에 기반해서, 런던 전역에 공원과 정원을 여럿 만들어 악명 높은 스모그를 줄이자고 제안했다.[3] 에블린이 제안한 식물은 인동덩굴, 재스민, 라일락, 로즈메리, 라벤더, 노간주나무, 사향장미 등이었다. 이 방향성 덤불과 나무들이 "무해한 마법을 펼쳐서 그 숨결로 주변 지역에 향기를 퍼뜨리고" 공중의 석탄 연기를 중화시켜주리라고 생각했다. 자연이 런던 사람들에게 건강 증진, 미의 향유, 휴식의 기회 같은 다른 이점도 가져다줄 거라 여겼다.

에블린은 정원이 도시의 폐해로부터 휴식을 제공해줄 수 있음을 알았지만, 그의 대담한 계획은 실현되지 않았다. 나무들은 소음을 거르고 모든 식물은 공기를 정화한다. 에블린이 말하는 '무해한 마법'이란, 우리의 오감 전부를 달래는 동시에 자극해서 모든 감각을 도취시키는 정원의 작용을 가리킨다. 작은 정원일지라도 도시 생활의 피로에 대항하고 자연 세계와 접촉하고픈 소망을 채워주는 평화의 섬이 될 수 있다. 잘 고른 꽃과 나무, 그리고 흐르는 물이 있는 공간은 우리가 도시를 떠나지 않고도 그 한계를 벗어날 수 있게 해준다.

푸른 땅은 생명을 지탱한다. 푸르름은 풍성한 식량과 마르지 않는 물이 있다는 뜻이다. 우리가 숨 쉬는 공기에서 우리가 먹는 식량까지, 푸른 잎들은 명백하게 지구에서 생명을 지탱해준다. 하지만 도시에서는 이런 기본적 진실을 잊기가 너무도 쉽다. 도시 풍경은 금속과 유리와 콘크리트로 이루어지고, 21세기의 식량은 캔이나 플라스틱 통에 담겨서 나오기 때문이다. "모든 인간은 풀과 같다"는 구약성경의 한 구절은 생명의 기본에서 너무 멀리 떨어져 있는 현대인에게는 불길하게 들릴 뿐이다.

도로와 고층 건물에 둘러싸여 있으면 자연은 아득하게 느껴지고, 식물은 인생에 필요한 것들에 밀려 뒷배경으로 물러난다. 하지만 생명의 녹색 맥박은 여전히 우리를 부른다. 도시의 콘크리트와 아스팔트는 가혹하다. 소음과 오염은 사막과 먼지바람을 상기시킨다. 아무리 네온 불빛에 현혹되고 도시의 활기와 에너지에 이끌려도, 우리 정신 깊은 곳에 있는 태생적 본질은 경보를 울리며 이곳이 살기 좋은 곳이 아니라고 신호한다. 수돗물은 편리하지만, 우리는 여전히 녹색에 반응하도록 만들어져 있다. 때로는 창틀의 꽃 몇 송이, 나뭇가지를 스치는 바람 소리, 따뜻한 햇빛이나 졸졸졸 흐르는 물소리처럼 작은 것으로도 충분하다. 자연의 부는 도시가 마케팅하는 부와는 다르다.

점심시간을 보내는 사무직 노동자들만 관찰해도 사람들이 녹색 공간과 햇빛에 얼마나 이끌리는지 알 수 있다. 나무가 많은 런던의 광장, 공원 벤치와 의자, 분수 근처 등이 잠시라도 도시를 잊고 활기를 찾게 만드는 장소다. 자연에서 시간을—많은 시간이 필요하지도 않다. 20분이면 충분하다—보내면, 정신적 에너지가 회복되고 집중력이 강화한다. 정신과 자연의 이런 무의식적 상호 작용은 영향이 멀리까지 미치는데, 정신 건강과 신체 건강에 중대한 의미를 갖는다.

19세기 중반의 미국 조경 설계사로 뉴욕시 센트럴 파크를 만든 프레드릭 로 옴스테드Frederik Law Olmsted는 푸른 자연에서 얻는 혜택을 가장 잘 묘사한 사람이다. 옴스테드는 "정신과 신경계의 밀접한 관계를 생각"하면, 아름다운 자연 경관이 "정신을 끊임없이 활용하면서도 운동시킨다는 것, 정신을 진정시키면서도 고양시킨다는 것, 그래서 정신이 신체에 미치는 영향을 통해서 심신 전체에 휴식과 활력 충전의 효과를 준다는 것"을 쉽게 이해할 수 있다고 썼다.[4]

또한 도시 거주자는 "신경 긴장, 과잉 불안, 조급증, 짜증" 같은 다양한 병증에 시달린다고 말했다. 19세기에 우울증의 의미로 널리 쓰인 '멜랑콜리'를 느끼는 경향도 지적했다. 옴스테드는 녹색 공간의 혜택은 모두에게 제공되어야 하는데, 특히 도시 외곽으로 이동할 기회가 별로 없는 도시 노동자들에게 더욱 필요하다고 보았다. 그런 공간이 너무도 부족해서 사람들은 묘지를 휴양 공간으로 사용했고, 이런 사회현상은 옴스테드를 분개하게 만들었다. 도시는 사람들에게 필요한 것을 주지 못하는 상태였다.

옴스테드는 영국에 방문했다가 리버풀의 버컨헤드 공원에서 영감을 받았다. 이 아름다운 공원을 '국민 정원'이라고 부르며 미국에도 그런 곳을 만들고 싶다고 생각했다. 옴스테드가 이후 설계한 공원들에는 화려한 꽃들을 심은 화단이나 엄격한 기하학적 구조가 없었다. 자연스런 풍경을 상기시키기 위해, 토종 초목들로 전원적이고 그림 같은 분위기를 만들었다. 이런 풍경이 "예방적이고 치유적인 가치의 매개"[5]라고 여겼다. 옴스테드는 자신이 만든 공원에 방문하는 사람들은 건강을 얻고 유지할 수 있다고 자신했다.

오늘날 대도시적 삶이 빠르게 확장되면서, 사람들은 도시의 삶이 건강을 훼손한다는 생각을 하게 되었다. 그 때문에 새로운 질병도 생겨났다. '신경쇠약neurasthenia'이 그것이다. 1869년, 미국 의사 조지 밀러 비어드George Miller Beard[6]는 이 질병을 '문명의 병'이라고 소개했다. 이 환자들은 정신적, 육체적으로 에너지가 부족해서 무기력에 빠지고, 불면증, 불안, 짜증 같은 다른 증상도 자주 겪는다. 신경쇠약은 과도한 자극, 과도한 노력, 과도한 탐닉에서 비롯된다며, 도시의 공격적인 기업 문화, 지적 생활의 요구, 대도시 생활에 따르는 악덕과 사치 등이 다양한 원인으로 지적받았다. 옴스테드가 생각하는 도시 노동자들은 그런 진단을 받을 확률이 적었다. 신경쇠약은 교육받은 부유한 사람들에게 찾아오는 질병이었기 때문이다. 치료법은 '휴식' 또는 '서부로 가기'였다. 여자들은 예외 없이 침대에 묶여 지내게 되었고, 남자들은 도시를 떠나 대자연에 묻히라는 조언을 받았다. 19세기 미국 시인 월트 휘트먼과 미국 대통령 시어도어 루스벨트는 그런 자연 치료를 받은 유명인들이다.

옴스테드와 비어드가 글을 썼을 무렵 현대 세계의 도시 성장은 이제 막 발을 내디딘 수준이었다. 19세기 초에는 도시에 인구의 3퍼센트가 살았는데, 지금은 50퍼센트가 넘는 인구가 산다. 이 수치는 30년 안에 70퍼센트까지 올라가리라 예견되고 있으며, 미국에서는 이미 인구의 80퍼센트가 도시에 산다. 도시 중심지가 확대되는 만큼, 세계의 전체 질병에서 정신 질환이 차지하는 몫도 커졌다.

신경쇠약이라는 병명은 오늘날 의학 용어에서 사라졌을지라도, 비어드가 말한 현상은 사라지지 않았다. 이제는 그런 증상을 우울증과 불안증으로 진단하는데, 도시에서는 시골에 비해 우울증은 40퍼센트 정도, 불안 장애는 20퍼센트 정도 발병률이 높다. 또한 도시의 강력 범죄 수준이 증가한 만큼 PTSD의 비율도 높아졌다.[7] 하지만 원인과 결과를 구별하기는 쉽지 않다. 질병을 비롯한 여러 사회적 스트레스 요인이 사람들을 도시로 이주하게 만들 가능성도 있기 때문이다. 특히 사회적 박탈감과 관련된 정신증의 경우가 그렇다. 최근 영국에서 실시한 한 연구[8]는 범죄율이 높은 빈곤 지역 청소년들에게 정신증 유병률이 40퍼센트가량 높다는 사실을 밝혀냈다.

도시는 경제의 엔진이고 문화의 중심지다. 하지만 도시 생활에는 대가가 따른다.[9] 우리의 정신 건강이 바로 그것이다. 도시 환경은 주민들에게 조금씩 끊임없이 스트레스를 준다. 사람들은 날마다 시끄럽고, 붐비고, 오염된 환경에 노출된다. 통근자들에 대한 보건 조사[10]를 살펴보면, 통근에 많은 시간을 쓰는 사람들은 스스로도 출근길이 좌절, 피로감, 불안, 적대감을 안겨준다는 사실을 이미 알고 있다.

주택난과 취업난에 따르는 사회적 불평등과 고립은 대다수 도시의 표준이 되었다. 더구나 도시 거주자들은 시골 거주자보다 오래 앉아 있으면서 건강에 나쁜 생활을 하고, 환경에 대한 통제력은 적으며, 범죄에 대한 공포는 더 크다. 개인에 따라 이런 스트레스 요소들은 서로 다르게 결합하겠지만, 누적되면 결국 희생이 따른다.

도시 거주자의 정신 건강 문제를 더 취약하게 만드는 부분은 인생에서 '보호 요소'가 상대적으로 부족하다는 점이다. 도시 생활에서는 가족이나 친구들과 강한 연결 고리를 유지하기가 더 힘들다. 하지만 그 연결 고리는 정신 질환에 걸릴 위험을 줄여준다고 알려져 있다. 도시 사람들은 자연과 규칙적으로 접촉하기도 더 어렵다. 도시가 커지면서 사람들은 자연 세계에서 더 분리되었다. 오늘날 많은 대도시에는 녹지가 거의 없는 고밀도 주거지가 넘쳐난다. 땅의 부동산 가치와 그에 대한 수요 때문에, 남아 있는 도시의 소규모 녹지들도 늘 위협을 받는 처지다.

오늘날 전 세계 많은 대학의 연구 팀들이 자연이 주는 혜택을 탐구한다. 실제로 아주 빠르게 성장하고 있는 연구 분야이기도 하다. 강력한 사회적 유대와 똑같은 크기는 아닐지라도 도시 공원과 정원이 정신 건강에 미치는 긍정적 효과는 조용히 작용하면서, 사람들의 스트레스 내성을 변화시킨다. 녹색 공간이 가까이 있으면[11] 사람들에게서 공격성과 불안이 줄고, 기분이 고양되며, 정신적 피로감이 감소한다고 밝혀졌다. 녹색 공간은 사람들의 행동 방식도 바꾼다. 운동도 더 많이 하고 이웃과 접촉도 더 많이 하도록 만들기 때문이다. 하지만 그동안 쌓인 많은 증거에도 불구하고 우리는 몸과 마음이 자연 환경에 반응하는 복잡한 방식을 이제 겨우 이해하기 시작했을 뿐이다.

'녹색 자연'이라는 개념을 잔디밭만 있으면 된다는 생각으로 받아들일 수도 있다. 그러나 자연이 회복 효과를 발휘하는 데는 복잡성과 다양성이 중요하다. 생태학자 리처드 풀러Richard Fuller는 영국 셰필드에서 실시한 연구[12]를 통해 사람들이 공원 방문에서 얻는 혜택과 초목의 생물 다양성 수준 사이에 명확한 관계가 있음을 발견했다. '루스 인 우르베'라는 고대 개념이 무게를 지니고 있음을 보여준 것이다. 도시 공원과 정원은 생명이 많고 자연스러울수록 좋다.

도시의 녹색 공간 확대가 공중 보건 정책으로 신뢰성을 얻으려면 그 효과를 인구 차원에서 정량화해야 하는데, 쉽지 않은 일이다. 오스트레일리아 브리즈번에서는 최근 사람들이 도시 공원에 간 횟수와 그들의 건강 상태의 관련성을 살펴보려는 연구[13]가 진행되었다. 도시 환경의 효과를 연구하다 보면 건강하고 부유한 사람들은 더 녹지가 많은 지역을 골라서 살 수 있다는 점이, 실제로도 그렇게 한다는 점이 문제로 떠오른다. 풀러의 팀은 그들이 얻은 대량의 데이터에 복잡한 계산을 수행해서 이 문제를 보정했다. 이 연구에서는 건강에 영향을 미치는 다른 사회적, 경제적 요소들을 고려한다. 그렇게 해서 브리즈번의 모든 사람이 매주 도시 공원을 방문하면 우울증은 7퍼센트, 고혈압은 9퍼센트 감소하리란 결과를 얻어냈다. 풀러는 브리즈번에서만이 아니라 세계의 다른 도시들에서도 연구자들이 동일한 연구를 수행하기를 바란다.

건강과 소득 사이에는 끊을 수 없는 관계가 있다. 그래서 도시의 최빈층은 일관되게 정신 건강 상태도 가장 나쁘다. 복잡하고 다양한 요소가 작용하겠지만, 녹색 공간에 대한 접근성이 요소들 가운데 하나라는 증거가 늘고 있다. 글래스고 대학과 에든버러 대학에 소재한 '환경사회보건연구센터CRESH'에서 이런 사실을 강력하게 시사하는 연구[14]가 진행되었다. 리처드 미첼Richard Mitchell이 이끄는 연구 팀은 유럽 곳곳 도시들에서 대규모 연구를 수행해 지역의 각종 시설이 사회, 경제, 보건에 어떤 격차를 가져오는지 들여다보았다. 연구자들은 녹색 공간뿐 아니라 상점, 대중교통, 문화시설도 분석했다. 이런 변수들 중에서 인근 공원과 정원의 존재가 의미 있는 효과를 보였다. 연구 팀의 계산에 따르면, 낮은 소득 때문에 겪게 되는 정신 건강의 불평등은 녹색 공간에 접근함으로써 최대 40퍼센트까지 줄어든다. 인상적인 수치였다. 자신이 만든 공원이 저임금 도시 노동자의 건강에 변화를 일으킬 수 있다고 믿은 옴스테드가 옳았다.

가로수의 존재[15]만으로도 변화를 일으킬 수 있다. 사람들이 자기 인생에 대해 느끼는 감정에 가로수가 의미 있는 영향을 미친다는 사실이 밝혀졌다. 시카고 대학 환경과 신경과학 연구소의 마크 버먼Marc Berman은 토론토 주거 지구의 나무 분포를 조사했다. 그리고 주민들이 스스로 작성한 건강 평가와 통합했다. 소득, 교육, 고용 관련 사항을 보정하니, 블록마다 나무 열 그루만 더 있어도 추가 소득 1만 달러와 대등한 규모의 정신적 스트레스 감소가 일어난다는 답이 나왔다. 선택을 하라면 사람들 대부분은 나무보다 돈을 택하겠지만, 그래도 자연의 부에 이만한 수치가 붙는다니 놀라울 뿐이다.

풀과 나무가 가까이 있으면, 정신 건강 증진과 더불어 지역사회 폭력과 가정 폭력 감소에도 도움이 된다. 일리노이 대학의 환경 과학자 프랜시스 쿠오Frances Kuo와 윌리엄 설리번William Sullivan이 2000년대 초반에 발표한 영향력 있는 연구[16]들은 이 효과를 잘 보여준다. 두 사람의 연구에 따르면, 시카고의 열악한 임대주택 지구에 살지만 근처의 녹색 환경을 누릴 수 있는 사람들은, 주거 수준이 비슷하지만 녹색 공간이 거의 없는 곳에 사는 사람들보다 스스로의 인생 상황에 대해 더 희망적이고 덜 무력한 반응을 보였다. 그리고 가정 내 공격성도 더 낮았다.

쿠오와 설리번은 또 다른 연구에서 절도와 강력 범죄율을 분석해서, 나무와 정원을 갖춘 건물 근처에서는 범죄율이 떨어진다는 사실을 밝혀냈다. 그리고 녹색 공간이 부족한 곳에 정원을 꾸미거나 나무를 심으면, 범죄율을 7퍼센트까지 낮출 수 있다고 계산했다. 정원은 사람들을 바깥으로 끌어내, 지역사회를 더 안전하게 만들어준다. 녹색 공간은 주민들이 모여서 교류하는 곳, 장벽이 무너지고 새로운 우정이 생겨나는 중간 공간으로 기능한다. 쿠오와 설리번은 정원이 딸린 임대주택 지구 거주자들은 이웃에 대해 더 많이 알고, 주변에 도움의 네트워크가 있다고 생각한다는 사실을 밝혀냈다. 도시의 소외된 지역을 변화시키는 녹색화 효과는 과소평가할 수 없다.

도시는 복닥거리고 우리 정신도 복닥거린다. 하지만 공원에 가면 정신적 공간에 대한 감각이 넓어진다. 그러면 한 발 물러서서 좀 더 명확히 생각하게 되고, 전보다 자유로워진다. 결국 이전까지 자신을 괴롭히던 문제들에 덜 구애받는 상태가 되어 돌아갈 수 있다. 이 효과는 그레고리 브래트먼Gregory Bratman이 워싱턴 대학 환경학부에서 진행한, 두뇌의 변화를 측정한 연구[17]를 통해 확인할 수 있다. 연구 참여자들은 90분 동안 임의로 배정받은 공원이나 간선도로 근처를 혼자 산책했다. 공원을 산책한 사람들은 정신 건강 점수가 높아졌고, 특히 불안감이나 부정적인 생각이 크게 줄어들었다. 부정적인 생각에 대한 집착은 슬하 전전두엽 피질subgenual prefrontal cortex의 활동과 관련 있다. fMRI(기능적 자기공명 영상) 두뇌 스캔 결과 이 영역으로 가는 혈류가 감소해서, 참가자들이 보고하는 진정 효과와 일치한다는 사실을 보여주었다. 수렵 채집을 하던 우리 조상이 땅에서 돌아다닐 때는 주변 환경에 수용적이고 세심한 방식으로 주의를 기울여 안전을 확보해야 했다. 자연에 있으면 불안한 생각이 줄고 경계심이 이완되는 데는 진화론적 이유가 있다. 부정적인 생각에 대한 집착은 좋은 생존 전략이 아니다.

진화의 관점에서 보면 인간이 밀집한 대도시에 산 기간은 6세대 정도로 아주 짧다. 환경 과학자 줄스 프리티Jules Pretty는 이전까지 35만 세대는 자연 가까이에 살았다고 계산해냈다. 프리티는 "인간 역사를 일주일로 축소하고[18] 월요일에서 시작하면 이 현대 세계는 일요일 자정 3초 전에 나타난다"고 말했다. 도시 생활의 많은 부정적 영향은 이런 근본적 불일치에서 비롯된다. 인간 두뇌는 자연 세계를 바탕으로 진화했는데, 우리는 오늘날의 비자연적 도시 환경에서도 두뇌가 잘 기능해주기를 기대한다.

이완과 몰입이 결합된 주의 집중 상태는 먼 조상들이 야생에서 생존하도록 도와주었다. 수렵 채집의 성공은 이러한 방식의 주의 집중에 의존하고, 이런 상태에는 그렇게 큰 노력이 필요하지 않기에 오랜 시간 유지할 수도 있다. 반대로 오늘날의 생활 방식은 좁고 집약된 주의 집중에 크게 의존한다. 심리학자 레이철 캐플런Rachel Kaplan과 스티븐 캐플런Stephen Kaplan이 1980년대에 시작한 일련의 실험[19]에서 두 가지 서로 다른 주의 집중의 의미가 밝혀졌다. 두 사람이 정립한 '주의력 회복 이론'[20]은 자연 환경이 과제 집중적 사고를 멈추고 휴식하게 해주며 정신적 에너지를 회복하는 데 효과적으로 작용한다는 발견에 토대를 둔다. 의식적인 인지 처리 기술을 과도하게 사용하면 '주의력 피로'에 쉽게 빠지고, 두뇌는 다른 자극에 점점 취약해진다. 많은 연구에서 이 효과가 밝혀졌다. 예를 들면, 수목원을 45분 동안 산책한 학생들[21]은 바쁜 도시 거리를 산책한 비슷한 집단보다 이후 테스트 성적이 20퍼센트 더 높았다는 연구 결과가 있다. 옴스테드의 말대로 자연과 접촉하면 진정되는 동시에 고양감을 느낄 수 있다.

하지만 주의력은 인지 기능에만 머물지 않는다. 정신과 의사 이언 맥길크리스트Iain McGilchrist는 이런 식으로 우리의 이해를 제한하는 것은 실수라고 말한다. 맥길크리스트가 말하는 주의력은 "우리가 세계와 관계하게 하는 주요 매개체"다. 지난 20년 동안 좌뇌와 우뇌의 관계[22]를 연구한 맥길크리스트는 두 반구가 서로 다른 주의력에 특화되었다고 결론을 내렸다. 좌뇌는 좁고 집중된 주의력을, 우뇌는 주변 환경에 대한 폭넓고 개방된 주의력을 특징으로 한다. 다른 동물들에게서도 발견되는 양 반구의 특화한 정보 처리 방식을 생존의 필요성에 따른 진화라고 보았다. 먹잇감을 사냥하는 동물들에게는 집중된 주의력이 필요하지만, 동시에 넓은 영역을 경계할 필요도 있다.

복잡하고 통합성 높은 인간 두뇌에 적용하기엔 지나치게 단순한 모델이기는 하다. 맥길크리스트는 좌뇌와 우뇌는 늘 소통하며, 우리가 하는 모든 일에 참여한다는 점을 인정한다. 하지만 특정 처리 기술을 과도하게 사용하고 다른 것을 버려두면 감정이나 환경, 다른 사람들과 단절감을 느끼게 된다. 맥길크리스트의 설명에 따르면, 스크린과 컴퓨터에 둘러싸인 현대인은 살아가는 시간의 80퍼센트를 좌뇌를 이용한 주의 처리에 의존한다. 이런 불균형이 불안과 우울증을 증가시킬 뿐 아니라, 공허감과 불신이라는 더 일반적인 감정에도 기여한다. 좌뇌가 기능적인 것을 우선시하고 경험을 분류하는 데 특화했기 때문이다. '얻기'와 '사용하기'에 대한 좌뇌의 집중은 인생에 큰 의미나 깊이를 가져오지 않는다. 반면 우뇌는 분류보다는 연결에 특화했다. 신체 및 감각과 더 잘 연결되어서 우리에게 세상의 풍성함을 안겨 준다. 공감 능력과 깊은 인간애, 그리고 자연과의 유대감도 우뇌를 통해서 우리에게 온다. 맥길크리스트에 따르면, 우뇌는 세상의 신선함과 생명력에 접촉하도록 이끄는 역할을 한다.

하버드 대학의 저명한 생물학자 에드워드 윌슨Edward Wilson은 '바이오필리아biophilia'라는 개념을 내세웠다. 바이오필리아는 다른 형태의 생명과 정서적 유대를 느끼고 그 생명력과 접촉하는 것과 비슷한 상황을 의미한다. 윌슨은 "인간은 내재적으로 다른 살아 있는 유기체에게 정서적 결연"[23]을 느낀다고 주장했다. 바이오필리아라는 개념은 환경심리학 분야의 유행어가 되었다. 윌슨의 가설은 인지적, 정서적 기능 진화에 자연이 주요한 영향력을 행사했다는 사실을 토대로 한다. 자연에 잘 조응하는 사람, 식물과 동물에 대해 잘 배우는 사람이 생존에 유리했을 것이다. 지금은 일상적으로 자연과 교류하지 않기 때문에 그때와 같은 수준이 되지는 않겠지만, 그래도 우리 모두의 내면에는 자연에 대해 조응하는 힘이 잠재되어 있다.

바쁜 도시 거리를 돌아다니면서 처리해야 하는 많은 시각적, 청각적 정보는 집중력을 해친다. 자동차 경적 소리, 사이렌 소리, 경고음 등은 모두 안전을 위한 경계 장치지만, 그 소리들을 처리하고 걸러내다 보면 에너지가 고갈된다. 붐비는 거리에서 인파를 헤치고 가는 일은 최상의 조건에서도 힘들다. 사람마다 걷는 속도가 서로 다 다르듯 도시 환경에서 육체적, 정신적 공간이 받는 위협도 사람마다 방식이 다르다. 정신 질환을 앓는 사람들에게는 그저 사람들의 수나 길을 다니는 데 필요한 감각 과부하 자체가 힘겨울 수 있다. 런던 남부 '정신의학·심리학·신경과학 연구소'에서는 이와 관련해 연구를 두 건 진행했다.[24] 그 결과 정신 질환을 앓는 사람에게서는 우유를 사러 복잡한 거리를 10분 동안 나갔다 오는 것만으로도 여러 증상, 특히 불안과 망상적 사고가 두드러지게 증가한다는 사실이 밝혀졌다.

정신 질환을 앓는 젊은이 프랜시스는 마을 텃밭에서 실행하는 정신 건강 프로그램에 참여했는데, 프랜시스에게도 그런 요소들이 작용하고 있음을 알 수 있었다. 프랜시스의 연청색 눈동자는 아주 예민해 보였고, 다른 시대였다면 피난을 위해 수도원을 찾았을지도 모른다는 생각이 들었다. 5년 전에 처음 발병해서 몇 차례 입원도 했다. 조현병 진단을 받았고, 장기적으로 약물 치료를 해야 했다.

한번 건강을 잃으면, 도시 환경에서는 대응하기 어렵다. 도시 환경은 회복에도 지장을 준다. 프랜시스의 가장 최근 발병 시기는 혼자

살던 2년 전이었다. 프랜시스는 안전하지 않다는 느낌을 주는 환경이 발병에 영향을 미쳤다고 느꼈다. 프랜시스의 아파트는 버스, 자동차, 트럭이 붐비는 도로변에 있었다. 창밖으로는 보행자들이 보였고, 위층 사람들의 발소리도 점점 참기 힘들어졌다. 실내에 있으면 불안을 떨칠 수 없었다. 밖으로 나가도 나을 게 없었다. 불안과 망상적 사고는 오히려 더 악화되었다. 길을 걸을 때면, 감각의 과부하로 인해 정신의 경계가 허물어지고 다른 사람들에게 무방비로 노출된다는 느낌이 들었다. 평화를 찾을 수 없다는 생각이 들었다.

프랜시스가 바깥세상에서 경험하는 혼란스런 감각은 정신 내부의 혼란스런 느낌에 그대로 영향을 미쳤다. 결국엔 무슨 생각을 해도 잘못이라고 꾸짖는 소리가 마음 한구석에서 들려오는 수준에 이르렀다. 그래서 밤낮없이 헤드폰을 끼고 침대에 누워 음악만 듣기 시작했다. 지역 정신 건강 팀이 매일 찾아왔지만, 프랜시스는 결국 다시 입원하게 되었다. 어느 정도 회복해서 부모님 집으로 돌아간 뒤로 몇 달 동안 인지행동치료를 받았다. 덕분에 몇 가지 갈등적인 생각을 관리할 수는 있게 되었지만, 그래도 동기는 찾지 못했다.

동기 상실은 조현병의 흔한 증상이다. 프랜시스가 그랬다. 주요 원인은 두뇌 내 도파민계의 조절 장애다. 이 신경전달물질은 생명의 기본 화학물질인데, 다른 포유류에게서도 보인다. 도파민은 생존에 필요한 탐색 활동을 촉발하고, 두뇌의 '보상' 체계에서 중대한 역할을 한다. 사실 보상 체계라기보다 탐색 체계에 가깝다. 보상 자체보다 보상에 대한 기대에 의해 더 많이 고무되기 되기 때문이다. 도파민은 수렵 채집을 하던 조상들에게 주변을 탐구하려는 열의를 주었다. 배고플 때까지 기다리면 먼 곳까지 나가 식량을 구할 에너지를 잃었을 터다. 그 결과 두뇌는 환경에 대한 학습에 보상을 주게끔 진화했다.

도파민은 대부분 우리 두뇌의 오래된 층 안쪽 깊은 곳에 있는 작은 세포 두 덩어리에서 나온다. 기다란 신경섬유가 도파민을 피질 등의 먼 곳까지 전달하는데, 도파민이 일으키는 탐색의 충동은 인간에게서는 육체적인 분야뿐 아니라 지적인 분야에까지 영향을 미친다는 뜻이다. 도파민은 목적의식을 주고, 낙관적 기대를 일으키며 두뇌 전체의 연결과 소통을 촉진한다. 따라서 도파민 수치가 낮아지면 의욕을 상실한다.

프랜시스는 한 친척의 권유를 받고 지역사회 프로젝트에 참여하게 되었다. 정원은 대로와 인접한 대규모 주택단지 가장자리에 있었다. 나무 몇 그루가 병풍처럼 둘러서서 주변 환경과 선명하게 대조되는 녹색 안식처였다. 주변은 말 그대로 '콘크리트 정글'이었다. 프랜시스는 예전부터 자연 체험을 좋아했지만, 침대에서 오랜 시간을 보내다 보니 신체가 허약해져 있었다.

처음에는 모종을 심고 물을 주고 잡초를 뽑는 육체노동이 힘겨웠지만 버텨냈다. 정신 건강 문제가 있는 사람들을 도운 경험이 있는 프로젝트 스태프와 자신과 비슷한 상황인 사람들이 주변에 있었다. 그들과 딱히 교류를 하지는 않았지만, 프랜시스는 함께 일하는 데서 안전한 느낌을 받았다. 집중력이 점점 향상되기 시작했고, 주변에 위협적인 것이 없다 보니 프랜시스의 초점도 옮겨갔다. 자연에 몰입해 있으면 불안 강박이 덜 고통스러웠다. 날씨의 변화를 알아차리고 식물들의 변화를 습득하기 시작했다. 그리고 프랜시스 자신의 표현대로 "매일이 다른 날과 미묘하게 다르다는 것"을 이해하게 되었다. 정원에서 일을 함으로써 바깥세상에 마음을 열 수 있게 되었다.

프로젝트에 참여한 첫해에는 다른 사람들과의 관계가 개선되지 않았다. 자신이 다른 사람들의 행복에 책임을 져야 한다는 생각 때문에, 모든 대인 관계가 어려웠다. 하지만 식물을 다루는 일은 단순했다. 식물들은 헷갈리지도 않았고, 불안한 신호도 없었고, 고려해야 할 감정도 없었다. "나는 자연을 믿어요." 프랜시스가 말했다. 편집증과 신뢰는 서로 반대된다. 불안 수준이 높으면 모든 일이 편집증적 사고를 촉발할 수밖에 없다. 식물과 함께하는 일은 프랜시스를 진정시켰다. "사람과 비교하면 식물들이 더 정직하기" 때문이다.

퇴역 군인들은 나무의 회복력과 강인함에 이끌렸지만, 프랜시스와 식물의 관계는 취약성과 관련이 있었다. 식물들—프랜시스의 말에 따르면 "연약한 식물들"—을 돌보면서 자기 취약성을 새로운 맥락에서 받아들였다. 프랜시스는 자신과 식물을 동일시함으로써 배움을 얻을 수 있었다. "식물들은 연약하면서도 긍정적인 것 같고, 사계절을 버텨요. 여기 남아서 잘 살고 있잖아요." 프랜시스에게 정원 식물들은 '조용한 안내인'이었다. 식물들은 존재의 다른 방식을 보여주었다. 식물을 통해서 프랜시스는 취약성이 저주가 될 필요는 없음을 이해하게 되었다.

프랜시스는 "어떤 일들에 너무 집착"하던 상황과 그 일들이 사라지면 스스로에게 화를 내던 상황에 대해 이야기했다. 원예를 통해서 프랜시스는 인생에 대한 "깊은 이해"에 이르렀고, "세상 일은 왔다가 간다는 사실"에 적응하게 되었다고 말했다. 프랜시스는 자신에 대한 분노도 멈추었다. 항상 약간 허술하고 흐트러진 편이었지만, 정원에서는 달랐다. "여기서는 그럴 수 없어요. 원예에는 관리가 가장 중요하니까요. 돌보지 않으면 식물은 시들고 죽어요." 프랜시스는 다른 일에는 자주 싫증을 느꼈지만, 원예에는 한 번도 싫증을 느끼지 않았다.

정원 돌보기는 새로운 목적의식과 동기를 주었다. 프로젝트는 지역사회의 자원이었고, 그래서 프랜시스는 자신이 의미 있는 일을 한다고 느꼈다. 때로는 집중하는 데 어려움을 겪지만, 기억력은 향상되었다. 18개월이 흐른 뒤, 프랜시스는 정식 원예 교육을 받아도 좋겠다고 생각했고, 마침내 원예 업계에 취직하겠다는 꿈을 품었다. 프랜시스는 인터뷰 말미에 그간의 경험을 요약해서 말했다. "저는 지금 그 충격에서 벗어나 인생을 더 많이 이해하고 있어요."

프랜시스가 참여했던 방식의 지역 정원 프로젝트는 다양한 양상의 치유적 효과[25]—정원 환경이 스트레스 수치를 낮춰주는 것부터 참가자들이 사람뿐 아니라 식물들과 관계를 맺는 일까지—를 거둔다. 무엇보다 프랜시스처럼 고립된 사람에게 원예는 두뇌에 이로운 복잡한 환경 자극[26]을 제공한다.

우리와 신경계가 비슷한 실험실 쥐들을 몇십 년 동안 연구한 바에 따르면, 신경과학자들이 말하는 '다채로운 환경'[27]에서 자란 쥐는 그렇지 않은 쥐보다 건강하고, 스트레스 회복력이 높고, 학습도 잘한다. 두뇌의 신경 발생량이 증가하고, BDNF 수치가 올라가며, 해마에 있는 치아이랑dentate gyrus의 뉴런 양이 두 배가 된다. 치아이랑은 학습과 기억에 결정적인 역할을 하는 부위다.

여기서 말하는 다채로운 환경이란, 흔히 쳇바퀴, 공, 터널, 사다리, 작은 물웅덩이로 구성되는, 쥐를 위한 놀이터다. 다양한 자극을 제공하는 환경은 탐색 활동을 촉발한다. 비교군 쥐는 먹이와 물만 있는 표준 우리에서 자란다. 최근까지 다채로운 환경이 두뇌에 미치는 효과에 대한 연구에서 다채로운 '자연'은 아무런 관련이 없었다. 상황을 바꾼 것은 리치먼드 대학의 신경과학 교수 켈리 램버트Kelly Lambert 다. 램버트는 또 다른 환경, 즉 나무 막대기, 그루터기, 속을 비운 통나무 같은 식물성 재료들과 흙이 있는 환경을 실험에 포함시켰다.[28]

야행성인 쥐들의 행동을 적외선 카메라로 촬영해서 다음 날 보았더니, 램버트가 예상한 대로 환경이 빈약한 표준 우리의 쥐들은 "좀비처럼 행동"했다. 즉 서로 거의 교류하지 않았다. 인공적으로 다채롭게 만든 우리의 쥐들은 활동성과 사회성이 좀 더 높았다. 하지만 자연 요소로 다채롭게 만든 우리의 상황은 믿을 수 없을 지경이었다. 놀란 램버트는 조교를 불러서 함께 영상을 보았다. 램버트 팀은 실험실 쥐들이 이미 여러 세대에 걸쳐 자연 근처에 가본 적이 없기 때문에, 나무 막대기나 흙보다는 플라스틱 장난감을 더 좋아하리라 예상했다. 하지만 자연 요소가 약간 더해진 우리에서, 쥐들은 연구 팀이 처음 보는 두드러진 생기와 활동성을 발휘해 장난을 치고 흙도 파면서 즐겁게 놀았다. 그뿐 아니라 훨씬 사회성 높은 방식으로 서로 교류했다.

결과에 놀란 램버트 팀은 두 번째 실험을 꾸렸다. 이번에는 좀 더 길게 16주에 걸쳐 실시되었다. 이번에도 (램버트가 이름 지은) '도시 쥐'와 '시골 쥐', 그리고 표준 우리의 쥐가 서로 비교되었다. 도시 쥐와 시골 쥐의 생화학 수치를 측정해보니, DHEA 호르몬과 코르티코스테론 비율이 시골 쥐에게서 더 건강하게 나타나기는 했지만 모두 표준 우리의 쥐보다 높았다. 행동 패턴 분석에서는 시골 쥐가 단연 강점을 보였다. 시골 쥐는 도시 쥐보다 스트레스에 대해 더 큰 회복력을 보였고, 더 오랫동안 주변을 탐색했으며, 더 끈기 있게 시험하고, 다른 쥐들과 더 사교적으로 행동했다.

그 쥐들을 '도시 쥐'와 '시골 쥐'라 부르기는 했지만, 시골 쥐들의 환경이 실제 시골은 아니었다. 그런 환경에 두려면 쥐들을 풀어줘야 했을 것이다. 시골보다는 정원과 좀 더 비슷하다고 볼 수 있다. 다채로운 환경에 대해 몇십 년 동안 연구가 진행되었지만, 놀랍게도 자연 자극과 인공 자극의 차이에 대한 연구는 없었다. 자연 요소는 인공 요소보다 신경계를 강력한 방식으로 자극하는 모양이다. 쥐들은 그 차이를 분명히 인식했다. 쥐 버전의 바이오필리아를 보여준 셈이다.

다채로운 환경의 효과는 19세기의 '서부로 가기' 치료법이 '휴식 치료'보다 훨씬 큰 성공을 거두었다는 데서 드러난다. 오늘날 우리가 사는 시대는 자연과 분리되어 있다. 인간 종의 역사에서 이렇게 극단적으로 자연과 분리되었던 시기는 없었다. 도시의 성장뿐만 아니라 스크린 문화에 둘러싸인 현대 기술도 극단적 분리에 기여한다. 어떤 사람들은 이제 더는 야외에 나가지 않는다. 예를 들어 미국인은 평균적으로 자기 시간의 93퍼센트를 실내나 차량 안에서 보낸다고 한다.[29]

맑은 공기, 햇빛, 운동, 녹색 환경, 조용한 장소가 도시 사람의 건강에 좋다는 생각은 상식이다. 하지만 우리는 이런 요소들에서 너무 멀리 떨어져 있기 때문에 효과를 과학적으로 증명해야 하는 지경에 이르렀다. 게다가 상식이 예견하지 못한 녹색 공간의 이점이 더 있다. '사회성 향상' 효과다. 램버트는 실험에서 시골 쥐가 서로를 그루밍해 주고 더 사교적으로 교류하는 모습을 보며 이 사실을 발견했다. 쿠오

흔들리는 세상을 바로 보는 창

삶을
다정하게
가꾸는

월북의

"나는 이 책에서 '쓸모'의 의미를 논하고 싶지 않지만, 사람들이 이 말을
지나치게 교육이나 자기 계발에 관해서만 사용할 때 슬퍼지곤 한다."

『인생의 언어가 필요한 순간』 중에서

책 — 들

www.willbookspub.com

인생의 언어가 필요한 순간

아침마다 라틴어 문장을 읽으면
바뀌는 것들

니콜라 가르디니 지음 | 전경훈 옮김

옥스퍼드 오늘의 단어책

날마다 찾아와 우리의 하루를
빛나게 하는 단어들

수지 덴트 지음 | 고정아 옮김

걸어 다니는 어원 사전

양파 같은 어원의 세계를 끝없이
탐구하는 아주 특별한 여행

마크 포사이스 지음 | 홍한결 옮김

그림과 함께 걸어 다니는 어원 사전

이 사람의 어원 사랑에 끝이 있을까?
한번 읽으면 빠져나올 수 없는 이야기

마크 포사이스 지음 | 홍한결 옮김

미식가의 어원 사전

모든 메뉴 이름에는 연원이 있다

앨버트 잭 지음 | 정은지 옮김

과학의 기쁨

두려움과 불안, 무지와 약점을 넘어
더 넓은 세상을 찾는 과학자의 생각법

짐 알칼릴리 지음 | 김성훈 옮김

뛰는 사람

생물학과 달리기와 나이 듦이 어우러진
80년의 러닝 일지

베른트 하인리히 지음 | 조은영 옮김

나를 알고 싶을 때 뇌과학을 공부합니다

마음의 메커니즘을 밝혀낸
심층 보고서

질 볼트 테일러 지음 | 진영인 옮김

새의 언어

하늘을 유영하는 날개 달린 과학자들에게
우리가 배울 수 있는 것들

데이비드 앨런 시블리 지음 | 김율희 옮김

필로소피 랩

세상 모든 질문의 해답을 찾는 곳
옥스퍼드대학 철학 연구소

조니 톰슨 지음 | 최다인 옮김

눈에

세상을

제임스

잠자는

인간성

닐 올리

바보으

역사는
멍청이

장프랑수

인간은

인간의
똑같은

톰 필립스

진실으

가짜뉴
인간은

톰 필립스

와 설리번은 사회망 강화에 대한 시카고 주거 조사에서 이 효과를 목격했다. 도시 거주와 관련해서, 자연이 우리에게 미치는 가장 큰 영향은 사회성 향상일지도 모른다. 간단히 말해서, 사람들은 식물과 나무가 있는 곳에서는 더 예의 바르게 행동하고 서로와 더 많이 소통한다.

녹색 초목에 사람들의 사회성을 높여주는 효과가 있다[30]는 사실이 실험실 연구로 여러 차례 증명되었다. 실내에 식물이 있거나 도시 풍경 대신 자연 풍경을 바라볼 때 더 관대해지고 남을 신뢰하는 결정을 내린다는 사실을 보여주는 연구 결과도 있다. 자연 풍경에 깊이 몰입할수록 효과는 커졌다.[31] 한국에서 fMRI 두뇌 스캔을 사용해서 수행한 연구에서는 쾌적한 자연 풍경이 공감 형성과 관련된 두뇌 부위를 활성화한다는 사실이 밝혀졌다. 스캔 이후 실시한 심리 검사에서도 관대함이 향상되었다. 이런 실험들은 자연의 다채로움과 가까이 있을 때 인간이 신뢰와 이타심을 더 잘 발휘한다는 사실을 암시한다.

도시 생활에서는 다수의 타인과 맞닥뜨리게 된다. 그런 일은 신뢰 능력과 공감 능력을 훼손한다. 도시 환경은 무관심과 의심을 촉진한다. 생존을 위한 본능이 먼저고 생각은 그 뒤를 따른다. 반면 자연은 주변 세계와 더 많이 접촉하게 해준다. 마치 다른 안경을 쓴 것처럼 세상을 보는 시각이 약간 달라지는데, 초목에만 국한되지 않는다. 사람을 보는 시각도 달라진다. 나무와 공원과 정원은 부지불식간에 우리 시선을 부드럽게 해주고 공감과 인간적 접촉[32]을 향해 더 다가가게 만든다.

6
뿌리

내가 땅과 지혜를 나누지 않을까?
나 자신이 나뭇잎과 비옥토의 일부가 아닌가?[1]

헨리 데이비드 소로(1817~1862)

채소밭에서 딴 첫 열매는 당연히 그대로 음미하는 게 최고다. 정원 수돗물로 대충 씻은 당근보다 맛있는 당근은 없고, 흙에서 막 캐서 아직 따뜻한 무보다 부드럽게 알싸한 무는 없다. 연한 루콜라 이파리는 솎아내다가 먹으면 훨씬 더 상큼하고, 아기 누에콩은 그냥 지나치기 힘들다. 아직 솜털이 보송보송할 때 바로 따서 신선하게 먹을 수 있는데, 무엇 때문에 요리할 때까지 기다리겠는가?

채소밭 문 옆에는 오래전 한구석에 수영을 심은 커다란 상자형 텃밭이 있다. 초여름이면 우리 아이들은 그 앞에 모여 앉아서 토끼처럼 수영을 뜯어 먹으며 즐거워한다. 어린 수영 잎은 셔벗 못지않다. 레몬 같은 상쾌함 때문에 입 속에서 침샘이 폭발한다. 1년에 몇 차례씩 잎을 따다가 수프도 만들고 소스도 만들지만, 채소밭에 들어가다가 가볍게 따 먹을 때가 더 많다.

잡초들조차 주는 게 있다. 봄이면 처음 싹튼 쐐기풀로 수프를 만들고, 적색 오크라 잎을 샐러드에 더할 수 있다. 여러 해 전에 심은 네스트리움이나 금잔화는 알아서 자라는 종자라서 우리 채소밭에 멋대로 씨를 뿌리고 자라는데, 여름 내내 붉고 노란, 식용 가능한 꽃잎이 우리 집의 수많은 요리를 장식한다.

우리 정원의 채집 품목 가운데서 나는 야생딸기를 가장 좋아한다. 이 작은 고산 열매는 접시에 놓이기는커녕 부엌에도 들어가지 못한다. 정원에서 일할 때마다 이파리 사이에 새빨간 보석처럼 맺힌 열매를 손으로 더듬어 따 먹으니까. 복합적인 달콤한 맛이 너무도 매혹적이다. 달콤하면서 알싸하고, 꽃 같으면서 과일 같고, 상큼하면서 쿰쿰한 맛이 동시에 존재한다.

원예로 만들 수 있는 정원의 종류는 엄청나게 많다. 그중에는 집에서 먹을 채소를 키우는 정원, 그러니까 텃밭이 있다. 열매, 꽃, 푸성귀를 채집하러 텃밭에 갈 때면 마음속에 기대감이 일어, 구석기시대 우리 조상이 동굴을 나설 때처럼 도파민이 방출되는 기분이다.

자기 텃밭에서 채집을 한다는 말이 이상하게 들릴지도 모르겠다. 하지만 모든 텃밭에는 야생의 요소가 끊임없이 침입한다. 작은 구역일지라도 텃밭을 거닐면서 무언가를 찾는 일은 수확보다는 채집처럼 느껴진다. 우리 조상들이 어떻게 경작을 시작하게 되었을까 하는 질문에 이르면, 채집과 원예의 중첩은 무언가를 시사해준다. 선사시대의 이 단계를 탐색해보면, 인간 정신 속 원예의 기원에 대해 알아볼 수 있지 않을까?

당연히 선사시대에 이루어진 인류의 첫 원예를 추적하기는 힘들다. 도구나 조각품, 여타 기물들과 달리, 원예의 모든 것은 순환하고 재생하는 자연의 힘 속으로 사라졌기 때문이다(최근 토양과 식물 분석의 발전으로 흥미로운 실마리들이 밝혀지기는 했다). 이와 반대로 농업의 기원에 대해서는 상당히 많은 부분이 밝혀졌다. 작물화에 따른 식물의 유전적 변화 연구를 통해, 농업이 1만 2000년 전쯤에 오늘날 중동과 근동을 포함하는 '비옥한 초승달 지역'에서 시작되었다는 사실이 밝혀졌다. 전에는 농업이 발명품처럼 비옥한 초승달 지역에서 다른 지역으로 퍼져나갔다고 여겼지만, 지금은 중국과 중앙아메리카를 포함한 열 곳 이상에서 제각기 따로 시작되었다는 이론이 정설로 받아들여진다.

　선사시대의 농경문화를 '신석기 혁명'이라고 부른다. 저명한 고고학자 V. 고든 차일드V. Gordon Childe[2]가 거의 100년 전에 붙인 이름으로, 농업이 근본적인 사회적, 경제적 변화를 이끌고 왔음을 강조한다. 기후변화로 인해 식량 공급이 감소하면서, 수렵 채집에만 의존할 수 없는 상황이 되었다. 어쩔 수 없이 경작을 시작하기 전에는 씨앗의 증식에 대해 별 경험이 없었을 테니 기본 작물을 경작하는 데 집중했을 것이다. 따라서 농경이 먼저 시작되고, 원예를 통한 비필수 작물 경작은 그 이후 시작되었을 것이라는 생각을 기반으로 하는 명명이었다.

　하지만 식물을 증식시키는 기술을 들에서 발전시킬 수는 없었을 것이다. 수렵 채집 생활을 하다가 여기저기 작은 땅을 일구는 법을 알게 되었을 텐데, 파종에서 결실 사이에는 상당한 시간이 걸리는 데다가 무엇이든 첫 시도의 결과는 대단치 않다는 점을 고려해보면, 농업이 생존의 필요에 의해 촉발되었을 가능성은 낮다.

차일드는 『신석기 혁명과 도시 혁명Man Makes Himself』에서 농경이라는 혁신적 기술을 통해 인간이 자연을 통제하게 되었다고 설명했다. 차일드는 소규모 원예 경작이 농업보다 앞서 이루어졌으리라 생각했지만, 이는 '부차적' 활동이라고 보았다. 농업과 달리 원예는 여자들의 영역이며, 남자들은 '사냥이라는 중대사'를 했다는 것이다. 원예는 육아, 채집, 음식 준비 같은, 여성의 일이라 여기는 작업과 연관되었다. 주요 채집 수단인 흙 파는 막대기는 뿌리와 알뿌리를 캐내는 데도 쓰였다. 하지만 규모가 아무리 작더라도 이 텃밭들은 '부차적'이지 않았다. 이 상황은 식물과 사람의 관계에 큰 변화가 일어났음을 의미했다.

신석기 초기에 일어난 일은 혁명이라기보다[3] 식물과 사람의 관계가 느리게 진화한 결과라는 사실이 점점 분명해졌다. 유니버시티 칼리지 런던의 고식물학 교수 도리언 풀러Dorian Fuller의 말대로 최초의 농부들은 "구석기시대 후기에 발전한 식물 돌보기의 집단 기억과 깊은 문화적 전통"에 의존했다.[4] 풀러는 수렵 채집 집단은 경작을 하지 않았을 때에도 식물의 재생산 방식에 대해 잘 알고 있었다는 민족지학적 증거가 있다고 말한다.

중국 농업의 기원을 전문적으로 연구하는 풀러는 최초의 원예는 생존형 식량이 아니라 '고가치 식량—잔치나 특별 행사에 쓸 먹을거리—'을 생산하기 위한 일이었다고 주장한다. 다시 말해서 식물 재배의 동기는 사회적 의식이나 지위와 관련이 있다는 것이다. 농경 이전 텃밭의 특징은 다양성이었다. 농경지에서는 단일 작물을 기르지만, 텃밭에서는 다양한 식물을 계절별 쓰임에 따라 재배한다.

세계의 각기 다른 지역에서는 당연하게 각기 다른 작물을 키웠다. 하지만 처음에는 대체로 가치가 아주 높거나 희귀한 작물들을 키웠다.[5] 향료, 염료, 섬유뿐 아니라 약초와 환각제 같은 다양한 비식량 작물이 이 범주에 들어간다. 예를 들어 그릇과 악기를 만들려고 널리 재배했던 조롱박은, 무화과와 더불어 작물화한 최초의 식물들 중 하나다. 특히 멕시코에는 기본 식량 작물을 키우기 훨씬 이전부터 특별한 작물을 먼저 키웠다는 기록이 잘 남아 있다. 멕시코에서는 고추, 아보카도, 콩, 몇 가지 호박, '코사우이코'와 '추판딜라' 같은 과일나무가 옥수수, 기장, 아마란스 같은 주식 작물보다 몇천 년이나 먼저 재배되었다.

고고학자 앤드루 셰라트Andrew Sherratt는 경작에 대한 관습적 서사를 말끔하게 뒤집어서, 사치 작물을 기르는 원예에서 필수 작물을 기르는 농업으로 바뀌었다고 설명했다.[6] 삶의 질을 높이는 작물의 재배를 중시했다는 것은 원예가 처음부터 문화의 표현이었음을 의미한다.

많은 수렵 채집 부족이 그동안 생각해오던 만큼 유목적이지 않았다는 증거도 늘어간다. 씨앗은 휴대가 간편해서, 성장이 빠른 한해살이풀을 키우는 단순한 원예라면 계절별 이주와 잘 맞았을 것이다. 채집할 땅이 충분하면 수렵 채집 부족은 때로 더 오래 머물렀다. 소규모 경작은 식량의 부족보다 식량의 풍요에서 시작된 듯하다. 물과 비옥한 토양, 온화한 기후와 풍성한 자연 자원을 제공하는 호숫가[7], 늪가, 강가의 정착지들은 식물들로 다양한 실험을 해볼 시간과 기회를 주었다.

선사시대 수렵 채집 부족 거주지 '오할로 II[8]'는 딱 그런 장소였다. 갈릴리 해변에 있는 이곳 거주지에서 놀라울 만큼 잘 보존된 유물이 물속에서 발견되었다. 기원전 2만 3000년 무렵 갈릴리 호숫가 오두막 여섯 채에 작은 집단이 살았다. 주변에서 140종이 넘는 야생 식물의 흔적을 발견했는데, 이들 집단이 적극적인 채집을 수행했다는 증거다. 이스라엘 고고학 팀은 추가 분석을 통해, 이 집단이 완두, 렌틸콩, 무화과, 포도, 아몬드, 올리브와 에머 밀emmer wheat 등 다양한 식량을 재배하기도 했다는 사실을 밝혔다. 이 유적지는 비옥한 초승달 지역보다 7000년가량이나 연대가 앞선다.

이렇게 혼합된 생활 방식은 '수렵-채집-경작'이라 해야 옳을 것이다. 채집과 경작이 동시에 일어났을 뿐 아니라, 두 가지 활동이 서로 섞이기도 했다. 수렵 채집을 하다가 자원을 얻을 수 있는 상황을 맞이하면 단순히 식량을 채집하기보다 다양한 형태의 적극적 채집⁹ 또는 이른바 '관리된 채집'을 실행하기 시작했다. 바람직하지 않은 식물은 뽑아내고, 잘 자라기를 바라는 식물들의 주변 공간은 넓히고 근처를 치웠다. 사실 채집과 경작 사이에 딱 떨어지는 경계선은 없다. 대신 미국 인류학자 브루스 스미스Bruce Smith의 말대로 "방대하고 다양한 중간 지대"¹⁰가 있다.

오늘날에는 인류 최초의 원예¹¹가 동남아시아의 열대 숲에서 시작되었다고 여긴다. 보르네오 정글의 토양과 강우 패턴을 분석한 결과, 마지막 빙하기였던 5만 3000년 전에 보르네오의 거주자들이 불의 힘으로 땅을 비옥하게 하고 어둠을 물리쳤다는 사실을 밝혀냈다. 진화 과정의 어느 시점부터 인류는 자연의 패턴을 수용하고 모방하기 시작했다. 숲에 사는 사람들은 낙뢰로 불탄 땅에 새로운 초목이 우거지는 모습을 보았을 것이다. 자연은 최초의 '텃밭'을 만들어 인간에게 모범을 보였다. 숲 원예가 정착되면서, 사람들은 물길을 만들고, 잡초를 뽑고, 비료를 주고, 모종을 이식하는 등의 여러 가지 방식으로 환경을 형성해나갔다. 경작은 거친 땅을 인간화하고 환경의 가치를 높이는 일이다. 문화의 기원이라고 할 수 있다. 'culture(문화)'라는 단어는 흙을 일구고, 식물을 기르고 돌보는 일을 의미하는 'cultivate(경작, 재배)'에서 왔다.

자연을 지배한다고 하면 포식 관계를 생각하기 쉽다. 하지만 자연 세계에는 풍성한 협력 관계가 있고, 그 일부는 경작과 놀라울 만큼 비슷하다.[12] 모든 종은 자신의 환경에서 생태학자들이 말하는 '틈새'를 구축한다. 어떤 유기체든 살기 위해서는 꼭 해야 하는 일인데, 그 틈새는 주변 다른 유기체에 파괴적 또는 건설적 영향을 줄 수 있다. 서로 다른 두 종이 서로에게 도움이 되는 관계, 즉 공생 관계는 공진화co-evolution라는 상호적 형태의 진화를 통해서 이루어진다.

남아프리카공화국 웨스턴케이프 바닷가 바위 지대 물웅덩이에 사는 삿갓조개[13]를 보자. 다른 곳의 삿갓조개와 달리 이곳 삿갓조개는 각각 채집 구역을 관리한다. 저마다 갈색 바위딱지 바닷말 텃밭을 가꾼다. 삿갓조개는 어떻게 원예를 하는가? 먼저 주변을 깨끗이 한다. 강력한 줄 같은 혀로 바위 한 구역을 치운 뒤, 바위딱지가 표면에 자라기 시작하면 질기고 바람직하지 않은 다른 바닷말들을 잡초 뽑듯 없앤다. 오래지 않아 삿갓조개는 맛 좋고 영양 많은 바닷말이 자라는 자신만의 밭을 갖게 된다. 배설물로 비료를 주고, 껍데기 안에 물을 저장했다 썰물 때면 배출해서 바닷말이 마르지 않게 한다. 이런 돌봄과 계속되는 잡초 뽑기 덕분에, 텃밭은 최고의 상태를 유지한다. 결정적으로 삿갓조개는 바닷말이 다시 자라는 속도 이상으로 먹지 않는다. 이는 생물학자들이 '신중한 섭식'이라고 하는 방식인데, 삿갓조개는 자신이 가꾼 잔디를 조금씩만 '깎는' 신중한 모습을 보인다.

마치 '잔디 주의'라는 경고판이라도 붙은 듯, 어떤 삿갓조개도 다른 삿갓조개의 바닷말을 먹기는커녕 그 밭에 가지조차 않는다. 자유 채집을 하는 다른 종 삿갓조개가 침범하려고 하면, 몸을 부딪쳐 몰아낸다. 바위딱지는 자생력이 약하다. 채집하는 삿갓조개에게 먹혀서 없어지거나, 더 힘센 바닷말에게 밀려난다. 이 바닷말 텃밭은 생물학적 상리 공생mutualism의 고전적 사례다. 상리 공생이란 쉽게 말하면 지속 가능한 공생이다.

개미는 특히 공생 관계를 잘 만든다. 많은 관계가 이미 몇백만 년 전부터 있었을 것이다. 땅속에 균류 텃밭을 만드는 가위개미도 있고, 최근에는 피지에서 '스쿠아멜라리아' 씨앗을 심어 열매를 키우는 개미[14]가 발견되기도 했다. 대규모 노동력을 가진 개미들은 농업과 비슷한 활동을 하고, 가위개미가 기르는 균류는 인간의 작물과 비슷하게 외부의 도움 없이는 재생산을 하지 못한다.

'농경하는' 개미와 '원예 활동하는' 삿갓조개뿐 아니라, 흰개미와 딱정벌레 중에도 '경작하는' 종이 있고, 심지어 씨를 심는 벌레[15]도 있다. 하지만 포유류 중에서는 호모사피엔스가 유일하다. 인간은 원예 활동을 하는 유일한 유인원이다.

경작이 시작되는 데는 인간 문화는 물론이고 자연도 중요한 역할을 했다. 고고학자 켄트 플래너리Kent Flannery가 썼듯이, 경작의 기원에는 "인간의 의도도 개입되고[16], 바탕이 되는 생태적, 진화적 원칙도 개입되었다". 시카고 대학 교수로 멕시코 선사시대를 연구하는 플래너리는 식물 스스로가 식물-사람 관계에서 (특히 돌연변이와 잡종 생성 능력을 통해) 수행하는 역할에 주목했다.

수렵 채집 생활의 생태적 틈새에서 텃밭이 발전한 방식에 대해서는 아주 다른 두 가지 개념이 제시된다. 한쪽은 텃밭이 쓰레기와 관련 있다고 여기고, 다른쪽은 의식ritual의 예기치 않은 결과일 수 있다고 말한다.

'쓰레기 더미' 이론[17]은 1950년대에 미국의 민족 식물학자 에드거 앤더슨Edgar Anderson이 제안했다. 수렵 채집 생활을 하다가 한 장소에 오래 머물렀을 때 생긴 쓰레기 더미에서 식물들이 자랐고, 이를 유용하게 썼으리라는 가설이다. 쓰레기 더미는 씨앗과 거름이 식량이 되는, 완벽한 연금술의 장소다. 앤더슨은 조롱박, 호박, 아마란스, 콩 같은 식물—모두 쓰레기 더미에서 잘 자라는 종이다—이 세계 곳곳에서 재배된 첫 식물이라는 데 주목했다. 그리고 이 식물들이 경작의 발전 과정에서 수행한 역할이 고고학계에서 과소평가되었다고 보았다. 밀이나 쌀에 비하면 시시한 식물이라고 여겨왔기 때문이다.

깨끗하게 치운 땅이 식물 군집의 성장을 위한 공간이 되기도 했다. 수렵 채집인의 거주지에서 스스로 파종하는 식물들 중 일부에는 향정신성 특징이 있었다고 추정된다. 담배, 사리풀, 양귀비가 모두 그런 특징을 가지며, 그래서 인간과 가까워졌을 가능성이 높다. 더구나 쓰레기 더미에서 '저절로' 생긴 텃밭들에서는 자연적으로는 함께 자라지 않았을 여러 식물이 섞여 있었을 터다. 앤더슨은 그렇게 해서 쓰레기 더미가 잡종화와 식물 교배의 도가니가 되었다고 보았다. 어떤 식물이 돋아나든, 가장 바람직한 것이 보호를 받게 되었을 것이며 이렇게 해서 최초의 텃밭이 생겨났다.

텃밭의 기원에 대한 앤더슨의 이론은 현재 널리 수용되고 있다. 생물학적으로도 앞뒤가 맞는다. 또 다른 20세기 미국 민족 식물학자 찰스 하이저Charles Heiser는 텃밭의 기원에 대해서[18] 그보다 덜 알려진 다른 가설을 제시했다.

해마다 첫 열매가 열리면, 인간은 섭식을 땅에 의존하고 있다는 사실을 상기한다. 전통적으로 첫 열매의 등장, 아니 재등장은 축하와 희생의 근거가 되었다. 첫 열매와 관련한 의식은 일찍부터 기록되어 있으며, 전 세계 사회 대부분에서 발견된다. 하이저는 이런 보편성을 토대로, 첫 열매 의식이 생각보다 훨씬 오래되었을지도 모른다는 의심을 품었다.

민족지학적 기록에 따르면, 많은 수렵 채집 부족이 첫 열매를 신에게 공물로 바치거나 씨앗 일부를 땅에 돌려준 뒤 돌멩이로 그 장소를 표시했다. 하이저는 선사시대에 이 의식을 수행하면서 흩어지거나 땅에 묻힌 씨앗들이 우연한 텃밭을 만들었으리라 추정하고, "최초의 파종과 최초의 성스런 텃밭이 동시에 태어났을" 가능성이 있다고 보았다.

하이저의 이론은 수렵 채집 시대의 정신을 되살려서, 환경이 우리에게 물리적인 집인 동시에 영적인 집이 될 수 있음을 상기시켜준다. 고고학 연구에 따르면, 종교와 신화에서는 정원과 텃밭이 중요한 역할을 한다. 고대 기록들을 보면 모든 신전에는 정원이나 텃밭이 딸려 있었음을 알 수 있다. 흔히 원예가 시작되고 나서 그와 관련된 믿음과 의식이 뒤따랐다고 생각하지만, 하이저의 이론은 순서를 뒤집었다. 이 이론은 1980년대에 제안되었고, 그 이후 선사시대에 대한 탐구에서 인류 문화 가운데 의식의 역할이 전보다 중요한 자리를 차지하게 되었다. 의식이 예술의 기원에 중대한 역할을 했다면, 경작의 기원에서도 동일하게 중요한 역할을 하지 않았을까? 물론 하이저 자신도 지적하듯이 그저 짐작만 할 수 있을 뿐이다.

수렵 채집의 세계는 활기차다. 자연의 모든 부분은 특징적 에너지와 신성한 기운을 품고 있다. 성스러움은 일상의 일부고, 의식은 영적 세계와 교류하는 상징적 방식이다. 의식은 땅을 기리면서 동시에 영향을 미치려고 한다. 불확실하거나 변덕스런 상황에 질서 감각을 주는 것이다. 그럼으로써 불안을 누그러뜨리고, 공동의 가치를 확인하며, 집단 유대를 돈독하게 한다. 선사시대 수렵 채집 문화에서 의식은 집단과 부족의 생존에 필요한 사회적 응집력을 유지하는 방식으로서 중요한 역할을 했을 것이다.

의식 행위에 대한 결정적인 연구 한 가지[19]는 거의 100년 전에 위대한 인류학자 브로니슬라브 말리노프스키Bronislaw Malinowski가 의식 행위에 대한 결정적인 연구 결과를 발표했다. 말리노프스키는 1차 대전 당시 파푸아뉴기니의 외딴 군도 트로브리안드에서 몇 년을 보냈다. 그곳에 대해 쓴 책 세 권 중 『산호섬의 경작지와 주술Coral Gardens and Their Magic』에서는 트로브리안드 사람들의 원예 생활만을 다룬다.

트로브리안드에는 오랜 고기잡이의 전통이 있다. 하지만 말리노프스키는 그들이 '일차적으로는' 원예가라고 판단했다. 말리노프스키는 트로브리안드 사람들이 "흙을 파고 뒤집고 씨를 심고, 작물이 자라서 수확을 내는 데서 얻는" 기쁨을 관찰했는데, 남자가 원예를 주도하지만 가족 모두가 함께 텃밭을 일구었다. 공동체 생활은 텃밭을 중심으로 이루어졌다. 텃밭은 집단적 자부심의 원천이었고, 사람들은 야심을 품고 "텃밭의 미학에 놀라운 정성"을 쏟았다.

트로브리안드 사람들은 숙련된 원예가였다. 그런데도 어떤 기술로든 작물의 성장을 보증할 수는 없다고 생각했다. 텃밭의 생산성에는 주술이 필수였다. 마을마다 '토워시towosi'라는 우두머리가 있는데, 이들은 '텃밭 주술사'기도 했다. '토워시'는 절기에 따른 경작 관련 핵심 의례를 모두 수행했다. 음식을 정령들에게 바치는 의식도 있고, 주술사가 흙을 때리는 신성한 막대기와 관련된 의식도 있었다. 그리고 거의 모든 의식에서 시, 송가와 비슷한 마술적 주문을 읊었다. 말리노프스키가 말하는 '성장 주술'은 현대인의 사고와는 거리가 먼 듯 보이지만 '그린 핑거' 같은 말에 그런 사고의 잔여물이 남아 있다. 식물을 키우는 일에는 항상 수수께끼 같은 요소가 있으니 말이다.

트로브리안드 주술은 텃밭의 아름다움을 강조한다는 내재적 특징이 있다. 텃밭이 보기 좋아야 작물이 잘 자란다고 믿었다. 얌 알뿌리는 격자로 심었고, 각 작물 구역을 배치하고 얌 덩굴이 타고 올라가는 장대들을 정렬하는 데 엄청난 정성을 쏟았다. 텃밭들이 '예술 작품'의 역할을 한다는 말리노프스키의 이론은 인류학자 알프레드 겔Alfred Gell에 의해 더욱 발전했다. "네모난 트로브리안드의 텃밭을 화가의 화폭으로[20], 거기 자리 잡은 다양한 작물을 우리 직관 너머에 있는 오컬트적 과정을 통해서 수수께끼처럼 자라난 형체로 보는 시선은 그리 나쁘지 않다"고 겔은 주장했다. 덧붙여 장대를 타고 오르는 덩굴 줄기들을 신중하게 조절하는 행위에서 드러나는 미학적 원칙이 유럽 정형 정원들의 토피어리(자연 그대로의 식물을 인공적으로 다듬어 다양한 동물 모양으로 보기 좋게 만드는 기술_옮긴이)에 뒤지지 않는다고 말했다. 이런 관찰 속에서, 심미적 원예의 초기 형태가 의식과 밀접하게 관련되었을 가능성이 제기되었다.

트로브리안드 문화에서는 사람과 식물이 밀접한 관련을 맺는다. 같은 정령이 인간 재생산과 식물 재생 양쪽 모두에서 새 생명을 일으킨다고 여겼기에, 등가적인 관계로 보았다. 얌을 처음 심을 때 읊는 성장-촉진 주술은 이렇다. "내 텃밭의 배가 납작하다. 내 텃밭의 배가 부푼다. 내 텃밭의 배가 아이를 배어 부풀어오른다."[21] 그리고 시간이 지나면 흙더미 위로 얌이 싹트면서 텃밭은 정말로 부푼다. 상징적 임신 개념은 얌을 재배하는 다른 사회에서도 발견되는데, '아버지' 얌 알뿌리를 흙 속에 삽입하고 시간이 지나면 '어머니' 땅이 자녀를 내놓는다고 말하기도 한다.

현대적이고 인간 중심적인 의미의 의인화가 아니다. 식물이 사람 같은 이유는 사람이 식물 같기 때문이다. 둘 다 자연의 일부고, 공통 특징을 지녔다. 파푸아뉴기니 사람들만의 사고방식은 아니다. 아마존 상류에 거주하는 아추아르 부족에게서는 작물의 인간화가 더욱 심하게 나타난다. 아추아르 여자에게는 인간 자녀와 자신이 가꾸는 식물, 이렇게 두 종류의 자녀가 있다. 1970년대 중반에 인류학자 부부 필리프 데스콜라Philippe Descola와 앤 크리스틴 테일러Anne-Christine Taylor는 오랜 경작 전통이 있는 수렵 채집 부족 아추아르와 몇 년을 함께 살았다.[22] 트로브리안드의 텃밭과 달리 아추아르의 텃밭은 남자가 들어갈 수 없는 사적인 공간이어서, 현장 연구 대부분은 테일러가 담당했다.

바나나 나무로 텃밭의 경계를 표시하고, 여자들은 각 구역 안에서 카사바, 얌, 타로 같은 주식용 알뿌리와 과일나무, 다양한 약초를 함께 경작한다. 아추아르 여자들은 숙련된 솜씨로 밭에서 대체로 작물화한 식물과 야생의 식물을 포함해서 100가지 정도를 기른다. 넓은 밭을 관리하는 데 사용하는 도구는 작은 도끼와 땅 파는 막대기가 전부다. 트로브리안드섬에서처럼 그곳에서도 텃밭의 심미적 모습이 중요하다. 아추아르 여자에게 잡초 없는 텃밭은 개인적 자부심이다. 데스콜라는 텃밭 식물들이 "생태학적 연관성에 따라 배치된 각 구역은 일본 정원처럼 깔끔하게 깔아둔 좁은 모랫길들로 구획이 나뉜다"고 썼다.

아추아르 부족도 텃밭 주술을 믿는다.[23] 좋은 원예가가 되려면 '아넨트anent'라는 마법 노래를 많이 알아야 한다. 여자들은 일하면서 경작의 필수 요소인 이 노래들을 조용히 읊조린다. 많은 노래가 눈쿠이 Nunkui라는 정령에게 전하는 말이다. 아추아르 신화에 따르면, 눈쿠이는 모든 작물의 어머니이며 흙 표면 바로 아래에 산다. 서로 나뉘어 있는 텃밭과 정글도 연속된 하나로 보았다. 아추아르 부족은 깊은 숲속 야생 식물을 다른 텃밭의 작물로 여기며, 눈쿠이의 오라비 샤카임

Shakaim이 돌본다고 믿었다.

개별 식물에는 영Soul이 있고, 각 종별로 특징적인 성격을 띤다는 믿음도 있다. 카사바 (또는 유카 뿌리) 경작에는 강력한 의식이 요구된다. 다른 텃밭 작물들과 달리, 카사바에는 불길한 특징이 있기 때문이다. "인간이 카사바를 계속 번식시킬 때에만, 카사바는 인간이 섭식하도록 허락한다"는 특수한 조건이 있다. 여자들은 식물에게 노래할 때 눈쿠이의 생식 능력에 자신들을 결합시킨다. 카사바에 대한 청원의 노래 후렴구에서 이런 사실이 잘 드러난다. "눈쿠이의 여자로서 나는 항상 양분을 불러옵니다." 데스콜라가 말하듯 아추아르 여자들의 원예는 "눈쿠이가 작물을 낳는 창조 행동의 일상적 반복"이라고 볼 수 있다.

데스콜라가 말하는 '원예적 보살핌'[24]은 상호적으로 작동한다. 여자들은 텃밭이라는 성소에서 스스로를 돌보기 때문이다. 아추아르 부족 사람들은 감정을 공개적으로 표현하지 않는다. 하지만 텃밭에서는 여자들이 안전하게 기쁨과 애통함과 고통을 표현할 수 있다. 아이도 거기서 낳는다. 텃밭은 새 생명이 오는 곳이고, 보살핌과 양분을 받는 곳이다. 무엇보다 여자들은 텃밭에서 눈쿠이의 창조력을 받을 수 있다는 믿음으로 힘을 얻는다.

우리는 사회적 세계를 인간 세계에 한정해서 생각하지만, 수렵 채집 부족은 훨씬 포괄적으로 본다. 사회적, 자연적, 영적 세계는 개별 영역이 아니라 한 세계의 일부다. 심리학자 니컬러스 험프리Nicholas Humphrey는 인간 의식의 진화를 다룬 책에서, 인간 종의 사회적 지능이 호모사피엔스의 발달에 가장 큰 영향력을 발휘했다고 주장한다. 우리는 "비사회적인 것을 사회적으로" 만드는 기질을 타고났고, 경작의 시작도 이 기질에 크게 의존했으리라는 것이다. 식물을 돌보려면 자라는 과정마다 필요를 잘 채워주어야 한다. 여기에는 험프리가 "단순한 사회 관계"[25]라고 말하는 것에 토대를 둔 주고받음이 따른다.

수렵 채집 시절의 유산은 인간 두뇌와 자연이 친밀한 관계를 갖도록 만들었다. 우리 DNA에 원예가 있다고 말할 수는 없어도, 식물과 연관성은 분명 있다. 우리 조상들이 생존을 식물에 의존했기 때문이다. 그래서 인간은 식물에게 한 뿌리에서 나온 듯한 친밀감을 느끼고, 식물의 습성과 특징을 이해하고 싶어 한다. 경작은 식물에 대한 지식에 인간의 돌봄 본능을 결합해서 발전했다. 돌봄 능력은 인간 종의 두드러진 특징이다. 인간은 유인원들 중에서도 유별나게 힘을 기울여 병자를 먹이고 돌본다. 선사시대에 대한 이야기는 인간의 뛰어난 지능과 기술을 보여주는 발전에 초점을 맞추곤 한다. 하지만 인간과 식물의 초기 관계 형성은 아마도 돌봄 역할의 변화에서 시작되었을 것이다.

인류학자 팀 잉골드Tim Ingold는 우리가 땅의 열매를 직접 만들거나 생산할 수 없고, 오직 성장의 조건만 제공할 수 있다는 사실을 강조한다. 수렵 채집 부족의 믿음은 이 현실을 반영한다고 보았다. 식물과 동물을 키우는 일은 아이를 키우는 일과 그렇게 다르지 않다. 잉골드는 "환경에 대한 돌봄은[26] 사람에 대한 돌봄과 같다. 그 일에는 깊고 개인적이고 애정 어린 개입이 필요하다. 정신이나 신체만이 아니라 통합된 인격 전체가 개입되어야 한다"고 말했다. 그런데 서구 문화에서는 이와 반대로 인간의 자연 지배 개념을 우선시해왔다.

　식민 역사에는, 자연을 정복하고 지배한다는 생각을 가진 이주자들이 먼 지역에 가서 그 땅과 지역의 오래된 관계를 무시하는 이야기가 가득하다. 1843년에 북아메리카 북서 해안 밴쿠버섬 남쪽 해변으로 간 영국 탐험가 제임스 더글러스James Douglas[27]의 이야기도 그렇다. 더글러스는 허드슨 베이 회사 소속으로, 농지를 찾고 근처에 새 교역소 부지도 마련하라는 임무를 받았다. 더글러스의 기록에 따르면, 주변 해안의 "황량한 미개척지"나 빽빽하기만 한 침엽수림과 달리, 그곳은 "완벽한 에덴"이었다. 더글러스는 커다란 오리건백참나무들이 파란 꽃 바다 위로 솟고, 공중에 나비 몇백만 마리가 날아다니는 초원을 거닐었다. 초원에는 백합 몇 종을 비롯해서 다양한 꽃이 있었다. 그 중에서도 카마시아 쿠아마시Camassia quamash와 카마시아 레이크틀리니Camassia leichtlinii라는 카마시아 꽃 두 종은 더욱 놀라웠다.

　더글러스는 그곳이 사람의 발길이 닿지 않은 '에덴'이라고 생각했지만, 사실 몇천 년 동안 수렵과 채집으로 살아온 브리티시 컬럼비아 주 코스트 샐리시족에 속하는 레큉엔Lekwungen 부족의 땅이었다. 레큉엔 사람들은 여름은 한시적 캠프에서 보내고, 겨울에는 정착촌에서 연어, 식물 뿌리, 나무 열매 등을 먹고 살았다. 남자들은 수렵과 고기잡이를 했고, 여자들은 쇠뜨기, 고사리, 호그위드, 클로버 같은 다양한 식물을 채집했다. 과일과 견과도 채집하고 카마시아와 백합 같은 종자식물의 식용 알뿌리도 캤다. 더글러스는 그저 투기자의 눈으로, 이들 삶의 터전을 '미개척지'라고 본 것이다.

레큉엔 부족은 이전 방문자들이 소개해준 감자를 카마시아 초원 아래 습기가 많은 흙에서 키웠다. 누구라도 경작지임을 알아볼 수 있었을 테지만, 더글러스는 강렬한 연보라색 꽃과 장엄한 나무를 인간이 심었다는 생각을 하지 못했다. 그 초원은 레큉엔 부족에게 신성한 곳이었다. 초원에는 텃밭이 하나씩 있고, 레큉엔 가족은 거기서 각자 작물을 키웠다.[28] 그리고 모계를 통해 다음 세대로 전달되었다.

카마시아는 야생 히아신스의 한 종류다. 해마다 길쭉한 꽃대가 올라오는 5~6월이면 가족들이 캠프를 차린다. 민족지학 연구를 통해 알 수 있듯이, 계절 캠프는 노래와 수다가 가득한 재회와 축하의 시간이다. 초원의 아름다움도 기쁨에 한몫했을 것이다. 여자들은 며칠 동안 막대기로 땅을 뒤집어서 침입한 식물을 뽑고 돌을 없앤다. 큰 카마시아 알뿌리는 뽑아서 바구니에 담고, 작은 알뿌리는 다시 심는다. '야생' 카마시아는 재고 보충용으로 옮겨 심는다. 하지만 한 종류, 하얀 꽃이 피는 독성 카마시아 알뿌리는 부지런히 제거한다. 나도여로속의 강력한 독성 식물이지만 식용 카마시아와 아주 닮아서, 개화 시기가 아니면 구별하기가 쉽지 않은 식물이다. 알뿌리, 이파리 등 모든 부분에 독이 있고, 실수로 섭취했다가는 치명적인 결과도 생긴다.

레큉엔 부족은 지력을 높이려고, 텃밭을 새로 팠을 때 해초를 깔기도 하고 가을에 불을 놓기도 한다. 계절적 화전火田은 자칫 카마시아를 뒤덮어버릴 관목 덤불도 제거하고, 침엽수들이 접근하는 것도 막는다. 오리건백참나무의 재생을 돕기도 하는데, 불의 열기가 이 희귀한 참나무에서 떨어진 도토리의 발아를 돕기 때문이다.

작은 양파와 비슷하게 생긴 카마시아 알뿌리를 수확하면, 그것을 큰 솥에 넣고 여러 시간 익히거나 화덕에 (때로는 며칠 동안) 굽는다. 그렇게 하면 밤처럼 부드럽고 달콤해지며 구운 배와 비슷한 맛이 난다고 한다. 익힌 알뿌리는 바로 먹기도 하고 겨울에 먹기 위해 햇빛에 말리기도 한다. 탄수화물이 필요해서 카마시아를 재배했다면, 레쿵엔 부족은 품이 덜 들고 더 안정적인 전분 공급원이 되는 감자로 갈아탈 수도 있었을 것이다. 하지만 카마시아 초원 경작은 깊이 새겨진 그들의 문화였고, 그 알뿌리는 진미로 여겨졌다.

더글러스가 온 다음 해에 이주민들은 초원 화전을 할 수 없었다. 생태계 내 인간-식물 균형이 바뀌면서, 카마시아는 성장이 빠른 덤불에 뒤덮이고 오리건백참나무들도 쇠퇴했다.[29] 초지 일부를 완전히 갈아엎어 보리, 귀리, 밀을 심었다. 일부는 소, 양, 돼지를 위한 목초지로 만들었다. 다른 곳에는 허드슨 베이 회사의 요새를 세웠다. 더글러스는 꽃이 가득한 풍요로운 '천연' 초원이 좋은 농지가 되리라 생각했지만, 봄철의 풍요로운 모습은 물이 금세 빠지는 토질과 강수량 적은 여름철에 대해서는 일러주는 바가 없었다. 그 해안 지역은 지중해성 기후였고, 이주민들의 농장은 대부분 실패했다.

식민지 이주자들은 카마시아 구근을 북아메리카 다른 지역과 영국으로 가져갔는데, 식용이 아니라 관상용이었다. 우리 집 정원에서도 해마다 늦봄과 초여름 사이 2~3주 동안 카마시아 꽃이 핀다. 그 꽃이 시들 때면 언제나 슬픔을 금할 수 없다. 길고 우아한 꽃대는 정말로 천상의 푸른 색조를 띠기 때문이다.

많은 식물이 동물들의 약탈에 반응해서 내구성과 성장력을 높인

144

다. 동물과 식물 사이에 존재하는 이런 상호 관계를 예리한 관찰력을 가진 수렵 채집인이 놓쳤을 리 없다. 샐리시 레큉엔의 초원 텃밭은 단순 채집에서 시작되었을 것이다. 큰 구근을 뽑고 나머지는 도로 땅에 심으며, 독성 구근은 제거하는, 모든 일이 카마시아의 재생과 번성을 도와주었다.

2005년에 브리티시 컬럼비아주 빅토리아 대학의 연구 팀은 샐리시족의 전통적 경작 방법에 대한 실험을 했다. 야생 카마시아를 흉내 내려고 일정 구역은 돌보지 않고 두었고[30], 다른 구역에서는 샐리시족 사람들과 똑같이 계절에 따라 땅을 파고, 추수하고, 옮겨 심고, 태웠다. 몇 년이 지나자 돌본 구역의 식물이 훨씬 더 튼튼하게 자라고 큰 구근을 생산했다. 전통적 방법이 카마시아 성장 촉진에 효과적이었음이 분명해졌다.

식물 고고학자 글리니스 존스Glynis Jones는 유럽 이주민들이 토착 경작을 무시한 행태들을 '농업적 마인드셋'[31]이라는 말로 설명한다. 셰필드 대학의 고고학 교수인 존스는 전통적인 마오리 텃밭을 '원시적 저기술 농업'이라고 무시한 식민 이주민의 경우를 예로 들었다. 마오리 경작 기술은 한참이 지나서야 "성공적인 집약적 원예"로 인정받았다.

마오리족에게는 오랜 원예 전통이 있었다.[32] 마오리 조상은 작은 배를 타고 폴리네시아에서 뉴질랜드로 건너올 때, 새 땅의 텃밭에 심을 식물도 가지고 왔다. 그리고 폴리네시아와 전혀 다른 뉴질랜드의 기후와 싸웠고, 밭을 차가운 남풍에서 보호하기 위해 갈대와 마누카 덤불로 울타리 만드는 법을 빠르게 습득했으며, 소중한 햇빛을 잘 받을 양지를 찾았다. 어떤 전통 식량—바나나, 코코넛, 빵나무 열매—은 재배를 포기했지만, 납작 돌을 신중하게 배치해 토양을 따뜻하게 하는 방법으로 쿠마라(고구마)는 계속 재배했다.

마오리인들은 흙에 숯과 재를 넣어 토질을 기름지게 했고, 무거운 롬loam 토양에는 조개껍데기, 모래, 자갈을 섞었다. 야생식물 채집을 보조해서 타로, 얌, 조롱박, 쿠마라를 재배했지만, 텃밭에는 다른 데 쓰기 위한 다양한 작물도 있었다. 뿌리를 먹는 코르딜리네, 열매를 먹는 뉴질랜드월계수, 타파 천을 만드는 데 쓰는 닥나무, 관상용 관목 클리안투스Clianthus maximus와 개불알풀Veronica speciosa 등이다. 유럽 이주민들은 처음 마오리 텃밭에 대해 기록할 때 이런 정교한 원예 기술을 알아차리지 못했다.

유럽인들은 작은 개별 텃밭 '마라 타우타네māra tautāne'의 문화적 중요성도 인식하지 못했다. 마오리인은 해마다 거기에 첫 쿠마라 구근을 심었다. 이 신성한 텃밭에서 자란 구근은 인간이 먹을 식량이 아니었다. 하이저가 첫 열매 의식에서 설명했듯이, 여기서 키운 쿠마라는 농업의 신 롱고에게 바쳤다. 경작과 종교의 밀접한 관계는 식민지 개척자들에게는 있을 수 없는 일이었을 것이다. 개척자들의 예배 장소는 땅과 구별되어 있고, 낙원은 현세가 아니었다. 개척자들에게 흙을 일구는 일은 경제적 수익을 위한 공리적 활동이었다. 땅은 별 깊은 의미 없이 그저 이용하기 위해 존재할 뿐이었다. 자연 세계가 신성한 지위를 잃으면서 인간이 자연을 통제할 수 있다는 생각이 생겨났고, 흙에

대한 존경은 사라졌다. 이런 깊은 착각이 오늘날까지도 우리를 괴롭
힌다.

고대 수메르 신화에는 원예술을 얻은 정원사가 땅과 맺은 신성한
관계를 배신한 이야기가 나온다. 5000년 전쯤의 신화로, 이난나 여신
이 등장한다. 이난나는 열정, 생식, 힘의 신으로, 이후 그리스 신화에
등장하는 아프로디테나 데메테르와 유사성을 띤다.

수메르문명은 비옥한 초승달 지역 티그리스강과 유프라테스강 사
이의 범람원에서 태어났다. 이곳에서 수메르인이 농업을 일으킨 결과,
인류 최초의 도시들이 태어났다. 수메르인은 최초의 문자를 발달시키
고, 최초의 신화를 기록했다. 그중 '정원사의 대죄'[33]라는 신화에는 문
헌으로 기록된 최초의 정원사가 나온다. 새뮤얼 노아 크레이머Samuel
Noah Kramer가 번역한 신화는 슈칼리투다라는 사람이 정원을 만들려고
자연의 힘과 싸우는 장면으로 시작한다. 뜨겁고 건조한 바람이 얼굴
에 먼지를 날리고, 물을 주어도 식물들은 따가운 햇빛에 말라 죽는다.
그러던 어느 날, 슈칼리투다가 고개를 들어 '아래쪽 땅'과 '위쪽 땅'을
보니, 식물들이 나무 한 그루의 그늘 아래서 잘 자라고 있었다. 그래
서 자연에 새겨진 '신의 법'을 그대로 흉내 내, 사루바투 나무를 심어
서 그늘을 만들어주자 정원은 마침내 자리를 잡았다.

어느 날 하늘과 땅을 멀리 돌아다닌 끝에 지친 이난나 여신이 슈

칼리투다의 정원에 와서 쉬려고 누웠다. 그 모습을 훔쳐본 슈칼리투다는 욕망에 사로잡혀 잠자는 이난나를 범했다. 새벽에 잠에서 깨어 자신이 겁탈당했다는 사실을 깨달은 이난나는 자신을 욕보인 인간을 꼭 찾아서 벌을 주겠다고 맹세한다. 하지만 슈칼리투다는 도망쳐서 도시로 숨어들었다. 분노에 찬 이난나는 수메르인에게 세 가지 재난을 보낸다. 첫 번째로 물을 빨갛게 만들었다. "신은 땅의 모든 우물에 피를 채우고, 땅의 모든 숲과 정원에 피를 뿌렸다." 두 번째로는 사나운 바람과 폭풍으로 땅을 때렸다. 현재 석판의 핵심 부분이 사라지고 없기 때문에, 세 번째 벌이 무엇이고 이야기가 어떻게 끝나는지는 알려지지 않았다.

수메르인에게 땅은 상징적으로 인간의 생식과 연결되어 있었다. 그래서 땅의 비옥함이 수메르 왕과 이난나 여신의 연례적인 결혼 의식에 달려 있다고 믿었다. 왕과 신의 신성한 결합을 축하하는 수메르 시들—역시 크레이머가 번역한—은 사랑의 결합을 노래한다. 이난나의 첫 남편 두무지 왕이 다가가자 이난나는 열렬히 반응한다. "내 음문을 쟁기질해주오[34], 내 심장의 남자여." 관계가 끝나고 두무지가 누워서 쉴 때 "그 옆에 곡물들이 높이 자라고 텃밭이 푸르게 번성했다"고 시인은 썼다.

2003년 이라크 전쟁 때, 바그다드 국립 박물관에서 아름다운 소형 고대 수메르 인장[35]이 사라졌다. 미국 탱크가 밀고 들어올 때 약탈이 있었고, 수많은 고대 유물과 함께 인장도 도난당했다. 다시는 실물을 볼 수 없을지도 모르지만, 수확 잔치 장면을 새긴 인장의 탁본이 사진으로 남아 있다. 4500년 전에 만든 섬세한 인장의 무늬는 남자들이 옥좌에 앉은 신에게 농작물이 가득한 바구니를 들고 가는 모습이다. 수메르인은 신을 섬겨야 한다는 책임감을 가졌고, 자세히 보면 신은 남자의 등에 앉아 있다. 이 장면이 첫 열매 잔치고, 수메르의 모든 잔치가 그렇듯 그 잔치도 신과 맺은 계약이 갱신되었음을 상징한다.

이런 신조를 갖고 있던 수메르인도 결국 땅을 착취했다. '정원사의 대죄'가 말하는 이난나 여신에 대한 겁탈은 땅에 대한 겁탈이다. 인간이 원예 윤리를 위반함에 따라 자연과의 관계가 파괴적으로 변했음을 보여준다. 수메르인은 신화 속에서 지친 이난나가 기력을 회복하려고 누운 것처럼 땅에도 휴식이 필요하다는 사실을 알았지만, 휴경을 거부하고 흙을 이용하고 또 이용했다. 이 때문에 세계 최초의 생태적 재난이 일어났고, 결국 몰락이 찾아왔다. 신화 속에서 이난나가 보낸 재난들은 실제로 일어난 일과 비슷하다. 땅을 돌보지 않으면서 토양이 침식되어 미세한 진흙으로 물이 붉어지고, 모래 폭풍이 잦아진다. 수메르인이 땅에 관개용 수로를 지나치게 많이 만들자 표면에 염분 막이 생겨났다. 아마도 이것이 사라진 세 번째 재난이리라.

이 신화는 수메르의 역사적 사건들을 배경으로 했을 테지만, 우리 시대를 비롯한 이후 시대와도 잘 들어맞는다. 유럽 이주민들은 땅을 노예로 만들 수 있다는 듯, '땅을 길들인다'는 말을 자주 했다. 하지만 흙을 돌보는 일은 우리가 뿌리 내리도록 도와준다. 흙을 돌보지 않으면, 영혼의 집을 잃고 도시로 숨어버린 슈칼리투다처럼 떠돌게 된다. 이야기의 교훈은 분명하다. 신의 법을 따르지 않으면, 넓은 의미의 우리 텃밭은 번성하지 못한다. 자연 법칙이 그렇다. 탐욕과 욕망에 휩쓸려 법을 어기면 파멸이 이어진다.

자연 세계는 살아 있는 연속체다.[36] 자연에 대항해 승리를 얻으려 들면, 칼 융Karl Jung의 말대로 "값비싼 대가를 치른다". 융은 땅과의 유대감이 가진 물질적이면서 동시에 영적인 고대의 가치를 이해했다. 그리고 많은 도시 거주자가 그런 가치를 경험할 기회를 잃었기 때문에, 현대 생활의 심장부에는 '뿌리 뽑힘 병'이 있다고 생각했다. 융은 "너무 작은 신발을 신고 걷는 사람들처럼 살아간다"는 표현으로 이를 설명했다.

융은 아무리 현대를 살아도 우리 안에는 원시의 조상이 잠재된 원천으로 자리한다고 믿었다. "우리는 모두 인류 전체 역사를 담고 있다. 50세가 된 사람에게서 반 세기를 산 것은 그 존재의 일부뿐이다. 영혼 안에 함께 사는 다른 부분은 몇백만 살일지도 모른다. …현대인은 인류라는 나무에 열린 최신의 열매일 뿐이다." 우리는 융이 말하는 "우리 존재의 어둡고 모성적이고 투박한 바탕"과 다시 만나야 한다. 그런데 자연을 통제하려고 들다가 스스로를 자연에서 고립시키고 우리의 자연사를 버렸다. 이에 대한 해결책은 자연 속에 들어가 몰아沒我를 경험하는 것이 아니라(융은 이를 약물 같은 도피의 형태로 보았다), 흙과 흙의 생명력에 직접 접촉하는 것이다. 감자 재배로 "큰 즐거움"을 얻은 융은 "모든 인간은 자기 텃밭을 가지고 본능을 되살려야 한다"고 말했다.

이후 현대 뇌생물학 분야에서 생명 촉진 본능을 분석했다. 이런 본능에는 적극적이고 낙관적인 활기를 주는 채집 활동이나 보상을 토대로 한 여러 활동에 추진력을 제공하는 탐색 체계가 포함된다. 돌봄과 양육 본능은 텃밭에서도 당연히 표현된다. 다른 중요한 생명 촉진 본능은 성적인 것이다. 융은 이 부분을 염두에 두지 않았을지도 모른다. 정신분석 이론이 너무 많은 것을 승화한 성욕으로 설명한다고 생각했으니 말이다. 하지만 민족지학 연구와 수메르 신화 같은 고대 문헌을 살펴보면, 땅을 가는 일이 흙을 대상으로 한 생식적 삽입의 형태로 여겨진다는 사실을 알 수 있다.

원예 행위는 인간이 처음 흙을 일군 뒤로 그렇게 많이 변하지 않았다. 거기에는 큰 기술이 필요하지 않다. 인간의 정신도 그다지 변하지 않았다. 생기 있는 자연 세계와 접촉하는 일은 우리 심리의 기원 깊은 곳에 있다. 오늘날 문화에서는 경작 관련 의식이 그렇게 뚜렷하지 않다. 그렇다 해도 계절의 구조를 피할 수는 없고, 우리는 한 해를 보내면서 고대와 똑같은 패턴의 과제를 수행한다.

원예 활동을 할 때는 언제나 우리보다 큰 힘을 고려해야 한다. 어느 장소를 소유하고 필요에 따라 (방법은 어떻든) 변화시키더라도, 텃밭은 독자적인 생명을 지닌 존재이며, 우리가 완전히 통제할 수 없다. 우리와 텃밭은 서로 영향을 주는 관계로, 상호 관계를 통해 우리도 만들어진다. 그 과정은 원예가의 정신 성장을 통해 발견할 수 있다.

식물을 돌보면 '단순한 사회적 관계'가 생겨난다는 사실은 경험을 통해 알 수 있다. 스스로 원예 활동을 하면서도 느꼈고, 이 책을 위해 인터뷰한 많은 사람을 통해서도 느꼈다. 유칼립투스나무와 의식 같은 인사를 나누는 에디, 온실 식물에게 비밀을 말하는 비비안, '조용한 안내자'에게서 취약성 관리법을 배운 프랜시스의 경우가 모두 그런 사례다.

자연과 주고받는 관계를 맺는다는 개념은 현대 사회에서 도태될 위기에 처했다. 그래도 많은 원예가가 그 개념을 이해한다. 미국 원예작가 로버트 대시Robert Dash는 이와 관련해서 원예가 갖는 힘의 뿌리는 "상호 행동, 바로 그것"[37]이라고 썼다. "정원이 준 선물에 대한 대가로 우리는 정원을 돌본다." 이런 관계는 상대에 대한 존중심을 키워주기 때문에 중요하다. 스스로 보답을 이끌어냈다는 느낌과 땅이 내어준 열매에 대해 감사하는 마음을 경험할 수 있다. 착취에 토대한 관계—특권 의식을 갖게 하고 원하는 것은 땅에서 다 빼앗아갈 수 있다는 생각을 일으키는 관계—와는 크게 다르다.

소박한 채집 공간은 인간만을 위한 것이 아니다. 인간의 행동은 생물 다양성을 높이고 새와 벌레를 위한 환경을 창출해서, 독자적인 생명력이 있는 틈새를 만든다. 다른 어디서도 이런 감정이나 유대감을, 또 이렇게 유래가 오래된 감정을 얻을 수는 없다. 채집, 수확, 파종, 잡초 뽑기 등 텃밭에서 하는 모든 주고받기를 통해서 인간은 자연과의 본질적인 관계로 돌아간다.

7

플라워 파워

나는 늘 정원에서 일하고, 또 사랑하는 마음으로 일한다.
나에게 가장 필요한 것은 언제나 꽃이다.[1]

클로드 모네(1840~1926)

우리 집 정원을 지나다가 저절로 걸음이 멈출 때가 있다. 한번은 델피니움 때문에 멈추어 섰다. 직장 일과 집안일이 모두 바쁘던 때였다. 텃밭에서 할 일도 쌓여갔다. 새로 씨를 뿌리고, 샐러드 채소와 허브를 솎아내고, 흙에 괭이질을 해야 했다. 하지만 그날 아침엔 주말에 손님을 맞이하기 전에 해야 할 일에 집중하고 있었다. 곧 많은 사람에게 식사 대접을 해야 했다. 집에서 나와 곧장 헛간 냉장고로 가면서, 델피니움이 핀 길을 택했다. 마지막 델피니움 앞을 지나는데, 파란색 꽃대가 손짓을 했다. 아롱아롱한 꽃송이가 눈길을 잡아끌었다. 깊고 다채로운 청색을 자랑하는 델피니움들 중 가장 높이 자란 꽃대에 핀 꽃이었는데, 빛이 꽃송이를 통과하고 있었다. 강렬한 색깔은 눈길을 잡아끈다. 날 좀 봐! 잘 살펴봐! 하고 말한다. 그래서 그렇게 했다. 파란 꽃의 눈동자를 응시했다.

다른 꽃대들이 주변에서 부드럽게 흔들리는 가운데 나는 나 자신을 잊었다. 그런 몰아의 순간에 생울타리에 앉은 검은방울새의 노래가 끼어들었다. 산만하게 날뛰던 머릿속이 조용해졌다. 마음속 공간 감각이 확장되어서, 밖으로는 생울타리를 향해, 위로는 하늘에서 노래하는 종다리를 향해 움직였다. 새들은 내내 거기 있었다. 어떻게 그 노래를 못 듣고 있었을까?

바쁜 아침의 짧은 순간이었지만, 그 순간은 하루 전체를 바꾸어서 내 안에 정신없이 솟아오르던 파도에서 시선을 돌려놓았다. 그뿐 아니라, 한편으로는 경이를, 또 한편으로는 경고를 안겨주었다. 주변 아름다움에 관심을 기울이라는 신호였다.

18세기 철학자 이마누엘 칸트Immanuel Kant는 꽃을 "자유롭게 그리고 그 자체로"[2] 사랑하는 일에 대해, 꽃과 같은 "대가 없는 아름다움", 즉 우리가 효용성이나 문화적 가치와 상관없이 반응하는 아름다움에 대해 이야기했다. 우리는 분명히 아름다운 것을 알아본다. 우리 안의 무언가가 기다렸다는 듯 아름다움을 인식한다. 아름다움은 시선을 붙들고 의식을 채우며 자아와 세계의 경계를 변하게 만든다. 우리는 아름다움이 제공하는 활력 속에서 더욱 살아 있음을 느낀다. 그런 경험이 순간 지나가도, 아름다움은 우리 정신에 훨씬 오래가는 흔적을 남긴다.

클로드 모네Claude Monet는 꽃을 통해서 매력적인 색채의 세계로 들어갔다. "나는 아마도 꽃 때문에 화가가 된 것 같다"[3]라고 모네는 썼다. 처음에 수련을 심고 키웠을 때는 꽃을 그릴 생각이 없었다고 한다. 모네에게 원예와 회화는 똑같은 예술적 노력의 일환이었다. 1차 대전 당시 적군이 다가올 때도, 모네는 꽃들과 헤어지기 싫어서 지베르니의 정원에 남아 있었다.

프로이트도 꽃을 사랑했다. 소년 시절에 빈 근처 숲을 산책하면서 희귀 식물과 꽃 표본을 채집하곤 했다.[4] 프로이트의 전기 작가 어니스트 존스Ernest Jones에 따르면, 프로이트는 "꽃에 유별나게 관심이 많아서"[5] 아마추어 식물학자 수준의 지식을 가지게 되었다. 프로이트는 자연의 아름다움으로 창조적 에너지를 살찌웠고, 어른이 된 뒤에도 규칙적으로 산에 들어가서 산책을 하고 글을 썼다. 알프스에서 오랜 여름휴가를 보낼 때면, 자녀들에게 들꽃, 산열매, 버섯의 이름을 알려주어서 자신의 자연 사랑을 전했다. 프로이트는 아름다움이 우리에게 발휘하는 힘에 매혹되어서 이렇게 썼다. "'아름다움의 향유'[6]는 독특하고 부드러운 중독성 느낌을 띤다." 그리고 아름다움이 고통을 막아주지는 못하지만 우리에게 "큰 보상이 될 수 있다"고 말했다.

프로이트가 말한 중독성 느낌은 어떻게 이해해야 할까? 아름다움이 우리에게 발휘하는 힘의 비결은 무엇인가? 직관적으로 생각해봐도, 아름다움에 대한 반응은 사랑을 경험하는 능력과 연관되어 있는 듯하다. 연구를 통해서도 사실로 밝혀졌다. 유니버시티 칼리지 런던 신경미학 교수 세미르 제키Semir Zeki[7]는 아름다움이 필요한 이유가 우리의 생물학적 특징 깊은 곳에 있다고 생각한다. 제키의 연구에 따르면, 아름다움의 경험은 아름다움의 지각과 관련한 원천이나 감각 자극과는 무관하게 두뇌 스캔에서 일관된 독특한 패턴의 신경 활성화를 일으킨다.

처음에 제키는 사람들에게 음악을 듣게 하거나 모네의 그림을 포함한 미술 작품을 보게 하는 실험을 했다. 나중에는 조사 영역을 넓혀서 개념적 형태의 아름다움도 대상에 포함시켰다. '아름다운' 수학 방정식을 포함해서 연구 표본에 수학자 집단을 참가시켰다. 실험 참가자들은 다양한 시각 이미지, 음악, 방정식을 보거나 듣고 반응해야 했다. 참가자들이 아름답다고 생각한 자극은 모두 안와전두피질, 전방대상피질, 꼬리핵을 똑같은 패턴으로 활성화했다. 이들 부위는 쾌감과 보상 경로의 일부[8]로, 낭만적 사랑과도 관련이 있다. 이 경로들은 생각, 감정, 동기를 통합하는 역할도 한다. 또한 도파민, 세로토닌, 내인성 오피오이드계endogenous opioid와 연결되어서 공포감과 스트레스 반응을 줄여준다. 그래서 아름다움은 진정 작용을 하는 동시에 활력을 증진한다.

인간의 미적 반응에는 규칙성과 질서가 변이하고 반복하는 패턴에 대한 친근감도 포함된다. 자연에서 볼 수 있는 단순한 기하학적 형태[9]는 꽃의 아름다움에 가장 선명히 드러나고 강력한 힘을 발휘한다. 예를 들어, 들꽃은 흔히 꽃잎 다섯 장이 오각형 대칭 구조를 이룬다. 아무리 복잡하더라도, 또는 단순하더라도 모든 꽃은 비율, 균형, 조화를 보여주고, 우리는 음악의 리듬과 화성에 반응하듯 그 모습에 반응한다. 이런 반응은 제키가 발견한 수학적 아름다움에 대한 반응과 관련 있을지 모른다. 인간 문화의 진화에서, 식물의 패턴은 인간이 추상적 아름다움과 수학적 형태의 가능성에 눈을 뜨는 데 기여했음이 분명하기 때문이다.

　종자식물은 공룡시대가 지난 뒤 처음 지구에 나타났다. 식물은 땅에 묶여 있기 때문에, 외부의 도움을 받아야 번식할 수 있다. 꽃들의 다양한 색채, 패턴, 향기는 우리의 관심을 끌려는 장치가 아니라 공중의 도우미를 부르기 위한 것이다.

　꽃들은 탁월한 생물 신호로 맛있는 꿀을 주겠다고 약속하며 새들과 곤충들을 부른다. 꽃향기는 수정할 준비가 되었다는 신호로, 특히 밤에 꽃가루받이를 하는 나방에게 중요하다. 나방은 어둠 속에서 냄새를 따라 움직인다. 후각적 신호는 정직한 것도 있고, 유혹하는 것─페로몬의 작용으로 짝짓기 행동을 일으키는─도 있다. 어떤 냄새는 완전한 기만이다. 달콤한 꿀 냄새만 날 뿐 꿀은 없다.

　하지만 대부분, 곤충과 꽃의 관계는 상호적이다. 곤충은 꽃의 '요청'을 수행하고 침실로 들어간다. 꽃들은 번식에 필요한 도움을 받고, 곤충은 대가로 꿀을 얻는다. 이런 관계는 공동 진화를 통해 이루어졌고, 쌍방에 이득이 된다. 때로는 독점권을 행사하기도 한다. 어떤 꽃은 한 종류의 곤충만을 유혹하고, 곤충은 꽃에게 충성을 유지한다. 가장 강력한 꽃-곤충 공동 진화의 예는 별 모양 꽃이 피는 난초 '앙그라이쿰 세스쿠이페달레Angraecum sesquipedale'에서 찾아볼 수 있다. 찰스 다윈은 1862년에 마다가스카르 꽃의 표본을 받았다.[10] 이 꽃의 꽃가루받이를 위해 꿀이 있는 곳에 닿으려면 주둥이 길이가 30센티미터는 되어야 했는데, 어떤 곤충도 그럴 수 없었다. 다윈은 공동 진화에 대한 이해를 토대로, 그렇게 할 수 있는 곤충이 있으며 단지 발견되지 않았을 뿐이라고 결론을 내렸다. 당시에는 다윈의 생각이 지지를 받지 못했지만, 40년 후에 아주 긴 주둥이가 달린 박각시나방이 발견되었다.

곤충과 꽃 사이에 성적 모방을 실행하는 관계는 공동 진화 이론으로 설명하기가 좀 더 어렵다. 화려한 무늬가 암컷 벌과 몹시 닮아서 꿀벌 난초라 불리는 오프리스 아피페라는 수컷 벌을 유인할 수 있다. 다윈은 이 벌들이 꽃과 짝짓기를 하려고 그렇게 애를 쓰는 이유를 설명해줄 만한 어떤 숨겨진 이득—예를 들면 깊이 숨겨진 꿀 같은—이 언젠가 밝혀지리라고 생각했지만, 아니었다. 이유는 신경 점화의 형태에 있었다.

아무리 작은 동물이라도 탐색 행동을 시작할 때면 신경계는 도파민이나 그와 비슷한 분자를 활용한다. 인간의 보상 경로는 벌의 보상 경로보다 복잡할지 모른다. 그래도 약속이 결과보다 중요할 수 있다는 점은 비슷하다. 꽃이 광고하는 보상은 도파민의 작용을 통해 벌의 채집 활동을 활성화하는 것이다. 뒤영벌 실험에서, 신경전달물질을 차단하면 벌은 꿀을 찾는 노력을 중단한다는 사실이 드러났다.[11] 이 실험은 왜 곤충들이 보상 없는 꽃들에게 충성을 유지하는지 설명해준다.

어떤 꽃은 암컷 곤충을 닮은 꽃잎 무늬뿐 아니라 향기 페로몬으로 수컷 곤충을 꾄다. 이런 성적 모방이 곤충의 짝짓기 본능을 어찌나 효율적으로 이용하는지, 곤충은 꽃 위에 사정을 하면서 온몸에 꽃가루를 묻힌다. '곤충판 포르노그래피'와도 같다. 생물학자들은 이런 현상을 초정상supernormal 자극이라고 부른다. '초'인 이유는 모방 유인이 실제 유인보다 강하기 때문이다. 이런 자극은 패턴이나 무늬 같은 핵심적 환경 신호를 과장하고, 이를 통해 본능이 본래 기능을 수행하지 못하게 한다. 인간과 마찬가지로, 모든 곤충이 똑같이 그런 수단에 넘어가지는 않는다. 어떤 벌은 안전하게, 소량이라도 확실하게 꿀을 주는 꽃들에게만 간다.

　곤충은 꿀만 가져가지는 않는다. 꽃향기를 가져가는 경우도 있다. 열대우림에 사는 에우글로시니 벌 수컷은 곤충계의 조향사로, 방문하는 모든 꽃에서 모은 향기를 엉덩이의 향수 단지에 저장해서 자기 고유의 향기를 만든다. 이 벌 무리는 열대우림에 자라는 700가지 난초의 꽃가루받이를 한다. 벌마다 가진 고유 향수의 복잡함은 여행의 거리와 채집의 기술을 알려준다고 알려져 있다. 어떤 식으로든 에우글로시니 벌이 모으는 향기는 유혹적이고, 짝을 찾는 데 도움이 된다.

　인간도 벌들과 마찬가지로 꽃에서 즐거움을 얻는다. 꽃 시장의 규모가 그 증거다. 꽃은 무의식에 측정하기 힘든 방식으로 말을 걸고, 우리는 꽃에게서 "이리 와서 내 냄새를 맡고 나를 따서 가져가…" 같은 말을 듣기라도 한 듯 행동한다. 어떤 꽃에서는 순수함이 빛나고, 어떤 꽃에서는 단순함이, 또 어떤 꽃에서는 유혹적인—심지어 에로틱한―형태가 눈에 띈다. 꽃은 우리에게 아름다움을 일깨우고, 우리는 벌처럼 충성심을 발휘한다. 많은 사람에게 각자 특별히 좋아하는 꽃이 있다.

프로이트는 난초를 각별히 좋아했다. 해마다 생일이면 동료, 친구, 환자들이 그에게 꽃을 선물했다. 꽃 선물은 아주 큰 행사가 되어서, 빈의 꽃집들은 때에 맞추어 재고를 잔뜩 챙겨놓았다. 오랜 친구 한스 작스Hans Sachs의 말에 따르면 프로이트의 75세 생일에는 "온갖 색깔과 모양의 난초가 수레로 실려 왔다."[12] 하지만 프로이트가 가장 좋아한 난초는 꽃집에 없었다. '니그리텔라 니그라Nigritella nigra'라는 알프스 난초인데, 짙은 적자색 꽃에 초콜릿과 바닐라가 섞인 섬세하고 강렬한 향기를 풍긴다. 아들 마르틴 프로이트에 따르면, 이 작은 꽃은 프로이트 부부에게 결혼 직후 산길을 산책하던 때를 떠오르게 해주었다.[13] 부부는 희귀한 꽃이 무리지어 핀 광경을 보았고, 프로이트는 가파른 기슭을 올라 꽃을 꺾어서는 새 신부 마르타에게 선물했다.

미국 시인 힐다 둘리틀Hilda Doolittle('H.D.'라고 알려졌다)은 1930년대 초에 프로이트의 환자였다.[14] 한번은 프로이트에게 수선화를 선물했는데, 강렬한 향이 어찌나 큰 영향을 미쳤는지, 둘리틀은 자신이 부지불식간에 "그의 무의식을 깨고 들어갔다"고 느꼈다. 후각보다 무의식의 문을 더 효과적으로 여는 장치는 없다. 프로이트는 수선화의 달콤한 향기―사람에 따라서는 지나치다고도 말하는―는 "내가 가장 좋아하는 향기"라고 말했다. 프로이트가 "시인의 수선화"라고 표현한 그 꽃은 잘츠부르크 근처 아우제Aussee에 있는 집 주변 습지에 무성했다. 프로이트 부부는 아이들이 어릴 때 여러 번 그 집을 빌려서 가족 휴가를 보냈다. 프로이트에게 그곳은 "낙원"이었다. 프로이트는 H. D.에게, 자신에게 수선화보다 더 소중히 여기는 꽃은 하나뿐인데 "비할 바 없이 향기로운 치자꽃"이라고 말했다. 치자꽃은 프로이트를 항상 "최고의 기분으로" 만들어주었다. 프로이트는 치자꽃을 보며, 20년 전 로마에 머물면서 매일 단춧구멍에 치자꽃을 꽂던 시절을 떠올렸다.

꽃에 대한 애착은 기억과 연상이라는 각도에서 설명할 수 있다. 거기에는 당연히 화학도 작용한다. 다양한 꽃향기의 화학 성분은 기분을 자극하고, 긴장과 이완에 영향을 미친다. 오래전부터 진정 효과가 있다고 알려진 라벤더[15]는 최근에 세로토닌 수치를 높인다는 사실이 밝혀졌다. 반대로 자극성 있는 로즈메리 향[16]은 도파민과 아세틸콜린 수치를 높인다. 감귤류 꽃 냄새를 맡으면 세로토닌과 도파민의 효과가 결합되어 기분이 좋아진다.[17] 사랑이라고 하면 가장 먼저 떠오르는 장미 향[18]은 스트레스 호르몬인 아드레날린 수치를 최대 30퍼센트까지 낮출 수 있다는 연구가 있다. 거기다 장미 향기는 합성 페닐에틸아민의 작용을 통해 내인성 오피오이드 분해를 줄임으로써 평온감을 지속시킨다.

꽃에 대한 인간의 사랑은 어떻게 시작되었을까? 저명한 진화 심리학자인 스티븐 핑커Steven Pinker는 꽃이 미래의 식품원을 알려주기 때문에[19] 인간이 꽃에 이끌렸으리라는 가설을 제시했다. 꽃의 위치에 관심을 가지면 나중에 그곳에서 열매를 딸 수 있다는 사실은 생존의 이

점이 되었을 것이다. 꽃들이 즉각적인 이득을 주었을 수도 있다. 꽃이 있는 곳에는 벌이 있고, 벌이 있는 곳에는 꿀이 있을 가능성이 있기 때문이다. 우리 먼 조상은 우리만큼이나 당분에 약했다.

수렵 채집 부족 정착지에서 발견된 가장 오래된 꽃은 갈릴리 해변 오할로 II 유적지[20]에서 나왔는데, 2만 3000년 전의 것이다. 오두막한 곳의 유물 더미를 보면, 그곳에 산 사람들이 '세네시오 글라우쿠스Senecio glaucus'를 많이 키웠다는 사실을 알 수 있다. 이 꽃은 그 지역 토착종으로, 작고 노란 국화를 닮았다. 식용이나 약용 등의 실용적인 쓰임이 알려지지 않은 것으로 보아, 의식 등의 특별한 행사를 위해 들여왔을 가능성이 높다.

무덤 가운데 꽃이 있다고 알려진 최초의 사례는 이스라엘 나투프 매장지로, 1만 4000년 전 유적이다. 이 꽃들은 들판에서 꺾어 온 것 같지만, 어쨌든 인간이 꽃을 재배하기 시작한 것[21]은 놀라울 만큼 이른 시기인 5000년 전쯤부터다. 뉴저지주 럿거스 대학 심리학 교수 지넷 하빌랜드–존스Jeannette Haviland-Jones와 유전학 교수 테리 맥과이어Terry McGuire는 조상들이 꽃을 재배하게 만든 동기 중에 쾌락의 진화적 역할을 과소평가하면 안 된다고 주장한다. 처음에는 대부분 땅을 파헤쳤을 때 나오는 꽃을 재배했다. 하빌랜드–존스와 맥과이어는 농사를 위해 개간한 땅에 스스로 파종한 꽃을, 사람들이 마음에 들어서 그냥 자라게 두었을 가능성이 있다고 추정한다. 시간이 지나면서 사람들은 직접 꽃씨를 전파하기 시작했고, 가장 향기롭고 매력적인 꽃을 골랐을 것이다. 생태계에서 재배된 꽃의 틈새는 그래서 인간 감정의 틈새다.

꽃은 우리 감정을 고양하고 삶을 풍요롭게 한다. 레몬트리 자선 재단은 최근에 꽃의 가치를 발견했다. 재단에서 시리아 난민 캠프에 정원을 만들었을 때, 난민들은 식량 문제가 절박한데도 정원에 꽃을 심었다(심지어 그들이 정원에 심은 식물 중 70퍼센트가 꽃이었다). 환경에 아름다움을 들여오고자 하는 욕구가 그렇게 강하다.

꽃은 조상들에게 최초의 위로 서사를 주었을지도 모른다. 선사 시대의 인간에게 자의식이 나타났을 때, 분리 경험과 죽음에 대한 자각도 함께 나타났다. 이러한 실존적 곤경은 우리 곁에 계속 남아서 해묵은 질문을 제기한다. 인생의 의미란 무언인가? 삶의 고통을 어떻게 다루어야 하는가? 꽃의 생명력은 인생의 끝인 죽음 앞에서 파편화되는 공포를 막아주는 일종의 보호를 제공한다. 꽃들은 금세 지는 데다 연약하지만, 영속성을 담고 있다. 아름다운 꽃이 죽으면 열매가 생겨나고, 그 씨앗에서 더 많은 꽃이 만들어지기 때문이다.

초기 문명에서도 꽃은 깊은 의미를 품었다. 고대 이집트인은 특히 꽃을 신의 전령으로 여겨서[22], 신전을 꽃으로 채웠다. 때로는 엄청난 규모를 이루었다. 재스민, 수레국화, 붓꽃, 은방울꽃 등도 키웠지만, 가장 신성한 꽃은 연꽃이었다. 고대 이집트에서는 연꽃이 재생의 비밀을 품고 있다고 여겼다. 달콤하고 강렬한 연꽃 향은 관능 세계와 영적 세계를 연결하는 다리처럼 정신을 더 높은 차원으로 데리고 간다고 믿었다.

식물의 생에서 꽃의 유일한 목적은 생식이다. 꽃들이 매혹적인 이유는 섹스가 할 일이기 때문이다. 때로 꽃들의 형태는 인간에게 에로 틱한 느낌을 주기도 한다. 특정한 식물 그림들은 식물 생식기관의 화려함을 잘 보여준다. 현대 화가 조지아 오키프Georgia O'Keeffe는 자기 작품에서 에로틱한 요소가 부각되는 상황을 좋아하지 않았는데, 어느 정도 이해할 만하다. 노골적인 것은 효과를 죽이기 때문이다. 경험이 잠재의식에 머물기 때문에 우리는 그것을 순수함이나 아름다움을 동반한 섹스, 두 가지로 받아들일 수 있다.

많은 연인이 그러듯이 프로이트도 젊은 마르타 베르나이스에게 처음 구애할 때 붉은 장미 한 송이를 주었다. 마르타는 약혼 후 처음 맞는 여름에 아름다운 정원이 딸린 집을 구해 휴가를 보냈다. 어느 늦은 밤 마르타는 프로이트가 보낸 편지를 받는데 편지의 서두는 이런 인사로 시작했다. "정원사 뷘소브, 내 사랑과 같은 지붕 아래 지내는 행운을 누리는 분! 내가 왜 정원사가 되지 않고 의사나 작가가 되었을까요?[23] 아마 당신은 정원 일을 도와줄 젊은이가 필요할 테죠. 저는 귀여운 공주에게 아침 인사를 하기 위해, 그리고 어쩌면 꽃다발의 답례로 키스를 받기 위해 정원 일에 자원할 수 있습니다." 이 편지를 쓸 때 프로이트는 스물일곱 살이었다. 의사로서 막 첫걸음을 내디딘 참이었다. 꿈에 대한 기념비적인 저서로 유명세를 얻기 19년 전이다.

정원사가 되고자 하는 프로이트의 소망은 더운 여름날 사랑에 빠진 젊은이의 가벼운 몽상이었을지도 모른다. 그렇다 해도, 프로이트는 정원을 아주 사랑했다. 『꿈의 해석』 곳곳에 시클라멘, 아티초크, 은방울꽃, 제비꽃, 패랭이꽃, 카네이션, 벚꽃, 튤립, 장미 등 꽃 이야기가 나온다. 프로이트는 식물의 이미지가 꿈의 성적 요소를 표현하면서 감추는 데 흥미를 느꼈다.[24] 그리고 "성생활의 가장 내밀할 뿐 아니라 가장 추악한 디테일들도 사람들의 생각이나 꿈에는 외면적으로 순수해 보이는 암유暗喩로 나타날 수 있다"고 설명했다. 이 상징들은 고대까지 거슬러 올라간다. 구약성경 『아가雅歌』에 나오는 처녀의 정원도 그런 상징에 해당한다고 프로이트는 지적했다.

프로이트가 해석한 꿈 한 가지는 삽입 성관계에 대한 젊은 여성의 두려움을 드러낸다. 한 여자가 높은 데서 내려왔다가 울타리를 넘어 정원으로 들어가는 장면으로 꿈은 시작한다. 여자는 옷이 찢어져 품위가 손상될까 걱정한다. 품에는 벚꽃이나 동백꽃을 닮은 붉은 꽃이 가득 달린 큰 가지를 안고 있다. 정원사들은 나무에 늘어진 이끼 같은 털의 타래를 빗겨주고 있다. 여자가 자신이 가지고 있는 꽃가지를 자기 정원에 옮겨 심을 수 있는지 묻는데, 한 정원사가 여자를 끌어안는다. 여자가 거부하자 정원사는 여자의 정원으로 데리고 가서 꽃가지 심는 법을 알려주겠다고 한다. 사랑의 관능성에 대한 여자의 열망과 삶의 현실에 대한 혼란이 모두 명백하다. 털이 숭숭 난 이끼를 빗질하는, 약간 혐오스러운 이미지는 여자가 자기 정원에 심고자 하는 아름다운 붉은 꽃과 대조된다. 꿈의 정원은 사회의 속박과 인습이 없어서, 섹스에 대해 안전하게 호기심을 품을 수 있는 장소다.

꽃은 방 분위기를 바꾸는 가장 단순한 도구다. 꽃은 기분에 영향을 미치는 능력으로 우리에게 이완감을 안겨준다. 덧붙여 좋은 것에 대해 암시하고 결실을 약속한다. 아마도 생각의 개화도 촉진할 것이다. 빈의 베르크가세 거리에 있는 프로이트의 집에는 작은 안뜰밖에 없었는데 서재에서는 뜰에서 자라는 라임나무와 칠엽수가 보였다. 마르타는 유리로 막은 발코니에서 꽃을 키우고, 시장에서 꽃을 사서 집을 꾸몄다. 프로이트의 집을 처음 방문한 많은 환자는 상담실의 편안하고 매력적인 분위기에 놀라곤 했다. 제철 꽃들, 붉은 튤립, 수선화나 난초들이 프로이트가 아끼는 골동품들을 놓은 테이블을 장식했다. 1910년에 프로이트에게 치료받은 세르게이 판케예프[25]는 식물들이 그 방에 생동감을 안겨주었고, "이 공간의 모든 것이 서두르는 현대 생활에서 벗어난다는 느낌, 일상의 걱정을 막아주는 느낌을 주었다"고 회상했다.

정신분석학자이자 목사인 오스카 피스터Oskar Pfister[26]는 프로이트가 죽은 뒤 마르타에게 편지를 보내, 1909년에 부부의 집을 처음 방문한 날을 회상했다. "선생님 댁에서 우리는 햇빛 밝은 봄날의 정원에 있는 듯했습니다. 유쾌한 종다리와 검은방울새 노래를 듣고, 아름다운 화단을 보고, 여름날의 풍성한 축복을 예견했습니다." "꽃을 바라보는 일은 휴식이 된다. 꽃에는 격렬한 감정도 갈등도 없다"는 말은 프로이트가 했다고 알려졌다. 꽃의 단순함은 환자들의 갈등과 격렬한 감정을 풀어내는 힘겨운 작업의 대척점이 되었음이 분명하다. 또 꽃을 통해 프로이트는 여행을 상기했다. 프로이트는 서재의 난초 바구니가 "광채와 이글거리는 햇빛의 환상"[27]을 준다고 쓰기도 했다.

그 시절 오스트리아에서는 자연의 회복력에 대한 믿음이 높았다. 프로이트는 웬만하면 산으로 여행할 기회를 놓치지 않았다. 한때는 자연으로 떠나는 여행을 "치료약"이라고도 말했다.[28] 그 효과는 신체

뿐 아니라 정신에도 미쳤다. 프로이트에게 자연에 대한 몰입은 언제나 에너지를 주고, 생명에 대한 갈망을 충전해주었다.

1913년 여름, 프로이트는 시인 라이너 마리아 릴케와 릴케의 연인 루 안드레아스 살로메와 산길을 걸으면서 대화를 나누었다.[29] 나중에 프로이트는 그 일에 대해 「덧없음에 대하여On Transience」라는 에세이를 집필했다. 프로이트는 릴케가 풍경의 아름다움을 찬양하면서도 겨울이 오면 사그라들기 때문에 거기서 기쁨을 얻지 못한다고 말했다고 썼다. 자연의 아름다움에서 릴케는 상실의 예고만을 보았다. 프로이트는 덧없음은 생의 향유를 강화시킬 수 있다고 길동무들을 설득하려고 "하룻밤만 피는 꽃이라고 덜 아름다운 것이 아닙니다"라고 말했다. 하지만 릴케도 안드레아스 살로메도 마음을 돌리지 않았다.

프로이트는 나중에 그 대화를 회상하면서, 두 사람의 "예민한 정신"에 강력한 감정적 요소가 작용했으리라고 판단했다. 덧없는 아름다움을 감상하려면, 우리가 소중히 여기는 것의 상실을 받아들일 줄 알아야 한다고 프로이트는 지적한다. 그리고 꽃의 무상한 아름다움뿐 아니라 지나가는 계절 앞에도 상실은 찾아와서, 우리는 겨울이 다가올 때마다 조금씩은 애도를 하게 된다고 말한다. 프로이트가 "상실에 대한 사랑의 반란"이라고 말한 애도 경험은 불가피하게 고통을 수반하고, 정신은 "본능적으로 고통스러운 것을 회피한다." 프로이트는 그날 릴케와 안드레아스 살로메가 "그들의 정신에 애도에 대한 저항"을 가지고 있어서 자신과 기쁨을 공유하지 못했으리라고 결론을 내렸다.

큰 상실을 겪으면, 우리는 자신도 모르게 움츠러든다. 고통스런 현실을 받아들이고 싶지 않고, 받아들일 수도 없다. 애도는 우리가 해야 하는 정서적 작업 가운데 가장 힘들다고 할 수 있다. 우리에게는 공감을 해주는 존재가 필요하다. 위안의 원천, 우리가 고통 속에서 매달릴 수 있는 사물, 사람, 또는 장소 말이다. 애도의 강도는 잃은 것의 의미에 따라 다양하다. 살면서 너무도 다양한 상실에 마주하기 때문에, 우리는 늘 무언가를 애도한다고도 할 수 있다고 프로이트는 말했다. 인생 주기가 도움을 줄 수도 있다. 봄이 온다는 믿음은 한겨울에도 우리가 매달릴 희망이 된다. "자연의 아름다움은 겨울에 의해 파괴되더라도 다음 해에 다시 돌아온다. 우리의 수명을 생각하면 그 주기는 사실상 영원하다고 볼 수 있다"고 프로이트는 썼다.

우리는 언제나 상실과 발견 사이를 달리는 선 위에서 살아간다. 상실과 회복, 새로운 상실이 주기적으로 반복되는 시간의 춤이라고 할 수 있다. 공원에서 잠깐 모습을 놓쳤던 엄마에게 달려갔다가 다시 달아나는 아이에게서도 이런 모습이 보인다. 특정 나이 아이들이 좋아하는 까꿍 놀이에도, 우리 인생 내내 친근한 애착이 깨졌다가 회복되는 파열과 수선의 패턴에도, 이런 반복이 있다. 이런 시간의 춤은 우리의 사랑, 미움, 만족, 실망과 연결되는, 인생에 대한 사랑의 심장부에 존재하는 역설이다. 우리의 심장을 그토록 크게 뛰도록 만드는 사랑은 우리를 상실에 노출시킨다.

프로이트가 「덧없음에 대하여」라는 에세이에 기록한 산책은 1차 대전이 일어나기 1년 전 일이었다. 그 글을 쓸 때는 아들 둘이 전선에서 싸우고 있었다. 자연의 덧없는 아름다움이 상실을 암시한다면, 전쟁은 사람들에게 다른 규모의 상실을 안겨준다. 프로이트는 전쟁의 참화가 "그것이 지나가는 시골의 아름다움을 파괴해서"[30] 문명의 성취에 대한 긍지를 파괴하고, "우리가 불변하다고 본 많은 것이 얼마나 무상한지"를 증명했다고 말한다. 프로이트는 전쟁이 끝나면 파괴된 모든 것을 재건할 수 있으리라는 희망의 원천을 자연의 회복력에서 찾았다. 프로이트의 두 아들 에른스트와 마르틴은 전쟁에서 살아 돌아왔지만, 전쟁 이후 유럽을 휩쓴 스페인 독감은 딸 조피를 앗아갔다.

어떤 형태든, 트라우마를 일으키고 인생을 흔드는 상실은 우리의 정서적 공간을 파괴해서, 소중히 여기고 간직하고자 하는 많은 것을 빼앗아간다. 그런 위기를 겪으면 세상이 완전히 달라졌다고 느끼게 되고, 무엇이 회복되고 무엇이 돌아올지도 알 수 없게 된다. 모든 것이 불안하고 의지할 데라고는 없어 보일 때는 어디에 믿음과 사랑과 희망을 걸어야 할까? 때로 아주 절박하게 던진 이 질문에, 자연은 우리 안쪽 깊은 데서 솟아오르는 잠든 씨앗처럼 봄이라는 약속으로 대답을 해준다.

전쟁 중에는 어려웠지만, 전쟁이 끝나자 프로이트는 다시 산으로 가서 자연을 만끽했다. 이 시기에 프로이트는 삶과 죽음의 본능이 인간 영혼에서 수행하는 역할에 대한 생각을 발전시키고 있었다. 딸 안나에게는 혼자 산책하면서 식물을 채집한 이야기를 적어 편지를 보내기도 했다. "비가 내렸지만, 그래도 특별한 장소로 나가서 비할 바 없는 향기를 지닌 눈부신 제비난초Platanthera bifolia를 꺾었단다."[31] 프로이트는 생명에 다시 애착을 형성하며, 자기 안의 생명 본능을 살찌웠다.

이즈음에 나온 에로스와 타나토스 이론[32]은 1차 대전에 대한 프로이트의 반응이었다. 프로이트는 『문명 속의 불만』에서 모든 생명에는 삶과 죽음 충동이 있다고 말하며, 괴테의 『파우스트』에 나오는 한 구절로 설명한다.[33] "악마가 생각하는 자신의 적은 신성하고 선한 것이 아니라 생명을 창조하고 증식하는 자연의 힘, 즉 에로스다." 타나토스의 힘은 폭력과 파괴성을 통해 드러난다. 때로는 좀 더 조용한 표현 방식을 찾아서, 수동성이나 정서적 무감각을 이끈다. 프로이트의 에로스는 성적인 것으로 생각하는 경우가 많지만, 원래는 창조력과 생에 대한 사랑을 포함하는 훨씬 넓은 개념이다.

에로스의 개념은 1960년대에 정신분석가이자 사회심리학자인 에리히 프롬[34]이 새롭게 정의했다. 바이오필리아라는 말을 써서 "삶과 살아 있는 모든 것에 대한 열정적 사랑"[35]을 설명했다. 프롬이 말하는 건강한 정신은 "사람, 식물, 사상, 사회집단"을 막론하고 모든 것의 계속적 성장을 소망한다. 바이오필리아는 성장에 반대하고 죽음과 연관된 것에 끌리는 네크로필리아와 대조된다고 보았다. 프로이트가 말하는 삶과 죽음 충동과 마찬가지로 바이오필리아와 네크로필리아는 한 연속체의 양극단이다. 바이오필리아의 힘은 우리가 "인내하며 삶을 지속하게" 도와준다. 프롬은 현대의 많은 질병이 자연 세계와 나누는 무의식적 관계가 상실됨으로써 찾아오고, 결국은 자각하지 못한 결별의 고통을 안겨준다고 여겼다. "흙, 동물, 식물은 아직도 인간의 세계"[36]라고 프롬은 썼다. 덧붙여 "이 일차적 유대에서 벗어날수록 인류는 자연 세계와 더 분리되고, 새로운 방식의 도피적 분리를 찾으려는 욕구는 강해진다"고 말했다.

앞서 언급했듯 바이오필리아라는 말은 1980년대에 에드워드 윌슨이 다시 쓰기 시작했고,[37] 이후 환경심리학의 기본 개념이 되었다. 윌슨의 진화적 관점 덕분에, 우리가 선천적으로 자연 세계의 특정 측면들에 반응하는 경향이 있다는 개념이 훨씬 폭넓게 수용되었다.

인간은 관계 형성을 잘하도록 진화했다. 얼마나 뛰어난지 두뇌는 '관계 기관'이라고 불린다.[38] 식물 세계도 관계 형성에 능하도록 진화했기에, 선사시대에 우리가 식물과 꽃과 그토록 강한 유대를 맺었다는 사실이 놀랍지 않다. 하지만 현대 생활에서 문제는 자연과의 접촉 부족뿐 아니라, 우리가 정신을 닫고 삶의 간극을 채우기 위해 하는 행동들에도 있다. 꽃의 속임수에 당하는 곤충처럼 우리는 초정상 자극에 아주 약해서, 쉽게 균형을 잃는다. 온갖 종류의 인공적 자극이 우리의 관심을 끌고, 자연 세계에서 수렵과 채집을 위해 진화한 도파민 보상 경로를 엉뚱하게 이용한다.

쇼핑몰을 돌아다니거나 인터넷을 뒤지는 것은 똑같이 중독을 촉진하는 원시적인 보상 시스템에 의해 추동된다. 이런 행위는 보상보다 탐색 자체를 탐닉해서 만족을 모르고, 기대는 크지만 충족은 별로 이루어지지 않는 자극에 휘둘린다. 그 과정에 우리의 지갑과 도파민 수치, 낙관주의와 에너지가 고갈된다. 도파민계는 과잉 자극에 위험할 만큼 취약하고, 금세 악순환에 빠져서 더 많은 자극을 원하게 만든다. 실제로 소망하지 않거나 필요 없는 것들을 원하게 될 만큼 강력한 자극을 추구한다.

향정신성 약물과 알코올도 비슷한 방식으로 우리의 도파민 보상 경로를 압도해서, 육체적 의존 상태를 만든다. 중독은 현실을 외면하고, 결국 삶을 외면하게 만든다. 자연의 부드러운 자극은 이런 것과 경쟁이 되지 않는다. 자연 세계의 아름다움, 특히 꽃의 아름다움이 우리에게서 삶에 대한 사랑을 다시 깨울 수 있는 힘이 있다 해도 말이다.

이탈리아 산파트리냐노에 있는 재활 시설에서 만난 레나타는 꽃의 치유력과 관련된 놀라운 사례를 보여주었다. 산파트리냐노는 아드리아해 가까이 있는 도시다. 레나타는 지난 2년 반 동안 그곳 치유 공동체에서 운영하는 묘목장에서 꽃을 키웠다. 불안정한 문제 가정에서 자란 레나타는 10대 후반에 약물을 시작했다. 많은 중독자가 그렇듯이 처음에는 정신적 고통에 대한 자기 치료의 형태였다. 하지만 이후 그 자체로 질병이 되어서, 레나타는 20대 초반에 심각한 약물의존증 환자가 되었다.

원예는 산파트리냐노가 제공하는 치료의 작은 부분이다. 그 공동체 입소자 1300명은 다섯 가지 기술 분과에서 모두 3~4년 동안 새로운 기술을 훈련받는다. 재활 시설에 딸린 큰 포도원은 공동체의 주 소득원이다. 산파트리냐노에서는 입소자들에게 새로운 기술을 가르치면 새로운 삶을 건설하는 데 도움이 된다는 신념을 실천한다. 그러려면 입소자들은 이전 인생을 버려야 하고, 처음 1년 동안은 대체로 가족이나 친구와 접촉하는 것도 허락되지 않는다.

입소자 대부분은 20대 후반인데, 여덟 명씩 가족 같은 집단을 이루어 산다. 애초에 왜 약물에 이끌리게 되었는지 똑바로 이해하도록 권유를 받으며, 그럴 수 있는 정서적 지원도 받는다. 산파트리냐노 철학의 힘은 단순함에서 온다. 약점보다 장점에 집중하면 성장에 도움이 된다는 믿음을 지지한다. 공동체 전체가 매일 대강당에 모여 점심을 먹는다. 나는 다른 사람들과 함께 긴 식탁에 앉아서, 직접 키운 식재료로 만든, 단순하지만 맛있는 3코스 요리를 먹었다. 그 거대한 공간에서 1000명 넘는 사람들이 함께 식사를 했는데, 활기차면서도 수도원 같은 느낌을 안겨주었다.

정원과 텃밭에서 나온 소출은 인근 식당과 슈퍼마켓에 팔기도 하고, 공동체에서 소비하기도 한다. 땅 5.5헥타르를 일궈, 남자들은 과일과 채소를 키우고 여자들은 꽃을 가꾼다. 레나타도 20대 후반이었다. 검은색 머리는 삐죽삐죽하고 짧았다. 처음에는 말이 별로 없었지만, 공동체에서 어떤 경험을 했는지 이야기하는 레나타의 표현에는 강렬함이 있었다. 가장 큰 변화는 스스로 살고 싶다는 깨달음을 얻은 것이라고 했다.

꽃에 물을 주러 비닐하우스로 가는 레나타를 따라갔다. 한꺼번에 그렇게 많은 피튜니아를 본 것은 처음이었다. 이전까지는 피튜니아가 얼마나 매력적인 꽃인지 몰랐다. 비닐하우스 한쪽에 피튜니아들로 이루어진, 생생한 선홍색, 보라색, 노란색, 분홍색, 연보라색, 흰색 사각형들이 매우 인상적이었다. 하지만 반대편에 있는 꽃들이 내 눈길을 사로잡았다. 맞은편 면 전체에 강렬한 자홍색 피튜니아들이 장관을 이루고 있었다. 레나타가 물을 주는 동안 눈으로 꽃들을 들이마셨다.

레나타는 사실 예전부터 야외 활동을 좋아했다고 한다. 그래서 프로그램 관리자들이 레나타를 이 분과에 배치한 모양이다. 그럼에도 불구하고 일을 하면서 약간이라도 만족을 얻기까지는 오랜 시간이 걸렸다. 레나타는 자신이 처음에 얼마나 그 일을 싫어하고 자신이 맡은 식물들을 욕했는지 말해주었다. 두 번째 여름을 맞을 때까지도 유독한 감정이 레나타의 경험을 지배했다.

식물에 대한 태도와 마찬가지로 공동체 사람들과의 관계에도 처음에는 불만과 불신뿐이었고, 이런 감정은 천천히 변했다. 레나타는 그 이유를 이렇게 분석했다. "난 아주 오만해서 사람들에게 다가가지 않았어요." 입소 전 중독에 사로잡혀 있을 때는 기다리는 일을 견디지 못했다. "모든 것이 즉시 이루어져야 직성이 풀리는 폭력 집단 두목과 같았어요."

아주 오래전부터, 레나타 안에는 늘 버리고 싶은 '추악한' 감정이 있었다. 이 감정 때문에 레나타는 약물 의존에 빠져들었다. "나쁜 감정이 들면 그걸 없애려고 약을 하고, 좋은 감정이 들면 그걸 키우려고 약을 하는 거죠." 공동체에서 지내면서 레나타는 자신이 괴로워한 추악함은 마음속에 "미움이 가득한 것"과 관련 있음을 인식하게 되었다.

레나타를 따라 비닐하우스에서 나가려다가 입구 한쪽 나무 선반에 줄지어 놓은 작은 선인장들을 보았다. 밝은 주황색과 분홍색 꽃들을 칭찬했더니 레나타는 "내가 제일 좋아하는 애들이에요!" 하고 소리쳤다. 그러면서 이 선인장이 자신에게 어떤 깊은 의미가 있는지 말하기 시작하는 레나타를 보고 내가 아주 중대한 것을 건드렸음을 깨달았다. 선인장은 전임자가 버려둔 뒤 그냥 방치되어 있었다. 레나타도 1년 가까이 전혀 신경을 쓰지 않았다. 어느 날 선인장 하나에 작은 주황색 꽃이 피어 눈길을 끌었다. 레나타는 이 식물들이 죽어가고 있다는 사실을 처음으로 깨달았다. 그래서 살리기로 결심했다.

이야기하는 동안 레나타가 선인장과 맺은 유대감이 아주 분명히 드러났다. 선인장들은 예전의 레나타처럼 방치되었다. 가시가 뾰족해서 접근할 길을 찾기 어렵다는 점도 비슷했다. 선인장을 죽이기는 어렵다. 깊은 곳에 있는 생명을 보존하는 액체는 강력하게 보호를 받는다. 그래서 선인장은 장기전에 뛰어나다. 인간 정신에 있는 생명을 보존하는 힘은 그보다는 약할 테고, 특히 치명적 약물이 개입되면 더욱 그럴 터다. 하지만 레나타는 깊은 마음 한구석에서 작은 주황색 꽃과 시들어가는 선인장의 부름에 응답했다. 이 일은 레나타가 변화를 맞는 데 중대한 역할을 했다. 이제는 수많은 선인장이 꽃을 피우고 생명력을 만끽하고 있었다. 스스로 선인장들을 살려냈다는 기쁨은 내게도 금세 옮았다. 우리는 함께 선인장들을 칭찬하며 기쁨을 공유했다.

삶을 재건하는 맥락에서 보면 작은 회복 활동 가운데 하나일 뿐이지만, 이런 일을 경험하면서 우리는 새로운 시작의 가능성에 대한 믿음을 키울 수 있다. 우리는 스스로 하는 일로 세상을 변화시키고, 그 과정에서 스스로도 변화한다.

약물중독은 쾌락과 보상의 경로를 손쉽게 질러감으로써, 삶 자체에 대한 애착을 포함한 다른 모든 애착을 꺾어버린다. 레나타의 일차적 애착은 여러 해 동안 의존한 약물이었다. 회복기 중독 환자가 다시 삶에 애착을 형성하기는 쉽지 않다. 과거의 애착이 파괴성과 부정성을 동반한 경우에는 훨씬 더 어렵다. 산파트리냐노 공동체는 새로운 것이 자랄 수 있는 조건을 제공하겠다는 철학을 실천한다. 그 과정은 사람마다 다르다. 치유 효과를 바라고 병든 선인장을 선택하는 사람은 없겠지만, 어쨌든 레나타는 선인장들을 받아들였고, 처음으로 스스로 말하듯 '인생의 고요'를 바라보게 되었다.

밖으로 나가서 레나타의 앞날에 대해서 이야기를 했다. 아직 공동체를 떠날 준비가 되어 있지 않았지만, 레나타는 차츰 미래를 생각하기 시작했다. 바에서 일하는 생활로는 돌아가지 않겠다는 생각은 분명했다. 레나타는 "한순간에 모든 것을 망쳐버릴" 가능성이 높다는 사실을 잘 안다. 최근에는 사회복지사 교육을 받고 싶다는 생각을 하기 시작했다. 이제 남들에게 '베푸는' 일을 하고 싶고, 사회복지사가 되면 암 병동의 어린이들을 도울 수 있다고 생각했다.

"식물은 사람 같아요." 레나타가 말했다. "우리 도움이 필요해요. 도움이 없으면 죽어요." 그리고 꽃을 키우는 것은 "우리가 언제나 누군가에게 무언가를 주고 있다는 의미"라고 했다. 이 꽃들은 자신에게도, 또 정원에서 일하는 다른 사람에게도 기쁨이 되고, 그 꽃들로 테이블을 장식함으로써 공동체 전체에도 기쁨이 되었으며, 슈퍼마켓에서 꽃을 사는 사람들에게도 기쁨을 되었다고 레나타는 열렬히 덧붙였다. 꽃이 뿜어내는 좋은 감각 덕분에, 일한다는 것에 대한 이해도 바뀌었다. 레나타는 원예가 안겨주는, 주고받는 감각을 경험했다. "식물을 돌보면 우리에게 보답을 해줘요." 레나타가 덧붙였다.

자신에게 일어난 변화를 경험하면서, 약물에서 탈출하면서, 새로운 삶의 소망을 찾으면서, 레나타는 다른 방식의 존재에 눈을 뜨게 되었다. 헤어지기 전에, 처음에 내 눈길을 끌었던 진한 자홍색 꽃들을 한참 돌아보았다. 레나타의 마지막 인사는 스스로의 오랜 여행을 압축해 보여주는 말 같았다. 레나타는 꽃들을 손짓해 보이며 밝은 미소를 띤 얼굴로 소리쳤다. "정말 너무 예쁘지 않나요?"

8
평등한 정원

땅을 파는 것, 흙을 가꾸는 것을 잊는다면,
우리 자신을 잊을 것이다.[1]

마하트마 간디(1869~1948)

가을에 얼른 앵초를 돌보지 않으면 늦으리라고 깨닫는 순간이 있다. 그때쯤이면 꽃들은 시들어서 지저분하고, 새로 올라오는 이파리들로 어수선하다. 아기 식물들, 새 잎들은 뿌리 위쪽에서 자라 나오는데, 그대로 두면 군집을 이룬다. 화분 갈이를 할 때는 모본母本에서 섬세하게 분리해서 작은 자체 뿌리에 손상이 가지 않도록 보관해야 한다. 떨어져 나가는 것도 있지만 어떤 것은 온전하게 분리할 수 있고, 항상 사고가 발생하기는 하지만 식물 한 포기에서 대체로 서너 주 정도 새 식물이 나온다. 그렇게 해서 앵초는 늘어간다.

앵초가 자생하는 산기슭은 거의 1년 내내 상대적으로 건조하다. 개화기가 끝나면 물이 그다지 필요하지 않다는 뜻이다. 나는 몇 년이 지나서야 물을 주지 않는 법을 배웠다. 늦은 깨달음 때문에 몇몇 식물은 병을 앓았다. 더 살펴보니 뿌리가 썩어가고 있었다. 썩은 조직을 잘라낼 수밖에 없었다. 그래서 메스, 외과 의사의 자세, '유황꽃'이라고 하는 노란 가루를 준비하고, 화분대를 진료소로 만들었다. 썩은 뿌리 끝을 잘라내고 당근 같은 뿌리의 남아 있는 부분을 보호용 가루로 감쌌다. 의사와 원예가의 역할을 결합한 이 일은 기이한 만족감을 주었다.

식물 수술은 1회로 끝났고, 테라코타 화분을 구해 온 뒤로 앵초들은 잘 자랐다. 작은 테라코타 화분 세 상자가 온라인 경매에 올라왔는데, 낙찰받으면 영국 북부로 500킬로미터를 왕복해야 한다는 사실을 깊이 생각하지 않고 입찰에 참여했다. 그리고 일주일 뒤 셰필드로 가는 고속도로에 올랐다. 주소지에 도착하자―도시 외곽 대형 주택단지에 있는, 작은 연립형 이층집이었다―현관 앞으로 과묵해 뵈는 남자가 나왔다.

화분들을 잘 포개어 담은, 먼지 앉은 나무 상자들을 함께 내 차에 실었다. 나는 이 화분들의 기원에 대해 물어보았다. 열정적 원예가였으며 최근에 작고한, 남자의 아버지 유품이었다. 남자는 화분들을 어디 쓸 건지 물었다. "앵초를 키우려고요." 대답하고는 그의 아버지에 대해 물었다. 앵초 키우기가 아버지의 취미였다고 남자가 말했다. 두 달 동안 아버지의 유품을 정리했는데 이제 다 끝났고, 화분이 마지막 물품이었다. 남자는 내가 업자가 아니라는 사실에 조금 누그러들어서, 화분들이 흩어져 팔리지 않고 "좋은 집에 가게 돼서" 기쁘다고 말했다. 유품을 물려받은 기분이었다. 남자의 아버지를 생각하니, 온실에서 조용히 아름다움을 재배하던 우리 할아버지가 떠올랐다. 아름다운 옛 화분들을 가지고 일하면서 내가 경험하는 영속적인 즐거움의 일부는 한 세대에서 다음 세대로 전해 온 물건을 다룬다는 데서 온다.

나중에 셰필드 지역에는 노동자들이 앵초를 재배하는 오랜 전통이 있다[2]는 사실을 알게 되었다. 그 관습은 영국 북부에서 산업 혁명이 태동한 18세기 중반에 시작되었다. 그때 셰필드는 금속 그릇과 칼, 포크의 생산 기지였다. 그곳 철기 노동자들은 이웃한 제조 도시의 방직 노동자들과 함께 원예 기술로 유명했다. 실제로 처음 공장에서 일하기 위해 시골을 떠나야 했을 때 꽃에 대한 사랑을 가지고 온 사람들은 견방직 노동자들이었다.

노동자들의 거주 공간은 좁았지만, 좁은 뜰의 서늘한 그늘은 앵초에게 잘 맞았다. 방직공 원예가들은 정교한 패턴이 나타나는 다양한 신품종을 개발했고, '단색화'라고 알려진 흑자홍색, 보라색 꽃도 만들었다. 이파리를 덮는, 밀가루처럼 고운 가루 '파리나'의 밀도를 높인 품종도 개발했다. 이 가루는 앵초의 원생지인, 공기가 희박한 산악 지대에서 선블록처럼 작용해, 강한 햇빛에서 보호해주었다. 이런 적응력은 역설적으로 산업 도시에서도 보호 기능을 발휘해, 공중의 짙은 검댕과 산성 연기에서 살아남게 해주었다. 아마도 뿌리 뽑힌 사람들이 이식된 꽃을 키우면서 회복의 상징처럼 느끼는, 어떤 시너지가 작동하지 않았을까. 대량 생산으로 장인의 기술을 짓밟힌 노동자들에게, 꽃을 빚고 완성하는 일은 자기 표현과 창조력의 출구가 되었다.

꽃 재배는 사회 생활의 계기도 되었다. 도시로 대량 이주하면서 사람들은 공동체에서 분리되었고 사회망은 약화했다. 플로리스트 협회들은 아마추어 원예가의 협력과 경쟁을 촉진했다. 튤립, 앵초, 카네이션, 패랭이, 팬지 등 다양한 꽃의 협회가 생겨났다. 많은 철기 공장 노동자와 방직 공장 노동자가 앵초 재배에 뛰어났듯이, 직업마다 각기 전문 분야가 있었다. 예를 들면, 팬지는 특히 석탄 광부들이 많이 키웠다. 랭커셔에서는 무엇보다 구스베리 재배가 인기였다.[3] 공장 도시 대부분에 구스베리 클럽이 있었고, 연례 행사로 구스베리 재배 경연이 열렸다. 서늘한 북부의 기후는 구스베리 재배에 이상적이었다. 앵초와 마찬가지로, 작은 뒷마당에서도 경연에서 이길 표본을 재배할 수 있었다.

자연은 우리 사회 구조에 관심을 기울이지 않는다. 꽃, 나무, 채소는 개인의 부나 계급과 무관하게 자란다. 식물은 대체로 자가 복제를 하기 때문에 정원에는 돈의 꾸준한 흐름도 필요 없다. 하지만 원예 활동을 하려면 땅이 있어야 한다. 초기의 많은 공장 도시는 식량을 키울 소형 분할 농장의 형태로 땅을 제공했다. 1769년에 셰필드를 방문했던 의사이자 작가인 윌리엄 뷰컨William Buchan[4]은 이렇게 말했다. "자기 정원을 가꾸지 않는 철기 노동자는 거의 없다. 그리고 원예에는 여러 가지 건전한 효과가 있다." 원예는 저임금 노동자들에게 영양가 높은 식품을 제공했고, 시끄러운 기계와 단조로운 공장 노동에서 벗어난 건강한 운동도 되었다. 뷰컨은 이렇게 쓰기도 했다. "흙과 신선한 허브 냄새 자체가 영혼에 활기를 주고, 무언가를 성숙으로 이끈다는 변함없는 전망은 정신에 기쁨과 즐거움이 된다." 고된 산업 노동 속에서 땅을 가꾸는 일은 자부심을 느끼게 해주었다.

식물학 연구[5]는 자연과 지속적으로 연결될 또 다른 방법을 제공했다. 최대 산업 도시였던 맨체스터의 공장 노동자들은 휴일이면 규칙적으로 자연을 찾아가서 자신의 식물학 지식을 바탕으로 표본을 채집하곤 했다. 하지만 19세기를 거치는 동안, 산업은 도시 중심지를 원예의 사막으로 만들었다. 대량 생산이 확산되면서 인구는 과밀해졌고, 마당과 정원 공간이 남아나지 않았다. 자연은 사람들 눈 앞에서 탈취당했다. 몇 그루 남은 나무는 병들고 검댕에 뒤덮였다. 위대한 빅토리아 시대 소설가 엘리자베스 개스켈Elizabeth Gaskell은 맨체스터를 묘사하며 이렇게 한탄했다. "슬프다! 거기에는 꽃이 없다."[6] 자연에 굶주린 사람들이 즐거움을 얻었던 지역 꽃 박람회는 인기 행사였다. 그 현상은 1860년대에 절정을 이루어서, 맨체스터에서만 1년에 여덟 차례 꽃 박람회가 열렸다. 사람들은 잠시 꽃의 세계에 몰입함으로써, 아름다움이 주는 삶의 활기를 맛보았다.

미적 자양분에 대한 인간의 요구는 흔히 저평가된다. 하지만 융이 말했듯이, "우리 모두에게는 영혼을 위한 영양분이 필요하다. 푸른 땅도, 꽃나무 한 그루도 없는 도시 임대주택에서는 그런 양분을 찾을 수가 없다."[7] 산업화와 함께 노동자가 일과 맺는 관계도 덜 건강해졌다. 생산 라인은 과정을 파편화하고, 사람들은 결과의 작은 일부만을 책임진다. 수공업이 번성한 시절의 노동자는 "자기 노동의 열매를 직접 보며 보람을 느꼈다. 당시 일은 노동자에게 적절한 자기표현 수단이 되었다"고 융은 썼다. 토대와 균형의 필수적 원천 두 가지—자연에 대한 접근성과 보람을 안겨주는 노동—가 사라졌다. 융은 상실이 "뿌리 뽑힌 의식의 조건"을 낳았으며, "과장된 자존감"이나 그 반대인 "열등감"으로 이어진다고 생각했다. "나는 인간 존재는 땅에 뿌리를 내려야 한다고 믿는다." 융은 활력을 주는 일로서 원예를 옹호했다. "갇힌 동물은 자유로운 삶으로 돌아갈 수 없다. 하지만 우리 노동자들은 돌아갈 수 있다. 노동자들은 도시 곳곳의 분할 농장에서 그런 일을 하고 있다. 이 정원들은 자연과 자기 땅에 대한 우리 사랑의 표현이다."

오늘날 도시 원예 운동은 부활하고 있다. 융이 말한 어려움들—자연과의 분리, 황량한 도시 환경, 의미 있는 일의 부재—은 여전히 우리 곁에 있지만 말이다. 우리는 도시 경작이 시작되었을 때처럼, 사회적, 기술적 변화가 크고 불평등 수준이 동반 상승하는 시대에 산다. 이제 예전의 많은 산업 중심지가 쇠퇴했고, 사람들은 스스로를 지탱하려고 흙을 찾는다. 산업화에 맞서려는 것이 아니라 산업화가 남긴 황폐화에 맞서려는 것이다.

맨체스터에서 북쪽으로 30킬로미터 떨어진, 세 계곡이 합류하는 곳에 자리잡은 토드모던을 예로 들어보자. 그곳은 한때 번성하는 섬유 산업의 중심지였지만, 공장들은 오래전에 문을 닫았고, 1만 5000명 주민은 몇십 년 전부터 높은 실업률에 시달렸다. 2008년에 금융 위기가 닥치자 버려진 건물 숫자가 더 늘어나서, 회복을 희망하기란 더욱 어려워 보였다. 경제난의 영향이 바로 이어졌다. 공공 서비스는 축소되고 사방에 쓰레기가 쌓였다. 친구들 한 무리가 식탁에 둘러앉아 눈앞에서 벌어지는 도시의 쇠퇴에 대해 걱정 어린 이야기를 나누었다. 친구들은 다음 세대에게 더 나은 미래를 만들어주고 싶었다. 어떻게 해야 좀 더 지속 가능한 공동체를 건설할 수 있을까? 그들은 고민했다.

처음부터 분명한 점은 식량에 초점을 맞추어야 한다는 것 한 가지였다. 식량은 모두에게 필요하기 때문이다. 친구들이 만든 슬로건, "먹을 게 필요하다면 함께합시다"는 무엇을 성취하고자 했는지 그 포용성을 담고 있다. 그들은 사람들이 "먹을 수 있는 도시"에서 살고 일하는 모습을 상상하려고 했다. 그리고 실험가의 정신으로, 방치되어서 도시 한가운데 상처처럼 남아 있는 병원 구내에 깍지콩 등의 여러 채소를 심었다. 수확할 때가 되자, "가져다 드세요"라는 큼지막한 안내문을 걸었다. 이 일은 이후 팸 워허스트Pam Warhurst와 메리 클리어Mary Clear가 이끈 "인크레더블 에더블Incredible Edible" 운동의 시작이 되었다. 공공 집회를 통해서 녹색 운동에 대한 강력한 지지를 확인한 두 사람은 자원봉사자들을 모아 도시 이곳 저곳에 채소를 심기 시작했다.

인크레더블 에더블은 황폐한 회색 땅에 녹색을 들여왔다. 토드모던 곳곳에서 사람들의 필요에 따라 다양한 채소가 재배되었다. 요양원 옆에서는 딸기가 자랐다. 요양원 입주자들은 이가 좋지 않아서 부드러운 과일을 좋아했기 때문이다. 정육점 근처에서는 로즈메리, 세이지, 타임을 키워서 손님들이 마음껏 가져가도록 두었다. 어떤 식물에는 지방사가 있었는데, 구스베리—그곳 사투리로 '구스고그'—도 그런 작물 중 하나다. 사람들은 상점에서 살 수도 없는, 인기 높은 구스베리를 따서 파이에 넣곤 했다. 토드모던의 새 병원 주변 화단에는 가시덤불이 가득했다. 인크레더블 에더블은 질문을 던졌다. "이 모습은 어떤 메시지를 줄까? 병원에서는 건강한 식품을 키워야 하지 않을까?" 이제 그곳에는 카모마일, 라벤더, 에키나시아 등이 자라는 작은 허브밭이 있고, 벚나무와 배나무 열매는 안에 들어오지 않고도 딸 수 있다.

그렇게 해서 도시 전역 70곳 이상에서 식량이 재배되고 있으며, 누구나 따서 가져갈 수 있다. 사방에 누군가가 돌보는 텃밭 상자나 화단, 또는 작은 땅이 있다. '에더블 토패스'를 지나고, 운하 다리를 건너고, 색깔이 화려한 인크레더블 에더블 벽화를 지나고, 과일나무가 자라는 병원, 허브가 자라는 정육점, 텃밭 상자가 있는 경찰서 앞을 지나면, 마침내 인크레더블 에더블 측이 시의회를 설득해서 '폴리네이션 Pollination(꽃가루받이라는 뜻)로'라고 이름을 바꾼 도로에 이른다. 이렇게 공동체의 원예가 정원 울타리 밖으로 멀리까지 뻗어 나갔다는 데 놀라지 않을 수 없었다. 토드모던은 도시 채집의 근본적 실험장이다.

근본적 정책은 식량 재배와 함께 간다. 근본적radical이라는 말 자체가 식물에서 왔다. 라틴어 'Radix'는 '뿌리'라는 뜻으로, 오늘날 '래디컬'은 광범위한 사회 정치적 변화를 의미하지만, 그 말 자체는 근원적 원인을 탐색한다는 의미를 내포한다. 토드모던에서는 신선 식품을 적절한 가격에 살 수 없는 상황이 문제였다. 식량 재배는 해결책이라기보다는 변화의 매개로써 시작되었다. 농작물을 따서 요리하고 함께 나눠 먹으면 대화가 생겨나고, 그러면 사람들이 식생활과 생활 방식에 대해 다르게 생각할 기회가 되지 않을까 하는 기대에 따른 활동이었다. 인크레더블 에더블은 식량과 원예에 대한 공동체 행사도 꾸리기 시작했고, 지역 학교들과도 연계했다. 워허스트와 클리어는 '선전 원예'에 대해 말한다. '선전propaganda'도 '번식시킨다'는 뜻의 'propagate'에서 비롯되었으니, 적절한 표현이라 할 수 있다. 인크레더블 에더블의 실험은 식물을 번식시키는 일이 효과적인 커뮤니케이션임을 증명했다.

지역 공동체에서는 금세 뚜렷한 변화가 나타났다. 가장 먼저 토드모던의 반사회적 행동과 반달리즘 수치가 눈에 띄게 낮아졌다. 클리어가 말하듯이 "사람들은 먹을 것을 존중한다. 식량을 공격하지는 않는다." 문에 널빤지를 대고 못을 친 대로변 상점이 차츰 사라졌다. 카페와 식당이 문을 열었고, 사람들이 지역에서 재배한 농작물을 사고파는 시장이 생겨나 번성했다. 학교 원예가 시작되어서, 중등 학교는 채소밭과 벌이 있는 과수원을 운영하게 되었다. 원예 자격증 취득에 관심이 있는 젊은이들을 위한 훈련 코스도 만들어졌다. 지역 당국이 프로젝트를 후원하고, 유휴지를 풀어서 식량을 키울 수 있는지 알아보기로 했다. 중요한 일이었다. 비좁은 주거 환경 때문에 정원 공간이 한정되어 있고, 2008년 당시 대여 분할 농장이 열다섯 곳밖에 되지 않는 도시였기 때문이다. 최근 연구에 따르면, 이런 변화의 결과 이제 토드모던 거주자 4분의 3이 식량 일부를 키워서 먹는다.

클리어는 이 프로젝트를 지탱하는 핵심 인물 대부분이 "특정 나이대 여성들로, 모두 사회정의에 대한 열망을 갖고" 있다고 말했다. 클리어는 "우리는 어느 때보다 열심히 일해요"라고 덧붙였다. 실제로 내가 찾아갔을 때, 클리어는 친구 에스텔 브라운과 함께 채소, 꽃, 허브 씨앗 5000개를 파종한 쟁반을 자기 집 부엌 창틀에 올려놓는 참이었다. 이 운동은 어떤 외부 기금 지원도 받지 않는다. 대신 활동가들은 협력의 힘과 친절이라는 화폐로 자신들이 어디까지 갈 수 있는지 보고 싶어 한다. "기금 지원을 받으면 결과를 맞추어내야 하거든요." 클리어는 말한다. 인크레더블 에더블은 시의회, 경찰, 지역 학교와 강력한 유대를 형성했지만, 사업 대부분에 당국의 허가를 구하지 않았다. 그러려고 들면 관료주의의 층층 구조에 부딪힐 게 뻔했기 때문이다. 클리어는 말한다. "사람들이 정말로 거절하는 건 아니에요. 승인하는 법을 모를 뿐이죠." 반대가 생기면, 자주 생기지는 않지만, 그들은 그저 용서를 구한다.

토드모던에서 격주 일요일에 진행하는 집단 원예에는 대개 30명가량이 참석한다. 봉사자들 연령은 3세에서 73세까지 폭넓고, 사회적 지위도 다양하다. 사람들은 도시 곳곳 여러 현장에서 일한다. 어떤 사람들은 쓰레기를 치우고, 어떤 사람들은 식물을 가꾼다. 그러고 나서 버려진 교회에 모여서 함께 간단한 점심 식사를 한다. 어떤 참가자들, 특히 수용 시설이나 요양원에 사는 사람들에게는 사회생활의 근간이 되는 행사다. 클리어는 이 행사의 기본 정신이 "사람들이 스스로의 리듬에 따라 스스로의 방식으로 일을 하는 것"이라고 말한다. "전에는 말이 없던 사람이 말을 하거나, 아니면 코트를 벗는 일처럼 단순한" 변화가 나타날 수도 있다. 그 변화가 "사람들의 성장"이라고 클리어는 말한다.

클리어는 외로움이라는 질병이 우리 시대의 강력한 특징이며, 누구라도 이 질병에 걸릴 수 있다고 이야기한다.[8] 오늘날에는 넷 중 한 명이 고립감을 겪을 만큼, 외로움이 어느 때보다 만연해 있다. 최근까지 외로움은 주로 심리적인 악영향을 미친다고 여겨졌지만, 이제 신체 건강에도 영향을 미친다는 사실이 알려졌다. 사회적 관계가 부족하면, 각종 원인으로 일찍 죽음에 이를 확률이 30퍼센트가량 높아진다.[9] 비만, 또는 하루에 담배 15개비 흡연의 폐혜와 맞먹는 수치다. 외로움은 중대한 공중 보건 문제가 되었다.

인간은 전 역사에 걸쳐 가장 혹독한 기후와 지형에서도 사는 방법을 개척했는데, 북극이든, 고산 지대든, 정글이나 사막이든, 항상 응집력 있는 소규모 집단을 이루어 살았다. 지금은 인류 역사상 처음으로 세계 인구의 다수가 자연에서뿐 아니라 서로에게서 분리되어 살아가는 시대다. 공동체 원예는 두 종류의 분리 문제를 해소해준다. 사람들은 장소와 유대를 맺고, 집단과 애착을 형성할 수 있다. 두 가지 다 소속감을 키워준다. 그리고 현대 생활의 위기는 근본적으로 소속감의 위기다.

인크레더블 에더블 모델은 토드모던 바깥으로 멀리 퍼졌다. 지금 영국에는 같은 이름을 단 비슷한 비영리 단체가 120여 곳 있다. 세계적으로도 각 대륙에서 1000개 이상의 단체가 인크레더블 에더블 활동을 한다. 이 아이디어는 특히 프랑스에서 인기를 얻었는데, 인크레더블 에더블은 '레쟁크루아야블 코메스티블Les Incroyables Comestibles'이라고 불리며 슬로건은 "공유하는 먹거리Nourriture à partager"다. 인크레더블 에더블 네트워크는 느슨한 결합체다. 각 단체마다 서로 다른 방식으로 활동하지만, 더 친절하고 친환경적이고 유대감 높은 공동체를 만든다는 목적은 똑같다.

원예 운동이 영국의 맨체스터 인근 지역에서 힘을 얻기 시작한 것은 아마 우연이 아니리라. 어쨌든 산업 혁명이 시작된 곳이다. 산업화를 개척한 곳이니 탈산업 시대 쇠퇴에 대처하는 최전선에 서는 것이 합당해 보인다. 그때와 지금의 도시 원예는 비슷한 점이 많다. 하지만 차이점 한 가지가 두드러진다. 그 시절에는 지역의 인기 박람회와 경연에 사교 활동이 집중되었다. 오늘날에는 경쟁이 삶의 거의 모든 영역에 스며들어 있다. 공동체 원예는 다른 요구들을 충족시킨다. 많은 사람은 경쟁에서 벗어나서 그 반대, 현대 사회에서 결핍된 협력을 얻기 원한다.

역사를 돌아보면, 우리가 흙을 경작하는 데 부여하는 가치는 부당하게도 인간이 만든 경제 주기에 연루되어 있다. 사람들은 경제 불황이나 격심한 사회 변화의 시기에 땅을 돌아본다. 우리 시대에 원예가 전지구적 사회 운동이 된 것은 징후라 할 수 있다. 도시화 관련 문제들과 산업을 대체하는 기술의 영향이 전 세계에 미치고 있기 때문이다. 공동체 원예 운동가 마크 하딩Mark Harding의 말처럼, 산업이 우리를 내뱉을 때는 "언제나 자연에 우리의 자리가 있다."

하딩은 2014년부터 케이프타운 오라녜지흐트의 도심 농장을 운영했다. 20년 동안 용접공으로 일하다가 해고된 하딩은 3년 동안 실업과 우울증을 겪은 뒤에야 농장에서 일하기 시작했다. 하딩은 젊은 시절 "도시의 환상"에 이끌렸다. 하지만 문제는 "도시는 우리가 기댈 것을 남겨주지 않는다는 점"이라고 말했다. 하딩은 요즘 좀 더 안정된 느낌을 받는다. "이제 현실이라고 말할 수 있는 것을 갖고 있어요." 흙과 함께 일하면서 하딩은 회복 감각과 자신의 기술이 언제나 유용할 거라는 안정감을 얻었다. "나는 식량을 기를 수 있고, 그 능력은 어디로든 가지고 갈 수 있습니다."

오라녜지흐트 도시 농장[10]은 케이프타운 교외에 있다. 원래 야외 볼링장이었다가 버려져서 쓰레기장이 된 곳이었다. 그 프로젝트에는 교육 과정이 포함되어 있어서 해마다 어린이 1000명이 와서 씨앗 심기, 퇴비와 영양분 만들기를 배운다. 케이프타운은 급격한 도시화를 겪었고, 실업률이 높다. 지방과 당분이 많은 싸구려 패스트푸드를 판매하는 다국적 점포가 급증한 결과, 도시 빈곤은 비만, 당뇨, 심장병으로 이어졌다. 도시 농장은 저렴한 가격에 유기농 농작물을 생산하여 지역민들이 식량 정치학에 눈을 뜨는 데 주요한 역할을 했다. 지독한 가뭄을 연속으로 겪으면서, 오라녜지흐트는 농작물은 계절에 맞게 키워야 한다는 생각을 보급하는 데 앞장섰다. 가장 큰 성공은 오라녜지흐트 식품 시장이었다. 농장의 판매대 몇 개로 시작했으나 이제 수변에서 열리는 인기 주례 행사가 되었다. 시장은 40곳이 넘는 지역의 유기농 텃밭과 농장을 지원하고, 빵과 다른 가공 식품을 판매하는 소규모 식품 생산자들도 돕는다.

농장의 공동 창립자인 셰릴 오진스키Sheryl Ozinsky는 미래를 향한 오라녜지흐트의 계획이 성장한 과정을 이렇게 말한다. "도시 농업은 채소를 키우는 것 이상입니다. 우리는 사람들을 교육하고, 공동체를 건설하고, 식품 시장의 작동 방식을 바꾸고 싶어요. 교외의 높은 벽을 허물고 이웃들이 만나서 어울리는 공간, 사람들이 공원과 녹지를 이용하는 공간, 공동체가 함께 걷고, 자전거도 타고 버스도 타는 공간을 만들고 싶어요." 이 프로젝트는 사람들 사이를 연결하고 인종적, 사회적 장벽을 허물겠다는 목표를 가지고 있다. 하딩에게 식량을 키우는 일은 "건강한 싸움"이다. "대기업은 저장성이 높은 품종을 고르지만 그것들은 영양이 떨어진다"면서, 나이를 먹고서야 이런 문제에 눈을 뜨게 되어 안타깝다고 말한다. 농장 일을 통해서 하딩은 "녹색 전사"라는 새로운 정체감을 얻었다.

식량 정치학은 현대 공동체 원예에서 피할 수 없는 측면이다. 로스앤젤레스 남중부에서 활동하는 아프리카계 미국인 예술가이자 원예 활동가인 론 핀리Ron Finley도 "녹색 전사"다. LA에서도 이 지역은 미국 최대의 '식량 사막'이다. 패스트푸드점과 주류 상점은 즐비하지만, 신선 식품은 구하기 쉽지 않다. 이 지역에서는 갱단의 폭력과 총격 사건들도 일어난다. 핀리는 총격 사건만 세상의 주목을 받는데 패스트푸드점이 더 많은 사람을 죽인다고 말한다. 그 대가는 너무도 명백하다. 비만율이 30퍼센트를 넘는다. 전동 휠체어와 투석 센터가 날로 늘어간다.

핀리는 차를 몰고 45분을 가야 신선 식품을 살 수 있는 현실에 진력이 나서, 집 바깥 좁은 땅에 채소와 과일나무를 심었다. 몇 달도 지나지 않아, 이전까지 쓰레기장으로 쓰이던 땅에서 풍성한 소출이 나왔다. 핀리는 케일, 단옥수수, 고추, 호박, 멜론을 수확해서, 동네 사람들에게 나누어주었다. 하지만 다음 해에는 시유지市有地에서 허가 없이 원예 활동을 했다고 영장을 받았다. 어쩔 수 없이 식물들을 없앴지만, 그 일을 다시 시작하게 해달라고 청원하기 시작했다.

2010년, 미국 영부인 미셸 오바마가 백악관 남쪽 잔디 한 부분을 일구어서 초등학생들에게 채소를 심게 하고 겨우 1년 정도 지났을 때의 일이었다. 미셸 여사의 '움직이자Let's Move' 캠페인은 아동 비만과 당뇨의 급증에 대한 대응으로 시작했다. 시대 정신이 변하고 있었다. 《LA 타임스》는 핀리의 캠페인을 홍보했다. 핀리의 청원은 성공했고, LA는 이후 도시 경작에 대한 규정을 개정했다. 핀리는 이제 빈 땅에 식량을 재배하는 사람들을 지원하는 프로젝트를 운영한다. 자신을 '갱스터 원예가'라고 말하면서(슬로건은 "총 대신 삽을 들자"), 핀리는 원예를 멋있는 일로, 부모나 조부모 세대도 원예 활동을 한 적 없는 학교 어린이들에게 의미 있는 일로 만들려고 한다.

핀리의 주요 임무 중 하나는 땅에서 하는 일에 대한 낙인과 싸우는 것이다. 미국에서 농업의 역사는 노예제와 소작제를 통한 인종 착취의 역사다. 핀리의 말에 따르면, 그 유산 때문에 아직도 "스스로를 잘 부양한다고 해도 자기 먹을 것을 직접 키워야 한다면 큰 문제가 있는 게 분명하다"는 관념이 있다. 핀리는 사람들이 스스로를 먹이는 기본적 본능을 잃었고, "왜 패스트푸드 체인이 지금처럼 번성하는지 아무도 이유를 묻지 않는다"고 탄식한다. 자신의 식량을 직접 키운다는 것은, 인권은 아닐지라도 근본적인 자유다. 핀리의 말대로 "자기가 먹는 음식에 자기 노력이 들어가 있지 않으면 우리는 노예다". 또한 식품 사막보다는 '식품 감옥'이라는 표현이 더 맞다고, 그 이유는 "건강한 식품을 찾으려면 거기서 탈출해야 하기 때문"이라고 말한다.

정치적 저항으로서의 원예는 역사가 길어서, 17세기 영국의 '디거스Diggers'까지 거슬러 올라간다. 사회가 불안해지고 식품 가격 폭등의 시대가 오자 디거스는 공유지에 식량을 키울 권리를 주장했다. 현대 게릴라 원예는 뉴욕시가 급격하게 쇠퇴해서 거의 파산 지경에 이르렀던 1970년대 초반에 그 이름을 얻었다. '그린 게릴라'라는 집단이 1차 대전과 2차 대전 때 미국의 식량을 생산하던 '빅토리 가든'을 본떠서, 방치된 도시 땅에 공동체 정원을 만들었다. 일부 게릴라 원예가들은 식품보다 꽃에 집중했다. 리처드 레이놀즈Richard Reynolds 같은 사람들은 2000년대 초 런던 남부에 있는 자기 아파트 건물 바깥 땅에다 밤에 몰래 꽃을 심는 방법으로 원예 운동을 시작했다.[11] 그러자 여러 사람이 뜻을 모아서 런던의 낙후 지역에 자연의 아름다움을 도입하려는 시도를 하게 되었다.

그린 게릴라는 아직도 뉴욕에서 활동하고 있다. 이 조직이 관리하는 정원은 800곳으로, 상당한 유산이다. 이 운동 역시 인크레더블 에 더블처럼 (그 후에 싸움은 있었지만) 시 당국의 허락을 얻었다. 공동체 원예의 함정은 매력적인 녹색 공간을 만들면 자주 발생하는 젠트리피 케이션이다. 최악의 경우는 프로젝트가 도움을 주려던 바로 그 사람 들이 임대료 상승에 밀려 쫓겨나기도 한다. 그린 게릴라가 1990년대에 함정을 힘겹게 헤쳐나가고 있을 때, 시 당국이 개발용 땅을 팔기 시작 해서 600군데 공동체 정원을 위기로 몰아넣었다. 그들은 긴 싸움 후에 야 정원들을 지킬 수 있었다.

그린 게릴라의 창립 멤버인 테리 켈러Terry Keller는 이후 뉴욕 식물 원에서 성공적인 빈곤 구제 프로젝트 '브롱크스 그린-업'을 운영했다. 브롱크스 남부 빈곤 지역의 공터를 되살리자는 계획이었다. 브롱크스 의 큰 도로 그랜드 콘코스를 끼고 펼쳐진 뉴루츠 커뮤니티 농장은 최 근 이 프로젝트를 통해 개발했다. 식물이라고는 찾아볼 수 없는, 방치 된 땅에 2000제곱미터의 푸른 농장을 만드는 데는 많은 노동이 필요 했다. 게다가 경사가 급한 땅이었다. 2012년 여름에 많은 자원봉사자 가 폭우로 넘치는 물을 빼내고 토양의 부식을 막으려고 도랑을 팠다. 뉴욕시 하수 처리부는 뉴욕 식물원에서 공짜 퇴비를 다량으로 공급하 고, 전문적 퇴비 제조 기술도 제공했다. 벚나무, 무화과나무, 감나무, 석류나무 같은 과일나무들을 심고 벌집도 설치했다. 모든 준비가 결 실을 맺어서, 새로 만든 상자형 텃밭들에서 토마토, 케일, 수박, 고추 등 다양한 농작물이 자라났다. 야생동물도 금세 서식하기 시작했다. 잠자리뿐 아니라 작은멋쟁이나비, 검은호랑나비, 붉은멋쟁이나비 등 많은 나비가 나타났다.

브롱크스 그린-업은 난민 단체 '국제구조협회'와 협력해서 농장을 운영한다. 다양한 지역, 다양한 문화 출신 사람들이 프로젝트에서 한데 모인다. 최근에 감비아나 아프가니스탄 등에서 탈출한 난민들은 중앙아프리카나 카리브해 등지에서 온, 이미 정착한 주민들과 함께 일한다. 낯선 외국 도시에서 사는 것만으로도 엄청난 도전인데, 뉴루츠의 난민들처럼 트라우마나 우울증에 시달리면 더욱 그렇다. 원예는 난민들에게 다양한 차원에서 도움을 베풀지만, 무엇보다도 소속감을 느낄 수 있는 장소로 농장을 제공한다는 점이 큰 장점이다.

여러 연구에 따르면, 도시 정원은 사회 통합 촉진에 아주 효과적이다. 지역의 문화적, 사회적 중심이 됨과 동시에, 집이나 일터 바깥에 안전한 '제삼 공간'을 제공해서 공동체 갈등을 줄이는 데도 도움이 된다. 다른 방식으로는 공동체의 응집력을 키우기 어려운, 다인종 거주 지역에서 특히 효과가 높다. 볼티모어에 있는 '살 만한 미래를 위한 존스홉킨스 센터'에 따르면, 식량은 정원 효과에서 중심적인 역할을 한다. "식량 재배, 요리, 음식 나누기가 가지는 강력한 사회 문화적 가치 덕분에, 정원은 사회적 다리 역할을 수행할 수 있다."[12] 도시 농장은 농작물뿐 아니라 기쁨을 공유함으로써 협력의 문화를 만든다. 인간관계를 촉진하고 사회 변화를 일으키는 원예의 힘은 많은 부분이 이런 상호적 이득에서 생겨난다.

모든 유기체에게는 자신의 환경 형성을 위한 기본적인 생물학적 요구가 있지만, 도시에서는 모든 형성 효과가 거꾸로 작용한다. 사람들에게 환경을 개선할 힘이 없기 때문이다. 도시 환경이 무너지면 상황은 거칠어진다. 도시 황야에는 폐가, 쓰레기 더미, 깨진 유리창, 녹슨 금속과 사람 키만큼 큰 잡초가 가득하다. 그런 곳은 위험 지역이 된다. 지역이 쇠락하면, 주민들은 야외 활동을 줄인다. 그러면 갱단이 거리를 장악하고, 환경 악화가 폭력 증가를 불러오는 악순환이 시작된다.

유일한 해결책은 환경을 개선하는 것이다. 총기 범죄 감축은 미국 많은 대도시의 주요 과제다. 인구 통계학을 보면, 치명적 총격 사건은 가난하고 낙후된 동네에 집중되어 있다. 예를 들어, 시카고에서 폭력 사건은 주로 실업률이 높고 아프리카계 미국인 비율이 커서 몇십 년 동안 소외된 남부와 서부에 집중되어 있다. 2014년에 시카고의 공지空地는 2만 군데 이상이었고, 그중 1만 3000곳 이상이 시유지였다. 2014년에 시범 사업으로 시작해서 2016년에 공식 출범한 '라지 라츠Large Lots' 프로그램은 어려운 지역 주민들이 집 근처 공지를 단돈 1달러에 살 수 있게 해주었다. 5년 동안 그 땅을 팔지 않고 가꾸는 것이 조건이었다. 버려진 땅을 정원으로 만들어서 파편화한 공동체를 강화시키려는 목적으로, 시카고 전역에서 공지 4000곳이 배분되었다.

도시의 '청소와 녹화' 프로젝트[13]는 지난 20년 동안 필라델피아에서 실시된 획기적인 연구들을 밑바탕으로 한다. 컬럼비아 대학의 역학 교수 찰스 브라나스Charles Branas가 이끈 연구에서는 한 도시에서 환경 조작에 대해 무작위 대조 시험을 진행했다. 아마 이런 연구는 또 없을 것이다. 필라델피아의 '랜드케어 프로그램'[14]은 1999년에 펜실베이니아 원예협회와 협력해서 설립되었다. 프로그램 참가자들은 도시의 황폐화한 공간과 버려진 땅 몇백 곳을 청소했다. 쓰레기를 치우고, 풀씨를 뿌리고, 나무를 심고, 낮은 목조 울타리를 세웠다. 이런 혜택은 무작위 할당을 통해 제공되었다.

이 장기 연구에서는 인구 분포가 비슷한 여러 지역의 폭력 발생률을 비교했다. 공지가 변화하고 녹화가 이루어진 지역과 그렇지 않은 지역의 차이는 놀라운 수준이다. 2018년에 발표한 마지막 연구에 따르면, 긍정적 효과가 가장 큰 곳은 빈곤선 아래의 지역들이었다. 범죄율이 13퍼센트 이상 감소하고, 총기 범죄는 거의 30퍼센트 가까이 떨어졌다. 연구자들은 도시 전체를 살펴봄으로써, 이런 감소 수치가 의미 있음을, 단순히 문제가 이웃 지역으로 옮겨갔기 때문이 아님을 확인할 수 있었다.

연구 과정에서 더욱 효과적인 방법들을 찾아냈다. 공지 보호를 위해 철망 울타리를 두르면 사람들은 그곳에서 소외되었다고 느끼고 공지를 쓰레기 투기장으로 사용했다. 그와 달리 난간형 목조 울타리를 두르면 사회 활동이 확실히 늘어났다. 낮은 울타리는 넘어오기 쉽고, 난간에 걸터앉을 수도 있다. 그래서인지 사람들은 그곳을 휴식과 사교 활동에 사용하기 시작했다. 달리 마주칠 일 없던 이웃들이 대화를 시작하고, 지역 어린이들에게는 안전한 실외 놀이터가 되었다. 정원을 잔디와 나무 몇 그루 정도로 단순하게 꾸민 이유는 시야를 깨끗하게 만들기 위해서였다. 범죄율이 높은 지역에서는 중요한 일이다. 또한 사람들에게 단순함을 개선하고자 하는 마음도 안겨주어서, 사람들은 정원에 시간과 노력을 들이기 시작했다.

브라나스 팀은 새로 녹화한 공간 근처에 사는 사람들은 외출에 대한 공포가 60퍼센트 줄었다고 보고했다. 이런 반응은 같은 팀이 수행한 다른 연구—사람들이 주택가 방치된 지역을 지나갈 때 분당 심장 박동이 아홉 번 늘어난다는—와 들어맞는다. 이 발견은 사람들이 도시의 쇠퇴에 익숙해지지 않고 거기서 항상적인 위협을 느낀다는 사실을 보여준다. 쇠락한 환경은 또한 자기 가치감을 낮추는 거울 같은 역할을 해서, 아무도 돌아보지 않는다는 느낌을 키운다. 버려지고 잊혀졌다는 느낌이 지속되면, 우울해질 가능성이 높다. 실제로 후속 연구들을 통해서 확인한 사실이다. 새로 식물을 심은 땅 근처에 사는 사람들은 우울증과 정신 건강 문제 수치가 절반 가까이 줄어들었다. 어떤 기준으로 보든 대단한 효과다. 하지만 도시계획은 반복적으로 녹색 공간에 대한 사람들의 요구를 무시해왔다. 필라델피아의 연구는 비교적 저비용 녹화 사업을 통해서도 건강과 범죄 예방에 큰 효과를 얻을 수 있음을 보여준다.

　도심 빈곤 지역에 만연한 폭력과 약물중독의 사이클을 깨려면, 무엇보다도 젊은이들이 안전한 녹색 공간과 가까워져야 한다. 도시 농장 청소년 프로젝트는 효과적인 방식이다. 시카고 식물원은 오래전부터 공동체 지원 프로젝트에 힘을 쏟았다. 지난 15년 동안 보건과 교육 불평등 문제를 해소하기 위해 시카고 빈곤 지역에 농장 열한 곳을 열었다. 그 일부에서는 식량 재배와 창업 방법을 배우고 싶어 하는 학교 중퇴자들을 위한 훈련 과정도 운영한다. 청소년을 위한 프로그램도 따로 있다. 매년 5월에서 10월 사이에는 '윈디시티 하비스트 청소년 농장 프로그램'을 통해 15~18세 학교 청소년들에게 농장에서 일하며 훈련받을 기회를 제공한다.

청소년 프로그램의 팀장 일라이자 푸니어는 그곳에서 일을 시작하는 10대들 대부분은 '식물맹' 상태라고 말한다. 집에 정원이나 실외 공간이 있는 경우가 극히 드문 데다, 아이들은 자신이 식물 키우기를 좋아하게 될지 잘 모른다. 새 집단이 꾸려지면 푸니어는 가장 먼저 피자를 좋아하냐고 묻는다. 당연히 모두에게서 좋아한다는 대답이 나온다. 그러면 "피자를 좋아한다면 식물을 좋아할 것"이라고 말하고, 우리의 음식이 궁극적으로는 모두 식물에서 비롯되었다고 설명한다. 손에 흙을 묻히는 일은 참가자 대부분에게 낯선 경험이고, 한 여학생의 말처럼 "흙에서 나오는 식재료는 우리한테 좋다"는 생각에 익숙해져야 할 필요가 있다.

워싱턴 공원은 시카고 사우스 사이드의 식품 사막 중 하나다. 이곳 공원 한구석에 울타리를 두르고 청소년 농장을 만들었다. 키 큰 나무들이 주변을 에워싼 풀밭 가운데 상자형 텃밭들이 있어서, 도시 농장보다는 정원 같은 느낌을 준다. 프로그램 시작 후 몇 주 지나지 않아서, 푸니어는 10대들이 더 건강해지고 음식도 더 건강하게 먹는 모습을 보았다. 아이들이 "일하는 것 못지않게 청소년 시절을 즐기는 것"도 중요하다고 생각하는 푸니어는, 회기를 시작할 때마다 간단한 협동 게임을 하며 놀 기회도 준다.

안전은 이 아이들이 누리지 못하는 기본적인 요구 사항이다. 정원 가장자리에는 총기 폭력으로 죽은 친구들을 기리는 과일나무들을 심었다. 그 아이들에게는 사는 동네가 안전하지 않을 뿐 아니라 집조차 안전하지 않다. 어떤 아이들은 사실상 집이 없어서 이 집 저 집을 떠돌며 지낸다. 농장은 안전한 장소다. 아이들은 도움을 청하면 스태프들이 귀를 기울여주리란 것을 안다. 녹색 안식처에서 일하면, 스트레스 감소, 학습 촉진, 사교성 향상 등 '다채로운 환경'을 겪은 만큼의 효과가 생긴다. 소규모 팀 원예를 통해서, 학생들은 협력 작업을 하는 법과 문제를 해결하는 법을 배운다. 그리고 여름에 7일 장이 열리면, 대중과 관계하는 법도 배운다. 그렇게 해서 시즌이 끝날 때엔, 모든 참가자가 스태프들에게서 자기 일에 대해 솔직한 일대일 피드백을 받는다. 이전까지는 그런 사려 깊은 관심을 거의 받아보지 못한 아이들이라, 이런 과정을 거치다 보면 어느새 자신감을 얻고 방어벽을 허물게 된다.

이 프로젝트는 원예를 통해서 사회적, 정서적 학습을 촉진하려는 더 큰 목적을 가지고 있다. 프로젝트 과정을 체험하면 인생이 크게 변화하고 폭력, 중독, 10대 임신 수치도 낮아지리라고 믿을 만한 이유가 있다. 이런 결과를 측정하기는 어렵지만, 윈디시티 청소년 농장 프로젝트에 참가하는 청소년 가운데 91퍼센트가 학업을 계속하거나 직업 훈련을 받는다는 수치는 놀랍다. 이런 인구 집단에서 예상하는 수치보다 훨씬 높다.

일리노이 대학은 최근 다양한 청소년 프로그램에 대한 평가를 수행했다. 그리고 나서 윈디시티 하비스트 청소년 농장이 삶의 기술을 가르치고, 커리어 기회를 제공하고, 가족 유대를 강화하는 데 뛰어나다는 결론을 내렸다. 원예 활동이 얼마나 광범위하게 효과를 미치는지 잘 보여주는 결과다. 푸니어가 말하듯, "식물을 돌보는 일은 사람을 돌보는 일에 대해 이야기할 의미 있는 방식을 제공해준다." 정원은

10대들이 다른 인생을 건설할 수 있다고 믿게 해주는 모델이 된다.

인간처럼 음식을 나누는 종은 없다. 인류 진화에서 음식 나누기는 인간됨의 중심이었다. 하지만 현대 생활은 이런 강력한 사람간 유대의 원천을 망각하게 만들었다. 간편식이 늘어난 데다 생활은 바쁘고 스트레스가 가득해서, 가족들은 전처럼 자주 함께 식사하지 않는다. 푸니어는 음식이 '위대한 연결 고리'고, 프로그램에서도 핵심적 역할을 한다고 강조한다. 일주일에 한 번씩 참가자들은 정원에서 요리를 해서 음식을 나눠 먹는다. 새로운 음식을 먹어보는 기회가 되기도 하지만, 많은 아이에게 그보다 훨씬 더 중요한 계기가 된다.

인간 종은 비교적 작은 집단으로 살도록 적응했다. 집단이 너무 커지면, 우리는 스스로를 지탱하는 중대한 유대를 잃는다. '자연 교육 이론'[15]에 따르면, 유대를 잃으면 정서뿐만 아니라 인지 발달에도 영향을 받는다. 인지 과학자 죄르지 게르게이György Gergely와 게르게이 치브라Gergely Csibra도 이 이론을 지지한다. 두 사람은 한 집단에서 가까운 구성원들이 지식을 공유하는 것은 생존에 매우 중요하기 때문에, 문화적 정보의 패스트 트랙 같은 '특별한 채널'이 우리 두뇌에서 진화했다고 주장한다. 특별한 채널은 우리가 신뢰를 느낄 때 열리는데, 두뇌가 새로운 학습을 받아들이게 만든다. 게르게이와 치브라는 이런 현상을 '인식론적 신뢰'라고 부른다. 그리고 우리 조상들은 이를 통해서 연장 제작이나 식량 마련, 요리처럼 점점 복잡해지는 기술을 개발할 수 있었다고 말한다.

사회적 학습은 강력한 도구다. 하지만 위험과 공포 속에 사는 어린이들은 호기심을 죽이는 법을 배운다. 불신 상태에서 살면, 사람들은 서로 외면하고 상대에게서 배우지 않는다. 반대로 신뢰가 구축되면, 두뇌는 새로운 신경망을 잘 만든다. 윈디시티 청소년 농장처럼 땅을 기반으로 삼아 식량을 키우고, 수확하고, 나누는 프로그램이 가진 힘은 대부분 사회적 학습을 통해 진화한 기초적 인생 기술을 베끼는 데서 파생된다.

오늘날 교육의 표준적 방식은 사회적 유대가 학습에서 수행하는 중대한 역할을 과소평가한다.[16] 이렇게 우리 생물학적 뿌리의 중요성을 이해하지 못하는 것은 스스로를 새로 만들 수 있다는 현대적 개념 때문이다. 융이 지적했듯이 "식물과 동물이 스스로를 만든다는 생각은 비웃음거리다. 하지만 많은 사람이 영혼 또는 정신이 스스로를 만들고, 그래서 스스로 존재하게 되었다고 생각한다." 두뇌는 몇백만 년에 걸친 적응의 산물이다. "정신은 도토리가 참나무로 자라듯 지금의 의식 수준으로 발전했다"[17]고 융은 썼다.

수렵 채집을 하던 조상에게 지역의 식물을 구별하는 지식, 어떤 것이 먹기 좋고, 어떤 것은 약으로 쓸 수 있으며, 어떤 것에 독이 있는지를 아는 것은 최초의 복잡한 지식 베이스였다. 이런 문화 정보는 세대에서 세대로 전수되어서, 지식의 양을 축적하고 정교화한다. 하지만 연결 고리가 깨지면, 인간 사회는 지식도 기술도 쉽게 잃는다. 상실하는 데는 한두 세대 정도밖에 걸리지 않는다. 돌봄 문화와 노동 문화가 얼마나 빨리 변했는지, 땅과 맺은 관계가 얼마나 급속히 파괴되었는지를 보라.

식물학은 19세기에는 인기였지만, 20세기 이후 쇠퇴를 겪었다. 오늘날 도시에서 자라는 많은 사람에게서 식물은 의미와 가치를 거의 완전히 잃었다. 푸니어가 사용한 '식물맹'[18]이라는 용어는 1998년에 미국의 식물학자 제임스 원더시James Wandersee와 엘리자베스 슈슬러

Elizabeth Schussler가 만들었다. 두 사람은 자연과 인간이 점점 분리되는 과정에서 생명을 지탱하는 식물의 역할이 우리 집단의식에서 사라지는 현상을 걱정했다. 우리 두뇌가 식물 인지에 둔감해지기 쉽다는 사실도 상황을 악화시킨다고 보았다. 우리의 지각 시스템은 특정 패턴에 아주 예민하고, 특히 사람 얼굴을 닮은 패턴에는 더욱 예민하다. 꽃은 그래서 우리 관심을 끈다. 하지만 식물에는 대체로 그런 특징이 결여되어 있다. 더구나 시각 피질은 움직이거나 잠재적 위험이 있는 자극을 우선시한다. 식물은 정적이고 느리게 변하기 때문에, 배경으로 물러난다. 그래서 눈을 뜨도록 도와주지 않으면, 사람들은 식물계에 계속 눈을 감고 살 것이다.

원더시와 슈슬러는 식물에 대한 사랑이 '식물 멘토' 덕분에 생기는 경우가 많다고 여겼다. 우리는 이미 식물의 가치를 알고 소중히 하는 사람의 인도를 받아야 한다. 공동체 정원 프로젝트에서 인터뷰한 젊은이 대니얼은 그런 경험을 했다. 대니얼은 10대 시절을 온라인 게임에 빠져 보냈다. 한동안은 뭘 어떻게 해야 할지 몰랐다. 처음 집 근처 공동체 정원에 왔을 때는 그런 느낌이 더욱 컸다. 식물은 그저 "아름답지만 낯선 세계"여서, 어떻게 대해야 할지도 몰랐다. 대니얼보다 겨우 몇 살 많은 정원 코디네이터가 손에 흙을 묻히며 일하게 이끌면서 식물 돌봄의 기초를 가르쳐주었다. 그 과정은 "나를 열어주었다"고 대니얼은 말했다. 그 후에 식물을 정말 사랑하게 되었다. 어느 날 정원에 오면서 "이제는 너희를 어떻게 해야 하는지 알아" 하고 느낀 순간을 또렷하게 기억했다. 그 결과 대니얼은 정원에서 점점 많은 시간을 보내게 되었다. 게임과 달리 원예는 대니얼에게 '진짜'로 할 일을 줌으로써, 앞으로 나아갈 힘을 주었다. 식물을 키우면서 대니얼은 변화했다. 외국으로 나가, 그리스 난민 캠프의 임시 학교에서 원예를 가르치게 되었다. 식물 멘토가 된 것이다. 원예를 통해서 대니얼은 자신이 변화를 만들 수 있다는 사실을 깨달았다.

기술 세계에 익숙한 대니얼에게 자연은 '낯선' 세계였다. 성장기에는 게임이 자신을 위한 틈새 공간이라고 여겼지만, 인생에 대한 끝없는 환멸을 안겨주었을 뿐이다. 오늘날 많은 남학생은 온라인에서 다양한 전투를 하며 시간을 보내느냐, 갱단과 폭력의 위험이 있는 거리에서 시간을 보내느냐 하는 선택에 직면한다. 도시 환경에서는 선택지가 많지 않다. 특히 저소득 가정의 아동들에게는 더욱 그렇다. 윈디시티 하비스트 청소년 농장의 아이들에게 이 프로젝트에 오지 않았으면 무엇을 하고 있었겠냐고 물었더니 잔다, 인터넷을 한다, 말썽을 일으킨다는 대답 세 가지가 가장 많았다.

남학생들은 때로 원예가 남자다워 보이지 않는다고, 무언가 양육하는 일이라고 배척한다. 어떤 청소년 프로젝트는 이런 문제에 대한 해결책으로 정원 대신 농장이라는 말을 쓰지만, 이름이야 어떻든 흙을 일구는 일은 양육뿐 아니라 효능과도 관련 있다. 그래서 고대 그리스 신화에서는 거대한 남근을 가진 풍요의 신 프리아포스가 과일과 채소와 포도원을 돌보며 수확물에 둘러싸인 모습으로 그려진다.[19]

'잭과 콩나무 이야기'[20]도 채소가 힘을 주는 내용이다. 이 영국 동화는 5000년 전 신화에서 기원한다. 잭은 가난한 어머니의 마지막 돈으로 '마법 씨앗'을 산다. 어리석고 한심해 보이는 일이지만, 그 씨앗은 커다란 콩줄기로 자란다. 잭은 줄기를 타고 올라가서 못된 거인을 만나고, 거인이 자기 가족에게서 훔쳐간 것을 모두 되찾는다. 이 이야기는 한 소년이 자신의 효능을 깨달으면서 남자로 성장하는 이야기이자 사회정의를 이루는 우화이다. 근본적 해결책의 측면에서, 원예는 스트레스와 동기 상실 같은 개인적 문제부터 공동체의 파편화, 신선 식품 부재, 도시의 쇠퇴 같은 사회 정치적 문제까지, 다양한 '못된 거인들'과 맞서 싸우도록 도와준다. 모두 오늘날 세계 모든 지역의 도심 경작 프로젝트가 해결하려고 하는 문제들이다. 그것은 식량을 키우는 일이 더 좋은 사회를 만드는 길이 될 수 있다는 것을 보여준다.

흙을 일구면 우리는 힘을 얻는다. 그 산물을 나누면서 다른 어떤 일보다 신뢰와 협력을 효과적으로 키운다. 우리는 모두 효능감을 느껴야 하고, 양육을 주고받아야 한다. 인간 본성의 이중성은 원예의 연금술을 통해 하나가 된다. 단순하지만 분명히, 모든 도시를 정원으로 생각하면, 그리고 사람들이 동네의 일부를 돌볼 수 있게 되면, 식물뿐 아니라 사람들의 삶도 더 좋아질 가능성이 높아진다.

9
전쟁과 원예

황금빛 사투르누스 신이 지상에서 보낸 삶이 이와 같았다:
인간은 아직 전쟁의 나팔 소리를 듣지 못했다.[1]

베르길리우스(기원전 70~19)

이 책을 쓰는 동안 몇 번이나, 톰은 햇빛 속에서 텃밭을 가꾸는데 나는 책상에 앉아 있다는 사실이 서글펐다. 어느 가을날, 이 감정이 유난히 강해졌다.

나는 여름 내내 1차 대전과 관련된 치유적 원예의 기원에 대해 연구했다. 산업화한 전쟁은 전에 없던 규모로 전개되었고, 그에 따른 파멸적 결과가 사람은 땅으로 돌아가서 일해야 한다는 생각을 키워주었다. 내 할아버지 테드 메이의 삶도 조사했다. 마침내 터키군에게 붙들린 포로들이 어떤 굴욕과 잔혹 행위를 당했는지 알게 되었을 때, 끔찍함이 내 뼛속까지 흔들었다. 가을이 왔을 때, 끊임없는 전쟁 생각이 내게 나쁜 영향을 미치기 시작했다. 연구를 잠시 치워두고 텃밭에서 시간을 보내야 했다.

헛간에 쌓여 있는 큼직한 구근 상자들에서 무릇 알뿌리를 몇 자루 담아 들고, 큰 화단 한쪽에 있는 톰에게 갔다. 다시 손에 흙을 묻히니 얼마나 큰 위안이 되던지! 꼬챙이로 흙을 파며 깨끗한 흙냄새를 즐기다 보니, 금세 리듬을 찾고, 일과 하나가 된 기분을 느꼈다. 가을치고는 온화한 날씨와 태양의 온기가 내면의 냉기를 몰아내는 데 도움이 되었다. 일을 하다 보니 문득 구근을 심는 게 희망의 시한폭탄을 작동시키는 일 같다는 생각이 들었다. 무릇은 겨울 내내 어두운 흙 속에 있다가, 봄에 조용히 폭발해서 이곳을 새파란 사금파리 같은 꽃으로 뒤덮을 테니.

생명 없는 씨앗과 구근이 스스로 변화해서 땅 위로 싹을 틔우는 모습은 당연하게 여겨진다. 하지만 전쟁 중에는 어떤 것도 당연히 여길 수 없다. 인생을 지탱해주던 모든 전제에 의문부호가 달린다. 동시에 자연의 아름다움과 인간이 발휘하는 친절의 효과는 강렬해진다. 전선에서 마주하게 되는 상황이나 포로들이 겪는 극단적인 상황은 인생을 발가벗겨서, 평범한 순간에는 잘 드러나지 않는 경험의 가치를 드러낸다.

전쟁과 원예는 여러 가지 면에서 서로 반대된다. 둘 다 땅 위에서 벌어지는 일이긴 하다. 전쟁은 땅을 공격하고 방어하고, 원예는 땅을 일군다. 한 가지 활동이 다른 활동의 균형을 잡아준다는 생각은 고대에서 비롯되었다. 메소포타미아의 위대한 문명은 전투와 경작 관련 기술을 동일한 무게로 보았다. 기원전 329년에 크세노폰은 페르시아 왕들이 "가장 고귀하고 가장 필요한 사업" 두 가지를 전쟁 기술과 경작 기술이라고 여겼다고 기록했다. 예를 들어, 키루스 2세(기원전

424~401)는 자기 정원을 설계했을 뿐 아니라 나무들도 직접 심었다.[2]

전사와 경작자는 인간 본성의 두 극단을 상징한다. 공격과 파괴 대 평화와 창조다. 1차 대전 중이던 1918년에, 윈스턴 처칠은 시인 지그프리드 사순Siegfred Sassoon을 만나 이야기를 나누면서 이런 오래된 이분법을 언급했다.[3] 사순은 전쟁 때 무공훈장을 받았지만, 반전 활동가로 유명했다. 군수 장관이던 처칠은 전쟁이 끝나가던 시기에 사순에게 만남을 요청했다. 사순은 인터뷰를 하면서 처칠이 "자신과 결판을 내려고" 한다는 사실을 깨달았다. 한 시간 정도 이어진 그 대화가 정점에 다다랐을 때, 처칠은 입에 커다란 시가를 물고 방 안을 서성거리면서 "군국주의를 열렬하게 옹호"했다. 나중에 이 만남을 회고하면서 사순은 이렇게 썼다. "그가 정말로 진지하게 말하는 건지 의아했다. '전쟁은 인간의 정상적인 활동'이라니?" 그런데 처칠은 거기 덧붙여 말했다. "전쟁하고 원예는."

처칠은 전쟁과 원예 모두에 진심이었다.[4] 처칠은 평생토록 정원을 만들었다. 대담 2년 전, 다르다넬스 해전과 갈리폴리 상륙에 실패해 해군 장관직에서 좌천되었을 때도 그는 정원을 가꿨다. 그 여름 (그의 표현에 따르면) '학살과 파괴'가 정신을 좀먹어 들어가던 시기에 서리Surrey주 호 팜에 있는 정원은 생명줄이 되어주었다.

자연이 전쟁을 떠나 휴식할 공간을 준다지만, 전쟁 한복판에서 정원을 만드는 것은 별개의 일이다. 하지만 오래도록 전투가 지속된 서부전선에서 그 일이 일어났다. 사방에 포탄이 떨어질 때 아름다움이란 사소해 보일 수 있다. 하지만 극단적 파괴의 현장에서 자연의 아름다움, 특히 꽃의 아름다움은 다른 어떤 것도 할 수 없는 방식으로 심리적 의지가 된다. 정원을 만든 이들은 군인, 주재 목사, 의사, 간호사들이었다.[5] 어떤 정원은 작고, 어떤 정원은 컸고, 어떤 정원은 장식적이었으며, 어떤 정원은 생산적이었다. 다행히 프랑스와 플랑드르의 환경은 원예 작업을 하기에 적절했다. 기후, 비옥한 토양, 오랜 교착과 여러 차례의 교전 중지 시기가 결합해서, 원예 활동이 가능해졌다. 참호전은 정원이 인류의 깊은 실존적 필요에 응답하는 힘이 있음을 보여주었다.

솜 강변에 있는 21번째 사상자 구호소의 주재 목사 존 스탠호프 워커가 만든 정원도 서부전선의 많은 정원 가운데 하나다. 워커는 1915년 12월에 구호소로 갔고, 다음 해 봄부터 안식처가 되어줄 정원을 만들기 시작했다. 1916년 7월 초, 솜 전투가 시작되자 구호소는 금세 사상자로 넘쳐났다. 매일 중상자가 1000명씩 밀려들었고, 워커는 석 달 동안 900명을 묻었다. 141일간 이어진 솜 전투는 역사상 가장 잔혹한 전투로 손꼽힌다. 거기서 싸운 300만 명 가운데 100만 명 이상이 죽거나 장애를 얻었다.

워커는 집으로 보내는 편지에 구호소가 그런 상황에 제대로 대처하지 못한다고 썼다. 부상자들은 "말 그대로 쌓여가고, 병상이 부족해서 운이 좋아야 텐트나 헛간, 병동 바닥 공간을 얻었다." 워커는 기력이 되는 한 밤낮없이 일했다. "지독한 상처를 입고 고통 속에 누워 있는 군인들, 많은 이가 너무도 잘 참고, 어떤 이들은 소리를 낸다. 어느 들것에 다가가 이마에 손을 댔는데 차갑다. 성냥을 켜보니 죽어 있다. 여기 영성체가 있고, 거기 죄사함이 있고, 술이 있고, 미친 자가 있고, 온수 주머니 등등이 있다." 이런 상황에서 앞서 심은 꽃이 유용하게 쓰였다. "정원은 정말로 멋지다. 우리는 환자들이 그것을 볼 수 있도록 텐트 옆을 열어두었다."

이렇게 많은 "고통에 빠진 사람들"과 함께 일하다 보니 때로 워커는 지독한 무력감에 빠졌다. 회복기 군인들 중 예배에 참여하는 인원 또한 실망스러울 만큼 소수였다. 하지만 설교는 군인들에게 외면받았을지 몰라도, 워커가 만든 정원은 관심을 끌었다. 7월 중순에는 이렇게 썼다. "정원에는 이제 꽃들이 화려하다. 완두콩 첫 줄은 다 자랐다. 피 흘리는 군인들이 큼직한 콩깍지를 보고 기뻐한다. 그린토마토와 작은 호박도 열렸다. 예쁜 당근들도 생겼다." 워커의 정원은 다른 사람들에게서도 칭찬을 받았다. 의무대 대장 앤서니 볼비 경이 칭찬하자 워커는 특히 기뻤다. "볼비 경은 내 꽃들에 깊은 인상을 받았고, 이렇게 큰 콩과 완두를 키웠으니 수훈 보고서에 내 이름을 올리겠다고 말한다."

8월에 영국이 진격한 뒤, 워커는 동료 한 명과 함께 하루 휴가를 내서 처음으로 전장이었던 곳을 방문했다. "아, 그 광경. 수많은 사람이 끝도 없이 흩어져서"[6] 얼마 전까지 무인 지대였던 곳을 덮고 있었다고 그는 기록했다. "여기 펼쳐진 것은 전쟁의 거대함… 완전한 파괴의 감각이다. 교외 지역 땅 몇 킬로미터조차 알아볼 수 없을 만큼 파괴되었다." 그들은 더 걸어서 새로 점령한 지역에 들어갔다. "독일군 참호는 무너져서 흙과 가시철망 더미가 되었다. 지뢰 때문에 파인 거대한 구덩이들이 작은 호수와 언덕을 만들었다. 벽돌과 모르타르가 진흙과 멋대로 섞인 곳이 프리쿠르다. 가지를 잃은 창백한 나무들이 부서진 채로 서 있는 곳이 마메츠다."

독일 참호 일부는 습격에도 살아 남았다. 워커와 동료는 참호에 들어가 보았다. 참호 안은 '스위스 농가'처럼 목재로 안을 덧대고 카펫과 작은 침대를 놓아, 놀라울 만큼 가정적인 분위기를 풍겼다. 참호 바깥에도 돌본 흔적이 있었다. 두 사람은 "앵초, 덤불, 장미를 통, 꽃틀, 화분에 담아둔" 정원을 발견했다. 워커가 사상자 구호소에 만든 정원은 전선 뒤쪽에 있었는데, 이 정원은 전장 한복판에 있었다.

놀라워 보이지만, 참호 정원은 그렇게 특이한 일이 아니었다. 양측 군인 모두가 만들었다. 미국 기자 카리타 스펜서는 벨기에 이프르 근처 드판의 전쟁 지역을 방문했을 때 영국 군인들의 원예 활동을 목격하고 기록했다.[7] 어떤 사람들은 참호 뒤쪽에 작은 정원을 꾸렸다. "처음에는 작은 텃밭이 생기고, 그 옆에 아름다운 것을 가꿀 화원이 생기고, 그 옆에 작은 묘지가 생기고, 그렇게 반복되었다." 스펜서가 썼듯 "포탄이 날아드는 곳에" 살면 "삶과 죽음이 새로운 관계를 취하게 된다. 죽음은 언제라도 올 수 있지만, 그 전까지는 삶을 살아야 한다."

영국 보병연대인 아길 앤드 서덜랜드 하일랜더에 복무한 젊은 장교 알렉산더 더글러스 길레스피는 형이 전사한 직후인 1915년 2월에 프랑스로 왔다. 3월에 물에 잠긴 옛 참호의 둑에 자라던 향기제비꽃과 여러 꽃을 옮겨 심어서 정원을 만들었다. 일부는 독일군 탄피로 만든 화분에 심었다. 탄피 하나가 특히 여러 주 동안 비에 시달리던 길레스피와 부하들의 사기를 높여주었다. "거기에 제비꽃을 심어 참호밖에 놓자, 군인들이 아주 기뻐했다."

길레스피의 소대는 여러 참호를 옮겨 다녔는데, 봄과 여름 내내 그들이 배치된 거의 모든 지역에서 정원 만들기는 계속되었다. 길레스피는 부모님에게 한련 씨앗을 보내달라고 해서, 3월 말 어느 밤 어둠 속에서 씨를 뿌렸다. 초여름에는 메리골드, 양귀비, 꽃무를 뿌렸고, 다른 하급 장교에게 씨앗을 보냈다는 이야기도 기록되어 있다.

참호의 네트워크는 들판, 과수원, 가정 정원 할 것 없이 전선이 있는 곳이면 아무 데서나 만들어졌다. 때로 땅에 파묻혔다 깨어난 씨앗들이 참호 벽에 꽃을 피워서, 참호를 밝게 만들었다. 참호 정원의 일부는 인근 정원에서 버려진 식물들로 만들었다. 5월 초 어느 날, 길레스피는 자신이 숙영하는 마을에서 오후를 보내며, "망가진 마을에서 우리 참호 정원에 심을 식물을 구했다. 해바라기, 모란, 팬지 등이었다. 꽃들을 옮겨 심자니 좀 잔인하다는 생각도 들었지만, 남은 것도 많다." 식물들이 새 땅에서 모두 잘 자라지는 못했다. 그래도 그 일을 하는 것이 중요했다.

며칠 뒤 길레스피는 참호로 돌아와서 "혹시 독가스가 살포되었을까 목에 방독면을 걸고 바람을 바라보았다"고 하면서 이어 썼다. "정원은 잘 자라고 있다. 은방울꽃, 팬지, 물망초, 예전부터 좋아하던 꽃들이다. 우리는 정원에 물을 주느라고 심심할 틈이 없다."

길레스피 소대는 6월 중순에 독일 전선 인근의 참호로 옮겨갔다. 그곳에서는 폭격이 너무 심해서 정원을 만들 수 없었다. 하지만 몇 주 뒤엔 옛 참호 한 곳으로 돌아갔다. 독일군 전선과 거리가 300미터 남짓이고, 양쪽으로 "핏빛 양귀비 가득한 넓은 들판"이 내다보이는 곳이었다. 예전에 만들었던 정원이 잘 자라고 있었다. "우리 정원에는 멋진 백합 참호가 있다.[8] 이 꽃들이 무엇 때문에 어스름한 아침과 저녁에 빛나는지 모르지만, 지금 이 순간 백합들은 최고의 모습으로 반짝이고 있다." 길레스피는 글을 마치기 전에 파리 잡이용 끈끈이를 보내달라고 부탁하고, 나쁜 소식을 덧붙여 전한다. "오늘 평화롭고 화창한 오후에, 난데없이 커다란 포탄이 떨어져서 참호에 있던 다섯 명이 죽고 네 명이 다쳤다."

이런 삶과 죽음의 병치에는 피할 수 없는 당혹스러움이 있다. 치명적인 포탄 공격 사이에 피어 있는 백합의 아름다움, 어쩌면 바깥에서 볼 때에만 당혹스러운 것일지 모른다. 참호의 군인들은 어머니와 정원에 대해 꿈을 꾸었다고 하니 말이다. 안전한 집에 대한 그리움을 표현하는 꿈들이다. 꽃들은 전쟁의 광기와 공포 속에서 친숙함과 이성의 끈이 되고, 극단적인 트라우마와 소외 속에서 심리적 생명줄 역할을 한다.

길레스피는 인근 마을에 숙영하던 9월, 형 톰이 죽기 직전에 돌보던 정원을 찾아 나섰다. 몇 킬로미터를 걷자 대저택이 나왔고, 그 집에는 아직 사람이 살고 있었다. 베란다에서 내다본 정원은 형이 마지막으로 보낸 엽서의 이미지와 일치했다. 길레스피는 집주인에게 톰이 지난해에 그 집에 숙영할 때 "친절하게 대해줘서" 고맙다는 말을 전했다. 그 집에 대해 길레스피는 이렇게 썼다. "아주 아름다운 곳이었다. …연못에는 오리와 물새가 헤엄치고, 화단도 몇 곳 있었다." 이것이 마지막 휴가였다. 길레스피는 그 직후 로스 전투를 이끌다가 교전 첫날 스물여섯 나이로 전사했다.

길레스피는 전사 직전에 옛 교장에게 보낸 편지[9]에서 회복 행동을 하나 제안했다. 그 제안은 현재 '웨스턴 프론트 워크'라고 불리는 100주년 기념 프로젝트를 통해 결실을 맺었다. 길레스피는 평화가 찾아오면 중립지대에 푸른 잎이 우거지는 나무와 과일나무를 심어서 스위스에서 영국해협까지 이어지는 순례 길을 만들고자 했다. 그 길이 "세계에서 가장 아름다운 길이 될 수도 있고", 사람들이 길을 걸으면서 "전쟁의 의미에 대해 생각하고 배우게 될 것"이라고 여겼다.

전쟁이 3년 차에 접어들자, 군 당국은 자발적으로 시작된 원예 활동을 공식적으로 활용했다. 1918년까지 전선 뒤편에 대규모 채소밭이 만들어졌고, 서부전선은 신선 농작물을 자급할 수 있었다. 전쟁이 시작되고 맞이한 첫 봄에 참호 정원을 만든 동기는 식량 수요를 뛰어넘는 것이었다. 비타 색빌-웨스트Vita Sackvill-West가 서사시 「정원The Garden」에 말하듯이, "품위와 예의를 지키는"[10] 시도였다. 인간적 감정에 대한 소망과 문명화하고자 하는—진흙 속에 뒹구는 짐승이나 거대한 전쟁 기계의 부품에 그치지 않고자 하는—의지의 표현이기도 했다.

참호 정원은 칼을 보습으로 만드는 일과 같은 의미였다. 석유깡통이 물뿌리개가 되고, 총검이 땅을 일구는 데 쓰였다. 정원의 모든 가치는 전쟁의 반대편에 있다. 정원에서 잠재적인 반전 메시지를 본 역사학자 케네스 헬펀드Kenneth Helphand는 저서 『저항의 정원Defiant Gardens』에서 이렇게 썼다. "평화는 단순한 전쟁 부재[11]가 아니라 적극적으로 실행하는 상태다. …정원은 단순한 휴식처가 아니라 제안한 조건의 실행, 따라잡아야 할 모범이다." 전시 원예는 정원이 가진 "아름답게 만들고, 위로하고, 의미를 전달하는 변형적 힘"을 새롭게 인식시킨다고 헬펀드는 말한다.

집처럼 느껴지는 것, 희망을 주는 것, 아름답게 보이는 것은 모두 환경에 의존한다. 전쟁터에서 흙을 일구는 일은 정원의 힘을 크게 부각시킨다. 너무나 많은 것이 수습할 수 없이 망가질 때, 무언가를 더좋게 만들 수 있다는 사실은 아주 중요하다.

사회생태학자 키스 티드볼Keith Tidball은 『붉은 지역을 푸르게 Greening in the Red Zone』[12]라는 저서에서 갈등 지역에 사는 사람이나 재해를 겪은 사람들이 본능적으로 자연에 의존한다고 설명한다. 위기 상황에 놓인 사람들이 "원예, 나무 심기 같은 단순한 녹화 활동에 참여하는 일은 직관에 어긋나는 듯" 보인다. 하지만 "자연에서 치유를 얻는" 사례는 아주 많다. 티드볼은 이런 치유를 '긴급 바이오필리아'[13]의 한 형태라고 말한다.

자연에 대한 사랑과 그 연장인 삶에 대한 사랑을 지탱하는 것이 공포스런 참호 생활을 하는 많은 군인에게는 중요한 생존 전략이었다. 프로이트의 에로스가 타나토스에 대항하듯, 꽃은 군인들에게 공포와 절망에 맞서는 무기가 되었다. 정원이 그들이 겪은 트라우마의 장기적 영향력을 줄여주었는지는 판단하기 어렵다. 너무도 균형이 맞지 않는 전쟁이었기 때문이다. 그토록 많은 죽음과 파괴를 경험하자, 많은 사람이 인간적 인내의 한계 밖으로 밀려났다.

위대한 전쟁 시인 윌프레드 오언Wilfred Owen은 정신적 붕괴를 겪기 몇 달 전에 어머니에게 편지를 보내서, 추운 날씨를 비롯한 여러 고난과 불편은 견딜 수 있지만, "부자연스럽고 망가지고 파괴된" 풍경 속에서 추악함의 "뒤틀린 보편성"을 느끼며 살기는 힘들다고 말했다. 최악은 "시신들이 묻히지도 못하고 하루 종일 참호 바깥에 방치되는 기괴함…"이며, "그것이 군인 정신을 좀먹는다"고 덧붙였다.

오언의 시 「정신 질환자들Mental Cases」[14]은 그의 경험을 토대로 한다. 오언은 1917년 5월, 가이에 있는 사상자 구호소로 가게 되었다. 혼란 속에 몸을 떨고 말을 더듬는 증상을 겪고 있었다. 시에 등장하는 부상병들에게는 자연에서 찾을 위안이 없다. 떠오르는 태양도 마찬가지다. "터지는 여명은 새로이 피를 흘리는 상처 같다." 오언은 끔찍한 악몽에 시달렸고, 때로 자신이 자연 질서에서 소외되었다고 느꼈다.

그다음 달에 오언은 '신경쇠약' 진단을 받고 에든버러 외곽에 있는 크레이그록하트 군인 병원으로 이송되었다. 신경쇠약은 몇십 년 전에 비어드가 도시 거주 지식인들의 무기력증에 붙인 이름이었는데, 전쟁에서 새로운 사용처를 찾았다. '포탄 충격shellshock'이라는 용어는 감정적이었다. 이 용어는 대중의 상상력을 사로잡았지만, 전쟁이 길어지면서 군의관들은 사용을 점점 꺼리게 되었다. 신경쇠약은 트라우마를 겪은 군인들의 범용 진단이 되었다. 하지만 신경이 쇠약하다는 말은 군인들의 상태를 제대로 표현하지 못했다. 이들은 장기간 스트레스와 공포에 노출되어 생명력을 잃은 사람들, 대부분 마음의 평화가 완전히 파괴된 사람들이었다.

오언은 다행히 크레이그록하트로 갔고, 전기 충격 치료나, 침상 안정 및 우유 식단 치료를 받지 않았다. 다른 군 병원에서는 사용한 방식들이었다. 크레이그록하트에서는 자연과 관계 맺는 일이 가지는 치유적 힘에 대한 믿음에 토대를 둔 치료를 했다. 오언의 담당 의사 아서 브록Arthur Brock은 "자연에 기회를 주어야"[15] 한다고 생각했다. 브록은 전쟁 트라우마는 환경과 격렬하게 분리되도록 만들기 때문에, 그것을 되돌리려면 환경과 물리적으로 결합해야 한다고 보았다. 브록이 지지한 방식의 핵심은 병원 구내에 설치한 분할 농장이었다. 환자들은 치유의 일환으로, 농장에서 채소를 키우고 닭도 키웠다. 요양 온천을 개조해 병원으로 만들었기에 테니스 코트, 크로케 경기장, 야외 볼링장 등 여흥 시설이 있었다. 브록은 환자들에게 다른 방식으로도, 그러니까 펜틀랜드 힐스를 산책하든, 지역 식물 탐색이나 지질 조사를 하든, 환경에 결합하라고 독려했다.

브록의 아이디어는 친구이자 멘토인 스코틀랜드의 사회 개혁가 패트릭 게디스Patrick Geddes[16]가 제안한 견해에 토대를 두었다. 게디스는 환경 교육과 도시계획 분야의 선구자였다. 원예는 게디스가 표방하는 접근법의 핵심이었다. 게디스는 전쟁 이전에 이미 쓰레기장에 공동체 정원을 만드는 방식으로 에든버러의 슬럼 지역을 재생시킨 경험이 있었다. 사람들이 볼테르Voltaire의 격언 "우리의 정원을 가꾸어야 한다il faut cultiver notre jardin"에 따라 살아야 한다고 생각했다. 게디스의 "장소-일-사람" 개념에는 사람과 장소를 가꾸는 일이 담겨 있다. 게디스는 이 삼각 관계가 사회를 이루는 기본적 뼈대가 된다고 보았다. 산업화와 도시 거주가 결합되면서 사람과 장소의 유대가 약해지고, 그 결과 사회와 개인의 건강이 악화했다. 게디스는 정원 일이 이런 유대를 되살린다고 생각했다.

크레이그록하트는 프로이트의 영향도 받았다. 브록과 동료 윌리엄 리버스William Rivers는 트라우마의 기억을 정신에서 몰아내려는 시도는 군인들의 회복을 지연시킬 뿐이라고 생각했다. 오히려 환자들에게 견딜 수 있는 수준에서 고통스러운 기억에 직면하라고 권했다. 브록은 프로이트에게 보내는 편지에 이렇게 썼다. "신경쇠약의 가장 두드러지는 특징은… 연대감의 부족, 다른 부분들과의 분리입니다." 그리고 환자들이 "파편화된 자신들의 정신처럼, 공간과 시간 속에 흩어져 고립된 단위들처럼" 되어 공동체에서 기능하지 못한다고 말했다.

브록은 군인들이 공동체에 기여함으로써, 자신의 가치를 되찾고 유대감을 경험할 수 있다고 여겼다. 그래서 환자의 흥미과 기술을 토대로 한 다양한 활동들로 개별적 치료 계획을 만들었다. 그 시절에는 드물게도 (환자들을 들볶아서 아침 일찍 산책에 내보내는 일들은 있지만) 환자가 스스로를 돕도록 도와주는 것이 의사의 주된 임무라고 보았다. 브록이 치유 공동체를 만들었다면, 카리스마 있는 스타일이던 리버스는 개인 심리 치료에 집중했다. 방법은 서로 달랐지만, 크레이그 록하트의 치료 목표는 군인들이 현실을 직면할 수 있도록 해주는 것이었다. 그래서 영화를 비롯한 도피적 프로그램은 권장하지 않았다. 브록은 "영화는 현실 세계보다 훨씬 밝은 전망을" 제공하고, 그것은 건강하지 않다고 여겼다.

정신의 전투는 오랫동안, 육체의 전투가 끝나고도 한참 뒤까지 이어진다. 낮 동안 아무리 다양한 활동과 지적 자극을 제공받아도, 트라우마와 공포는 어둠 속에서 다시 찾아온다. 밤 시간은 크레이그록하트의 많은 환자에게 끔찍한 고난이었다. 고전학자이기도 한 브록은 안타이오스의 신화를 빌려서 이런 싸움의 지난함을 표현했다.[17] 거인 안타이오스는 놀랄 만한 힘을 지녔지만, 발이 땅에 붙어 있을 때만 무적이었다. 안타이오스의 비밀을 알게 된 헤라클레스는 레슬링 경기에서 그를 공중으로 번쩍 들어올려 승리했다. 브록이 말하듯 "크레이그록하트에 오는 모든 장교는 어떤 면에서 자신들이 전쟁이라는 거인 또는 군사 기구에 의해 지모신에게서 떨어져 죽음 직전에까지 이르렀던 안타이오스였음을 인식한다. …안타이오스는 크레이그록하트의 작업 치료를 상징한다. 안타이오스 이야기는 우리 활동에 의미를 준다."

야외에서 육체적인 일을 해서 다양한 방식으로 환경에 영향을 주면 환자들은 브록이 말하는 '정신의 유령'에 직면하게 된다. 브록이 설명한 환경과의 분리는 오늘날의 용어로는 '해리dissociation'에 해당할 것이다. 트라우마의 후유증을 겪는 이들에게 기반 작업이 갖는 치유적 가치는 이제 인정받고 있다. 육체적 활동과 신체적 자각은 해리가 일으키는 분리감과 비현실감을 물리칠 수 있다. 정신의학 교수이자 보스턴 트라우마 센터의 원장인 베셀 반 더 콜크Bessel van der kolk는 트라우마적 경험은 기본적으로 힘을 빼앗기는 일이라 트라우마에서 회복하려면 생물학적 유기체로서 물리적 효능감을 새로이 확립해야 한다고 주장한다.

도미닉 히버드Dominic Hibberd는 오언에 대한 전기를 썼는데, 오언이 자다가 박격포 공격을 받고 공중으로 날아올랐던 경험[18]을 보면 땅에 다시 발을 디뎌야 한다는 브록의 이론에 의미가 있다고 암시한다. 오언의 어머니는 열렬한 원예가였고, 오언은 어린 시절 할아버지와 함께 정원을 가꾸었다. 또한 자연사 동호회에서 '식물도 생각할까?'라는 주제로 원고 없이 연설을 할 정도로 식견이 깊었는데, 그 연설에서 태양, 물, 온도에 대해 반응하는 식물들에게도 인간의 감각기관과 비슷한 무언가가 있다고 주장했다. 오언은 "흙, 토양 공기, 토양 수분, 뿌리 흡수, 비옥도 등급"에 대한 논문도 썼다.

오언은 크레이그록하트에서 넉 달을 보냈다. 브록은 처음부터 그의 예술적 정신을 알아보고, 안타이오스를 주제로 시를 써보라고 했다. 나중에 '씨름꾼들The Wrestlers'이라는 제목으로 발표된 그 시는 안타이오스의 발이 식물 뿌리처럼 "흙의 신비한 미덕"을 빨아들이는 모습을 그린다. 오언의 글이 좋아지자, 브록은 전쟁 경험을 시로 써서 자신의 트라우마와 악몽을 창조적으로 활용해보라고 권했다. 오언의 친구 사순은 나중에 "오언을 맡은 브록 박사는 신경의 균형을 완전히 회복시켜주었다"고 회상했다.[19] 하지만 "건강해지는 위험—오언의 표현—"은 전선으로 복귀해야 한다는 뜻이었다. 오언은 다소 늦게 복귀하기는 했지만, 결국 전쟁이 끝나기 겨우 일주일 전에 전사했다.

참호전은 1차 대전의 주요한 특징이다. 나는 자라면서 오언이 경험한 것 같은 전쟁을 많이 알게 되었다. 하지만 우리 할아버지가 겪은 전쟁은 잘 몰랐다. 할아버지가 포로였다는 사실은 알았지만, 그저 하나의 사실일 뿐이었다. 그 사실에 어떤 의미가 담겨 있는지는 거의 몰랐다. 잠수함 승조원이라는 것이 어떤 의미인지도 몰랐다.

우리 할아버지 테드는 1910년 열다섯이라는 어린 나이에 해군에 입대했다. 아버지를 설득해 나이를 한 살 올린 것을 보니, 입대를 열렬히 꿈꾸었던 모양이다. 그리고 다음 해에 마르코니 무선 통신 오퍼레이터 훈련을 받았다. 모스부호를 사용하는 스파크 통신 장치는 새로운 원격 통신의 시대를 열었다. 이 시기의 테드는 장래에 원예가가 될 사람은 전혀 아니었으리라. 사실은 땅에서 일하는 것을 피해서 달아났다고 생각한다. 당시의 첨단 기술과 해상 생활은 훨씬 매력적인 선택지였다.

무선전신처럼 잠수함도 새로운 발명품이었다. 잠수함을 전쟁 무기로 사용하는 일은 아직 시험을 거치지 않았고, 해군 내에서도 논란의 대상이었다. 해군 참모총장 아서 윌슨 제독은 잠수함이 "비밀스럽고 불공정하며 비영국적"[20]이라는 이유로 사용에 반대했다. 그와 처칠은 잠수함 승조원을 해적처럼 보았다고 한다. 잠수함 승조원들은 만용을 부리는 이미지가 있었으며, 인습에 얽매이지 않는 것으로 유명했다. 잠수함 승조원이 되려면 '죽기 살기식' 정신이 있어야 했다. 바다 깊은 곳에서 적과 충돌하면 살아 돌아오리라 기대할 수 없었고, 실제로 전쟁 중에 잠수함 승조원 가운데 3분의 1이 돌아오지 못했다. 조지프 러디어드 키플링Joseph Rudyard Kipling은 「직업The Trade」이라는 시에서 승조원들을 찬양하고 공적을 기리면서, 잠수함에 타는 장교는 더러워진 무염 모직 점퍼를 입은 모습이 "씻지 않은 운전 기사" 같다고 묘사했다.

초기 잠수함은 엉성했고[21], 엔진은 엄청나게 시끄러웠다. 물속에 들어가면 공기는 금세 뜨겁고 퀴퀴해져서 기름, 땀, 디젤유 냄새를 풍겼다. 위생 시설이라고는 기름 양동이가 전부였고, 잠수함의 배터리로 밝히는 조명은 어두웠다. 군인들은 바다에 있는 동안에는 이를 닦지 못했고, 산소 부족으로 변비와 두통에 시달렸다. 이런 가혹한 조건에서 승조원 30명은 끊임없이 요동치고 최대 6미터까지 급강하하는 잠수함과도 씨름해야 했다. 그렇게 좁고 답답한 환경 속에서 함께 지내면, 강력한 동료애가 자라났다. 이런 혹독한 환경이 그들이 나중에 겪은 다른 종류의 속박을 견디게 해주었는지도 모른다.

테드의 빛바랜 작은 수첩에 연필로 단정하게 써 내려간 기록은 전쟁 초기 북해에서 잠수함 'E9호'의 무선 오퍼레이터로 일하던 시기의 일부터 시작한다. E9호는 1914년에 헬골란트 해전과 쿡스하펜 공습 때 전투에 참여해서, 영국 잠수함 최초로 독일 전함을 침몰시켰다. 테드는 1915년 초에 E15호로 옮겨갔다. E15호는 영불 함대가 다르다넬스해협의 통제력을 확보하는 동안 몰타와 그리스 인근 해역을 순찰했다. 에게해에서 마르마라해와 보스포루스해협을 거쳐 흑해와 연결되는, 폭 55킬로미터의 좁고 구불구불한 다르다넬스해협은 1차 세계 대전의 핵심 전략적 요충지였다.

다르다넬스해협의 해안에는 강력한 방어 시설이 설치되었고, 해협에도 기뢰가 가득했다. 1915년 3월 18일에 연합군이 해협을 폭격하면서 펼쳐진 대규모 해전은 영불 함대에게 막대한 손실을 안겨주었다. 전함 세 척이 침몰하고 세 척이 대파되었으며, 연합군 1000명이 목숨을 잃었다. 그러자 영국 E급 잠수함이 해협으로 와서 갈리폴리 상륙작전을 위해 터키 통신선을 파괴해줄 수 있을까 하는 논의가 시작되었다. 프랑스 잠수함 한 척은 이미 몇 개월 전에 기뢰 충돌로 침몰했다. 그런 운명을 피하려면, 최대 수심 27미터 깊이로 항해해서 기뢰 지역 열 곳을 피해야 했다.

E15호의 선장 시어도어 브로디가 시도해보겠다고 했다. 임무 시작 몇 시간 전에 쌍둥이인 찰스 브로디 소령과 작별 인사를 했다. E15호는 좁은 공간에 "3주의 순찰을 위한 장비와 식량을 가득 싣고"[22] 있었고, 찰스 브로디에게는 그 광경이 "혼란스러운 불편함의 악몽"처럼 보였다. 군인들은 "밤새도록 일해서 피곤하고 지저분했지만, 열렬했고, 아주 젊어 보였다"고 찰스 브로디는 썼다. 그리고 그중에 테드가 가장 어렸다. 해협을 통과하는 여섯 시간을 찰스 브로디는 "눈먼 죽음"이라고 묘사했다. 승조원들은 대부분의 시간을 물속에 잠긴 채 감각과 소

리만으로 잠수함 키를 조종했다. 귀를 기울이다가 선체 옆에 기뢰 사슬 소리가 쩔그렁거리면 방향을 바꾸었다. 하지만 위험이 기뢰뿐은 아니었다. 다르다넬스해협은 물살이 빠르고 세기로 유명하다. 위쪽은 민물, 아래쪽은 바닷물이라 해류가 동시에 서로 다른 속도로 움직인다.

1915년 4월 17일 아침이 밝았을 때[23], E15호는 해협의 겨우 3분의 1 지점을 지나는 참이었다. 그러다가 다르다노스 요새의 함포들 바로 아래에 있는 케페즈 포인트에서 강력한 소용돌이에 휘말렸다. 테드의 일기에는 그래서 곧 "물 위로 올라왔다"고 기록되어 있다. 어뢰정이 그들을 겨냥해 달려왔고, "터키 포대가 포격을 개시했다. 큼직한 포탄 하나가 사령탑에 떨어져 갑판에 올라가던 선장이 죽었다. 포탄 몇 개가 잠수함 안으로 들어왔고, 하나는 엔진실에 들어가서 오일 파이프들을 박살냈다. 뒤쪽에서 자욱한 연기가 흘러나왔지만 우리는 무슨 일 때문인지 볼 수가 없었다." 배터리의 산이 물과 접촉해 염소 기체가 방출된 것이었다. 이 때문에 승조원 여섯 명이 질식사했다.

살아남은 승조원들은 포격을 피해 해안까지 1킬로미터가 넘는 거리를 헤엄쳐 가야 했다. 테드는 이렇게 썼다. "몇몇 사람은 시도해보려고도 하지 않았다. 그래서 많은 사람이 부상을 입었다고 생각한다." 해변에 도착하자 "우리는 옷을 모두 벗고 낡은 군복을 받아 입어야 했다. 더럽고 벌레가 드글거렸다. 그런 뒤 신발도 모자도 속옷도 없이 행군하라는 명령을 받았다. 부상자들은 수레에 실려 병원으로 갔다." 그렇게 콘스탄티노폴리스에서 치욕스러운 퍼레이드를 펼치고 스탐불 Stamboul 감옥으로 이송되었다. 4월 25일, 불운한 연합군이 갈리폴리 상륙작전에 실패했을 때, 포로가 된 승조원들은 그곳에 있었다.

그다음 주, 잠수함 포로들은 사흘 동안 기차를 타고 달려서 아나

톨리아고원에 있는 아피온 카라 히사르Afyon kara Hissar(아편의 검은 요새)로 옮겨졌다. '카라—테드는 이렇게 불렀다—'는 포로 수용소들로 가기 전 머무는 분배 센터였다. "여기서 우리는 도저히 형언할 수 없는 방에 들어가게 되었다." 테드는 계속해서 썼다. "고향에서 마구간도 보고 돼지우리도 보았지만, 인간을 이런 곳에 넣는 일은 본 적이 없다." 포로들은 하루에 23시간을 거기 갇혀 있었다. 가구도 침구도 없고 이, 벼룩 등 해충이 들끓는 좁은 방이었다. 이런 상태로 한 달을 지낸 뒤에야, 하루에 열한 시간, 열두 시간씩 도로의 돌을 깨는 일을 하게 되었다.

수용소장은 터키 해군 장교로, 걸핏하면 가죽 채찍을 휘둘러댔다. 포로들에게는 딱딱한 검은 빵만 조금 배급되었고, 다른 먹을 것과 옷은 직접 사야 했다. 테드는 미국 대사가 1인당 1터키파운드를 보내주었는데, "약간의 돈에 그렇게 감사한 사람들은 아마 없을 것"이라고 썼다. 테드가 기록한 마지막 사건은 첫해 한여름에 일어났다. 포로들은 어두워질 때까지 시골의 거친 땅을 행군하라는 명령을 받았다. 그리고 들판에서 밤을 보냈다. "우리 중에 복장과 군화를 제대로 갖출 수 있는 사람은 아무도 없었을 것이다." 전쟁은 그 뒤로도 3년 넘게 이어졌다. 그날 길고 스산한 그 밤에 테드는 들판에서 일기를 썼다. 그 일은 앞으로 몇 년 동안 경험하게 될 가혹한 시간의 불길한 전조였다.

영국과 인도 군인 1만 6000명이 포로가 되었지만, 터키 포로 수용소의 실체에 대해서는 그다지 기록이 남아 있지 않다.[24] 하지만 몇몇 포로가 일기를 남겨서, 조금이나마 정보를 얻을 수 있었다. 1916년 1월, 포로가 된 E15호와 오스트레일리아 AE2호 잠수함의 승조원들은 4일 동안 강제 행군을 명령받았다. 황량하고 가혹한 지형을 하루에 30킬로미터씩 이동해야 했다. 추위는 혹독했고, 포로들은 대부분 맨발이었다. 어떤 이들은 낡은 군화나 터키식 슬리퍼를 신었고, 천쪼가리로 발을 묶은 이들도 있었다. 굶주림과 추위에 시달렸고, 계속 물과 진흙 웅덩이에 빠졌다. 어떤 포로들은 길가에 그냥 쓰러졌다. 포로들은 마침내 앙카라에 도착했다. 해발 900미터 산지에 자리 잡은 앙카라는 좋은 계절에도 날씨가 가혹했는데, 그해에는 눈까지 많이 왔다. 많은 포로가 벨레메딕 마을로 이송되었고[25], 거기서 베를린-바그다드 철도를 놓기 위해 터키 남부의 토로스산맥을 관통하는 터널 건설 작업을 시작했다. 시간이 흐르는 동안 말라리아에 티푸스, 이질이 창궐했다. 전쟁이 끝났을 때, 터키 내 연합군 수용소에 있던 포로 중 거의 70퍼센트가 죽었다.[26]

기록을 하는 일은 극도로 위험해서, 사람들은 교묘한 방식으로 일기를 숨겼다. 테드는 메모를 중단했지만, 수첩은 포기하지 않았다. 테드에게 수첩은 지난날의 부적이었으며, 그것을 간직하는 일은 수난당하는 자기 정체감을 기억한다는 의미로서 중요했다. 그 수첩에는 괜찮았던 시절의 기록도 있다. E9호가 북해에서 이룬 성공(테드는 그 일을 자랑스러워했다), 그리스에서 보낸 멋진 봄, 그리고 몰타에서 즐긴 알쏭달쏭한 일. "해변에서 아주 즐거운 시간을 보냈다."

탈출 계획은 포로들의 사기를 높여주고 희망을 유지해주었다. 터키 경비병들을 따돌리는 일보다 주변을 둘러싼 광대한 산악 지대를 헤치고 나가는 일이 더 어려웠다. 지도도 없고, 물도 귀했고, 식량도 구할 수 없었다. 탈출한 포로들이 며칠 뒤에 제 발로 돌아오기도 했다. 테드가 전사했다는 소식이 두 번이나 들려온 것도 아마 수용소에서 사라졌던 몇 차례의 실패한 탈출 시도 때문이었으리라.

테드는 전쟁 마지막 해에 마르마라 해변의 게브제 수용소에 있었고, 3년 반 전 포로가 되었던 지점에서 그리 멀지 않은 곳에 있는 시멘트 공장에서 일했다. 여기서 마침내 동료들 몇몇과 함께 배를 타고 탈출했고, 23일 동안 물만 먹고 지냈다. 그러다가 지중해 동부에 정박 중이던 병원선 '세인트마거릿 오브 스코틀랜드호'가 테드를 발견했다.

안전하게 세인트마거릿호에 오른 후 테드가 침대에 누워 있는데, 미국 간호병이 큼직한 수프 통조림을 들고 나타났다. 통조림을 열고는 냄비를 가지러 간 사이 배고픈 사람은 기회를 놓치지 않았다. 테드는 벌떡 일어나서 통조림을 집어 들고 단숨에 들이마셨다. 하지만 너무 많고 또 너무 일렀다. 테드는 격렬하게 경련하며 수프를 쏟아냈고, 나중에 말한 바로는 평생 겪어본 적 없던 일이었다고 한다. 이 경험을 회고하면서 테드는 딸에게 그날 자신이 얼마나 아팠는지에 대해서 이야기해주었다. 하지만 몇 년 동안 강제 노동에 시달리며 겪은 고통과 공포에 대해서는 말하지 않았다.

시간이 지나 테드는 기력을 되찾았고, 유럽을 횡단해 영국으로 돌아와서 약혼녀 패니와 다시 만났다. 할아버지가 그렇게 앙상하고 노쇠한 모습으로, 누더기 같은 비옷을 입고 터키 페즈 모자를 쓴 채 나타났을 때, 할머니의 심정이 어땠을까? 몇 년 동안 고된 노동과 영양 부족을 겪은 후에 6500킬로미터 거리를 이동했으니, 테드는 거의 허깨비처럼 보였다. 극단적인 경험 후에는 육체를 살려내기도 힘들지만, 정신을 되살리는 데는 훨씬 더 오랜 시간이 걸린다. 테드는 패니의 끈기 있는 간호로 살이 붙었지만, 1919년 9월에 신경쇠약 진단을 받고 해군에서 전역했다.

전쟁의 공포와 영광에 대한 기록은 수두룩하지만, 그 뒤 고통스런 회복과 재건 과정에 대한 기록은 너무도 적다. 그것은 피해야 할 것이 너무 많기 때문에 필연적으로 느린 과정이다. 테드의 굶주린 내장이 수프를 들이마신 충격에 경련했듯, 트라우마를 겪은 정신은 너무 많은 자극을 감당할 수 없다. 갑작스럽거나 예상치 못한 일들에 감각 인상이 압도되고, 미세한 모호함을 오독해서 회상에 빠지거나 정신적 타격을 받기 쉽다. 안전하게 보호받는다는 느낌이 가장 중요하다. 새로운 경험은 부드럽고 소화하기 쉬운 형태여야 한다. 그래야 안전한 영양 공급원이 되어줄 수 있다.

　전쟁 당시 스위스 의사 아돌프 피셔Adolf Vischer는 영국과 독일의 포로 수용소를 방문했다. 그리고 자신이 '가시철망증후군'이라고 이름 붙인 질병을 설명했다. 혼란, 기억 상실, 동기 저하, 격심한 불안 같은 증상을 특징으로 하는 질병이다. 곤경 상황에서 겪은 무력감과 살아남은 자라는 죄의식은 포로의 정신을 좀먹는다. 가시철망증후군은 포탄 충격처럼 신경쇠약의 한 형태로 여겨졌다.

　고향에 돌아온 석방 포로들이 자신의 고통에 이유가 있다고 느끼기는 힘들었을지도 모른다. 많은 전우가 장애를 갖거나 죽었기 때문이다. 1차 대전에서 귀환한 포로들은 장기적으로 봤을 때 특히 열악했고, 1920년대와 1930년대에 그들의 사망률은 다른 퇴역병들보다 다섯 배나 높았다. 영양실조와 감염으로 많은 사람이 쇠약해졌고, 우울증,

감정 기복, 불안, 자살 충동에 시달렸다.

피셔는 이 사람들이 조금이라도 예전의 활력을 되찾으려면 최대한 빨리 가족과 재회해야 하고, 바로 일정 형태의 일로 돌아가야 한다고 주장했다. '기쁨 없는 단조로움'[27] 때문에 공장에서 일하는 것은 좋은 영향을 미치지 않지만, 땅을 일구는 일에는 '무한한 가치'가 있으며, "석방 포로들에게 이상적 직업"이 될 수 있다고 피셔는 썼다. "땅을 일구면 사람은 자신이 태어난 땅과 연결되기 때문이다. 어쩌다 만난 사람들과 무리지어야 할 필요도 없고, 흥분도 없다. 그것은 인간의 영향력에서 독립적이다." 피셔도 브록처럼 애착 재생 과정이 일어나야 한다고 보았다.

포로에게도, 귀환 병사에게도, 많은 적응 과정이 필요했다. 떠나 있을 때 그들을 지탱해주던 고향에 대한 기억은 고정되고 이상화되어, 돌아와 맞닥뜨리는 현실과 당연히 달랐다. 게다가 전쟁은 거대한 사회 문화적 변화를 일으켜서, 고향은 정말로 다른 곳이 되었다. 전쟁 이전의 고향이나 잃어버린 전우애에 대한 건강하지 못한 향수를 일으키는 일련의 질환도 생겨났다. 이때 애착을 재생하지 못하면, 인생을 회피해서 고용과 노동이 어려운 사회적 표류자가 될 위험이 있다. 실제로 1920년대에 전역 군인의 고통과 높은 질병률 및 실업률은 국가적인 근심거리였다. 영국 신문들은 전역 군인들의 재활 계획과 새로운 직업을 위한 훈련 과정을 계속 보도했다.

노동부와 구세군이나 '영국 지방농장주택연합' 같은 자선단체는 직업훈련 계획을 세웠는데, 많은 계획이 원예와 농업에 대한 것이었다. 퇴역병의 "건강과 전망" 개선이 목표였다. 국회 농업위원회 위원장인 아서 그리피스 보스카웬 경은 켄트에 새 훈련 센터를 열면서, 시대의 분위기를 담아 "우리의 용감한 군인들이 땅 위에 자리를 차지할 수 있게"[28] 하겠다고 말했다. 보스카웬은 "아름다운 시골과 맑은 공기 속의 삶"이 건강에 좋다고 강조했다. 그리고 이 사람들은 "자신들이 싸워 지킨 땅의 일부에서 소규모 자작농으로 일하고자 했습니다. 그래서 적절한 훈련 과정은 아주 중요했습니다" 하고 말했다.

1920년 초여름, 테드도 재활 훈련 과정에 들어갔다. 할아버지의 재활에 대해 내가 가진 주요 단서는 겹겹이 접어둔, 손으로 쓴 1921년 5월 24일의 서류다. 사우샘프턴 근처 새리즈버리 코트 원예부에서 테드를 지도한 W. H. 콜이 작성했다. 그 서류는 테드가 12개월 동안 "원예의 모든 분야"에 대해 훈련을 받아서 "과일과 채소뿐 아니라 온실의 덩굴 식물, 복숭아, 토마토, 멜론, 오이, 다양한 초본 식물과 장미 재배"에 필요한 지식을 얻었다고 증명한다.

전쟁 때 미국 정부 소유였던 새리즈버리 코트 저택—홀리 힐 하우스라고도 하는—은 군 병원으로 운영되었으며, 인근 사우샘프턴 항구로 들어오는 부상병들을 받았다. 전쟁이 끝난 뒤 영국 정부가 저택을 되샀고, 노동부는 거기서 전직 군인을 위한 다양한 기숙 교육 과정을 열었다. 저택에는 광대한 정원이 여럿 딸려 있었는데[29], 1851년 런던 만국박람회의 수정궁을 설계한 조지프 팩스턴Joseph Paxton이 19세기 중반에 설계했다고 한다. 햄블 강가까지 뻗은 저택 부지에는 층을 이룬 호수와 폭포들도 있었고, 바위 동굴과 담장을 두른 큰 정원도 있었다.

1927년 판매 카탈로그를 보면 테드가 거기 있을 무렵 정원이 어땠는지를 잘 알 수 있다. 온열 시설을 갖추고 다양한 이국적 식물을 키우는 대형 온실이 열 개 있었다. 복숭아 온실 두 동, 포도원 두 동(그

중 한 곳에서는 '블랙 햄브로' 품종을 키웠다), 야자수 온실, 토마토 온실, 오이 온실, 카네이션 온실이 있었다. 버섯 온실과 과일 저장소도 있었다. 정원 면적은 1만 8000제곱미터(약 5500평)에 이르렀고, 그중 약 1만 제곱미터에 담장을 둘렀으며 "과일과 나무가 가득하다"고 설명한다.

오늘날 홀리 힐에는 공원이 있다. 담장을 두른 정원이 들어서고 온실들은 오래전에 철거되었지만 무성한 덤불, 폭포, 나무 고사리 섬들이 가득한 호수 정원을 거닐다 보니, 깊은 진정 효과를 느낄 수 있었다. 그곳을 떠나기 직전에 침상 정원이라는 공간과 마주쳤다. 중간에는 눈부시도록 꽃이 만개한 동백나무 두 그루가 서 있었다. 나무들은 밑에 서서 선홍색 꽃을 올려다볼 수 있을 만큼 키가 컸다. 주변 종려나무들을 둘러보다가, 이곳이 온실이 있던 자리 중 하나라는 사실을 깨달았다.

테드가 처음 새리즈버리 코트에서 훈련을 받았을 때, 이 온실의 온기와 빛은 얼마나 따뜻하게 느껴졌을까? 땅의 열매들에 둘러싸여 정원에서 일하면서, 얼마나 원기를 회복했을까? 테드는 삶을 붙들려는 본능을 지닌 사람이었다고 생각한다. 다르다넬스해협의 험한 바닷속으로 주저 없이 뛰어든 젊은이, 수프 통조림을 집어 든 젊은이, 고향에 가려고 유럽 대륙 횡단 길에 오른 젊은이였다. 나는 테드가 이 경험도 열렬히 붙들었으리라 생각한다.

테드가 새리즈버리 코트에서 보낸 시간이 장기적으로 원예 분야의 취업으로 이어지지는 않았지만, 단기적으로 그는 일자리를 찾았다. 테드는 교육을 마친 직후 콜 씨의 신원 보증서를 가지고 캐나다로 갔다. "이 사람은 똑똑하고 성실하고 믿을 수 있고 분별 있는 사람임을 분명히 밝힙니다. 그래서 선량한 사람을 필요로 하는 누구에게나 기쁜 마음으로 이 사람을 추천합니다." 테드는 1923년 여름에 위니펙으로 가서 수확 일을 했고, 나중에는 앨버타주 버밀리언의 농장에 취직했다. 2년에 걸친 야외 노동을 통해 테드는 힘과 회복력을 되찾았다.

브록과 피셔 같은 임상의들은 땅에서 일하는 것이 테드 같은 사람에게 특히 큰 도움이 된다고 생각했지만, 전쟁 후에는 그런 치료 효과를 입증할 만한 사례가 거의 없었다. 땅으로 돌아가는 일이 안타깝게도 경제적으로는 취약하다는 점 때문에 문제는 더 복잡해졌다. 영국은 전쟁 기간 중 식민지에서 식량을 증산했고, 1920년대에 값싼 수입 식품이 폭증하면서 농산물 가격이 폭락했다. 그 결과 많은 소규모 자영농이 생활을 영위하기 힘들어졌다. 땅을 일구는 일은 가혹할 수 있으며 두 번의 세계 대전 사이에 어떤 이들은 고된 노동에 더해 희망이 박살나는 상황도 겪었다.

원예 활동의 긍정적 효과를 가장 확실하게 증명한 사람은 미국의 의사 노먼 펜턴Norman Fenton이었다. 펜턴은 1917년에 프랑스의 기지 병원에서 일했다. 그리고 1924년부터 1955년 사이에 신경쇠약 진단을 받고 치료받은 군인 750명을 조사했다. 펜턴의 연구 결과를 보면, 전쟁 후 7년이 지나서도 부상병들은 여전히 건강 상태가 나빴고, 신경 문제로 고통받았다. 하지만 귀국 후에 어느 정도 도움을 제공받았느냐에 따라 회복에 큰 차이가 있었다. 정서적 지지를 받고 동기를 찾은 사람들은 훨씬 잘 대처해 나갔다. 펜턴은 특히 그들이 민간인으로 돌아갔을 때 어떤 종류의 일에 가장 잘 적응할 수 있을지 알아내고 싶었다. 답은 "그 무엇보다 단연 농업"[30]이었다. 팬턴이 수집한 정보에 따르면, "도시의 생산직 일에 어려움을 겪은 사람들은 농업 분야에 상당히 성공적으로 재적응할 수 있다. 어떤 이들은 자기 부양 능력을 갖추고 점차 모든 증상을 떨쳐낼 정도로까지 발전했다."

테드가 캐나다에서 2년을 보내고 돌아오면서, 야외에서 일하는 그의 삶도 끝났다. 원예 기술로는 취직할 자리가 많지 않아서, 전신 기술로 우편 회사에 취직했다. 몇 년이 자나 테드 부부는 작은 땅을 살 수 있었다. 어렸을 때 할아버지 집에 가면 오빠와 나는 꽃이나 채소에는 별 관심을 갖지 않았다. 우리는 할아버지가 정원에 설치한 커다란 새장 안에 들어가서, 모이를 주고 새로 부화한 새 새끼들을 보여줄 때를 가장 좋아했다. 지금 돌아보면, 그 작은 포로들을 키우는 테드의 태도는 자신이 포로로서 겪은 경험과 완전히 대조된다.

트라우마는 내면의 지형을 근본적으로 뒤흔든다. 이런 점에서 원예의 육체성이 중요하다. 원예라는 육체 활동은 손톱 밑이 더러워지고, 우리를 흙 속에 심고, 장소와 인생 과정에 새로이 유대감을 쌓는 일이다. '복숭아 온실, 포도원, 야자 온실, 토마토와 오이 온실, 과일 창고'가 있던 새리즈버리 코트에서 보낸 시절은 테드의 인생을 바꾸었다. 테드는 식물 키우는 일과 땅을 돌보는 일을 사랑하게 되었다. 정원을 만드는 것은 흔히 재창조 과정, 우리에게 각인되고 영감을 준 다른 장소를 회복하려는 시도다. 테드가 일하며 회복한 새리즈버리 코트의 광대한 온실들은 이후의 전문성도, 또 자신의 온실과 난초에 대한 헌신도 안겨주었다. 테드에게 그토록 좋은 결과를 안겨준 맥페니 미스트 모종 상자에 대한 긍지도 마찬가지다.

10
인생의 마지막 계절

내가 강둑을 매일 걷기를, 내 영혼이 내가 심은 나뭇가지들 위에서 쉬기를, 내가 내 무화과나무 그늘에서 원기를 회복하기를.[1]

이집트 무덤의 비명, 기원전 1400년 무렵

어두운 겨울날이면 정원은 4분의 3이 잠들어 있다. 겨울은 떠나보내는 계절이고 망각의 시간이다. 인생의 줄다리기가 잠시 느슨해지지만 그리 오래는 아니다. 곧 다시 새로운 성장을 일구어내야 한다. 12월에도 이미 성장은 시작된다. 죽고 버려진 이파리들 틈에서 새싹이 땅을 뚫고 올라온다.

식물은 1년 동안 씨앗에서 번식을 지나 죽음에 이르는 인생의 모든 단계를 지날 수 있다. 하지만 식물 세계는 부활에 능숙하니 우리가 겪는 죽음과는 다르다. 우리의 죽음은 시간의 연속성을 깨뜨린다. 우리는 미래가 사라지고 사랑하던 모든 것을 박탈당하는 모습을 본다. 그러니 삶에서 죽음을 몰아내려고 하는 것도 당연하다. 그렇지만 16세기의 위대한 에세이스트이자 철학자 몽테뉴가 말했듯이, 죽음에 대한 저항은 실수고 죽음에 대한 공포만을 키울 뿐이다. 죽음을 전장에서 싸울 적으로 생각하지 말고 좀 더 평범한 대상으로 경험해야 한다고 몽테뉴는 생각했다. "우리는 죽음의 기이함을 없애고, 그것을 알고, 거기 익숙해져야 한다." 몽테뉴도 쉬운 일이라고 생각지는 않았다. 오히려 반대다. 젊은 시절 몽테뉴의 삶은 죽음에 대한 공포로 움츠러들어 있었다.

자기 인생의 마무리에 대해 생각하면서, 몽테뉴는 정원에서 죽음을 맞이하면 좋겠다고 소망했다. "양배추를 심다가 죽음을 맞았으면 좋겠다.² 죽음은 생각하지 않고, 마무리 짓지 못한 정원을 더 생각하면서." 몽테뉴는 삶이란 언제나 과정이고, 우리의 바람과 달리 고정된 것은 없으며, 인생이 길든 짧든 누구도 계획하거나 희망한 모든 것을 이룰 수 없음을 알았다. 하지만 몽테뉴의 양배추밭은 미완의 인생을 상징하는 만큼, 인생의 연속성도 상기시킨다. 말을 하다가 중간에 그만두더라도, 우리의 말과 생각은 우리가 심은 현실 또는 비유 속 양배추를 통해서 계속 살아갈 수 있다.

의사 자격을 따고 순환기 내과에서 일할 때, 양배추밭에서 죽고 싶다는 몽테뉴의 소망을 연상시키는 일이 일어났다. 내 일과는 긴급 입원 환자 때문에 중단되기 일쑤였는데, 그날 오전도 예외가 아니었다. 70대 후반 남자가 심장마비로 후송 중이라는 경보를 듣고 바로 소생실로 갔다. '심폐 소생 팀'은 이미 전원 모여들었고, 우리가 기다리는 동안 벽시계가 똑딱거리며 소중한 시간이 지나가는 것을 알려주었다.

구급대원들이 문을 열고 들어오자 응급실은 행동에 돌입했다. 들것에는 인생의 겨울을 지나는 남자가 있었다. 흰머리에 역시 흰 턱수

염이 길었다. 그림책 속 파파 할아버지 같은 모습이었다. 마지막으로 하던 일을 보여주는 증거도 몸에 남아 있었다. 잔디를 깎다가 쓰러진 모양이었다. 남자는 아마 새로 깎은 풀 위에 누워 있었을 것이다. 재킷, 바지, 고무장화에 모두 깎아낸 풀잎이 덮였다. 들것에서 바퀴 침대로 옮길 때 풀잎이 바닥에 떨어졌고, 옷을 잘라낼 때 더 많은 풀이 떨어졌다. 엄격하고 긴급하게 심폐 소생술을 실시하는 동안 깎은 풀 냄새가 공중을 채웠다.

나중에 레지던트가 남자의 부인에게 이야기를 하러 갔다. 조그마하고 연약해 보이는 부인은 딸로 보이는 젊은 여자 옆에 서 있었다. 남자가 정원에서 일하는 동안 안에서 점심을 준비하고 있었을까? 그토록 갑작스럽고 잔인한 이별을 예상할 수 없는 평범한 하루였으리라.

그날 풀잎들이 하얗고 차가운 병원 바닥에 흩어져 있을 때, 나는 두 가지 죽음을 나란히 보는 듯했다. 첨단 기술 스크린과 삑삑 소리를 내는 기계들을 갖춘 이곳은 삶을 소멸시키는 힘을 정복하려는 공간이었고, 우리는 망가진 기계를 고치듯 몸을 치료했다. 하지만 인간은 누구나 언젠가는 흙으로 돌아간다. 흩어진 풀잎들은 피할 수 없는 그 사실의 자연스러움을 웅변했다.

우리는 자연과 너무도 분리되어 있어서, 스스로가 거대하고 살아 있는 연속체의 일부라는 사실을 잊는다. 우리 몸의 원자들이 흙의 산물에서 왔으며, 시간이 지나면 다시 생명의 사슬 속으로 돌아간다는 사실도 잊는다. 죽을 때만 자연과 연속성을 이루는 것은 아니다. 일상생활을 할 때 우리 몸에서 떨어지는 피부 조각은 먼지가 되고, 우리가 내뿜는 이산화탄소는 식물을 성장시킨다. 기술 시대에 기계 뒤에 숨어 산다지만, 이런 일치를 받아들이지 못하는 것은 현대적 현상이 아니다. 죽음은 우리에게 자연스럽게 다가오지 않는다. 아마 언제나 그랬으리라. 그저 우리가 죽음과 분리되는 더욱 강력하고 정교한 방법을 찾았을 뿐이다.

프로이트는 인간이 자연의 일부라는 이 개념을 처음 맞닥뜨렸을 때, 깊은 충격을 받은 모양이다. 겨우 여섯 살 때, 어머니는 프로이트에게 우리는 모두 흙으로 만들어졌고 흙으로 돌아가야 한다고 말해주었다. 프로이트는 그 말을 믿으려 하지 않았다. 어머니는 아무것도 없는 손바닥을 덤플링을 만들 때처럼 비비며 프로이트에게 설명했다. 프로이트는 이렇게 회상한다. 어머니는 그렇게 "손을 문질러서 나오는 검은 피부 껍질이 우리가 흙으로 만들어진 증거라고 말했다." 그 행동은 바라던 효과를 가져왔다. "나는 그 엄숙한 설명에 크게 놀랐고, 나중에 '너는 자연에 죽음이라는 빚을 지고 있다'[3]는 말을 들었을 때 거기 담긴 믿음을 인정하게 되었다."

프로이트는 그 4년 전 겨우 두 살때, 동생 율리우스의 죽음을 목격했다. 프로이트는 평생토록 자신이 '토데스앙스트Todesangst — 죽음에 대한 공포—'라고 부르던 감정에 시달렸고[4], 이런 공포감이 "죽이거나 죽음을 당하는" 본능과 관련되어 있음을 이해했다. 프로이트는 수렵 채집 생활을 하는 사람들이 언제나 죽음을 자연 과정의 하나라고 인식하지는 않는다는 데 주목했다.[5] 죽음은 적이나 악령의 행위로 여겨지기도 했다.

프로이트는 또한 무의식은 스스로의 죽음을 떠올릴 수 없기 때문에 우리 모두는 마음속 깊이 자신이 불멸이라 믿는다고 생각했다. "모든 사람은 죽는다"라는 논리적 명제를 스스로에게 적용할 때는 아무 의미가 없다고 프로이트는 말했다. 자신이 죽은 모습을 상상해도 우리는 여전히 구경꾼으로 존재할 뿐이다. 최근 이스라엘 바르일란 대학에서 수행한 연구[6]는 이 효과가 행동으로 어떻게 옮겨지는지 보여주었다. 두뇌의 예측 시스템이 죽음을 자신의 일이 아닌 다른 사람의 일로 분류하는 경향이 있다는 사실이 여러 연구를 통해 관찰되었다. 죽음이 우리와 직접 관련이 있다는 생각에 저항하면, 막대한 불안을 막을 수는 있다. 하지만 이런 저항은 우리가 대부분의 시간에 자신의 죽음을 부정하며 산다는 뜻이다. 우리는 죽음을 무시할 수도 있고, 두려워하며 살 수도 있다. 그 중간이 힘들다. 죽음에 대해서 생각을 너무 많이 하면 삶에 방해가 되지만, 죽음을 생각하지 않으면 무방비 상태가 된다.

우리는 항상 인간의 기원과 종언을 설명하려고 했다. 흙에서 최초의 사람들이 태어났다는 무수한 신화를 보라. 고대 그리스 신화에서는 프로메테우스가 진흙으로 사람을 만들자 아테나가 생명의 입김을 불어넣었다. 성경에는 신이 흙으로 아담을 만든 이야기가 기록되어 있다. 이런 서사는 세상에 사람이 어떻게 생겨났는지를 설명하는 데서 그치지 않는다. 거기에는 프로이트의 어머니가 전달하려고 한 메시지도 담겨 있다. 이 이야기들에는 우리가 아무리 흙과 식물과 다르다고 해도 똑같은 재료로 만들어졌으며 결국 그 기원으로 돌아가야 한다는 뜻이 담겨 있다.

죽음에 대한 이런 이해의 기원은 경작이 시작된 선사시대까지 거슬러 올라간다. 고고학자 티머시 테일러Timothy Taylor는 원예가 생활 방식뿐 아니라 상징체계도 바꾸었다고 주장한다. "지구는 이때 처음으로 새 봄을 기다리는 씨앗처럼 죽은 자들이 들어가는, 자궁을 가진 지모신地母神으로 여겨지기 시작했다."[7] 저서 『매장된 영혼The Buried Soul』에서 테일러는 사후 세계에 대한 인간의 믿음은 특히 씨앗 발아를 관찰한 데서 생겨났다고 말한다. "땅에 심은 마른 씨앗은 힘, 그러니까 햇빛과 비를 적당하게 내리는 '신들'이 없이는 다시 태어나지 않는다. 비슷하게 죽은 자가 부활하려면 신들의 승인이 필요했다." 다시 말해서 씨앗의 재생이 부활 가능성에 대한 개념의 모델이 되었을 수 있다.

성경에 나오는, 씨앗 발아를 사후 세계와 연결하는 비유는 대체로 함축적이다. 하지만 그보다 훨씬 오랜 이집트 종교는 씨앗과 사후 세계에 대한 생각을 숨김없이 드러낸다. 예를 들어 룩소르 서안의 '포도원 무덤'[8]에는 이런 비문이 새겨져 있다. "그의 죽은 몸이 저승에서 씨앗처럼 싹트도록 해주소서." 세네페르―도시 정원의 감독을 맡은 귀족―의 정교한 무덤은 '정원사의 무덤'이라고도 불린다. 비문은 죽은 자를 저승으로 인도하는 신 오시리스를 향한 기도다. 오시리스는 새로운 초목의 성장에도 관여하는데, 씨앗 발아와 관련된 의식은 봄이면 소생하는 오시리스를 상징했다.

좁고 가파른 계단을 통해 무덤으로 내려가 보면, 내밀한 지하 공간의 천장 전체가 포도 덩굴과 포도송이 그림으로 덮여 있다. 아주 잘 보존된 그림이 낮은 곳까지 펼쳐져서, 손을 뻗으면 포도를 딸 수 있을 것만 같다. 장식 기둥에는 세네페르가 살아온 삶의 모습들을 그려놓았다. 세네페르가 저승에서 신성한 무화과나무 피쿠스 시코모루스Ficus sycomorus 그늘에 앉아 연꽃 향기를 마시는 모습도 묘사되어 있다. 무덤은 이집트 신앙의 토대를 이루는 죽음에 대한 집착을 잘 보여준다.

고대 이집트의 관습은 시신의 부패를 방지하는 방법이었을 뿐 아니라, 시신을 껍질에 담긴 씨앗처럼 둔 것이기도 했다. 이런 상징을 강화하기 위해 무덤 안에 진짜 씨앗도 뿌렸다. 오시리스의 화단이라고 부르는 질그릇은 오시리스 신 모양으로 만들었다. 크기는 제각각이었다. 투탕카멘의 무덤[9]에서 발견한 그릇은 사람만 했다. 1920년대에 처음 무덤을 열었을 때, 7~8센티미터쯤 자랐다가 시든 보리 싹들을 발견했다.

정원 그림은 고대 이집트 무덤 벽에도 나타난다. 죽은 사람들이 저승으로 가는 길의 안식처이자 원기의 보충지를 상징하는 그림이다. 이런 그림들은 많이 꾸미거나 이상화하지 않고, 관개수로로 갈라진 사각형 땅들이 진짜 정원과 비슷하게 묘사되어 있다. 그림의 중심에는 대개 물고기가 가득한 연못이 있고, 그 밖에 대추야자, 무화과, 석류나무가 그늘을 드리운 산책로와 포도 덩굴, 그리고 꽃이 있다.

죽음에 대한 공포는 생존 본능에서 나오는 원시적인 공포다. 고대 이집트인은 그 공포를 저승 여행에 초점을 맞추는 방식으로 해결했다. 하지만 죽음과 화해하려면 이생에서 심리적인 여행을 해야 한다. 정원의 상징을 떠올리면, 우리는 위안을 받고 지탱해나갈 수 있다. 원예는 서로 다른 힘—인간과 자연, 삶과 죽음 사이 힘의 균형—을 통해 이루어진다. 쇠퇴와 부패란 불가피하지만, 정원이 가진 힘은 많은 부분이 쇠퇴와 부패와 직접적이고 실제적으로 결합함으로써 파생된다. 원예 활동을 하지 않는 사람에게는 흙을 만지며 일하는 것이 실존적 의미의 원천이 될 수 있다는 사실이 이상해 보일지 몰라도, 원예는 자신만의 철학을 탄생시키는 일이며 그것은 화단에서 실현된다.

사랑하는 사람의 죽음은 트라우마를 일으키는 고통이다. 그 변경 불가능함과 비가역성, 비인간성은 우리가 이해할 수 없는 일이다. 죽음은 시간의 연속성, 이 사람과 함께하는 미래에 대한 감각에 균열을 가져온다. 모든 것을 새롭게 배열해야 한다. 할 일이 많지만 전에 해본 일이 아니다. 상실은 매번 다르기 때문이다. 가장 자연스럽고 불가피한 생물학적 현상인 죽음이 이렇게 부자연스럽게 느껴지는 이유는 죽음이 일어나는 방식 때문이 아닐까 하는 생각이 든다. 우리의 깊은 본성은 있어서는 안 되는 것이라도 되는 듯 죽음에 맞서려고 한다.

미국 시인 스탠리 쿠니츠Stanley Kunitz는 2005년, 100세 생일을 맞기 직전에 놀라운 책을 출간했다.[10] 부인과 사별하고 1년이 지난 후였으며, 그가 죽기 1년 전이었다. 『거칠게 땋은The Wild Braid』에는 글쓰기, 가르치기, 원예에 바친 일생을 회고하는 쿠니츠의 인터뷰와 글들이 실려 있다. 쿠니츠는 자신이 태어나기도 전에 자살한 아버지 때문에 어린 시절에 큰 그림자가 드리웠다고 고백했다. 이후 10대 시절에는, 새아버지가 심장마비로 갑자기 죽으면서 똑같은 그림자에 사로잡혔다. 충격적인 상실 앞에서 쿠니츠는 원시적인 공포에 시달렸다. 무의식을 죽음과 동일시하게 되어 잠들기 두려워했다. 자신의 세계에 닥친 격심한 충격 때문에 쿠니츠는 삶의 취약성을 예민하게 인식했다. "우리 가족에게 죽음이 너무 많이 들이닥쳐서 나는 죽음과 화해하거나 심리적 여파를 감당해야 했다. 그 공포를 가지고 매일 낮, 매일 밤을 사는 것은 불가능했다."

새아버지가 돌아가시고 몇 년이 지나, 쿠니츠는 동네 농장에서 일하기 시작했다. 그리고 흙을 일구는 일이 자신과 '자연스런 우주' 사이에 유대를 만들어준다고 썼다. 성장과 쇠퇴의 주기를 목격하면서, 쿠니츠는 처음으로 "죽음은 지상에 생명 자체가 생존하는 데 없어서는 안 된다"는 사실을 이해했다.

몽테뉴가 말했듯이, 죽음을 악착같이 싸워야 할 적으로 보면 살아간다는 과제는 훨씬 수행하기 힘들어진다. 죽음의 기이함을 받아들이고 평범하게 만들면, 죽음도 훨씬 덜 두렵게 보일 수 있다. 쿠니츠는 죽음이 삶의 필요한 부분이라는 이해에 도달했고, 그러자 불안은 사라지고 새로운 에너지를 얻을 수 있었다. "이 깨달음에 이르자 나는 다시 태어난 듯했다. 깨달음은 전적으로 내면에서 왔다."

쿠니츠는 50대 말에 케이프코드의 프로빈스타운에 있는 집 앞 가파른 모래언덕에 정원을 만들었다. 젊은 시절을 괴롭힌 죽음의 공포에서 정신의 평화를 찾은 일과 마찬가지로, 그렇게 바다 가까운 곳에 정원을 만드는 일은 재생 행위이자 삶에 발붙일 곳을 늘려가는 일이었다. 쿠니츠는 먼저 벽돌로 3단 데크를 만들고, 대합 껍데기 조각들로 통행로를 깔았다. 그런 다음 흙과 비료, 또 해변에서 가져온 해초로 모래를 기름지게 했다. 여러 해가 걸렸지만, 마침내 정원에는 다양한 식물―모두 69종이었다―이 자라고, 많은 야생동물이 살게 되었다. 색깔이 화려한 꽃들이 빽빽하게 엉긴 모습은 마치 보석 상자 같았다.

정원에서 식물들의 죽음은 피할 수 없다. 쿠니츠가 표현하듯 우리의 죽음도 "엄혹한 현실, 아마 우리가 다루어야 할 가장 엄혹한 현실"이다. 종자식물의 수명은 때로 "너무도 짧고, 계절의 변화에 따라 너무도 크게 위축되어서, 인간 경험의 압축된 우화처럼 보인다"고 쿠니츠는 썼다. 퇴비 더미조차 쿠니츠에게 "우리가 모두 퇴비의 후보"임을 상기시켜준다. 우리가 우리 존재의 본질과 맺는 관계를 이해하는 방법 중 하나는 창조성이다. 쿠니츠는 원예를 시 쓰는 일과 비슷하다고 보았다. 사실 그는 자신의 정원을 "살아 있는 시"로 본다. 두 가지 다 우리가 상상력을 가지고 이 세상을 살아가게 한다. 하지만 정원과 정원 일은 피할 수 없이 육체적이다.

원예에서는 인간과 자연의 힘이 상호 작용해야 하고, 그래서 쿠니츠에게 자신이 만든 정원은 '공동 창작품'이었다. 쿠니츠가 정원에 반응하는 만큼 정원도 그에게 반응했다. 자신의 생명력이 시들어가던 만년에, 쿠니츠는 식물 돌보는 일을 생식적 삽입의 형태로 경험했다. "사람은 나이가 들수록 에로틱한 충동과 관련된 에너지를 재생시켜야 한다." 정원은 쿠니츠의 정신에서 "영속적인 동반자", 일종의 뮤즈가 되었다. "나는 정원을 떠나 있을 때도 그곳에 부재한 적이 없다"고 쿠니츠는 썼다. 중병으로 죽을 뻔했던 2003년에도, 정원으로 돌아가고자 하는 열망이 자신을 회복시켰다고 믿었다.

정원은 현실의 장소인 동시에 상상의 장소다. 우리는 정원을 꿈꾸고 끝없이 계획한다. 정원에 대해 생각하는 시간이 실제로 정원에서 휴식하거나 일하는 시간보다 훨씬 더 긴 경우가 많다. 창문 걸이 상자 화분을 가꾸는 일도 다른 세상의 문을 열어줄 수 있다.

작가 다이애나 애실Diana Athill은 60대에 원예를 시작했다.[11] 편집자에서 회고록 작가로 두 번째 커리어를 시작한 시기였다. 사촌에게서 갑자기 정원을 돌봐달라는 부탁을 받기 전까지는 "개쑥갓 한 포기 뽑아본 적이 없었다." 어쩔 수 없이 맡은 책임을 다하기 위해서 애실은 원예 인생을 멋지게 시작했다. "생전 처음으로 무언가를 심고 그것이 자라났을 때 나는 거기 완전히 빠져들었고, 계속 그 상태로 남아 있었다."[12] 애실은 70대에도, 80대에도 원예에 열성이었다. 정원이 자신을 열중하게 만들고 "스스로를 잊게 만들어서" 사랑했다. 그것은 "항상

상쾌하고 유익한 경험"이었다. 애실이 느낀 원예의 큰 즐거움 두 가지
는 무슨 일이 일어나게 만드는 것과 "우리 못지않게 생명의 신비가 가
득한" 식물들과 함께 시간을 보내는 것이었다.

우리가 처음 만났을 때 애실은 97세였다. 한여름에 조카 필, 조카
며느리 애너벨과 함께 우리 집 정원에 놀러 왔다. 우리 집 땅을 다 돌
아보기는 조금 힘들어서 필이 애실의 휠체어를 밀었고, 애너벨이 양산
으로 햇빛을 막아주었다. 애실이 온갖 디테일을 어찌나 금세 알아보
는지, 우리는 계속 걸음을 멈추고 이 식물 저 나무를 보아야 했다. 애
실은 옷도 멋지게 입었고, 솔직한 의견은 아주 매력적이었다. 고령의
한계를 받아들이면서도 결연히 나이에 굴하지 않는 법을 발견한 모양
이었다.

애실은 90대가 되자 런던 북부의 녹지에 있는 요양원에 들어갔다.
다행히 거기에는 큰 정원이 있고, 애실의 창밖으로는 아름다운 목련
나무가 보였다. 방에는 발코니가 딸려서 애실은 거기 큰 화분 두 개와
창문 걸이 상자 화분 두 개를 두었다. '초고령인'으로서 전처럼 정원을
향유하기는 힘들었지만, 그래도 화분 식물은 계속 돌보았다. 자신의
표현에 따르자면, 애실은 꽃과 색깔에 "미쳤다". 애실의 화려한 전시
품으로는 자주군자란, 스위트피, 나팔꽃이 있었고, 전에는 좋아하지
않던 베고니아도 키웠다. 가장 좋아한 꽃은 "최고로 오래가는", 진홍
색과 진분홍색 꽃이 피는 "꽃 세계의 메이 웨스트"였다. 애실은 여름
내내 꽃들 곁에 앉아서 "예상치 못한 햇빛의 순간"을 즐겼다.

가을이면 제비꽃—"용감한 제비꽃, 그토록 연약해 보이지만 10월
에서 5월까지 꾸준히 핀다. 혹독한 추위에는 약간 수그러들지만, 언제
나 용감하게 되살아난다"[13]—을 심었다. 제비꽃의 생명력은 애실과 비

숫해 보였다. 애실은 "고령자가 되기란 쉽지 않지만, 꽃과 나무는 고령에도 단념할 필요가 없는 기쁨을 주었다"고 분명히 밝혔다.

애실과 쿠니츠 모두 중년이 지나 원예를 시작했다. 그들이 그렇게 건강하게 장수한 비결 중 하나가 원예라고 말해도 그리 과장은 아닐 것이다.[14] 중년 이후에 흔히 그렇듯 죽음이라는 현실을 인식하면, 우리는 이 두 사람처럼 창의적 에너지가 솟는 경험을 할 수 있다. 발달심리학자이자 정신분석학자인 에릭 에릭슨Erik Erikson은 이런 현상을 '생산성generativity'이라고 불렀다.[15] 에릭슨은 인생 후반기 정서적 안녕을 위해 다양한 방식으로 생산성을 가질 필요가 있다고 보았다. 에릭슨이 생산성이라는 말로 표현하려 한 것은 자신의 생명 너머를 보는 시각이다. 창의성과 겹치는 면도 있지만, 이것은 우리가 다음 세대에 전하는 기술과 지식, 그리고 우리가 앞날을 바라보도록 만드는, 우리 이후에 삶을 이어나갈 것들도 가리킨다. 이와 달리 시간의 흐름 속에 "이게 다 무슨 소용인가?" 하는 느낌을 받는다면, 우리는 삶이 의미를 잃는 '침체성' 상태에 들어갈 가능성이 높다.

노화와 삶의 질에 대한 심리학적 연구 중에 가장 규모가 컸던 하버드 그랜트 연구[16]는 1000명이 넘는 사람을 대상으로 몇십 년 동안 이어졌다. 이 연구에서 50대에 생산적인 삶의 방법을 발전시킨 사람들은 80대에도 잘 살아갈 확률이 세 배였다는 놀라운 사실이 밝혀졌다. 경제적 요소가 중요하리라 예상했던 연구자들을 놀라게 한 결과였고, 경제와 의미 있는 삶의 상관관계는 그렇게 크지 않았다. 마찬가지로 놀라운 발견은 육체적 건강 자체는 사람들이 노년의 변화와 상실에 대처하는 방식과 특별한 관계가 없다는 결과였다. 핵심적인 요소는 사람들의 정서적 삶과 그들이 참여하는 활동의 종류였다. 외로움, 불행한 관계, 목적의식 부재는 고령자의 삶의 질을 낮추는 가장 큰 요소로 보였다.

30년 프로젝트의 수석 연구자였던 정신과 의사 조지 베일런트 George Vaillant는 저서 『행복의 조건Aging Well』에서, 인생이 우리에게 어떤 역경을 던지느냐가 아니라 우리가 어려움을 어떻게 다루느냐가 중요하다고 썼다. 가장 가까운 관계들을 일구어나가는 것—베일런트는 이것을 가장 강조했다—이 핵심이라는 말이다. 이것이 다른 무엇보다 우리를 더 강력하게 지탱해주기 때문이다. 다음으로는 시간을 보내는 방법이 중요하다. 생산력이 아니라 생산성, 그리고 다양한 '창조적 놀이'를 말한다. 원예는 분명 여러 방법 가운데 하나다.

위니콧은 정신분석 이론뿐 아니라 스스로의 인생에서도 장난스럽고 창의적인 방식을 활용했다. 위니콧 역시 식물 가꾸기를 좋아했다는 사실은 놀랍지 않다. 위니콧은 런던에 있는 자택 옥상 정원에 자부심을 품었고, 데번에 있는 시골집 정원도 돌보았다. 부인 클레어 위니콧은 남편이 노령에 이를 때까지 장난기를 유지했다고 말했다. 자전거 핸들에 두 발을 얹고 언덕을 내려가는 일도 포기하지 않았다.[17] 70대에 들어서서 몇 차례 심각한 심장마비를 겪은 위니콧은 자서전을 쓰기 시작했다. 그리고 메모 여백에 이렇게 같이 적었다. "하느님! 제가 생생하게 죽게 해주십시오."[18] 우리 중에 몇이나 이런 생각을 할까? 위니콧의 심장의 외침은 세상에 온전히 거주하려는 소망과 죽음을 향한 쇠락에 자주 따르는 우울증을 피하려는 소망을 담고 있다.

클레어 위니콧은 "여섯 차례 관상동맥 질환을 앓고 회복"하는 동안 위니콧이 어떤 것도 중단하지 않았다고 말한다. 74세에 죽음을 몇 달 앞두었을 때, 클레어는 남편이 데번에 있는 시골집 정원 나무에 올라가 있는 모습을 보았다. "거기서 뭐 해요?" 하고 소리치자 위니콧은 대답했다. "예전부터 이 나무 꼭대기를 치고 싶었어요. 창밖 풍경을 망치거든." 어쩌면 그동안 하지 못한 일을, 시간이 얼마 남지 않았을 때 마침내 해낸 셈이다. 그 상징은 분명하다. 위니콧은 죽을 준비가 되어 있지 않았다. 생의 앞날을 더 길게 보고 싶어 했다. 물론 공격성을 조금 발휘하는 것만큼 살아 있음을 확실하게 느끼도록 해주는 일은 없다.

그 가을에 위니콧은 죽음에 대한 생각에 점점 더 사로잡혔다. 마지막 시기에 위니콧은 자기가 겪는 곤경에 대해 이렇게 말했다. "많은 부분이 하향 성장입니다.[19] 내가 아주 오래 산다면 점점 작아져서 죽음이라는 작은 구멍도 통과할 수 있으면 좋겠습니다." 위니콧에게 죽음의 과제는 핵심적 딜레마와 관련되어 있다. 하향 성장을 하면서 어떻게 동시에 완전한 생명을 느낄 수 있는가 하는 문제다. 노령과 쇠퇴를 선택의 환상으로 감싸고, 최종적 퇴장을 탄생의 역으로 제시하면서, 위니콧은 트레이드 마크인 유머를 사용해서 무력한 상황에 조금이나마 통제력을 발휘했다.

위니콧이 말한 하향 성장은 우리 모두에게 닥치는 일이고, 불가피한 상실감을 가져온다. 쇠락할 때 인생의 화폭이 줄어드는 것은 피할 수 없다. 많은 것을 빼앗기고 거기 접근할 수도 없다. 우리의 계획과 꿈도 작아져야 한다. 원예는 이런 일에 맞서서 목적의식을 유지하게 해준다. 우리가 가진 세상의 자리를 붙잡게 해주고, 인생을 놓치지 않고 있다는 느낌을 주기도 한다—최소한 우리가 통제하는 '무언가'가 있고, 모든 게 우리 손아귀에서 빠져나가지는 않는다는 느낌을. 죽음에 대한 걱정은 거의 의식되지 않는 부분일지 모르지만, 상향 성장

이야말로 하향 성장을 가장 잘 보상해준다.

원예가 이렇게 긍정적인 역할을 하려면, 감당할 수 있는 수준의 규모를 유지해야 한다. 한때 자부심의 원천이었던 곳이 방치되어 잡초가 우거진 모습을 보면, 아예 정원이 없는 것보다 나쁠 수 있다. 자신의 무력함을 고통스럽게 되새기도록 만들지도 모른다. 이런 문제에는 정원 공유가 해결책이 될 수 있다. 예를 들어 스코틀랜드의 '에든버러 가든 파트너스' 프로그램은 농작물을 키우고 싶지만 땅이 없는 사람들을 이제 더는 자기 정원을 관리하지 못하는 사람들과 연결해준다. 양쪽 모두가 분명한 이득을 얻는다. 이익을 공유한다는 느낌은 새로운 즐거움을 안겨주고, 우정의 형성은 노년의 고립감을 물리치는 데 도움이 된다. 런던 남부 원즈워스에서 몇 년 동안 비슷한 프로그램에 대한 연구를 실행했다.[20] 그 결과 연로한 정원 소유자들이 누리는 삶의 질이 눈에 띄게 향상되었음을 확인할 수 있었다. 신체 활동 수준이 올라가고 불안과 우울 증상이 줄어들었다.

현대 사회에서 노년의 문제를 다루려면, 이런 창의적인 해결책들을 생각해내야 한다.[21] 하지만 우리에게는 실행 가능한 모델이 부족하다. 노년이 길어지면서, 노인 문제에 대한 관심은 어느 때보다 중요해졌다. 삶의 질이 참담하다면, 10년, 20년 더 사는 게 무슨 의미가 있겠는가? 노인들은 너무도 자주 옆으로 밀려나고 보이지 않는 곳에 위탁된다. 우리는 노년층의 요구를 존중하지도 않고, 그들이 전해줄 인생의 지혜와 기억에도 관심이 없다. 애실은 발코니에 그렇게 아름다운 정원을 만들고 식물을 즐기는 일이 얼마나 행운인지 잘 알았다. 그렇게 할 수 없는 노인 요양 시설이 많고, 사실 대부분이 그렇게 하지 못한다. 시설에서는 대개 제한된 실내 생활만이 반복되고, 별다른 매력

없고 늘 똑같은 환경 속에 펼쳐지는 판에 박힌 일과로 구성된다. 존재는 기다림으로 축소된다. 다음 약이 나오는 시간을 기다리고, 다음 식사 시간을 기다리고, 죽을 날을 기다리는.

아툴 가완디Atul Gawande는 저서 『어떻게 죽을 것인가Being Mortal』에서 생의 마지막이 다가올 때 의미의 근원을 가져야 한다고 말한다. 안타깝게도 요양 시설들 대부분은 그 근원을 제공해주지 못한다. "인생의 유한성을 느끼면, 사람들은 많은 것을 바라지 않는다"고 가완디는 썼다. "그들은 부를 추구하지 않는다. 권력도 추구하지 않는다. 그들은 가능한 한 이 세상에서 자신의 인생 스토리를 계속 써나갈 수 있기만을 바랄 뿐이다." 시설은 대개 개인의 '인생 형성'을 허락하지 않지만, 꼭 그렇지만도 않다. 가완디는 뉴욕의 체이스 메모리얼 요양원에 반려 동물과 식물을 들였을 때 벌어진 일을 설명한다.[22] 입소자들은 채소밭과 화원을 만들고, 화분 몇백 개를 설치했다. 토끼, 닭, 앵무새, 고양이, 개들도 그 장소에 생명 감각을 불어넣었다. 결과는 극적이었다. 서로 말을 거의 하지 않던 사람들이 교류를 시작하고, 활동성이 없던 사람들이 새로운 활동에 이끌렸으며, 불안과 흥분에 사로잡혔던 사람들은 침착하고 유쾌해졌다.

사람들은 체이스 메모리얼 요양원에서 벌어진 변화를 2년 동안 관찰하고, 결과를 인근 평범한 요양원과 비교했다. 체이스 메모리얼 요양원 입소자들은 우울감이 적고 반응성도 높았을 뿐 아니라, 사망률이 15퍼센트 줄고 약물 처방 횟수는 반감했다. 비교적 단순한 변화가 아주 큰 변화를 일으킨 것이다. 가완디가 썼듯이, 무존재감과 소외감이 줄어들었다. "질병과 노령은 우리가 감당해야 하는 상실의 공포뿐 아니라 고립의 공포이기도 하다."

246

나이 들어갈 때 가장 고통스러운 측면은 외로움이다. 낮은 단계의 결별 스트레스는 건강에 악영향을 미치며 시작되기도 한다. 정신분석학자 멜라니 클라인은 죽기 1년 전에 외로움을 주제로 마지막 논문을 썼다.[23] 고립되었을 때 느끼는 외로움의 정도는 이전까지 인생의 경험을 어떻게 이해하느냐에 따라 크게 달라진다. 더 이상 많은 즐거움을 누릴 수 없다는 한탄과 불만은 인생의 공허함을 확인해주고 고독한 상태만을 키운다. 반대로 행복하던 시절의 기억은, 특히 과거에 대해 깊이 감사한 마음을 품는다면 정서적 자원이 될 수 있다.

아름다움의 향유는 일종의 동반자처럼 고립감을 달래준다. 철학자 로저 스크러턴Roger Scruton[24]은 아름다움을 즐기면 "누군가에게 보낸 선물이 나에게 보낸 선물이 된 셈"이라면서, "이런 점에서 보면 우정에서 경험하는 기쁨과 비슷하다"고 말한다. 무언가 아름답다고 느끼면 감사한 마음과 연결되고, 그 경험은 세상에서 편안함을 느끼게 해준다. 프로이트에게는 꽃에 대한 사랑이 분명히 그런 일을 했다. 프로이트는 80세 때 시인 둘리틀에게 크리스마스 선물로 흰독말풀을 보내주며 감사 편지를 썼다.[25] "내 창가에 당당하고 달콤한 향기를 풍기는 식물이 있습니다. 딱 두 번, 라고 디 가르다와 발 루가노에서 꽃이 피어 있는 이 식물을 봤습니다. 이 꽃을 보니 내가 세상을 돌아다니며 남쪽의 햇빛을 직접 찾아갈 수 있던 지난 시절이 떠오릅니다."

여행은 프로이트에게 의존할 수 있는 기억을 풍성하게 안겨주었다. 첫 이탈리아 여행 때 프로이트는 잊을 수 없는 정원을 마주쳤다. 여행 막바지에 프로이트와 동생 알렉산더는 아픈 발과 지친 몸으로 피렌체 외곽 언덕 지대의 토레 델 갈로에 도착했다. 거기서 나흘을 머물렀다. 마르타에게 보낸 편지에 썼듯이, 그곳은 평범한 휴식처가 아니었다. "이 천상의 아름다움 속에서는 아무것도 할 수가 없습니다.[26] 무력감을 느낄 지경이에요… 파라다이스 정원은 제 역할을 해서, 우리더러 무화과나무들 아래서 몇 시간을 자고 가라고 유혹합니다." 장소의 관능성은 농작물에도 이어졌다. "훌륭한 소고기를 빼면 모든 식사가 이 정원에서 나옵니다. 신선한 무화과, 복숭아, 아몬드가 개인적으로 알게 된 나무들에서 왔더군요." 피렌체가 파노라마처럼 내다보이는 그곳은 자유롭게 돌아다니면서 "남부의 어지러운 아름다움"을 들이마실 수 있을 만큼 넓었다. 나무에서 갓 따서 태양의 열기를 입 안에 향기롭게 전해주는 잘 익은 복숭아보다 호사스러운 것이 있을까? 무화과나무 아래 누워서 비몽사몽한 상태로 아련한 생각들에 잠기는 시간보다 휴식을 주는 것이 있을까? 더운 여름날 이런 곳에서 백일몽에 빠져들기란 얼마나 쉬울까? 방해라곤 곤충들이 부드럽게 윙윙대는 소리와 가벼운 산들바람뿐, 거리의 소음도 없고 잠을 깨우는 침입자도 없는 곳에서. 파라다이스는 더없이 안전하고 만족스러운 경험을 주고, 우리는 그 경험을 회복하고 싶어 한다—인생 초기부터 그 느낌을 잘 알기 때문이다. 배불리 먹고 편안히 잠드는 복된 아기 시절에 이런 만족스러움을 경험한다. 배경에서 어른어른 들려오는 익숙한 목소리들은 아기에게 이 세상에 아무것도 두려울 게 없다는 위안을 안겨준다.

프로이트는 아름다움에 대한 열망을 잃지 않았고, 나이가 들어가면서 정원에서 점점 더 많은 시간을 보냈다. 60대 후반에 입속 종양을 제거했을 때, 의사들은 더는 여행을 하지 말라고 했다. 프로이트는 이런 육체적 제한과 "사형 선고를 받은 삶"의 전망을 받아들이기 힘들어했다. 그래서 봄과 여름이면 빈 교외의 별장을 빌려 환자들을 그곳으로 모아 진료하기 시작했다. 프로이트에게는 아름다운 정원이 가까이 있는 것이 중요했다. 푀츨라인스도르프의 집은 낙원의 감각을, "믿을 수 없는 아름다움과 평화, 그리고 자연과의 가까움"[27]을 안겨주었고, 베르히테스가덴의 여름 별장은 "목가적으로 고요하고 아름다웠다."[28] 하지만 가장 아름다운 곳은 그린칭의 별장이었다. 프로이트는 그린칭을 "동화처럼 아름답다"[29]고 했고, 그곳을 찾은 뒤로는 다른 곳으로 가려고 하지 않았다.

아들 마르틴은 그린칭 별장 일대는 "공원이라고 해도 좋을 만큼 넓어서 길을 잃어버릴 수도 있었"고, "맛있는 조생 살구가 나오는 훌륭한 과수원이 있었다"고 회상했다.[30] 담장을 두른 4만 제곱미터(약 1만 2000평)에서 인근 포도원들과 그 너머의 풍경까지 내다보였다. 프로이트는 지붕 달린 그네 침대를 특별 제작해서 야외에 두고, 거기서 글을 읽고, 자고, 손님들을 맞았다. 그리고 "아름다움 속에 죽기"[31] 딱 좋은 곳이라고 말했다. 이 시기에 프로이트는 계속 일을 하긴 했지만, 공적 생활에서 다소 물러나 있었다. 병이 계속 진행되어서 턱과 입을 33차례나 수술해야 했다. 수술을 통해 수명은 늘어났지만, 큰 고통을 겪고 많은 합병증과 감염도 경험했다.

70번째 생일 직후, 프로이트는 미국 저널리스트 조지 실베스터 비렉George Sylvester Viereck과 함께 정원을 산책하면서 인터뷰를 했다.[32] 꽃에 대한 사랑을 이야기하며 프로이트는 이렇게 말했다. "나는 많은 것을 즐깁니다. 마르타와의 우정도, 아이들도, 노을도요. 봄에는 식물들이 자라는 모습을 보았습니다." 프로이트는 경험을 통해서 "유쾌한 겸허 속에 인생을 받아들이는 법"을 배웠다고 덧붙였다. 비렉은 프로이트가 힘겹게 말하는 데 깊은 인상을 받았다. 프로이트는 입속 종양을 제거하고 나서 턱 기능을 대신하는 기계 장치를 달고 있었다. 그 기계는 소중한 에너지를 소진시킨다고 프로이트는 비렉에게 털어놓았다. 그렇지만 여전히 일과 가족과 정원을 즐길 수 있다고 강조했다. 프로이트는 또 말했다. "나는 고통이 없는 것에 감사하고, 인생의 작은 즐거움들에 감사하고, 내 아이들과 꽃들에 감사합니다!" 프로이트는 자신의 유산 문제는 거론하고 싶어 하지 않았다. 비렉이 대답을 종용하자 프로이트는 걸음을 멈추고 "섬세한 손으로 꽃이 핀 덤불을 부드럽게 쓰다듬으며 말했다. '나는 내가 죽은 뒤 벌어질 어떤 일보다 이 꽃이 훨씬 더 흥미롭습니다.'" 그렇게 산책을 하면서 여러 주제에 대해 이야기한 뒤, 인터뷰 막바지에 프로이트는 다시 처음 주제로 돌아갔다. 비렉과의 작별의 말은 이랬다. "꽃들은 다행히 성격도 복잡성도 없어요. 나는 내 꽃들을 사랑합니다. 그리고 난 불행하지 않아요. 적어도 남들보다 더 불행하지는 않습니다."

노령과 질병이 안겨주는 제약은 새로운 경험을 할 잠재력을 제한하지만, 정원은 자세히 보면 더 많은 것이 보이는 환경을 제공한다. 하룻밤 사이 나무에 꽃이 만개하거나 첫 목련이 피면, 우리는 세계를 새로운 눈으로 볼 수밖에 없다. 프로이트의 오랜 친구 작스는 프로이트가 "정원의 모든 것을 똑같은 열정으로 관찰했고, 정원에서 벌어지는 일들에 대해 말할 때도 외국과 그곳의 먼 과거 예술과 문명에 대해 이야기할 때만큼이나 흥미로워했다. 건강하던 시절에 프로이트는 그런 문명의 유산을 현장에서 연구했다"고 말했다.

80대에 다가가면서 건강이 더욱 쇠하자, 프로이트는 이따금 "새로운 고통의 공포"[33]에 사로잡혔다. 나치즘이 발흥했고, 정원 바깥의 세상은 빠른 속도로 공포와 혼란에 휘말렸다. 프로이트의 저작은 1933년 5월 베를린에서 분서된 책들에 포함되었고, 그 뒤로도 게슈타포는 그의 저작을 서점에서 계속 압수했다. "내 주변 모든 것이 점점 어두워지고 위험해지고 있다." 프로이트는 그렇게 썼지만 망명을 생각하지는 않았다. 친구와 동료들 중에는 이미 떠난 사람들이 있었다. "이렇게 쇠약한 상태로 어딜 간다는 말인가?" 프로이트는 친구 아르놀트 츠바이크에게 말했다.[34] 가족과 함께 지낼 만한 장소를 찾는다 해도, 프로이트의 건강이 그런 변화를 버텨낼지 확신하지 못했고, 그래서 당분간 "조용히 지켜보기로" 했다.

80번째 생일 직후에 작스가 그린칭에서 만난 프로이트는 크게 달라져 있었다.[35] 재발한 암에 대한 수술로 "어깨가 굽고 백발이 늘고 움츠러들었다." 그런데도 프로이트는 하루도 정원 산책을 빼먹지 않으려 했다. 작스는 이렇게 썼다. "지칠 줄 모르는 산책가였던 프로이트는 상태가 좋으면 정원 오르막 산책로를 한 걸음 한 걸음 올라갈 수 있었다. 상태가 좋지 않을 때는 휠체어를 탔고, 내가 그 옆을 걸었다. 그는 일에 대해서는 거의 언급하지 않고 정원의 흥미로운 것들을 가리키며 이야기했다." 프로이트는 쇠약한 상태에서도 자신의 정신을 의식적으로 바깥에 있는 흥미와 아름다움의 원천으로 돌리는 습관을 버리지 않았다.

인생의 끝이 다가올 때 미래가 없다는 느낌은 가장 다루기 어려운 감정이다. 이때 우리는 작은 것을 최대한 활용하고, 기대할 작은 것들을 찾아내야 한다. 이런 전략은 노령의 상실을 관리하는 데는 "나쁜 것은 떠나보내고 좋은 것에 정착하는 상황"이 최고임을 발견한 몽테뉴가 채택한 방식이기도 하다.[36] 몽테뉴는 매일 과수원 산책을 했고, 부정적인 생각에 맞닥뜨리면 의식적으로 관심을 주변 환경으로 옮겼다. 생의 작은 기쁨들은 실제로 그렇게 작지 않다. 우리에게 그렇게 여기는 버릇이 들었을 뿐이다.

프로이트는 1938년 봄에는 그린칭 별장에 가지 못했다. 나치 치하에서는 사실상 베르크가세 아파트의 수인이었다. 국외에서는 프로이트를 위한 성명들을 냈고, 그중에는 루스벨트 대통령이 발표한 성명도 있었다. 프로이트는 불확실한 몇 달을 보낸 뒤, 6월 초에 마침내 가족과 함께 영국으로 이주하도록 허락을 받았다. 여동생 셋도 함께 데려가려고 했지만 빈에 남겨둘 수밖에 없었고, 결국 나중에 아우슈비츠에서 죽었다.

프로이트는 런던에서 받은 환대에 깊이 감동했다. 저축했던 돈과 함께 아끼던 골동품 컬렉션도 나치에게 압수당했다는 소식이 전해지자, 낯선 사람들이 골동품을 보내주었다. 프로이트가 꽃을 사랑한다는 소문도 퍼졌다. 사방의 꽃집에서 식물과 꽃다발을 엄청나게 배달해주어서, 프로이트는 특유의 블랙 유머를 섞어 "우리는 꽃 속에 묻혔다"고 말했다.[37] 한여름에 프로이트의 가족은 스위스 코티지의 엘스워디 로드에 머물렀다. 그들이 빌린 집—프림로즈 힐의 공원과 잇닿은 곳이었다—의 정원은 온갖 색채로 불타올랐다. 그곳은 프로이트에게 큰 기쁨을 주었다. "내 방 밖으로 화단에 둘러싸인 우리 정원이 보이고, 그 너머로는 나무가 가득한 큰 공원이 내다보인다." 프로이트의 중요한 친구 마리 보나파르트 왕자비가 찍은 영상을 보면 프로이트

가족은 테라스에서 차를 마시고 있다. 장면은 곧 프로이트가 두 손자 루치안, 슈테펜과 함께 수련 연못 앞에 서서 물고기들을 들여다보는 모습으로 넘어간다. 이 정원은 프로이트가 다시 활기를 찾는 데 도움을 주었다. 카메라는 프로이트가 물속에서 무언가를 발견했을 때나 연못 반대편으로 건너갈 때의 탄력 있는 걸음을 잘 포착하고 있다.

낯선 나라의 망명자로 사는 프로이트에게 엘스워디 로드의 익숙한 식물과 나무는 안정감을 주었다. 프로이트는 "우리가 그린칭에 사는 것 같았다"고 썼다.[38] 그를 고향과 연결해주는 화분 식물도 있었다. 한 친구가 내게 거기서 나온 꺾꽂이 순을 보내준 덕분에 우리는 그 식물의 존재를 알게 되었다. 프로이트가 베르크가세 아파트 온실에서 자라던 식물의 꺾꽂이 순을 잘라서 가지고 온 것으로 보이는, 스파르마니아Sparrmannia africana다. 크고 싱싱한 푸른 잎을 틔우고 예쁜 하얀 꽃을 피우는 스파르마니아는 무럭무럭 잘 자란다. 우리가 받은 순이 다음 해 봄까지 자란 속도로 판단해보건대, 프로이트의 식물은 키가 1미터도 넘었을 것이다.

프로이트 가족은 1938년 9월에 햄스테드의 메어스필드 가든스로 이사했다. 어니스트 존스는 프로이트가 그곳에서 "예쁜 정원을 즐긴" 모습을 기록했다. 프로이트가 사랑한 빈의 정원들에 비하면 비교적 작았지만, 그래도 그들 가족이 소유한 첫 정원이었다. 프로이트는 정원을 사계절에 걸쳐서 보고 싶어 했다. 임대한 별장에서는 할 수 없던 일이었다. 이런 자연에 대한 사랑을 딸 안나 프로이트와 가장 많이 나누었다. 당시 어린이 정신분석학의 선구자로 자기 영역을 구축한 안나 프로이트가 식물들을 돌보았다.

프로이트의 아들이며 건축가인 에른스트는 집 뒤쪽에 서재에서 정원으로 열리는 넓은 양쪽 유리문을 설치해서, 프로이트가 책상에서 햇볕을 쬐고 아름다운 전망을 내다볼 수 있게 만들었다. 그 정원은 그린칭에서 가져온 그녀 침대를 다시 설치할 완벽한 장소였다. 그해 10월에 찍은 영상을 보면, 프로이트가 모포들로 따뜻하게 몸을 감싸고 그녀 침대에 누워 있다.[39] 작스는 이웃 정원의 고목들이 "담장 너머로 인사"[40]하면서 그 장소에 은거지 같은 느낌을 주었다고 회상했다. 프로이트가 살던 시절에 거기 있던 클레마티스, 장미, 수국 같은 많은 식물이 오늘날 프로이트 박물관이 된 그곳 정원에서 아직도 자란다.

프로이트가 영국으로 오고 몇 달이 지난 뒤에, 나치 행정부는 그의 소중한 골동품 컬렉션을 돌려주기로 했다. 물건들이 도착하자 프로이트는 친구이자 동료 잔 랑플 드 그로트Jeanne Lampl de Groot에게 편지를 보냈다. "모든 이집트, 중국, 그리스 골동품이 도착했고, 이동 과정에서 손상도 거의 입지 않았습니다. 여기서 보니 베르크가세에서 볼 때보다 더 인상적입니다."[41] 그 일은 온 집안의 큰 기쁨이었고 프로이트에게도 큰 안도였지만, 프로이트의 감동은 냉정해 보일 정도로 누그러들었다. 그는 이렇게 썼다. "하지만 새로운 추가 항목이 없는 컬렉션은 죽은 것이다."

골동품은 프로이트의 유산에서 중요한 부분을 차지했지만, 인생 과정에서는 지나간 시기일 뿐이었다. 프로이트는 더는 컬렉션을 늘릴 수 없었다. 새로운 물품을 구할 돈도 에너지도 부족했다. 게다가 소유란 정적인 특징이 있어서, 죽음에 다가가는 사람에게는 크게 힘을 발휘하지 못한다. 거기에 생명을 불어넣으려면 의미를 부여해야 한다. 반면에 자연 세계의 아름다움은 우리에게 생명을 불어넣는다. 골동품 컬렉션과 달리 프로이트의 정원은 계속 자랐고, 안나와 함께 계획을 할 수 있는 것이었다.

　죽음의 심리학을 연구한 정신과 의사 로버트 리프턴Robert Lifton은 불멸의 상징화가 중요하다는 사실을 보여주었다. 리프턴의 이론은 무의식이 자기 죽음을 상상하지 못한다는 프로이트의 견해를 토대로 한다. 리프턴은 우리가 (적어도 부분적으로는) 죽음을 거부해야 하고, 그러면 역설적으로 죽음의 현실을 받아들이게 된다고 주장했다. 절멸의 전망은 두렵다. 그래서 정신은 그 두려운 전망을 받아들이지 못하며, 우리는 죽음의 절대성을 낮출 방법을 찾아야 한다. 이것은 리프턴이 말하는 다양한 '상징적 생존'[42]를 통해서 이룰 수 있다. 상징적 생존이란 다음 세대를 살아가는 우리의 유전자뿐 아니라 내세, 우리의 창의성, 자연의 영속성에 대한 믿음을 포함한다.

　상징적 생존에 대한 깊은 실존적 필요 때문에, 죽음에 맞닥뜨렸을 때 사람과 자연의 관계는 종종 완전히 새로운 의미를 띤다. 자연의 이런 측면은 죽음을 앞둔 사람뿐 아니라 사별한 사람에게도 위안이 된다. 죽은 사람을 기억해서 나무를 심는 일은 상징적 생존의 강력한 원천이다. 시간이 지나면 기억은 희미해지지만 나무는 계속 성장한다. 그것은 망각에 맞서는 보증 장치처럼 뿌리를 깊이 내린다.

　꽃에 대한 사랑은 다른 사람과 공유할 수 있다. 프로이트는 일생 내내 존경하는 여자들에게 꽃을 보냈다. 버지니아 울프가 메어스필드 가든스로 찾아왔을 때[43]도 프로이트는 기회를 놓치지 않았다. 남편 레너드 울프는 프로이트가 "옛날 방식으로 각별히 정중했고", 또 "의식이라도 치르듯이 버지니아에게 꽃 한 송이를 주었다"고 기록했다. 진행성 질병과 쇠락은 잔혹한 일이다. 그해 겨울 프로이트가 얼마나 쇠약해졌는지는 버지니아 울프의 1939년 1월 29일 일기에 기록되어 있다. 울프는 "프로이트의 움직임이 마비성 경련을 보이고 불분명했지만 둔하지 않았다"고 적었다. 프로이트는 제대로 말할 수 없었지만, 꽃에는 꽃말이 있다. 프로이트는 가장 사랑하는 꽃 중 하나인 수선화를 울프에게 주었다.

다시 돌아온 봄은 죽음을 앞둔 프로이트에게 엄청나게 중요했다. 그네 침대를 설치하기에는 때가 일렀지만, 에른스트가 집 뒤쪽에 만든 로지아(벽 한 면을 틔운 방벽_옮긴이)에는 나가 있을 수 있었다. 한 면이 뚫려서 안전하게 정원을 향유할 수 있는 공간이었다. 이른바 문턱 공간이라고 하는 로지아, 온실, 베란다, 발코니 같은 구조는 절반은 안에 있고 절반은 밖에 있는 경험을—두 세계의 최선을—제공한다.

이런 공간이 노인과 죽음을 앞둔 사람들을 돌보는 상황에서 중요한 역할을 할 수 있다는 인식이 점점 커지고 있다.[44] 인생 자체가 문턱에 놓여 있을 때, 물리적인 문턱은 도움이 된다. 하늘에서 구름이 바람에 밀려가는 모습을 볼 수 있다면, 아직 인생이 완전히 막을 내리지 않았다는 뜻이다. 정원은 끊임없는 운동과 변화 감각을 주며 우리를 끌어당기는 매혹의 원천이다. 다리로는 여행할 수 없어도 눈은 계속 산책할 수 있고, 새가 노래할 때 정신은 함께 날아올라 나무에 기거할 수 있다.

초여름이 되자 인생의 마지막에 이른 사람이 다들 그러듯, 프로이트는 잠을 많이 잤다. 최대한 야외에서 잠을 청했다. 때로 가족이 침상 옆에 있었지만, 그렇지 않더라도 프로이트는 혼자 있는 일이 없었다. 충성스러운 개 룬이 늘 곁을 지켰다. 작스는 프로이트가 "때로는 가벼운 잠에 빠져 있었고, 때로는 잠시도 곁을 떠나지 않는 개를 쓰다듬으며"⁴⁵ 누워 있었다고 말한다. 여름이 흘러가는 동안, 프로이트의 턱 상처가 진정될 기미 없는 염증을 일으켰다. 이미 여러 해 전부터 먹는 일이 힘들었는데 이제 더 힘들어졌고, 그 결과 더 쇠약해졌다. 2층 방의 침대가 아래로 내려왔고, 서재는 누워서 정원을 내다볼 수 있도록 병실로 개조되었다.

9월 초에 광대뼈 위의 피부가 괴저의 기미를 보이며 악취를 풍기기 시작했다. 룬은 개의 본능으로 자신이 느끼는 원시적 공포 상태에 따라 행동했으므로 룬과의 관계가 끝났다. 서재에 데리고 가도 멀찍이 떨어진 곳에 웅크리고 앉아 있을 뿐,⁴⁶ 아무리 채근해도 프로이트의 곁에 가려고 하지 않았다. 그렇지만 적어도 정원은 계속 위안을 주었다. 유리문은 최대한 열어두었고, 사랑하는 꽃들을 잘 볼 수 있는 자리에 프로이트의 침대를 두었다.⁴⁷ 꽃들은 언제가 되었든 우리를 거절하지 않는다.

프로이트의 인생 마지막 몇 주일 동안 안나가 간호해주었고, 에른스트의 부인 루시가 도왔다. 루시는 나중에 쓴 편지에서⁴⁸ 프로이트가 그렇게 아픈데도 "병실은 평화롭고 유쾌했고 가정적인 분위기가 넘쳤다"고 썼다. 깨어 있을 때 프로이트는 "우리 모두에게 말할 수 없이 친절하고 다정했으며, 모든 것을 참는 인내심은 감동적이었다."

프로이트는 한때 죽음은 성취라고 썼다.⁴⁹ 누군가 죽었다는 소식을 들으면 우리는 과제가 완성되었을 때의 경탄 비슷한 것을 느낀다.

어쨌든 죽음은 자신을 사랑하는 이들과 분리시키고 생명을 떠나는 실존적 성취다. 프로이트는 1939년 9월 23일 새벽에 숨을 거두었다. 가족과 함께 메어스필드 가든스에 자리 잡은 지 1년하고 일주일이 지났을 때였다. 그곳에 처음 갔을 때 프로이트는 정원의 사계절을 보고 싶어 했다. 그 소원은 이루어졌다. 정원은 프로이트 인생 마지막 1년 동안 그의 곁에 있었다.

정원이라는 안식처에서 우리는 가장 온화하고 아름다운 대자연에 둘러싸인다. 변덕스럽고 적대적인 모든 것에게서 보호받는다. 그런 평화의 순간에 세상은 밝기만 하다. 죽음을 준비할 필요가 생기면 영혼은 휴식처를 찾아야 한다. 프로이트는 정원에서 휴식처를 찾았다.

이 휴식처가 주는 것은 자연의 진정 효과만이 아니다. 정원은 회상도 일으킨다. 프로이트에게는 기억 속에 신성하게 간직해둔 아름다운 장소가 많았다. 산책하기 좋아한 "동화 같은" 그린칭 정원도 있고, 발도 아프고 몸도 지쳤을 때 그를 사로잡았던 토레 델 갈로의 "파라다이스 정원"도 있었다. 그리고 난과 산딸기를 찾아다닌 산길들이 있었고, 깊은 편안함을 느낀 숲속 그늘 덤불이 있었고, 소년 시절 헤매다닌 집 근처 들꽃 초원, 그리고—마지막으로—죽음에 대해 처음 가르쳐준 젊은 어머니의 품이 있었다.

어머니의 품은 우리가 가장 먼저 경험하게 되는 장소다. 프로이트는 '지모신'이 우리를 다시 받아들여준다고 쓰면서, 자기 인생에서 이 이른 시기가 어떤 중요성을 가지고 있었는지에 주목했다. 그리고 다음과 같이 덧붙였다. "하지만 노인이 여자에게서 예전에 어머니에게 받은 것 같은 사랑을 구하는 일은 헛되다.[50] 운명의 세 여신 중 세 번째인 말 없는 죽음의 여신만이 노인을 품에 안을 것이다."

죽음을 귀환으로 보는 생각은 헬렌 던모어Helen Dunmore의 마지막 시집 『파도 안에서Inside the Wave』[51]에 강력하게 표현되어 있다. 그 책에서 던모어는 죽음을 향한 자신의 여행과 휴식처에 대한 요구를 보여준다. 죽기 겨우 열흘 전에 쓴 마지막 시는 「두 팔을 벌려라Hold Out Your Arms」다. 도입부에 던모어는 죽음의 "어머니다운 손길"을 요구하면서 자기 정원의 붓꽃에 집중한다. "담벼락 옆에서 / 뿌리줄기를 굽는 수염 달린 붓꽃" 그 "향기에는 사랑스러움이 흘러넘친다." 그리고 죽음이 어떻게 찾아올지 궁금해하다가 뿌리줄기가 꽃을 밀어올리듯, 어머니는 아이를 들어올리리란 사실을 깨닫는다. 그런 뒤 의인화를 더 밀어붙인다. "상관할 거 없어— / 너는 속삭인다 / '이제 거의 다 왔어.'"

죽음은 얼굴이 없고, 얼굴이 없으면 진공 속으로 낙하하는 듯 두렵다. 우리는 익숙한 것을 향해 손을 뻗을 수 있을 때 안전하다고 느낀다—한 손을 잡으면서 다른 손을 놓을 수 있듯. 던모어는 붓꽃과 뿌리줄기에 믿음을 주고, 거기서 자연스러운 과정이 펼쳐진다는 느낌을 받는다.

죽음을 상징화하는 여러 가지 방식에 따라 죽음 이후 공포가 찾아오는지 그렇지 않은지, 인생의 끝이 자연스럽게 느껴지는지 부자연스러운지를 결정한다. 최초의 문화에서부터 식물과 꽃은 사람들이 삶과 죽음을 이해하는 데 영향을 미쳤다. 삶과 죽음이 우리 생각을 형성하는 방식은 공포와 절망을 물리치는 데 도움이 된다. 해마다 봄이 돌아온다는 사실은 언제나 믿을 수 있고, 그럼으로써 우리는 죽을 때도 죽지 않고 좋은 것이 이어진다는 느낌을 받는다. 이것이 정원이 주는 가장 영속적인 위안이다.

11
가든 타임

원예는 시간의 흐름에 유기적 관점을 준다.

윌리엄 쿠퍼(1731~1800)

인생이 흔들릴 때, 가든 타임은 우리를 다시 나아가게 해준다. 몇해 전 봄, 병과 지독한 업무 스트레스에서 회복하면서 이와 관련된 고유한 경험을 했다.

이전까지 13년 동안, 나는 컨설턴트 정신과 의사로 일하며 NHS 심리 치료 부서를 운영했다. 우리가 돌보는 환자들의 심각성과 복잡성을 생각해보더라도, 나는 높은 수준의 책임을 지고 일정량의 스트레스를 관리하는 데 익숙했다. 하지만 그때 내가 일하던 부서는 갑자기 향후 4년 동안 비용을 최대 20퍼센트 감축하라는 요구를 받았다. 정신 건강 분야는 언제나 돈이 부족했기에 더 줄이라는 요구는 큰 잘못이라는 생각이 들었다.

조직 개편이 이어졌고, 내가 이끌던 팀을 포함한 여러 전문의 팀이

해체되었다. 결국 많은 동료가 중복 인력 취급을 받게 되었고, 그 후 몇 달 사이에 어떤 사람들은 떠나야 했다. 심리 치료 팀이 없어지면서 업무 부하가 늘자, 나는 무력감과 고립감을 느끼게 되었다. 그래도 멈추지 않기로 했다. 그런 결심은 내가 다음 해에 갑자기 염증성 관절염에 걸리는 바람에 이어나갈 수 없었다. 나는 늘 내 일에 강한 애착을 품었지만 쉬어야 했고, 오랫동안 무기력하게 지내다 보니 건강에도 악영향을 미쳤다. 다음 해 여름이 끝날 무렵, 상황은 더욱 분명해졌다. 여름이 지나자마자 나는 대상포진에 걸려 쓰러졌다.

가을이 지나는 동안 에너지가 돌아오기를 바랐지만, 그렇게 되지 않았다. 무력감이 겨울까지 이어졌고, 겨울의 쓸쓸한 감정은 3월로 이어졌다. 봄이 오면 대체로 얼른 온실로 나가지만, 그해에는 그러지 않았다. 오래전에 주문해놓은 씨앗들은 봉지에서 나오지도 못했다.

어느 주말 아침, 톰이 함께 온실을 정리하자고 했다. 청소를 할 필요가 있었다. 우리는 죽은 이파리, 깨진 화분 등 지난해의 모든 부스러기를 치웠다. 그런 뒤 발판 위 식물들을 재배치하고, 분갈이용 양동이에는 새 퇴비를 담았다. 일이 끝나갈 때 나는 씨앗 봉투들을 뒤졌고, 처음으로 뭘 심을지 계획을 하기 시작했다.

다음 날, 아침을 먹자마자 밖으로 나갔다. 온실에 가서 씨앗 파종 작업을 시작할 생각이었다. 그렇게 일한 시 얼마 되지 않는데, 갑자기 땅에 무언가를 심어야 한다는 생각에 사로잡혔다. 그리고 다른 것은 전혀 중요하지 않다는 듯 피로감을 뚫고 그 일을 했다. 하루가 끝났을 때 상추, 나도냉이, 당근, 시금치, 비트, 케일, 고수, 파슬리, 바질이 모두 모종판에 파종되어 채소밭에 정렬되었다. 꽃씨—금잔화, 델피늄, 스위트피, 코스모스—도 뿌렸다. 이제 씨앗들은 더는 내 정신에서 꼬물거리지 않고, 흙 속에서 자라게 되었다. 그 이전 몇 달 동안은 밀려오는 파도를 무력하게 바라보는 서퍼처럼 아무것도 하지 않았다. 하지만 그날 나는 계절의 힘과 새로운 에너지로 우리를 끌고갈 수 있는 시간의 물결, 그러니까 가든 타임에 올라탔다.

씨앗 안에는 미래가 설계되어 있다. 씨앗은 계획과 새로운 가능성의 즐거움을 맛보게 해준다. 때로는 미래를 열어주는 손잡이가 되는데, 그 미래는 쉽게 상상할 수 있다. 어떤 일이 일어나든 상추와 금잔화는 자랄 것이다. 벌레가 꼬이고 날씨가 나쁠 수 있지만, 그래도 여러 가지를 심어서 위험을 분산시킬 수 있다. 그러면 어떤 것은 실패해도 어떤 것은 분명히 잘 자란다.

우리는 언제나 온갖 방식으로 미지의 미래에 투자한다. 하지만 안 좋은 일이 연달아 일어나고 인생이 마음대로 되지 않는다고 느껴질 때는 꿈을 꾸기가 힘들다. 그럴 때 정원은 안전한 시작의 장소가 될 수 있다. 무한한 가능성을 담고 있지는 않기 때문에, 일정한 체계와 규율도 준다. 계절의 흐름이나 자연의 성장 속도는 타협할 수 있는 문제가 아니다. 늦출 수도 당길 수도 없다. 그저 가든 타임의 리듬에 따르고 그 틀 안에서 일해야 한다.

자연의 속도는 봄과 초여름에 가장 활기차게 느껴진다. 아무리 의욕이 넘쳐도, 계속 밀려드는 과제가 지나치다는 생각이 들고 정원을 보기만 해도 피로해질 때가 있다. 그럴 때면 말하고 싶다. "조금 속도를 늦추면 안 되겠니? 일주일만 여유를 주면?" 하지만 이내 속도를 늦추어야 하는 것은 나라는 사실을 깨닫는다.

우리는 시간 감각이라는 말을 하지만, 시간을 지각하는 중추는 따로 없다.[1] 시간의 경과를 감지하는 감각기관도 없다. 신경과학자 데이비드 이글먼은 시간 인지를 "두뇌 여러 곳에 분포된 특징"이라고 말한다. 그러니까 시간 인지는 "메타 감각이다.[2] 다른 모든 것 위에서 작동한다." 우리는 사실 감정, 감각, 기억의 복잡한 짜임을 통해서 시간의 경과를 경험한다. 시간이 자기의 감각과 긴밀하게 연결되어 있다는 뜻이다. 실제로 어떤 사람들은 시간 인지를 스스로의 산물이라고 생각한다. 감정은 시간의 경과를 근본적으로 변경시킨다.

우리는 현재를 살고, 과거를 회상하며, 미래를 내다본다. 시간은 구조물이고, 우리의 인생 경험은 시간을 어떻게 생각하는지, 그리고 시간을 둘러싸고 어떤 습관을 형성하는지에 크게 영향받는다. 시간은 반복되는 주기의 연속으로 이해할 수도 있고, 오늘날 대부분의 사람들처럼 현대적이고 선형적인 형태로 받아들일 수도 있다.

주기적 시간관은 인류가 가졌던 최초의 시간관으로, 땅과 가까이 살던 사람들에게 합리적이었다. 시간의 순환성은 계절의 반복만을 가리키지 않는다. 최초의 서사들도 순환 형태를 띠었다. 신화, 전설, 민담에는 임무를 완수하러 떠났다가 돌아와서 모험담을 전하는 영웅들이 나온다. 아서 왕의 기사들은 고전적인 예다. 서사의 고리는 영웅을 출발 지점으로 데려오고, 그가 귀향한 뒤에야 이야기가 짜여나간다. 순환형 서사 구조는 우리의 심리적 기원에 깊이 새겨져 있다. 그것은 수렵 채집 시대의 생활 방식과 밤에 모닥불 앞에서 나누던 모험담에서 비롯되었기 때문이다.

정신은 시간을 선형으로 바라보지 않는다. 두뇌는 예언적 기관이다. 우리는 현재를 이해하고 미래를 예견하기 위해 끊임없이 과거로 돌아간다. 과도한 행동에 소진되거나 빠르게 지나가는 사건들에 압도당했다면, 차분한 상태로 돌아갈 필요가 있다. 그때서야 비로소 우리에게 벌어진 일을 돌아보며 이해할 수 있다. 부교감신경계의 '휴식과 소화' 상태는 육체적인 소화와 심리적인 소화에 모두 연결된다. 배 속 음식뿐 아니라 우리의 감정에도 대사 과정이 필요하다. 이 과정을 통해 우리는 스스로의 서사를 만든다. 이것을 할 시간과 정신적 공간이 부족하면, 경험은 서로 관련 없는 사건들처럼 느껴지고 인생은 의미를 잃는다.

정원은 우리를 생명의 기본적 생물학 리듬으로 돌아가게 해준다. 생명의 속도는 식물의 속도다. 우리는 속도를 늦추게 되고, 안전한 곳에 친숙한 것들과 함께 있다는 느낌을 갖고 좀 더 사색적인 정신 상태에 들어간다. 정원은 우리에게 순환적 서사도 준다. 계절이 돌아오면 우리는 귀환 감각을 느낀다. 어떤 것은 변하지만 어떤 것은 변하지 않는다. 계절적 시간의 구조에는 위안이 있다. 친절하게 배움도 허락한다. 두 번째 기회가 있기 때문이다. 올해 무언가 실패해도, 내년 이 시기에 다시 시도할 수 있다.

선형적 시간은 엄정하고, 그 유한성은 삶의 기준으로 삼기에는 가혹하다. 마치 우리 몸은 쉬고 회복해야 하며 땅 역시 마찬가지라는 사실을 모르는 채, 고정된 궤적을 날아가는 화살 같다. 시간을 활용해서 최대의 산출을 내는 것이 가장 큰 목표라면, 우리는 시간을 낭비하지 않기 위해 애써야 하고 언제나 시간이 부족하다고 느끼게 될 것이다. 시계를 기준으로 살면서 늘 그것을 이기려고 힘을 다할 수밖에 없다.

쾌감과 아드레날린의 폭풍 속에서 사는 인생은 중독성이 있다. 그 근저에 깔린 탈진은 역설적으로 패턴에서 더욱 빠져나오기 어렵게 만든다. 격렬한 인생은 문제를 해결하기보다 문제에서 도망치는 수단이 되고, 속도를 늦추고 점검하기보다 속도를 유지하는 쪽을 더 쉽게 만든다.

오늘날 같은 패스트푸드, 스피드 데이트, 원 클릭 주문, 당일 배송의 시대에는 어떤 요구든 빨리 충족될수록 좋다. 넘쳐나는 게시글, 공지, 이메일, 트위터는 너무나 많은 새 정보를 흡수하라고 요청하기 때문에, 사람들은 무엇이 적절한지 판단하기가 어렵다. 경험을 소화하거나 이해하기는커녕 기억할 시간도 부족하다. 우리의 개별적 또는 집단적 기억은 점점 클라우드에 아웃소싱되고 있다.

시간의 흐름에 대한 우리 감각은 뇌가 저장하는 기억의 양과 밀접한 관련이 있다. 많은 디테일에 주목해야 하는 새로운 장소나 상황에서 보내는 시간은 더 길게 느껴진다. 더 많은 기억을 저장하기 때문이다. 반대로 인터넷에서 보내는 시간은 순식간에 지나간다. 그 일에는 주의 집중이 필요하지 않고, 기억을 저장하지도 않기 때문이다.

기억으로 구성되는 각자의 개인적 일대기에서 시간 감각은 흐릿할 때가 많다. 기억은 시간의 흐름보다 장소와 훨씬 강력한 관계를 맺기 때문이다. 그래서 우리는 무슨 일이 언제 일어났는지는 자주 잊어도 어디서 일어났는지는 확실히 안다. 야생에 살던 우리 조상들은 지형을 파악해서 자원의 소재지를 기억해야 했다. 장소가 기억 시스템에서 색인 카드처럼 작동하는 데에는 진화적 이유가 있다. 그 결과 장소는 살아가는 동안 우리의 자전적 서사와 자기 감각에 밀접하게 엮이게 된다.

지금은 시간과 장소에 대한 관계가 모두 파괴되었다. 원한다면 하루 중 언제라도 거의 모든 일을 할 수 있고, 어디에서도 하고자 하는 일에 접근할 수 있다. 디지털 세상은 지금 있는 장소에 완전하게 기거하기 어렵게 만든다. 우리는 항상 반쯤 다른 데 정신이 팔려 있고,

또 반쯤은 다른 데 있다. 게다가 노동 시간과 휴식 시간, 낮 시간과 밤 시간의 차이가 없어졌다. 잠자는 시간은 두뇌에서 소교세포가 회복을 위한 가지치기와 잡초 뽑기를 하는 시간이지만, 현대인들에게는 이 가장 기본적 형태의 휴식과 회복 시간이 부족하다.

직업 안정성 저하와 과다 근로의 경쟁 문화는 지난 20년 동안 직장 스트레스를 극적으로 증가시켰다. 도시 사무실에는 늦은 밤까지 일하는 사람들이 가득하다. 유급휴가를 챙기지 않는 것을 자랑으로 여기는 조직도 많다. 많은 교사, 의사, 간호사가 인력이 부족한 상태에서 증가하는 서비스 목적 달성 요구와 씨름한다. 어떤 직업이든 번아웃 경계선에 있는 것이 규준이 되었다. 스트레스는 현대인들이 병가를 내는 가장 흔한 단일 이유다.

번아웃은 회복 시간과 스트레스를 관리할 능력이 부족할 때 발생하며 우울증 위험을 높이고, 심장병과 당뇨병 등 여러 육체적 장애의 발생률을 높인다. 1974년에 심리학자 허버트 프로이덴버거Herbert Freudenberger가 과로나 스트레스로 인한 육체적 또는 정신적 탈진에 번아웃이라는 이름을 붙였다.[3] 스웨덴에는 원예로 번아웃과 스트레스 장애를 치료하는 센터가 있다. 알나르프 농과대학의 파트리크 그란 Patrik Grahn 교수 팀은 15년 넘는 시간을 들여 12주짜리 집중 원예 치료 프로그램을 개발했다. 그리고 오늘날 '알나르프 모델Alnarp model'[4]이라고 알려진 프로그램의 이점을 보여주는 많은 연구 결과를 발표했다.

알나르프 모델에는 다양한 분야가 관여한다. 조경학을 전공한 그란 교수가 정원을 설계했고 작업치료사, 물리치료사, 정신역동 심리치료사, 원예사로 이루어진 팀이 프로그램을 실행한다. 환자 대부분은 교사, 간호사, 의사, 법조인 같은 전문직 여성들로, 장기 병가를 냈지만 다른 치료로 효과를 보지 못한 사람들이다. 전형적으로 성취 동기가 높고 성실하지만, 업무 과부하와 집안일을 병행하며 건강이 무너졌다. 이 환자들은 불안에 시달리고, 정신적, 육체적 에너지의 부족 때문에 집중하거나 결정을 내리는 데 어려움을 겪는다. 또 높은 성취에서 자존감을 얻는 성향이 강하기 때문에 일을 쉬고 있다는 데서 죄책감과 수치심에 시달린다.

알나르프 치유 정원은 대학 캠퍼스 한쪽 구석에 적갈색 나무 울타리를 둘러서 만들었다. 프로그램은 2만 제곱미터(6000평) 공간의 중심에 있는 전통적 목조건물에서 진행된다. 주 강의실은 단순하고 가정적 느낌이고, 나무 덱에서는 채소밭을 내다볼 수 있다. 채소밭 너머에는 아름다운 초원과 삼림 풍경이 펼쳐진다. 그 덱에서는, 이 공간이 대학의 일부라거나 근처에 북적이는 캠퍼스가 있다는 느낌이 들지 않는다. 멀리 간선도로에서 들리는 희미한 자동차 소리만이 이곳이 완전한 고립지가 아니라는 사실을 알려준다.

치유 단계에 따라 필요한 것이 달라지기 때문에, 정원에는 야생의 자연도 있고 경작한 자연도 있다. 경작된 구역에는 온실 두 채와 채소, 과일, 허브를 키우는 다양한 밭이 있다. 그와 달리 야생 구역에서는 무슨 일을 할 필요가 없이 자연을 경험한다. 사람들이 휴식할 수 있는 조용한 '휴게실'도 여럿 있다.

참가자들은 대부분 이전에 원예 경험이 없으며 12주 동안 일주일에 네 번 오전에 활동을 한다. 며칠 동안 적응이 끝나면, 치료사는 그들에게 혼자 시간을 보낼 평화로운 장소를 한 군데 고르라고 한다. 어떤 사람들은 정원의 야생 구역으로 매트리스를 가지고 나가고, 어떤 사람들은 해먹, 그네 의자, 또는 휴게실의 벤치를 고른다. 그들은 병을 앓는 동안 자신의 몸과 세상에서 분리되었다. 그래서 감각과 느낌을 통해서 가장 기본적인 연결을 재설정할 방법을 찾아야 한다.

휴게실 한 곳은 특히 매력적인 삼림지 근처에 있는데, 나무들 사이에는 해먹이 걸려 있다. 5월이면 정원의 이 구역에는 하얀 튤립이 활짝 피어 신선함과 푸르름이 가득해지는데, 해먹은 그때 설치된다. 해마다 앞쪽에 억새풀이 자라서 휴식을 위한 울타리가 되어주고, 근처에 있는 실론계피나무에서 계피 향이 흘러들어 온다. 이 삼림지대에는 이끼 낀 돌멩이들에 둘러싸인 연못이 있고, 연못 한쪽 끝에 큰 바위가 있다.

나무, 돌, 물의 존재는 정원 설계를 뒷받침하는 중요한 요소로, 미국 정신과 의사이자 정신분석학자인 해럴드 설즈의 작업에서 아이디어를 얻었다. 설즈는 1960년대에 저술 활동을 하면서, 그때 이미 기술이 사람과 자연의 관계를 방해하는 점을 우려했다. "최근 몇십 년 동안 우리는 자연의 생명력이 우세하거나 가까이에 있던 세상에서 기술에 지배되는 환경으로 옮겨왔다.[5] 기술은 놀랍도록 강력하지만, 그럼에도 불구하고 죽은 것"이라고 설즈는 썼다. 또한 자연 세계를 통해서 심오한 의미를 경험하는 우리의 능력은 위기 때에만 드러나곤 한다고 보았다. 삶과 분리된 사람에게, 훨씬 단순한 생명과의 관계는 중대한 재연결 감각을 준다. 설즈는 복잡성의 위계를 작성했는데 대인 관계가 가장 복잡하고 동물, 식물, 돌이 그 뒤를 잇는다고 했다.

그란 교수의 동료 요한 오토손Johan Ottosson은 거의 20년 전에 이런 상황을 직접 경험했다. 당시 오토손은 자전거 사고로 머리에 중상을 입고 영구적 장애를 얻었다. 이후 「위기에 대처하는 데 자연의 중요성The Importance of Nature in Coping with a Crisis」이라는 글에서 자신이 어떤 경험을 했는지 썼다. 이 경험이 알나르프 작업의 토대가 되었다.[6]

오토손은 트라우마로 깊은 심리적 분리 상태에 빠져 있었다. 부상에서 차츰 회복하면서 자신이 치료받던 병원 주변 공원을 산책하기 시작했다. 그러다가 "누구도 건드리지 않은 커다란 돌"[7]을 마주쳤는데, 어떻게 해서인지 그 돌이 "말을 거는" 것 같았다. "이끼에 덮인" 돌은 사고 이후 처음으로 "평온과 조화"의 경험을 주었다. 오토손은 그 돌을 계속 찾아가서 관계를 발전시켰고, 그 일은 다시 세상에 마음을 여는 계기가 되었다. 오토손 인생의 모든 것이 한순간에 변해버렸다. 그런 상황에서 돌의 영원성이 위로가 되어주었다. "돌은 최초의 인간이 그 앞을 지나가기 전부터 거기 있었다. 각자의 인생과 운명이 있던 수많은 세대가 그 앞을 지나갔다." 오토손은 돌과의 관계로 깊은 안정감을 얻었다.

알나르프의 스태프는 우리가 나무, 물, 돌과 좀 더 단순한 관계로 돌아갈 필요가 있음을 알려주는 사실을 규칙적으로 목격한다. 참가자들은 교류할 대상을 자유롭게 선택하고, 이따금 누군가는 연못가의 큰 돌에 올라가서 평평한 꼭대기에 앉는다. 이렇게 세상과 안전하게 관계 맺는 방법을 찾으면, 닫힌 상태에서 빠져나오는 데 도움이 된다. 1~2주 후 사람들에게는 호기심이 돌아오고, 정원의 다른 곳들도 탐색하기 시작한다. 이때부터는 자유롭게 채집할 수 있다. 특히 산딸기가 인기다.

6주가량이 지나면, 참가자 대부분은 수면의 질이 좋아지고, 육체적, 정신적 에너지가 개선된다. 효능감과 정서적 일관성에 대한 평가도 분명한 개선을 보인다. 원한다면 정원 일에 더 오랜 시간 참여할 수 있다. 정원 일은 시달려온 근육의 경직을 해소하는 데 도움이 된다. 오랫동안 몸에서 나는 경고음을 듣지 않은 것도 단절 상태에 빠지게 된 이유 중 하나다. 참가자들은 이제 경고 소리를 듣고 피로해지면 쉰다.

정원 일은 반복적인 것이 많아서, 참가자들은 리듬감을 얻는다. 그렇게 되면 정신, 신체, 환경이 하나가 되어 조화롭게 기능할 수 있다. 이른바 '몰입 상태flow state'는 여러 차원에서 큰 회복력을 갖는다. 이 상태는 부교감신경 기능을 강화하고 엔도르핀, 세로토닌, 도파민 같은 다양한 항우울 신경전달물질과 BDNF 수치를 높여서, 두뇌 건강을 증진한다. 그 결과 쾌적하고도 이완된 집중이 가능해진다.

몰입 상태는 1980년대에 정신적으로 만족을 주는 일의 특징에 대해 연구하던 심리학자 미하이 칙센트미하이Mihaly Csikszentmihalyi가 처음 소개한 말이다. 칙센트미하이는 운동선수, 미술가, 음악가, 원예가, 공예가 등이 어떻게 고도의 집중력을 발휘하는 활동에 참여해서 스스로 활동과 하나가 되는 느낌을 받는지 살펴보았다. 그 결과 "자아가 떨어져 나간다.[8] 시간은 흐른다. 모든 행동과 움직임과 생각은 필연적으로 앞의 것을 따라간다"라고 정리했다. 리드미컬한 활동이라고 모두 몰입 상태가 생겨나지는 않는다. 그 일이 흥미롭지 않으면 정신은 잡념에 빠질 수 있기 때문이다. 칙센트미하이는 기술 수준과 과제의 수준이 잘 맞아서 일이 너무 쉽지도 않고 너무 어렵지도 않을 때, 몰입 상태가 생겨날 가능성이 높다고 말했다.

　과학 기술은 우리 삶에 침투해서 속도를 설정한다. 기계의 반응을 기다릴 때나 네트워크가 느릴 때면, 자기 리듬을 찾기 어려운 경우도 있다. 하지만 우리의 손과 몸으로 일하면, 아무런 매개물 없이 물질세계와 직접적 관계를 맺고 스스로 속도를 설정할 수 있다. 사람들은 어떤 일에 몰두했을 때 '자신을 잊어버리는' 즐거운 느낌을 자주 말한다. 이런 자발적인 상태가 생기는 이유는 몰입 상태에 전전두엽 피질 활동의 둔화가 동반되기 때문이다. 이것을 일시적 전두엽 활동 감소라고 한다. 이런 일이 벌어지는 동안 우리는 스스로를 덜 감시한다. 자기비판에 시달리지 않을 시간은 모두에게 필요하지만, 우울증과 불안증에 시달리는 사람에게는 이런 시간이 특별한 위안이 된다. 그런 사람들에게서는 전두엽 피질과 편도를 연결하는 자기 감시 회로가 과도하게 활성화되기 때문이다.

　알나르프 정원 참가자들은 자신의 몸, 감정과의 접촉이 늘면서, 이전까지 인정하지 못했던 과거와 관련한 깊고 강렬한 감정들과도 접촉하기 시작한다. 어떤 이들은 이런 감정을 그룹 상담 때나 심리 치료사와 일대일 상담에서 표현하고, 또 어떤 이들은 보고 들을 사람 없는 정원의 먼 구역으로 가서 해소한다.

　이런 정서적 카타르시스 단계를 거친 후에, 원예에서 얻어내는 상징적 의미가[9] 더욱 중요해지는 새로운 시기가 시작된다. 원예 치료를 새로운 차원으로 이끌고 가는 시기다. 그 방식은 사람마다 다르고 개별적 인생사나 문제들에 따라서도 달라진다. 모종 돌보기는 자신이 예전에 얼마나 돌봄을 받지 못했는지를 깨닫게 해줄 수 있다. 잡초 뽑기는 유독한 감정을 내보내는 내적 과정을 추동할 수 있고, 퇴비 더미를 만드는 일은 나쁜 일 다음에 좋은 일이 올 수 있다는 믿음을 키워줄 수 있다. 심리 치료사들은 이 많은 부분이 무의식적으로 이루어진다는 사실을 알기에, 사람들이 자기 경험을 말로 표현할 수 있도록 도와준다.

알나르프 프로그램의 마지막 몇 주는 집단 활동에 집중해, 사회성을 높이는 데 초점을 맞춘다. 참가자들은 대체로 이런 변화에 대응할 준비가 되어 있다. 후속 연구[10]를 보면, 1년 뒤 참가자의 60퍼센트 이상이 일이나 교육으로 돌아가고, 병원 방문도 평균 1년 30회에서 5회로 줄어든다. 정부에서도 알나르프 모델이 장기 병가자들의 업무 귀환을 도와주는 비용 효과적 프로그램이라고 보고 지원하고 있다.

알나르프 정원의 선임 연구원 안나 마리아 팔스도티르Anna María Pálsdóttir는 「회복 일지The Journey of Recovery」[11]라는 글을 썼다. 프로그램 참가자들을 치료 중간에, 그리고 그 석 달 후에 심층 인터뷰한 내용을 담은 연구다. 이 글을 보면, 자연의 '무조건적 수용'이 치유에 중요한 역할을 했음을 알 수 있다. 안전하다는 느낌 덕분에 참가자들은 정서적 스트레스를 경험하고 방출할 수 있었다. 거절에 대한 공포와 죄책감, 수치심이 강하면, 취약한 상태가 되어 인간관계를 맺기가 어렵다. 자연에서 감정을 담을 안전한 그릇을 찾는 일은 더욱 심층적인 상담 치료로 옮겨가게 도와주는 첫 걸음이 될 수 있다.

자연과 가까이에서 시간을 보내면 참가자들은 팔스도티르가 말하듯이 "모든 일에는 때가 있다"는 것을 알게 된다. 과도한 압박을 받으면 인생은 의미가 없어지며, 멈춤도 나중에 인생과 더 깊이 접촉하고 귀환하게 된다면 시간 낭비가 아님을 이해하게 된다. 한 참가자는 "자기 속도로 움직이는 작은 세계"를 살펴보는 단순한 일이 "병원에서 찾을 수 없는 행복감"을 주었다고 말했다. 모종, 나무, 돌멩이의 생명 주기는 우리와는 비교도 안 되게 짧거나 길다. 정원에서 경험하는 시간의 스펙트럼은 치유에 중요한 역할을 한다.

위니콧은 붕괴가 돌파가 될 수 있다고 쓴 적이 있다.[12] 붕괴가 일어나는 이유는 지금까지 잘 맞던 대응 전략과 심리적 방어가 더는 작동하지 않고 자체적 문제를 일으키기 때문이다. 이럴 때는 인생에 대한 새로운 태도가 필요하고, 우리는 식물을 가꾸는 일에서 살아가는 법을 배울 수 있다.

정원 돌보기는 자기 연민 감각을 일깨워준다. 그러면 우울증에 동반하는 실패감과 가혹한 자기비판이 누그러든다. 팔스도티르는 프로그램을 마치고 석 달 후에 참가자들 전부가 생활 방식을 바꾸었음을 알게 되었다. 참가자들은 자신만의 휴식과 재생 리듬을 알게 되었고, 매주 자연에서 시간을 보내는 방법을 찾아냈다. 어떤 이들은 오랜 산책을 하고, 어떤 이들은 집에서 원예 활동을 하며, 많은 사람이 분할 농장을 시작했다.

원예는 일종의 시공간 치료라고 이해할 수 있다. 야외 작업은 우리의 정신적 공간 감각을 확장시키고, 식물의 성장 주기는 우리와 시간의 관계를 변화시킨다. 수전 손택Susan Sontag은 이런 문구를 인용했다. "시간이 존재하는 이유는 모든 일이 동시에 일어나지 않게 하기 위해서다.[13] …공간이 존재하는 이유는 모든 일이 나에게 일어나지 않게 하기 위해서다." 우리가 아프면 두 가지의 역逆이 진실이 된다. 우울증, 트라우마, 불안은 우리의 시간 지평을 좁히고 정신적 공간을 수축시킨다. 절망감과 공포심은 미래를 단축시킨다. 옛 상처에 집착하면 과거가 현재를 지배하고, 내면만 들여다보면 '모든 일'이 나에게 일어나는 것처럼 느껴진다.

느린 시간에 대한 경험은 이에 맞서는 중요한 역할을 한다. 느린 시간이란 일을 천천히 한다는 뜻이 아니다. 번아웃과 우울증에 시달리는 사람들은 일의 속도가 현저히 줄고 회복을 하지 못했다. 느린 시간은 현재와 살아 있는 관계를 만든다는 뜻이다. 융은 볼링언에 있는 호숫가 '타워'에서 시간을 보냄으로써 직접 그런 경험을 했다. 전기가 없는 그 집에서 삶의 자연스런 리듬에 참여했다. 오전에 글을 썼고, 낮잠을 잔 뒤에는 감자밭과 옥수수밭을 가꾸고 장작을 패며 밖에서 일했다.[14] 전쟁 시기에는 더 많은 땅을 일구었다. 옥수수와 감자뿐 아니라 콩, 밀, 오일용 양귀비도 키웠다. 이런 활동은 언제나 그를 회복시켰다. "우리를 흙과 연결하는 것은 몸, 감정, 본능이기 때문"[15]이라고 융은 썼다. 자연에 발을 디딤으로써 융은 인생의 거대한 상호 연결을 경험했다. "때로 나는 내가 풍경 위에, 사물 내부에 펼쳐져 있다는 느낌을 받고, 내가 모든 나무에, 물결 속에, 구름 속에, 오고 가는 짐승들 속에, 계절의 변화 속에 산다고 느낀다." 융에게 이런 경험은 우리 모두의 안에 존재하는 "200만 년을 산 사람"에게 다가가는 방법이었다.

녹색 신체 운동의 권위자이자 에식스 대학 환경과 사회 교수 줄스 프리터는 이런 몰입 경험이 자연을 통해 우리의 정신이 얻는 혜택의 핵심이라고 본다. 느리게 바라보고 느리게 듣는 일은 에너지와 생기를 준다. 하지만 현대의 생활 방식은 이런 몰입을 경험할 기회를 별로 주지 않는다. 많은 사람이 여가 시간에 하이킹, 낚시, 새 관찰, 원예 등으로 느림을 추구하기는 하지만 여전히 몰입은 쉽지 않다.

프리티 팀이 수행한 연구는 자연에서 시간을 보내면 스트레스에서 회복하는 것뿐 아니라 후속 스트레스를 관리하는 데에도 도움이 된다는 사실을 보여주었다.[16] 다시 말해서 자연에서 보내는 시간은 회복 탄력성을 키워준다. 분할 농장과 관련해서 수행한 또 다른 연구에서는 분할 농장 참여자들이 비슷한 상황에서 원예 활동을 하지 않는 사람들보다 행복 수치가 높다는 사실을 밝혀냈다. 자기 땅을 돌보는 일은 긴장, 분노, 혼란의 수치를 줄이는 데 도움이 되었다.[17] 일주일에 한 번 30분만 농장에서 시간을 보내도 기분과 자존감이 의미 있게 개선되었다.

분할 농장에 참여하는 것은 뿌리를 내리는 일이다. 상당한 정신적, 육체적 투자가 필요한 장기적 관계다. 분할 농장들은 아직도 고대 앵글로-색슨 단위로 측정하는데, 대개 125제곱미터(약 38평) 정도의 면적이다. 분할 농장 회원들은 흔히 여름에는 주당 여섯에서 여덟 시간을, 겨울에는 두 시간 정도를 원예에 쓴다. 통계를 보면, 처음 2년을 지속한 사람들은 농장 일을 계속하는 경향이 있다.

내가 사는 도시 외곽의 철로변 들판에도 분할 농장들이 있다. 그곳의 녹색과 갈색은 순응과 개성의 전형적인 조합이다. 작은 헛간, 퇴비통, 과일 보관소, 콩대들의 조합이 작은 산업 같은 느낌을 준다. 여름에 농장들에는 채소가 가득하지만, 어떤 농장 회원들은 구름처럼 피어나는 분홍색과 자주색 스위트피와 샛노란 해바라기들로 '색깔'을 키우기도 한다.

이곳 농장 회원 도로시는 30대 초반에 요정처럼 가녀린 몸매에 긴 금발 머리를 가진 여성이다. 도로시는 자신을 "저차원 기술 물건"들로 돌아오는 세대의 일부라고 여긴다. 그리고 사회 전반적으로도 "사람들이 모든 게 완성되어 있으면 행복하지 않다는 사실을 깨닫기" 시작했다고 말한다. 분할 농장의 대기 명단은 악명 높게 길고, 도로시는 여러 해를 기다린 뒤에야 기회를 얻을 수 있었다. 마침내 농장 회원이 되었을 때 도로시는 첫 아이—아들 로빈—를 임신했다. 농장은 처음부터 남편이 아니라 도로시의 계획이었다. 이 시점에 농장을 관리하는 것이 힘들지 않을까 걱정했지만, 너무 오래 기다린 탓에 기회를 놓치기 싫었다.

도로시가 배당받은 땅은 그동안 방치되어서 거친 풀이 가득했다. 처음에 도로시는 당황했지만 친구에게 도움을 요청했고, 친구는 트랙터를 가지고 와서 땅을 갈아엎어 주었다. 그런 뒤 도로시는 모든 것을 퇴비로 만들고 땅에 뿌려서, 지력을 높이는 데 힘을 썼다. 그리고 나서 처음 심은 것은 사과나무였고, 다음에는 덩굴딸기를 많이 심었다. 지금은 농장의 5분의 1 정도에 딸기가 자란다.

무성한 참나무와 산사나무가 울타리를 둘러주어서 농장은 조용하고 아늑한 느낌을 준다. 도로시와 두 아이에게 그곳은 완벽한 장소다. 아이들이 얼마간 돌아다녀도 위험하지 않다는 사실을 도로시는 알고 있다. 하지만 아이들은 좀처럼 돌아다니지 않는다. 도로시가 잡초를 뽑는 동안, 로빈의 여동생 포피는 땅을 기어 다니며 딸기를 따먹고, 로빈은 도로시가 따로 표시해준 작은 구역에서 꼬챙이를 가지고 땅을 파며 논다.

나이에 상관없이 원예는 놀이가 될 수 있다. 위니콧은 놀 줄 아는 능력의 심리적 중요성에 대해 이렇게 말했다. "놀이를 통해, 그리고 오직 놀이를 통해서만 아이 개개인은… 창의적이 될 수 있고… 창의적이 될 때에만 개인은 자기를 찾는다." 이런 의미로 볼 때 놀이는 겉으로 보이는 것처럼 가벼운 기분 전환이 아니라 의미 가득한 회복 활동이다. 도로시에게 아주 잘 들어맞는 말이다. 도로시는 이렇게 말했다. "인생에 정말로 큰일이 일어나고 있으면, 정원을 통해서 그 의미를 이해할 수 있어요."

도로시에게 그런 효과의 일부는 어린 시절을 다시 만나는 데서 왔다. 도로시는 아버지의 분할 농장에 함께 있던 일을 기억했다. 아버지가 도로시를 수레에 태워 밀고 갔고, 도로시는 "루바브를 우산처럼" 썼다. 여름이면 도로시와 여동생은 루바브 아래 모포를 깔았다. 한번은 거기서 잠이 들었는데, 아버지가 그 커다란 이파리 아래 둘이 서로 끌어안고 자는 모습을 발견했다.

도로시의 집은 야외 공간이 아주 좁기 때문에, 분할 농장에 나오면 "원기 왕성한" 소년 로빈을 돌보기가 훨씬 쉬워진다. 그곳 사람들은 모두 다정하고, 아이들은 많은 임시 조부모를 만난다. 도로시는 거기서 친구도 사귀었다. 또한 원예에 대해서 경쟁이 없는 곳이라, 쉽게 조언을 구하고 아이디어를 교환할 수 있다. 그런 사교적인 측면들도 있지만, 너무 사교적이지는 않다는 점도 도로시에게는 중요하다. 사람들은 대체로 각자의 일을 하기 때문에 조용히 시간을 보낼 수 있다.

아기를 낳고 키우는 일은 인생에 힘을 주는 창의적인 경험이지만, 많은 에너지를 소모하게 만드는 고된 일이기도 하다. 도로시는 포피가 태어나자 일을 포기하고 전업주부가 되었다. 그렇게 6개월이 지나자 도로시는 거의 매일 밤을 울음으로 보내게 되었다. '하강 나선'에 빠져서 잠시 항우울제를 처방받기도 했다. 무엇보다 자존감 상실이 힘들었다. "엄마로 지내면서 돈을 벌지 않으면, 지위가 떨어진 느낌이 들어요."

분할 농장은 하강 나선에서 빠져나오게 도와주었다. 도로시는 특히 자연의 시간 구조와 '기회의 창'이 미루는 버릇의 좋은 해독제임을 알게 되었다. "정원은 우리에게 목적과 일정을 줘요. 우리를 통제하고 긴장시키죠." 다른 활동은 그렇지 않았다. "퀼트를 한다면 몇 년 동안 서랍에 묵혀도 상관없어요. 당장 해야 할 계기가 없어요."

정해진 절기의 속도 때문에 도로시는 로빈을 유치원에서 데리고 오려면 겨우 한 시간밖에 여유가 없는데도 마늘을 심어야 했다. "비가 쏟아졌지만 해냈어요. 비바람을 맞는 게 상쾌했어요. 너무 악천후라서 웃음이 나올 지경이었지만, 그걸 다 심었다는 데 자부심을 느꼈어요."

정원은 도로시에게 자신만의 장소, "집 바깥에 있는 나만의 장소"를 주었다. 도로시에게 "떠나 있는" 느낌은 중요하다. "일을 하는 것이니 물러나 휴식하는 것보다 긍정적"이다. 도로시는 집에서는 집의 상태를 보고 자신이 얼마나 관리를 잘하는지를 측정한다. 즉 아이들이 어지르는 것을 항상 치우며 산다. 당연히 무언가를 해놓자마자 다시 엉망이 된다. 하지만 정원에서 흙은 더러움이 아니다. 생산적 토양이다. 도로시는 이렇게 말한다. "거기에서는 명령을 너무 많이 할 수 없어요. 그게 좋아요. 흙은 깨끗이 치울 수 없어요. 일구어야죠."

집에서 청소와 장난감 줍기에 전념했을 때와 달리 도로시는 정원이 주는 구체적인 보상들에서 깊은 만족감을 느낀다. 작년에는 근대, 비트, 호박 같은 여러 채소와 함께 "커다란 파"도 키웠다. 도로시는 또 이렇게 말한다. "무언가를 심고 키우고 수확하고, 그걸 아이들과 함께 먹으면 엄청난 만족감이 느껴집니다." 신경과학자 켈리 램버트는 인생을 형성하는 능력에 대한 우리의 믿음은 자신의 물리적 환경을 형성함으로써 온다고 본다. 우리의 행동이 보고 느끼고 만질 수 있는 결과를 만들면, 우리는 주변의 세상과 좀 더 연결되었다고 느끼게 되고, 통제 감각이 향상된다. "필요한 것을 얻기 위해 육체적인 일을 덜 하려고 애쓰다가, 우리는 우리 정신 건강에 핵심적인 것을 잃어버렸다"고 램버트는 썼다.

램버트에 따르면, 두뇌는 환경을 조작하게 되어 있다. 그럴 기회가 부족하면 세상에 대한 지배 감각은 줄고, 우울증과 불안에 더 취약해진다. 램버트는 쥐를 이용한 실험으로, 쥐들이 수동적으로 먹이를 공급받지 않고 스스로 먹이를 얻기 위해 애써야 하는 상황이 되면, 장애에 부딪혀도 더 높은 결단력을 보인다는 사실을 밝혀냈다. 램버트는 이 현상을 '학습된 인내learned persistence'[18]라고 부르는데, 인간도 비슷한 효과를 통해 자기 인생에 영향을 미치는 능력에 대한 낙관주의를 얻는다고 생각한다. '학습된 무기력'과는 다르다. 학습된 무기력은 자신이 외부 사건들에 휘둘린다는 느낌이다. 램버트는 우리에게는 항상 격려가 필요하며, 우리가 가진 통제력을 상기시킬 필요가 있다고 말한다. 그럼으로써 인체 생리와 "노력으로 추동되는 보상 회로"의 화학적 구성이 변화한다고 생각한다.

램버트는 손으로 일하는 것이 건강을 위한 핵심적인 방식이라고 믿었고, 인간 두뇌의 많은 부분이 특별히 손의 움직임과 연관되어 있다고 지적한다. DIY에서 수공예까지, 손으로 할 수 있는 일은 아주 많다. 그중에서도 원예의 이점은 도로시가 말하는 대로 꾸물거릴 수 없다는 점이다. 램버트는 예측 불가능성도 중요하다고 생각한다. 우리는 램버트가 말하는 "우발 상황 발생시 해결책"[19]을 통해 다른 계획을 세워야 한다.

오늘날에는 스트레스를 관리하는 데 중점을 두어 현재의 순간을 사는 능력을 키우지만, 우리는 미래의 방향도 일구어야 한다. 선사시대에, 사람들은 처음으로 미래를 계획하고 경작을 함으로써 노력의 결과를 믿기 시작했다. 정원에는 늘 계획하고 기대할 것이 있다. 한 계절이 끝나면 다음 계절 일이 들어선다. 이런 기대의 긍정적인 느낌은 인생의 연속 감각을 키워주고, 안정 효과를 준다. 작년에 도로시는 로빈에게 호박을 키우게 했다. "엄청 컸어요. 그 일로 우리가 얼마나 즐거웠는지 몰라요. 로빈은 호박을 당당하게 차에서 꺼내서 집으로 들고 갔고, 아이 아빠는 '정말 크구나!' 하고 감탄했어요." 그들은 로빈이 또 호박을 기를 수 있도록 씨앗을 챙겨두었다.

도로시가 자신의 농작물에 느끼는 자부심, 또 아들을 보면서 느끼는 자부심은 도로시 자신의 말에 따르면 "더 순수한 것"이다. 원예는 허영과 거리가 멀다. "나 혼자가 아니라 지구와 함께하는 일이니까요." 흙을 일구는 일은 도로시에게 "지구와 연결된" 강력한 느낌을 준다. 도로시는 그렇게 말하더니 얼른 소리쳤다. "아뇨, 우주하고요. 태양하고 지구가 다 있어야 하니까요." 도로시는 인간의 시간을 뛰어넘는 것에 대해서도 이야기했다. "전 종교가 없지만, 이 일을 하면서 영적인 것을 얻어요."

융은 이렇게 썼다. "사람은 스스로가 우주에서 고립되었다고 느낀다.[20] 이제 그들은 자연과 관계가 없고, 지금까지 상징적 의미로 다가오던 자연적 사건에 정서적 참여도 하지 못하게 되었다." 영적 연결감각은 도로시가 말하듯 많은 원예가들이 인식하고 있지만, 이 느낌을 말로 표현하기란 어렵다. 그런 이유로 원예의 긍정적 효과에 대한 연구에서 이런 경험이 상대적으로 경시되는 결과가 이어져왔다. 원예치료를 전문적으로 연구하는 사회학자 조 셈픽Joe Sempik은 사람들의 삶에 중요한 의미와 목적의식을 가져다주기 때문에[21] 자연과 연결되는 경험을 고려해야 한다고 주장한다.

세계와 자신이 한데 어울리는 느낌은 순간에 지나간다 해도, 그 기억은 남아서 지속적으로 영향을 미칠 수 있다. 도로시는 자신이 '하강 나선' 속에 있을 때 일어난 일을 이야기했다. 한동안 분할 농장에 잘 가지 못하다가 포피의 명명식 직전에 농장을 살피러 갔더니, 놀랍게도 농장은 활짝 핀 양귀비poppy로 뒤덮여 있었다. 1년 전에는 아무런 표시도 없었지만, 도로시가 말했듯이 "내내 땅속 어딘가 있었던 게 분명"했다. 포피Poppy를 위해 피어난 자주색 양귀비들, 이렇게 멋진 우연은 있을 수 없었다. "꽃들이 너무 예뻤어요." 도로시는 눈물을 글썽이며 말했다. 예기치 못한 선물은 힘들었던 시기에 찾아왔고, 도로시는 양귀비꽃을 가득 따서 집으로 가지고 갔다.

예전에 도로시는 인생의 무상함을 절감하며 살았다. 그 감정은 시간이 덧없이 흘러간다고 의식하던 여름에 최악이었다고 말했다. 시간을 상실하는 순간들을 연속으로 경험하면 할 수 있는 것은 경과를 후

회하는 일뿐이지만, 우리가 더 큰 이야기의 일부가 되면 그렇게 많이
후회할 필요가 없다. 분할 농장은 도로시에게 더 큰 이야기를 주었다.

12
자연의 처방전

많은 경우에 정원과 자연은 어떤 약보다 강력하다.[1]

올리버 색스(1933~2015)

튤립은 꽃병에 최적화한 꽃이다. 다른 꽃들은 할 수 없는 방식으로 퍼모먼스를 펼치고 나서 우아하게 죽는다. 우리는 채소밭 한구석에 빨간색, 노란색, 보라색, 주황색 튤립을 줄 맞추어 키운다. 튤립들은 영광의 퍼레이드처럼, 겨울 동안 햇빛에 굶주렸다가 비틀비틀 다가가는 우리를 맞는다.

해마다 새로운 품종을 시험하지만, 무엇도 이 행렬에서 우리가 가장 사랑하는 것들의 자리를 차지하지는 못한다. 스태추스크, 탠저린 발레리나, 라즈베리 리플 카나발 드 니스, 이그조틱, 다크 아부 하산이 사랑받는 품종들이고, 그중에서도 매혹적으로 명랑한 빨강-노랑 줄무늬의 미키 마우스가 가장 좋다.

NHS 병원들에 꽃 선물을 들고 가도 되던 시절에, 나는 우리 정원 꽃으로 만든 가장 생기발랄한 튤립 꽃다발을 들고 소중한 친구를 보러 갔다. 희귀병 진단과 수술, 그리고 그 시점에서 아직 불확실하던 결과 때문에, 세상이 완전히 뒤집혀 있었던 친구였다. 불안하고 창백한 얼굴로 침대에 누워 있던 친구는 튤립을 내밀자 환한 미소를 지었다. 우리 사이에 긍정적인 감정의 물결이 흘렀고, 내 친구는 알록달록한 색깔들에서 눈을 떼지 못하고 감탄사를 내뱉었다. "우아!"

이 튤립은 '플라워 파워'가 작동한 사례다. 아름다운 꽃은 진정한 미소를 이끌어낸다. 나도 모르게 짓는 이른바 '뒤센 미소'다. 뒤센 미소는 예의를 위한 미소와 달리 얼굴 전체를 밝히며 진정한 기쁨을 드러낸다. 이런 현상에 대한 연구는 드물지만, 2005년에 럿거스 대학이 연구를 시도했다. 지넷 하빌랜드-존스의 팀은 꽃을 받을 때의 효과를 다른 비슷한 선물을 받을 때와 비교했다. 결과는 꽃 선물의 완승이었다. 꽃을 받은 사람은 모두 '진정한 미소'를 지었고[2], 좋은 기분이 더 오래갔다.

얼마 전 나는 넘어져서 고관절을 다치는 바람에 움직이지 못하고 고통에 시달리며 수술을 기다렸다. 하룻밤 사이에 나는 병들어 움직이지 못하는 자들의 땅에서 난민이 되었고, 그러는 동안 건강한 자들의 땅에서는 모두가 바쁜 인생을 살아가는 것 같았다. 하얀 벽에 둘러싸여 있다 보니 차갑고 냉정한 장소에 갇힌 느낌이 들었다. 이 갇힌 느낌은 침대 옆 창문에서 들어오는 햇빛이 없었다면 훨씬 더 심했으리라. 그 점은 다행이었다. 밖으로는 흰 타일을 붙인, 지저분한 벽이 보일 뿐이었기에 전망 자체는 별다른 위로가 되지는 않았다. 그 너머로는 좀 더 높은 붉은 벽돌 담장이 보였는데, 콘크리트 틈새에서 풀들이 자라고 있었다. 내 눈은 생명이나 희망의 신호를 찾는 듯 반복적으로 작은 녹색 풀들에게 돌아갔다. 두려웠다. 악성 골절이었고, 현대 의학의 경이에도 불구하고 아직 불확실한 것이 많았다.

인공 고관절 치환 수술을 하루 앞둔 날, 친구가 그림엽서 한 장을 가져왔기에 침대 옆에 세워두었다. 마티스의 걸작 〈붉은 방〉이었다. 텅 빈 벽에 둘러싸여 있다 보니 색채가 그리웠고, 엽서의 이미지는 의지가 되었다. 그림 속 방의 부드러운 진홍색은 내 눈의 양식이 되고, 다른 세상에 들어갈 수 있게 해주었다. 파란색 꽃 장식, 바구니, 구불구불한 가지들은 아름다움과 우아함을 전해주었고, 그릇 위에 과일을 놓는 여인은 따뜻한 가정의 느낌을 전해주었다. 그림의 또 다른 요소도 힘을 주었다. 정원이 내다보이는 창문이었다. 그림 속의 그림 같은 싱그러운 녹색 풀밭과 노란 꽃은 내 실제 창밖의 우중충한 담벼락을 벌충해주었다.

20세기 후반에 설계된 병원은 대체로 기능, 감염 통제, 기술을 우선시했고, 그 결과 많은 사람에게 이상한 불안감을 안겨주는 임상적 관용어를 낳았다. 이제 영국의 병원은 대부분 세균 감염 우려 때문에 꽃 선물을 금지한다.[3] 건물들에는 햇빛, 푸른 잎, 맑은 공기가 부족하다. 이것은 스태프뿐 아니라 환자와 가족들에게 스트레스가 되는 기본적인 박탈이다. 사람들의 정서적 요구는 무시되고, 자연은 흔히 어울리지 않거나 위협적인 요소로 여겨졌다. 매일 야외에서 시간을 보낼 권리가 있는 수감자들과 달리 병원 환자들에게는, 장기 입원 환자에게조차 그럴 권리가 없다. 맑은 공기와 햇빛이 정신 건강에 좋다는 사실에도 불구하고 그렇다. 최근의 연구에 따르면, 맑은 공기와 햇빛도 '잊어버린 항생제'다. 밝고 환기가 잘되는 병실은 입원 기간을 단축시키고 감염률을 낮추어줄 수 있다.[4]

플로렌스 나이팅게일은 19세기에 이런 건강 요소들을 인지했다. 병동에 풍부한 자연광과 충분한 환기가 필요하다고 믿었다. 휠체어를 타고 야외로 나가는 환자들의 회복이 더 빠르다는 사실도 알아차렸다. 크림전쟁에서 간호사로 일한 뒤에 나이팅게일은 이렇게 썼다. "열병 환자들이 아름다운 꽃을 보고 기뻐하던 모습을 잊을 수가 없다. 나 자신도 작은 들꽃 다발을 받았고, 그 이후 회복이 훨씬 빨라졌음을 기억한다." 나이팅게일이 1859년에 출간한 『간호론』에 나오는 이런 내용은 환자들의 환경이 육체적 치유에 영향을 미친다는 사실을 잘 이해하고 있음을 보여준다. "사람들은 그 효과가 정신에만 미칠 거라고 말하지만 그렇지 않다. 몸에도 영향을 미친다. 형태, 색깔, 빛이 우리에게 어떤 영향을 미치는지에 대해서는 별로 알려진 것이 없지만, 실제로 육체적 영향을 미치는 것은 분명하다."

나이팅게일은 볼 것이라고는 나무 벽의 옹이뿐인 헛간에서 치료받는 환자들의 고통을 목격했다. 그리고 꽃과 침대 옆 창문은 심미적 자양분이 될 수 있다고 믿었다. 하지만 나이팅게일은 간호사들이 '건강하지 않다는' 이유로 환자들에게 "컵에 꽂은 꽃이나 식물"을 허락하지 않고, 병자들의 색깔과 다양함에 대한 열망을 '헛생각'으로 무시하는 모습을 보았다.[5] 이런 열망은 헛생각이 아니라 무엇이 회복을 도울 수 있는지 가리키는 것이라고 나이팅게일은 믿었다.

오늘날 나이팅게일의 이런 생각이 귀환하고 있다. 환경은 치료와 별개가 아니라 근본적인 일부이며 그에 따라 주의를 기울여야 하는 요소라는 사실이 점점 더 인식되고 있다. 예를 들어 영국의료협회가 2011년에 낸 새로운 지침은 병원 설계에 심리적 이해를 높이라고 요청하며[6], 모든 신축 병원에 정원을 갖추라고 권장한다.

많은 연구가 다양한 임상 환경에서 자연을 보는 일이 갖는 효과를 증명했다.[7] 여기에는 심장 중환자실, 기관지 내시경 클리닉, 화상 클리닉도 포함된다. 선구적 환경심리학자인 로저 울리히Roger Ulrich는 1984년에 이런 종류의 첫 연구를 수행했는데 창밖의 전망이 수술 후 회복에 영향을 미칠 수 있음을 보여주었다. 울리히의 연구는 어린 시절 병을 앓을 때 창밖으로 나무 한 그루를 보던 경험에서 시작되었다. 이 연구[8]의 대상은 펜실베이니아의 작은 병원에서 쓸개 수술을 받고 회복하고 있던 두 집단의 환자들이었다. 한 집단에게는 창밖으로 낙엽수들이 보였고, 다른 집단에게는 갈색 벽돌 담이 보였다. 나무 전망이 있는 환자들의 회복이 더 순조로웠다. 스트레스 수치가 낮고, 더 긍정적이었으며, 진통제를 덜 쓰고, 평균적으로 더 일찍 퇴원했다. 연구는 나무 전망이 있는 환자들에 대해서는 간호 일지에 부정적인 언급이 훨씬 적다는 것도 보여주었다. 이는 낮은 스트레스 수치로 요구가 줄었음을 암시한다.

회의론자는 병원에서 텔레비전을 본다거나 하는 다른 형태의 여흥도 똑같은 결과를 내지는 않을까 궁금해할지도 모르겠다. 캔자스 대학의 연구 팀이 수행한 최근 연구에 따르면 그렇지는 않은 모양이다. 연구 대상이 된 모든 환자에게 텔레비전이 있었고, 그중 절반은 침대 곁에 꽃 화분도 있었다. 맹장 수술을 받은 환자들 90명은 두 방

중 하나에 무작위로 배치되었다.[9] 꽃이 있는 방에 들어간 회복기 환자들은 기분이 더 좋고, 불안 심리는 더 적었으며, 혈압과 심장박동 수치도 낮았다. 진통제 복용 횟수도 현저히 줄었다. 이런 관찰을 통해 연구자들은 꽃 화분이 "수술 후 회복하는 환자들에게 저렴하고 효과적인 약물"이라는 결론을 내렸다. 또한 참가자들이 식물의 존재를 병원이 자신들을 돌보는 장소라는 신호로 해석한다고 말했다. 다시 말해서 녹색 식물과 꽃의 존재는 신뢰와 안도 같은 감정을 촉진한다.

앞 장에서 말한, 자연이 건강에 주는 모든 혜택은 물론 이런 연구들과 관련이 있다. 그런데 병원 환경에서 자연이 특히 중요한 이유는 희망, 공포 같은 기본적 감정이 질병의 경험과 때로는 그 결과에도 극적인 영향을 미치기 때문이다. 정원과 꽃의 존재는 돌봄을 제공하는 장소라는 신호가 되어, '플라시보 효과'[10]를 일으킨다. '플라시보'라는 말은 '기쁘게 하다'라는 뜻이고, 보건 인력과 강력하게 상호 작용을 하면서 생기는 긍정적 기대뿐 아니라 통제 약에도 사용된다. 플라시보 반응이 전적으로 느낌과 믿음에 토대한다지만, 두뇌 속 효과는 현실이다. 기분을 고양시키고 진정과 진통 작용을 하는 내인성 엔도르핀이 실제로 방출된다. 건물의 향상 효과도 비슷한 효과가 있다고 여겨진다. 그래서 영국에서 매기 암 센터Maggie's Cancer Care Centers를 짓는 자선단체의 창립자이자 건축가인 찰스 젠크스Charles Jencks는 '디자인 플라시보 효과'라는 말을 쓴다. 자원봉사자들이 운영하는 매기 암 센터는 젠크스가 말하는 '공장 같은' 병원의 해독제로 고안되었다. 여러 유명 건축가가 설계해서 제각각 미적 감각이 다르지만 모두 빛, 아름다움, 가정적 느낌, 정원을 활용해서 디자인 플라시보 효과를 극대화한다.[11]

아프면 인생의 모든 수완이 무력해진다. 우리는 기본—흑백 버전의 세계—으로 내던져지고, 사물들은 순식간에 좋거나 나쁜 것, 안전하거나 위험한 것으로 판정된다. 안정된 정신에는 우호적으로 보이던 것이 스트레스 상황에서는 전혀 다르게 보일 수 있다. 불안하면 아주 작은 단서만 주어져도 주변 환경에 두려움을 투사하게 된다. 병원 내 미술의 효과에 대한 울리히의 연구[12]는 이미지를 신중하게 골라야 한다는 사실을 확인해준다. 울리히는 스웨덴 정신과 병동에서 15년이 넘는 시간 동안 환자들이 공격하고 훼손한 그림은 추상화뿐이고, 자연 풍경을 담은 그림은 훼손되지 않았다는 사실을 발견했다. 심장 수술에서 회복하는 환자들에 대한 추가 연구[13]를 보면, 추상 미술은 자연 세계의 그림보다 진정 효과가 덜하다. 특히 직선만 담은 한 그림은 큰 스트레스를 일으켰는데 아마도 갇혀 있는 느낌을 더 강화하는 모양이다.

울리히는 암 치료 센터에서 의뢰한 반추상적 설치물—각진 새 모양의 금속제 대형 조각—의 예[14]도 언급한다. 계획 단계에서는 아무도 '버드 가든'이라 불리는 설치물의 형태에서 위협적인 요소를 감지하지 못했지만, 작품이 설치되자 효과는 금세 명백하게 드러났다. 환자의 20퍼센트 이상이 부정적인 반응을 보였다. 그냥 싫어하는 정도가 아니었다. 어떤 사람들은 조각에서 적대감과 위협을 느꼈다. 작품이 환자들에게 암에 대한 공포를 증폭시켜서, 오래지 않아 철거해야 했다.

버드 가든 조각의 예에서 볼 수 있듯, 우리의 인생 경험은 상상적 투사에 크게 영향을 받는다. 19세기 독일 철학자 로베르트 피셔Robert Vischer는 이 현상을 '감정 이입Einfühlung'이라고 불렀다. 독일어로 '내적 감정'이라는 뜻인데, 피셔는 이 용어를 통해서 우리가 '운동 감각적' 또는 내적 자극의 형태로 주변 세계에 대해 느끼는 방식을 표현하려고 했다. 피셔는 시대를 크게 앞서 있었다. 당시에는 두뇌가 카메라처럼, 보는 것을 수동적으로 포착한다는 생각이 지배적이었다. 지금은 그것이 사실이 아님을 안다. 두뇌는 행동과 움직임을 보면 흉내를 낸다. 이 복잡한 과정은 거울 뉴런이라는 특별한 세포의 활동에서 비롯된다. 거울 뉴런들은 피질의 운동 영역에 있고, 움직임을 관찰하면 마치 우리가 움직이듯 활성화한다. 오직 근육으로 내려보내는 지시가 없을 뿐이다. 피셔는 '감정 이입'[15]을 '내적 모방' 과정이라 생각했는데, 대체로 맞다.

거울 뉴런은 유형이 다양하고, 엄마-아기 유대에서 얼굴 표정을 모방하는 데 중요한 역할을 한다. 또한 공감 능력에도 기여한다. 거울 뉴런에 대한 연구적 관심은 지금까지는 대부분 이 정도 영역에 초점을 맞추었지만, 최근에는 거울 뉴런이 훨씬 더 일반적으로 우리가 물리적 환경을 경험하는 방식에도 관여한다는 사실이 밝혀졌다. 어쩌면 그렇게 놀라운 일이 아닐 수도 있다. 수렵 채집을 하는 인간의 생존력은 풍경 속 미묘한 움직임을 감지하는 능력에 달려 있었기 때문이다. 이탈리아의 신경과학자로, 거울 뉴런계 관련 주요 연구 팀을 이끄는 비토리오 갈레세Vittorio Gallese는 "공원 벤치에 떨어지는 솔방울, 폭우가 쏟아질 때 식물 잎에 떨어지는 물방울"[16]도 이 뉴런의 활동에 동력을 줄 수 있다고 말했다.

내적 자극 과정이란, 신체 언어를 읽는 것과 똑같이 환경을 읽는 다는 뜻이다. 이 현상은 우리가 주변 일들에 대리 만족을 느끼고, 자연 세계의 온갖 측면에 공감을 느끼는 이유를 설명해준다. 상승 기류를 타고 활공하는 새가 매혹적인 이유는 부분적으로는 우리도 새와 함께 활공하기 때문이다. 우리는 내면에서 경험을 적극적으로 모방하기 때문에, 새에게 자신을 투사해 비행에 동행할 수 있다.

아프고 나약할 때 자연의 움직임을 보면서 얻는 효과는 아기들에게서 관찰되는 효과와 크게 다르지 않을지도 모른다. 아기들은 모빌이나 흔들리는 나뭇가지처럼 움직이는 물체에 끝없이 매혹된다. 몸이 약하고 신체 움직임이 제한되어 있을 때도, 두뇌의 운동 영역은 여전히 유쾌하게 자극될 수 있다는 뜻이기도 하다.

위대한 신경학자 올리버 색스Oliver Sacks는 맨해튼의 베스 에이브러햄 병원에서 일할 때, 규칙적으로 환자들을 길 건너 뉴욕 식물원으로 데리고 가서 산책을 시켰다. 색스는 만성 신경 질환에 특히 중요한 비약물 치료는 두 종류, 바로 음악과 정원이라고 보았다. 두 가지 모두에 "우리 두뇌를 진정시키고 정리하는 효과"가 있기 때문이라고 색스는 썼다. 파킨슨병이나 투렛 증후군 같은 신경 장애 환자들의 증상이 때로 자연적 환경에서 개선되었다. 자연이 두뇌를 진정시키고 집중시키는 데 효과를 보이는 다른 질환들도 있다. 예를 들어, 알츠하이머병[17]이나 주의력결핍 과잉행동장애ADHD[18] 등이 그렇다. 자연에 대한 내적 신경 반응이 신경계가 흐트러졌을 때 더 선명하게 드러나기 때문에 그렇게 보이는 것인지도 모른다. 어떤 경우든, 색스는 두뇌가 자연 경험을 통해서 직접적으로 변한다고 믿었다. 색스는 "자연이 건강에 미치는 효과는 영적, 정서적인 데 그치지 않고 육체적, 신경적인 부분까지 포함한다. 나는 이것이 두뇌 생리, 어쩌면 그 구조의 깊은 변화가 반영된 결과라고 믿는다"[19]고 썼다.

색스의 의견은 최근에 몇몇 연구에 의해 지지받고 있다. 예를 들면, 꽃과 정원 환경은 알파파의 수치를 높여서[20] 두뇌의 전기 활동을 변화시킨다는 사실이 밝혀졌다. 알파 리듬은 신경 영양의 한 형태로, 진정적, 항우울적 신경전달물질인 세로토닌을 방출해서 기분을 고양한다.

실내 환경은 정적이고 변화가 많지 않지만, 신경계는 차이와 변화를 감지하도록 설계되어 있다. 우리에게는 감각 자극이 필요하다. 살아 있다고 느끼게 해주는, 과잉 자극과 과소 자극 사이에 최적의 상태가 있다. 예를 들어 나무에 바람 부는 소리 또는 조용히 물 흘러가는 소리는 예측 가능한 범위 안에서 계속 변하기 때문에 평온감을 준다. 자연의 시각적 패턴도 부드러운 두뇌 자극을 제공한다. 자연의 형태는 '자기 유사성'이라고 하는 기하학 패턴을 보인다. 패턴들이 한 주제의 변주처럼 다양한 규모로 반복되는 모습을 말한다. 프랙털 패턴은 나무의 구조에서 가장 분명하게 보인다. 잎맥에서 줄기와 뿌리까지 나무의 여러 부분은 가지를 뻗는 비슷한 패턴을 가지고 있지만, 각각이 미묘하게 다르다. 두뇌는 기본적으로 패턴을 찾는 기관이고, 들어오는 다양한 감각 자극을 가지고 빠른 예측을 해야 한다. 프랙털 패턴은 예측 가능성이 강해서 시각 피질이 가볍게 보고도 틈새를 채우고 더 큰 그림을 만들 수 있기 때문에, 두뇌가 수행해야 할 과제가 단순해진다.[21]

이런 패턴은 자연 풍경이 이른바 '유동적 시각 처리'[22]라는 것을 하게 만든다. 느슨한 시선으로 주변을 훑어보면서 최소한의 시선 고정만으로도 풍경을 흡수할 수 있다는 뜻이다. 네덜란드의 환경심리학자로 바헤닝언 대학 교수인 아그네스 판 덴 베르크Agnes van den Berg는 프랙털이 자연에서 휴식을 얻는 데 중요한 역할을 한다고 말한다. 판 덴 베르크는 건물이 많은 환경에는 불규칙하고 각진 패턴이 가득해서, 이런 환경을 살필 때면 시각 정보를 처리하는 데 더 많은 시선 고정이 필요하다고 말한다. 눈이 이런 일을 하고 있다는 사실을 스스로 의식하지는 못하지만, 보는 것을 처리하는 데 더 많은 에너지를 쓰게 된다. 이와 달리 자연은 해석이 어렵지 않다. 아니, 판 덴 베르크의 표현대로 "자연은 정신에 수월하다." 몸이 아플 때, 그리고 에너지 수치가 낮을 때, 감각 자극은 많지도 적지도 않은 적절한 수준이어야 한다. 자연의 부드러운 형태는 최상의 감각 자극을 공급한다.

자연은 정서적 삶을 일깨운다. 우리가 자연 자극이 신경에 미치는 효과를 아무리 많이 이해하게 된다고 해도, 이런 측면은 우리 정신의 상태에 따라 계속 수수께끼로 남을지 모른다. 보아도 보지 못하고 들어도 듣지 못할 때가 있다. 환상적 미술가이자 시인이었던 윌리엄 블레이크William Blake는 세상에 대한 경험은 정신의 수용성에 강하게 영향을 받는다고 생각했다. 블레이크는 이렇게 썼다. "누군가의 눈에는 기쁨의 눈물을 일으키는 나무도 다른 사람의 눈에는 시야를 가리는 녹색 물체에 지나지 않는다."[23]

작가 이브 엔슬러Eve Ensler는 입원 중에 나무와 나누었던 기이한 만남을 기록했다.²⁴ 처음에는 창밖의 나무가 블레이크의 말처럼 시야를 가리는 '녹색 물체'에 지나지 않았다. 엔슬러는 자궁에 큰 암종을 진단받았고, 건강에 큰 위기를 겪고 있었다. 저서 『절망의 끝에서 세상에 안기다The Body of the World』를 보면 엔슬러는 탈진 상태로 병원에 도착했다. 병실은 예쁘고 깨끗했지만, 창밖은 나무에 가려져서 별로 마음에 들지 않았다. 기력이 너무 없어서 영화를 볼 수도, 친구를 부를 수도 없었다. 할 수 있는 일은 침대에 누워서 나무를 바라보는 것뿐이었다. 지루해서 미쳐버릴 지경이었고, 나무는 너무도 짜증스러웠다. 엔슬러는 이렇게 썼다. "나는 미국에서 자랐다. 모든 가치는 미래, 꿈, 생산에 있었다. 현재 시제는 없다. 지금 있는 것은 가치가 없고, 오직 이미 존재하는 것에서 만들어낼 것, 개발할 것만이 중요하다." 이런 마인드로 보면 나무는 베어서 장작으로 쓸 때만, 그러니까 죽었을 때만 가치가 있다.

며칠이 비슷하게 지나갔고, 엔슬러의 눈은 자연에 반응하지 않았다. 그러다가 무언가 바뀌었다. 엔슬러는 이제 나무를 방해물로 보지 않고 구석구석 살아 있는 생명체로 보기 시작했다. "화요일에는 나무 껍질을 곰곰 바라보았다. 금요일에는 푸른 이파리들이 늦은 오후 햇빛에 아른거렸다. 몇 시간 동안 나 자신, 내 육신을 잃고, 나무 안으로 녹아들었다." 다른 무엇도 아니고, 나무에서 느끼는 이런 친밀감이 엔슬러에게는 아주 생소했다. "병실 침대에 누워 나무를 보고, 나무 안에 들어가고, 그 안에 있는 녹색 생명을 발견하는 일, 그것은 깨달음이었다. 매일 아침 나무를 집중해서 바라볼 시간이 기다려졌다. 나는 나무가 나를 데려가도록 허락했다. 빛이나 바람이나 비에 따라서 매일매일이 달랐다. 나무는 강장제이자 치료제고, 스승이자 가르침이었다." 나무는 언제라도 배움을 얻을 수 있는 영원한 동반자처럼 엔슬러의 반응 없는 눈을 치료했다. 항암 치료를 시작했을 때 엔슬러는 "사방에 피어나는 부드럽고 하얀 5월의 꽃에 미칠 듯한 기쁨"을 느꼈다.

엔슬러는 평생 동안 자기 몸에서나 땅에서나 거리를 두고 살아왔다. 어려서도 어른이 되어서도 학대를 겪었다. 자기 몸에 돌봄이 필요하다는 사실을 깨닫지 못하고 성장했다. 여러 해 동안 어머니와 유대를 맺고 싶어 했지만 방법을 찾지 못했고, 그 결과 인생을 지나면서 '거주자'보다는 '방문자'라는 느낌을 받았다. 하지만 나무는 그냥 거기 있고 아무것도 묻지 않음으로써 깨달음을 주었다. 완벽하게 설명하기는 어렵지만, 엔슬러는 나무에 기거하는 방식을 찾아서 어머니를 재발견했다고 느꼈다.

나무를 몇 시간씩 바라보는 사람은 별로 없다. 엔슬러도 그러지 않았다. 하지만 병은 우리를 멈춰 세우고 속도를 늦춘다. 큰 병은 인생을 크게 변화시킨다. 분수령을 지나면 인생은 예전으로 돌아갈 수 없다. 치유는 육체적 생존만을 위한 것이 아니다. 우리는 중요한 것을 재평가하고, 우선순위를 조정하고, 다른 방향으로 나아가야 한다.

엔슬러의 깨달음과 새로 찾은 유대감은 강렬하지만, 독특한 것은 아니다. 암 진단을 받은 사람들에 대한 최근 연구는 많은 이가 질병을 통해서 자연 세계와 전혀 다른 관계를 형성했다는 사실을 밝혀냈다. 자연에서 보내는 시간은 인생을 새롭게 바라보게 한다. 병에 걸리면 회복하기까지 다른 사람들의 지원이 중요하다. 하지만 결국은 스스로 변화를 만들어야 한다. 자연 환경은 항상 생명에 둘러싸여 있다. 그래서 '혼자이지만 고립되지 않은' 느낌을 안겨주고, 고독의 독특한 위로를 전해준다.

영국의 자선단체 '허레이쇼스 가든' 공동 창립자인 올리비아 채플 Olivia Chapple은 '혼자이지만 고립되지 않은' 치유가 갖는 중요성을 강조했다. 허레이쇼스 가든은 영국 척추 외상 센터들에 정원을 만들고 유지하는 일을 한다. 지난 8년 동안 올리비아는 삶을 뒤흔드는 장애에 직면한 사람들에게 아름다운 정원이 가져다주는 엄청난 위안을 목격했다. 척추 부상 환자들은 6개월에서 12개월 동안 병원에 있어야 했는데, 이전까지 환자들이 접근할 수 있던 야외 공간은 아스팔트 주차장뿐이었다.

디자이너 클리브 웨스트Cleve West는 솔즈베리의 듀크 오브 콘월 척추 치료 센터에 처음 이런 정원을 만들었다. 그곳에 처음 갔을 때 웨스트는 자신을 침대와 휠체어에 태워서 옮겨달라고 부탁했다. 그러면서 땅 위의 작은 융기가 몸에 일일이 전달된다는 사실과 그럴 때 느끼는 자신의 취약성과 무력함에 충격을 받았다. 이 경험을 통해 웨스트는 새로운 시각으로 디자인에 임하게 되었다.

예비 상담을 해보니, 환자들은 병원 환경에서 탈출할 수 있는 장소를 가장 바랐다. 우선순위 목록은 두 단어가 지배했다. '아름다움'과 '접근 가능성'이었다. 그동안 재활 프로그램은 대체로 정서적, 사회적 요구보다 육체적 요구에 초점을 맞추었고, 스태프들도 마찬가지로 처음에는 정원이 물리치료를 확장하는 기회라고만 생각했다. 하지만 환자들은 정서적 필요를 강조했다. '치료 행위'를 하지 않고 일시적이라도 '정상 생활' 비슷한 것으로 돌아갈 수 있는 장소를 원했다.

환자들이 중시한 아름다움과 접근 가능성은 웨스트가 디자인한 정원의 핵심이 되었다. 웨스트는 정원에 뼈대가 되어줄 뿐 아니라 계절별로 다양한 변화와 색채를 제공하는 다년생 식물을 많이 심었다.

정원 한쪽 산책길 옆에는 격자 틀을 만들고 그 위로 사과가 자라게 했다. 여름이면 환자들은 햇빛이 어룽거리는 그늘에 앉아서 근처를 흘러가는 수로의 잔잔한 물소리를 들을 수 있다. 정원에는 온실이 있고 어느 정도는 물리치료의 요소도 있지만, 무엇을 해야 하는 장소처럼 보이지는 않는다. 그저 와서 지내라고 부르는 장소다. 나는 정원을 가로지르는 긴 곡선형 돌담에 앉아서 그 너머 녹색 언덕을 바라보다가, 어느 순간 그곳이 병원이라는 사실을 잊고 있었다는 사실에 놀랐다.

허레이쇼스 가든은 은퇴한 의사인 올리비아와 신경외과의인 남편 데이비드 채플이 세웠지만, 그들의 맏아들 허레이쇼가 없었다면 탄생하지 못했을 것이다. 허레이쇼는 열여섯 살 때 솔즈베리의 척추 치료 병원에서 봉사 활동을 했다. 그러면서 환자를 위한 야외 공간이 부족하다고 걱정했고, 왜 자연과 접촉하려는 인간의 기본욕구를 아무도 인지하지 못하는지 의아해했다. 그래서 병동 옆 버려진 땅에 정원을 만들기 위한 기금 마련 캠페인을 시작했다. 하지만 허레이쇼는 그해 여름 수학여행 중 불행한 사고로 죽음을 맞았다. 허레이쇼의 부모는 아이의 꿈을 이어받기로 했고, 2년 뒤에 허레이쇼가 꿈꾸던 정원이 태어났다.

영국에는 척추 외상 센터가 열한 곳 있다. 2012년까지는 그 어디에도 정원이 없었지만, 지금은 여섯 곳에 정원이 있다. 이 특수 병원이 담당하는 지역이 넓기 때문에, 많은 환자가 친구나 가족들과 멀리 떨어져 있어야 한다. 척추 외상은 심각한 부상이다. 미래가 완전히 바뀐다. 인간관계, 일, 취미 등 영향을 받지 않는 분야는 없고, 인생에 너무도 큰 제한이 닥치면서 앞날을 내다보기가 힘들다. 육체적 적응도 필요하지만 정신적 적응도 그만큼 중요하다. 모든 것에서 고립된다는 감각을 받아들이기란 보통 힘든 게 아니다.

올리비아는 오랜 절대적 침상 안정 시기 이후 환자들을 처음 휠체어에 태워 정원으로 데리고 나간 날을 기억한다. 큰 사고를 겪은 뒤에 처음 하늘을 보고 햇빛의 온기를 느끼는 일이 너무도 감격스러워서, 많은 사람이 눈물을 흘렸다. 20대 나이에 자동차 사고로 큰 부상을 당한 그레그는 맑은 공기와 식물과 나무들 사이로 나오면서 갇힌 생활을 벗어나 처음으로 자유의 느낌을 경험했다고 말했다. "이제 내가 병원의 물품처럼 느껴지지 않아요." 의지할 정원이 생기자, 그레그는 자기 정체감을 회복하는 데 도움을 받았다. 그레그는 "나를 되찾았어요" 하고 말했다. 너무도 단순한 말이지만, 더없이 깊은 효과를 전달했다. 우리는 이렇게 자연과 유대하면서 우리 자신과 유대하고, 때로는 우리 존재의 핵심과 유대한다.

『나는 침대에서 내 다리를 주웠다A Leg to Stand On』라는 책에서, 색스는 자연을 통해서 자기 정체감을 회복한 경험에 대해 썼다. 큰 사고로 왼쪽 다리를 다친 색스는 병원에서 갇혀 지내며 감각을 박탈당했다고 말한다. 외부 세계와 단절된 채 3주 동안 창문 없는 방에서 지내는 동안 안으로 움츠러들었다. 충격적이게도 이런 위축은 너무도 빨리 일어난다. "우리는 쉽게 '시설 수용'에 대해 말하지만, 이와 관련되는 개인적 감각은 고려하지 않는다. 모든 영역의 축소가 얼마나 음험하고 보편적인지… 그런 일이 누구에게나, 자신에게도 너무나 빠르게 일어날 수 있다는 사실도."

병원에서 회복 요양원으로 옮기기 전날, 이때까지 한 달 동안 바깥에 나가지 못했던 색스는 휠체어에 탄 채 정원으로 나갔다. 역전 감각은 빠르고 강력했다. "순수하고 강렬한 기쁨, 축복, 내 얼굴에 닿는 햇빛과 머리카락 사이의 바람, 새 소리, 살아 있는 식물들의 모습과 감촉. 끔찍한 고립과 소외를 겪은 후에, 전에 알던 자연과의 핵심적인 유대와 친교가 재확립되었다. 정원에 나오자 그동안 굶주리고 죽었던 내 일부가 살아났다. 아마 나 스스로는 그 사실도 모르고 있었을 것이다."[25] 병에 걸리거나 크게 다치면, 우리에게는 '중간 장소, 조용한 장소, 안식처, 쉼터'가 필요하다고 색스는 말한다. "세상으로 바로 내던져질" 수는 없기 때문이다.

정원이 그레그에게 '중간 장소'로서 제공해준 중요 요소 중 하나는 오랜 입원 기간 친구들과 접촉하도록 도와준 장소였다는 점이다. 함께 햇빛을 쬐면서 시간을 보내면, 모든 것이 더 '정상적'이라는 느낌이 들었다. 그레그는 이렇게 말했다. "양쪽이 다 좋아할 만한 곳이죠." 환자 가족도 이런 감정을 느낄 필요가 있다. 이런 트라우마는 가족 전체에게 영향을 미치기 때문이다. 허레이쇼스 가든의 정원은 하나하나가 다 다르지만, 공통점도 있다. 어디에나 환자와 문병객이 얼마간 프라이버시를 누릴 분리된 장소와 구석이 있다는 점이다. 정원은 그레그에게 가고 싶은 곳이 됨으로써, 밑 빠진 독에 물 붓는 듯한 끝없이 반복되는 재활 운동을 견디게 도와주었다. 이런 긍정적인 효과를 그레그만 누린 것은 아니다. 많은 사람이 정원에서 얻은 소중한 힘에 대해, 그리고 자연의 아름다움이 길고 느린 재활 과정에서 자신들을 지탱해주었다는 사실에 대해 증언한다.

현재 척추 외상 병원에서 치료를 받는 환자들에게 병동과 바깥세상의 간극은 아득하게 느껴질 수 있지만, 정원은 바깥세상을 안에 들여옴으로써 다리 역할을 한다. 여기에 잡초를 뽑고 식물을 돌보는 봉사자들의 중대한 역할이 덧붙는다. 오래도록 활동을 지속하기 때문에 환자들은 봉사자들을 알게 되고, 봉사자들과 마주치면 꽃의 즐거움을 향유하는 것과 같은 '정상적인' 대화의 기회도 얻게 된다. 환자들은 자신의 부상에 대해 이야기하는 연습을 할 수 있다. 퇴원할 때를 대비한 소중한 연습이다. 때로 환자들이 자원봉사자로 돌아오기도 하는데, 입원 초기의 환자들에게 휠체어에 앉아 정원 일을 하는 사람의 모습은 큰 힘이 된다. 인생에 변화를 이루어낸 사람의 모습이기 때문이다. 정원은 생명을 모으는 능력이 있다. 여름에 사람들이 모일 때면 더욱 그렇다. 허레이쇼스 가든에서는 음악회도 열리고 음식과 식물 바자회도 열린다. 어떤 환자는 정원에서 결혼식을, 다른 환자는 자녀 명명식을 했다. 정원은 환자들의 인생에서 그토록 큰 의미를 지닌다.

치유 정원은 보건 정책으로, 치료의 한 형태로, 사용자들에게 세심하게 맞추어져야 한다. 척추 부상 환자들에게는 모든 표면과 문턱이 매끈해야 한다. 아주 작은 덜컹거림도 고통스런 근육 경련을 일으킬 수 있다. 그 부분을 염두에 두면 환자들이 다가갈 수 있는 한 아름다움과 다양함이 많을수록 좋다.

버크셔주 레이븐스우드 빌리지에 있는 패멀라 바넷 센터에는 거주자의 필요에 세심하게 맞추어 설계한 정원이 딸려 있다. 패멀라 바넷 센터는 중등도 학습 장애를 지닌 성인들의 시설로, 거주자들은 말을 할 줄 모르고 비언어적 의사소통 기술도 부족하다. 그래서 이 사람들에게는 어떤 방법으로도 다가가기가 어렵다. 대부분은 자극 반응성이 낮고, 감각적 투입이 많아야 한다. 자극이 부족하면 그들은 무언가를 요란하게 두드리거나 해서 자신만의 자극을 만든다.

하지만 자연은 이 사람들에게 다가갈 수 있다. 식물과 새와 곤충의 움직임, 소리, 질감은 끝없는 매혹의 원천이다. 보건 환경 전문 설계 사무소인 그린스톤 디자인 UK의 게일 수터-브라운Gayle Souter-Brown과 케이티 봇Katy Bott은 여러 가지 잎, 풀, 과일로 다양성을 최대화한 정원을 설계했다.[26] 곡선형 구조를 이루는 정원에서, 서로 연결된 길들은 탐험을 재촉한다. 정원 안의 다양한 구역은 각기 다른 특징을 지녔다. 습지 지역, 선禪 자갈 정원, 물고기 연못과 작은 풀밭 등이 있다. 거주자들은 감각적 몰입과 외부에서 경험할 수 있는 자유 감각을 즐긴다. 정원은 또 '집중 상호 작용' 치료에 사용되기도 한다. 치료사는 환자와 함께 정원에 앉아서 정서적 상태를 관찰하고 호흡, 발성, 눈 움직임 등의 신체적 신호 패턴에 반응한다. 엄마가 아기의 행동을 모방하듯, 이런 반응은 상호 소통의 토대가 된다. 신경계에 미치는 자연의 진정 및 정돈 효과는 뚜렷하다. 거주자들은 실내에 있을 때보다 자연에 있을 때 소통과 상호 작용이 더 수월해진다.

높은 생울타리 너머에는 테이거 센터에 속한 다른 치유 정원이 있는데, 이쪽 정원과는 완전히 대조된다. 같은 디자이너들이 만들었지만 삭막한 데다가 직선으로 이루어졌고, 감각적 풍성함이 없다. 이곳에는 중증 자폐증 환자들이 거주한다. 자폐 정도가 매우 심해서 자연이 진정 효과가 없고, 오히려 자연 세계의 변화 가능성이 극도의 불안을 일으킬 수 있다. 고도의 예측 가능성이 필요한 사람들이라 꽃도 없고, 과일도 없고, 색깔이 바뀌고 떨어지는 나뭇잎도, 또 밤새 바뀔 수 있는 어떤 것도 없다. 실내 환경은 바깥보다는 예측이 가능하지만, 반드시 더 차분하지는 않다. 거주자들은 쉽게 갇힌 느낌을 받고 흥분해서 오랜 시간을 서성거린다. 이럴 때 정원의 푸른 공간은 최선의 장소가 되어준다. 야외에서는 부정적 에너지가 흩어지고, 또 잠시 동안 그네나 시소 운동을 하면서 차분함을 되찾기도 한다.

테이거 센터의 정원은 높은 자연적 다양성이 회복 능력을 높인다는 치유 정원의 일반적 규칙에서 벗어난 곳이다. 녹색과 단단한 표면의 비율[27]도 중요하다. 대체로 7 대 3이 최고의 효과를 보인다. 녹색이 너무 적으면 정원은 휴식 효과도, 긍정적인 효과도, 별로 주지 못한다. 자연의 복잡성은 정원에 야생동물을 불러들이고, 정원이 소우주로서 갖는 치유 효과를 극대화한다.

나 또한 수술 후에 자연의 치유 효과를 경험했다. 수술은 다행히 잘되었고, 퇴원해서 집으로 돌아왔다. 사랑하는 익숙한 환경으로 돌아오는 안도감은 컸지만, 당분간은 움직임이 제한되어서 내 물리적 세계는 급격히 줄어들었다. 자유롭게 걸어 다니던 땅이 이제 다른 대륙처럼 느껴졌다. 그래서 매일 집 가까이 있는 작은 뜰에 나갔다. 식물들도 기쁨을 주었지만, 놀랍게도 가장 큰 기쁨은 새들이 가져다주었다.

뜰에 앉아 늦가을 햇빛을 즐기고 있으면, 작은 새들—대개 푸른박새와 진박새—은 나를 신경 쓰지 않고 다가왔다. 그럴수록 나는 새들에게 더 몰두했다. 새들은 처음에는 모이통 근처 가지에 내려앉았다가 조심스럽게 모이통에 다가간다. 나는 녀석들의 눈이 빠르게 움직이며 주변을 살피다가, 안전한 나무를 떠나 모이통으로 날아가는 모습을 지켜본다. 의사 결정 과정의 미스터리가 아주 매력적이었다. 새 한 마리 한 마리가 다 조금씩 달랐다. 어떤 새는 좀 더 머뭇거렸지만, 조심한다는 점에서는 모두가 똑같았다. 한동안은 새들의 세계에 빠져서 나를 잊어버릴 수 있었다.

몸을 더 움직일 수 있게 되자, 정원 다른 곳을 탐험했다. 하지만 목발을 짚어야 했고, 나도 새들처럼 조심스러웠다. 어느 날, 온실에 들어갔다가 예상치 못한 광경을 마주쳤다. 발판 위에 줄지어놓은 사프란들이 꽃을 활짝 피우고 있었다. 사고를 당하기 몇 주 전에 알뿌리를 샀던 기억이 떠올랐다. 사프란을 키워야겠다는 충동에 사로잡혀서 식물 박람회에서 예정에 없이 알뿌리를 샀다. 그 뒤로 너무 많은 일이 일어나, 알뿌리는 모두 잊고 있었다. 너무도 반가운 깜짝 소식이었다! 사프란의 보라색 꽃잎들―정말 눈부셨다―은 절정에 이르러 있었고, 리본처럼 길게 뻗은 붉은 암술머리는 정말로 놀라웠다. 며칠 후 온실에 돌아가서 소중한 붉은 꽃술들을 수확했다. 열심히 일하다 보니 마음이 차분해졌고, 사고 후 처음으로 가치 있는 일을 한다는 느낌을 받았다. 그날 저녁 맛있는 사프란 리소토를 만들어서, 그 일을 더 가치 있게 만들었다.

집에 돌아와서 친구와 가족을 다시 만나게 되어 기뻤지만, 불가피하게 넘어진 경위에 대한 자세한 설명이 뒤따라야 했다. 이제 겨우 상황 설명이 가능해진 참이었다. 그와 달리 온실에서는 설명이 필요 없었고, 기억의 간섭도 감정과 씨름할 필요도 없었다. 나는 회복을 안겨주는 고독―혼자지만 혼자가 아닌―을 발견했다. 나와 꽃뿐이었다. 사프란을 발견하고 꽃술을 따는 일은 순수하고 단순한 기쁨을 주었다.

13

다시, 정원으로

녹색 도화선 속으로 꽃을 몰아가는 힘이
내 푸른 나이를 몰아간다…[1]

딜런 토머스(1914~1953)

정원이 가장 푸른 달은 언제나 5월이다. 모든 나무와 풀이 땅에서
솟아오르면서 생명의 거대한 맥박을 발산하는 것 같다. 케냐 북부 외
딴 지역의 자선 프로젝트를 방문하고 돌아왔을 때, 이 힘을 가장 강력
하게 느꼈다.

톰과 나는 투르카나에서 '사막의 밭Furrows in the Desert'이라는 프로
젝트 장소를 방문해 2주를 보냈다. 스페인과 케냐의 선교 단체들이
건조지역의 지속 가능한 경작 기술 연구에 앞서가는 이스라엘 농학자
들과 협력해서 이루어낸 놀라운 사업으로, 우리는 그곳 '샴바 뜰'이라
는 과일 및 채소밭에서 일했다.

투르카나 사람들은 놀라운 회복 탄력의 역사를 지녔다. 그들은

키가 크고 신체적으로 독특하며, 여자들은 작고 다채로운 구슬로 만든 넓고 높은 목띠를 두른다. 그들의 노래와 춤은 유목적 삶의 방식과 함께 헤아릴 수 없이 많은 세대를 통해서 전해 내려왔다. 전통적 생활 방식은 이미 오래전에 주변적인 것이 되었고, 그 방식을 지탱하기는 갈수록 어려워졌다. 땅이 기후변화에 시달리고 있기 때문이다. 날씨 패턴이 변해서 이제 계절성 강우에 의존할 수가 없고, 가축이 먹을 초목이 부족하다. 우리가 갔을 때는 1년 가까이 비가 전혀 오지 않은 상황이었다. 마을에서 만난 아이들은 한눈에도 영양실조 상태였고, 길가에는 염소 시체들이 흩어져 있었다. 대열곡Great Rift Valley의 일부를 이루는 이 지역이 한때 옛 조상들의 이상적인 땅이었다는 사실을 믿을 수 없었다. 오모 강변 근처 에티오피아와의 국경 지역에서 가장 오래된 인간 유골의 일부가 발견되었기 때문에 이 지역은 인류의 요람이라고 불리는 곳이었다.

유목 생활이 불가능해지면서 사람들은 정착해서 전통적 오두막에서 살게 되었지만, 어느 정도는 식량 원조에 의존해야 했다. 오랜 역사에도 불구하고 그들은 농경을 한 적이 없다. 아득한 옛날부터 가축을 돌보고 열매를 채집해서 살았으나, 이제 새로 만든 샴바 뜰에서 식용 작물을 기르는 교육을 받았다.

현재 30개 공동체에 텃밭 150개와 소규모 농장이 있고, 더 많은 조성 계획이 있다. 모두 태양광이나 풍력 펌프로 물을 끌어올려 사용하고, 드물게 점적 관개 방식도 활용한다. 산악 바위 지대인 데다 기온은 섭씨 40도에 이르며, 강하고 건조한 바람이 불어서 식량 재배에는 가혹한 환경이다. 이 프로젝트의 성공은 사막 농경에 대한 이스라엘의 전문성, 물 공급의 기반을 이루는 구조물 건설, 그리고 이 지역에서 25년 넘게 일한 선교 단체들의 지역사회에 대한 지식이 얼마나 잘 결합하느냐에 달려 있다.

밭에서는 케일, 시금치, 콩, 토마토, 수박 같은 작물이 잘 자랐다. 그 모습은 주변의 광활한 사막 풍경과 너무도 큰 대조를 이루었다. 가혹한 환경에서도 이런 일이 벌어지는 모습을 보면 인생에 큰 힘이 된다. 우리가 떠나기 직전에 하늘에 구름이 모여들어서 모두 희망에 부풀었지만, 간절히 기다리는 비는 오지 않았다. 집에 몹시 가고 싶었는데도, 그곳을 떠나는 마음은 마치 강요된 이별을 맞이하는 것 같았다.

이상한 감정이 남은 상태로 집에 돌아와서 정원에 들어갔다. 서어나무 생울타리가 둘러싼 공간들은 아주 흐린 날에도 차분한 녹색 방 같지만, 그날 아침에는 햇빛이 잎사귀들 사이에서 반짝거렸다. 나는 황홀경에 빠진 듯 사이사이 풀 길을 걸으며 모든 푸르름을 한껏 들이마셨다.

고대 유목민들이 사막을 건너다 야자나무와 정원이 있는 오아시스, 그러니까 온 장소가 지구의 푸른 힘을 증명하는 곳에 도착했을 때 느낀 감정이 이렇지 않았을까? 그토록 메마르고 갈라진 땅을 본 경험은 내게 깊은 영향을 미쳤다. 빙겐의 힐데가르트가 왜 '메마름'의 파괴적 특징을 강조했는지, 녹색 도화선—비리디타스—의 힘과 그것이 부족하다는 말이 무슨 뜻인지 절감했다. 투르카나에서 간절히 바라던 비는 며칠 뒤 마침내 내리기 시작했고, 메마른 흙 속에 숨어 있던 생명들이 즉시 활동을 시작했다. 일주일도 지나지 않아 황량한 갈색 풍경이 녹색으로 바뀌었지만 회복하는 데는 여러 달이 필요했고, 장기간의 가뭄은 거듭되고 있다.

기후 위기 시대, 자연과 분리되는 시대에 더는 인간 본성과 녹색 자연, 인간 건강과 지구 건강의 관계를 외면할 수 없다. 이런 일은 어떻게 일어났는가? 지나간 시대에 사람들은 그런 진실에 대해 명상했다. 삶의 수수께끼를 숙고했고, 또 정원에서 자주 생각에 잠겼다. 정원의 기원은 고대 페르시아로 거슬러 올라간다. 그때의 정원은 사막의 열기와 먼지를 피하게 해주고, 사람들의 삶을 육체적, 영적 양면으로 돌보기 위해 설계되었다. 가혹하고 메마른 환경과 이루는 극적인 대조는 효과의 일부였다. 정원의 편안한 그늘에 앉아 물 흐르는 소리를 듣고 싱그러운 녹음을 바라보면, 땅의 풍요에 감사를 느낄 수밖에 없는 평화로운 풍요를 경험한다.

　그 옛 시절 이래로 정원은 사람들이 '실행하는' 일과 '존재하는' 일 사이의 간극을 메우게 해주었다. 이 두 상태의 건강한 균형이 현대에는 요원해 보인다. 더구나 원예가는 미니어처 세계의 제작자이자 형성자로서, 정원이 얼마나 독자적인 생명을 지니고 있는지 잘 모를 수 있다. 처음 식물을 키우기 시작했을 때, 나는 생산성에 매혹되었다. 그래서 밖에 나갈 때마다 자동으로 정원을 살펴보며 무슨 일을 해야 하는지 머릿속에 메모했다. 그러다가 내가 언제나 '실행하는' 함정에 빠졌음을 깨달았고, 점차 그저 정원 안에서 정원과 함께 '존재하기만' 할 수 있는 시간의 가치를 배웠다.

　내가 정원 일에서 가장 좋아하는 부분은 새벽에 이슬 덮인 풀밭을 맨발로 걷는 것이다. 꽃과 생울타리들이 밤새 자라 있고 (보이지 않는 시간 동안 식물들은 자란다) 어떻게 해서인지 첫 빛이 비치면, 정원은 내 공간이 아니라 그들의 공간처럼 느껴진다. 잡초가 눈에 들어와도 급할 것 없다. 일을 '실행할' 시간은 여전히 많기 때문이다. 밤에도 어둠의 불분명함 속에 그 장소에 다른 생명 감각을 불어넣는 애니미즘적인 무엇이 있다. 그리고 어둠 속에서는 잡초를 보거나 정원 일을 '실행할' 수 없다.

우리 정원 주변은 완전한 초원 지대다. 거기에서는 한 발 물러서서 자연이 스스로 펼치게 둔 다른 종류의 경작이 이루어진다. 들꽃 초원의 상실은 영국 시골의 비극이다. 지난 70년 동안 97퍼센트가 사라졌다.[2] 초원을 유지하는 일은 지속 가능한 재생의 조건을 창조하는 일이다. 1년에 한 번 건초 만드는 것을 빼면, 30년 전에 최초로 여러 씨앗들을 뿌린 이후 이 초원에 우리가 개입한 일은 옐로 래틀을 심은 것뿐이다. 이 지역에서 농민의 적으로 알려진 옐로 래틀은 초원에서 꽃을 죽이고 식생의 다양함을 줄이는 강력한 풀들의 힘을 빼앗는다. 동자꽃, 수레국화, 체꽃, 아욱, 별꽃은 다양함의 일부일 뿐이지만, 초원의 진짜 경이는 여러 꽃들의 아주 바람직한 서식지라는 점이다.

시간이 지나면서, 나무 없이 황량하고 특별히 생산적이지 않았던 밀밭이 야생동물의 안식처가 되었다. 여름이면 곤충이 폭발한다. 조흰뱀눈나비도 초원으로 이끌려 와서 공중에 가득 팔랑거린다. 붉은 반점이 찍힌 검은 날개로 눈길을 끄는 홍점알락나비, 섬세하고 화려한 청띠신선나비도 있다. 청띠신선나비는 예전처럼 흔하지 않지만, 여기서는 잘 번식하고 있다. 딱따구리도 자주 찾아와서 개미들을 시식한다. 자고새와 꿩이 초원의 엄호 속에 안전하게 둥지를 짓는다.

이런 종류의 원예는 '실행하는' 것보다 자연이 알아서 하게 내버려 두는 데 초점을 맞춘다. 원예가 항상 자원을 보호하거나 환경 친화적이지는 않다. 인류가 자연을 지배하려고 만들어낸 아이디어들의 진화는 정원 역사에 큼직하게 새겨져 있다. 다른 시대를 보면 길들이고 억제한 자연, 개량하고 개선된 자연도 있고, 물을 많이 소모하고 제초제에 젖은 녹색 잔디가 등장하면서 소모된 자연도 있다. 오늘날에는 자연의 위기가 닥치면서 정원의 회복적 측면이 부각되었다. 재야생화 운동이 이는 이유는 원예가 지배 행위를 넘어서 구조와 회복 행위가 되었다는 뜻이다.

동시에 우리가 자연을 이해하고 그리는 방식도 패러다임이 변하고 있다. 지금까지 자연 세계에 대한 우리의 생각은 '피도 눈물도 없는 냉혹함', '적자생존', '이기적인 유전자' 같은 개념들이 형성해왔다. 이런 서사들은 어쩌면 시대에는 맞았지만, 공존을 촉진하는 다른 힘들은 상대적으로 간과되었다는 뜻이다. 하지만 이제 이전까지 '엉뚱하다'고 여겨진 생각들이 주류에 들어오기 시작했다. 예를 들어 식물학에서는 식물 커뮤니케이션 분야가 부각되고 있다. 지금 밝혀지고 있는 바에 따르면, 나무는 공동체를 형성하고[3], 땅속 곰팡이 네트워크를 통해서 서로 '협력'한다. 식물은 다른 식물에게 곤충이나 유해 조수에 대해 경고한다.[4] 해바라기는 뿌리가 이웃들과 조화를 이룰 수 있도록 노력을 기울인다.[5] 집단 생존은 우리 시대의 절박한 화두다.

기후 위기는 생물 다양성 위기와 연결되어 있다.[6] 새, 나비, 벌들의 개체 수 감소에 대한 언론의 보도는 현재 진행되고 있는 자연 고갈의 극히 일부만을 반영한다. 기온 상승, 서식지 파괴, 과도한 화학비료 사용과 공해 물질 피해는 지구의 건강을 지탱하는 생명의 상호 연결망을 파괴했다. 최근에 생태학자들은 가정 내 정원의 생물종 상태를 조사하기 시작했고[7], 인근 시골보다 훨씬 다양한 종을 품는 생물 다양성의 핫스폿이 될 수 있다는 사실을 발견했다. 하지만 영국에서 가정 정원은 주차장을 만들기 위해 사라지고 있고[8], 그 결과 가정 정원의 3분의 1에는 식물이 전혀 없다.

정원은 작아도 다양한 야생동물의 잠재적 서식지가 될 수 있다. 실제로도 자연의 쉼터로 기능해서, 한편으로는 고갈된 시골 풍경에서도, 다른 한편으로는 가혹한 도시 풍경에서도 휴식을 제공해준다. 도시 정원의 조류의 밀도[9]는 시골 전체의 평균 여섯 배라고 밝혀졌고, 다양한 종자식물은 수많은 곤충과 새를 유인한다. 잔가지, 썩은 낙엽, 나무토막 등이 있는 구석은 개미, 쥐며느리, 딱정벌레의 안식처가 된다.

정원의 토양은 많은 경우에 미생물, 곰팡이, 벌레를 비롯해서 땅에서 사는 온갖 생물의 건강한 다양성을 유지해준다.[10] 반대로 농지의 토양은 척박해지는 경향이 있다. 몇십 년에 걸친 산업적 영농으로, 2차 대전 이후 전 세계 표층토의 3분의 1 이상이 사라졌다. 표층토는 귀중한 자원이다.[11] 그것이 없으면 식물은 제대로 자라지 못하고, 한번 사라지면 다시 만들어지는 데 500년에서 1000년이 걸린다. 돌봄의 실패로 인한 토양의 퇴화[12]는 수메르의 재앙이 되었다. 고대 로마인도 땅의 요구를 무시했고, 그에 따른 농업의 실패는 로마의 몰락에 기여했다. 현대로 오면 1930년대 북아메리카 대초원의 파괴가 있다. 똑같은 일이 지금 벌어지고 있다. 다른 점이라면 규모가 전 세계적이라는 것뿐이다.

지구의 위기가 점점 심각해지면서 불가피하게 무력감이 일고, 이른바 기후 슬픔 또는 '환경 우울증'도 생긴다. 그러면서 우리는 문제를 최소화하고 최선을 희망하느냐, 아니면 절망과 마비감에 굴복하느냐를 두고 갈팡질팡하기도 한다. 어느 쪽이든 생명의 원천인 땅과 접촉을 상실한다면 심리적 여파가 미치고, 그 결과 자연의 아름다움을 즐기거나 풍성함에 감사를 느끼기 어려워질 수 있다. 나오미 클라인은 영국 국영 석유회사 BP가 멕시코만에 원유 누출 사고를 일으켰을 때 자신은 자연에서 기쁨을 느끼는 능력을 잃었다고 말했다. "그 경험이 아름답고 인상적일수록, 자연의 불가피한 상실에 슬퍼하게 되었다. 마치 불가피한 이별에 대한 상상 때문에 제대로 사랑하지 못하는 사람처럼."[13] 클라인에게 자연은 이미 회복 불가능한 상태였다. "생명이 들끓는 곳인 브리티시컬럼비아 선샤인코스트의 바다를 내다보면, 불현듯 황량해진 풍경이 떠오른다." 마치 끊임없는 '사전 상실' 상태로 사는 것 같았다. 클라인은 그렇게 해서 진정한 우울감 속에서 자신에게 힘을 주는 단 한 가지와 분리되었다.

　지구의 상태가 지속 불가능하듯, 우리의 생활 방식도 심리적으로 지속 불가능하게 되었다. 최근 우울증이 호흡기 질환을 제치고 전 세계 질병률 1위에 올라섰다.[14] 기후 슬픔과 직접 연관된 일은 아니지만, 문제들은 서로 복잡하게 얽혀 있기 때문에 무관한 것도 아니다. 사람들의 행복에 필요한 것을 무시하는 행위는 자연의 번창을 돕지 못한 것과 똑같은 사고방식에서 오는 증상이다. 그 문제는 우리를 '경작한다는 것'의 핵심적 의미로 이끌고 간다.

볼테르의 영원한 권고 "우리의 정원을 가꾸어야 한다"[15]는 그의 소설 『캉디드Candide』의 결론이다. 250여 년 전에 출판된 이 소설은 우리 시대와도 잘 들어맞는다. 『캉디드』는 이른바 현대 세계 최초의 재난인 리스본 대지진의 여파 속에 집필되었다. 그 사건은 당시에 널리 통용되던 문화적 전제들을 뒤흔든 비극이었다.

세계에서 가장 부유하고 인구가 많은 도시 중 하나였던 리스본은 1755년에 역대급 지진으로 완전히 파괴되었다. 지진파는 쓰나미를 일으켰고, 이어 대화재가 시골 지역을 집어삼켰다. 막대한 피해는 우주가 시계태엽처럼 매끄럽게 돌아가는 세계라는 믿음에 의문을 일으켰다. 뉴턴의 물리학이 일으키고, 18세기 사상을 지탱해준 믿음이었다. 시계태엽 우주 모델은 오늘날에는 이상해 보일지 몰라도, 서구 사상에서 기계를 비유로 사용한 많은 예 가운데 하나다. 우리 시대로 옮겨 보면 두뇌를 컴퓨터로 보는 것과 같다. 여기에서도 기계와 자연의 똑같은 엇갈림이 드러난다. 비유는 강력하다. 우리 사고를 깊게 할 수도, 제한하고 뒤틀 수도 있다. 생물권의 위험은 인류가 자연을 생명계로서 존중하지 못한 데서 비롯되었다. 이것이 시계태엽 우주관의 광범위한 결과들이다.

볼테르는 매끄럽게 작동하는 우주론과 관련된 철학적, 종교적 믿음에 반대했고, 캉디드의 이야기로 이를 풍자했다. 책은 비밀 출판되었지만 곧 금서가 되었고, 이어 대형 베스트셀러가 되었다. 이 책의 주요 표적은 끈질기게 최선을 상정하고 최악을 최소화해서 불편한 진실을 외면하는 맹목적 낙관주의의 한 형태—라이프니츠 철학의 한 버전—였다. 빠른 사건 전개와 불가능한 반전이라는 서사 구조가 이를 반영한다. 소설 한 부분에서 잔혹하게 죽거나 다친 인물들이 다른 부분에서 갑자기 다시 나타나는 식이다. 그래서 이 책은 마술적 리얼리즘의 선구 작품으로 여겨진다.

캉디드의 모험을 따라가다 보면, 어느덧 우리는 낙관주의가 세상의 끔찍한 일에 불편함을 느끼지 못하게 만드는 것을 무시할 수 없게 된다. 캉디드는 사탕수수 농장에서 신체가 잔혹하게 훼손된 노예를 마주했을 때, 마침내 이 사실을 이해하게 된다. 설탕 생산에 들어가는 인간의 비용을 깨닫고 충격을 받으면서, 처음으로 낙관주의란 "모든 것이 결코 좋지 않을 때 좋다고 우기는 착각"임을 인식한다. 캉디드의 문제는 자신을 보호해줄 맹목적 낙관주의가 없다면 항상 악이 이길 거라는 생각에 사로잡혀서 무력한 우울증의 상태에 빠진다는 것이다. 현실 부정의 유일한 대안이 비관주의처럼 보인다. 비관주의는 문제가 너무 크고 어려워서 세상 또는 나 자신을 변화시키려고 해봐야 소용없다는 우울한 정신 자세다.

소설 마지막에 배를 타고 가던 캉디드는 마르마라해에서 내린다. 우리 할아버지가 포로로 잡힌 바로 그 장소다. 이런 우연으로 나는 할아버지의 1차 대전을 떠올렸고, 이 책이 출발 지점으로 돌아오게 하지만, 볼테르의 독자들은 전혀 다른 것을 연상했으리라. 그 시절 대중의 상상 속에서 터키는 이국적 공간이었고, 술탄들의 눈부신 정원과 전통적인 '보스탄' 정원—널리 퍼진 작은 채소밭—을 연상하게 만드는 나라였다.

캉디드는 콘스탄티노폴리스 근처 시골의 작은 농장에서 아들딸들과 함께 사는 '덕망 있는 노인'을 만난다. 노인은 캉디드와 동료를 반갑게 맞고 정원에서 딴 과일을 대접한다. 그들은 함께 오렌지, 파인애플, 피스타치오, 집에서 만든 셔벗과 양념한 크림을 먹었다. 캉디드는 작은 농장이 이토록 풍요롭다는 사실에 놀란다. 그와 친구들은 끝없는 철학 토론으로 시간을 보냈고, 그 결과 지루하고 불안해졌다. 캉디드는 토론 대신 정원을 경작해야 한다는 사실을 깨닫는다.

오늘날 볼테르의 낙관주의와 비관주의는 다른 모양을 띠고 우리 삶을 지배한다. 비관주의는 사방에 있다. 폭증하는 우울증과 불안에서도 보이고 세계의 상태, 기후 위기, 전쟁과 폭력, 자연과 사람의 착취에 대한 수동성과 무력감의 만연에서도 보인다. 캉디드의 세계처럼, 우리는 우리가 가는 방향에 압도적인 우울감을 느끼거나 아니면 현실 부정 속에 "모든 게 좋다"고 생각하며 스크린 속 다른 세상에 빠지는 양극화한 세계에서 사는 듯하다.

정원은 어쩌면 우리 인생 최고의 비유일지 모른다. 하지만 실제로는 비유를 뛰어넘는다. 볼테르에게도 마찬가지였다. 『캉디드』출판 이후 볼테르는 인생의 마지막 20년을 자신의 메시지를 실천하며 살면서, 땅을 경작하는 데 많은 시간과 에너지를 바쳤다. 프랑스 서부 페르네의 버려진 영지를 맡아서,[16] 프랑스에서 유행하는 형식적 디자인을 거부하고 과일과 채소밭을 꾸렸다. 벌을 치고 나무를 몇천 그루 심었다. 많은 수를 직접 심었다. 볼테르는 이렇게 쓰기도 했다. "나는 인생에서 분별 있는 일 한 가지, 즉 땅을 경작하는 일을 했을 뿐이다.[17] 들을 일구는 사람은 유럽의 모든 작가보다 인류에 더 큰 도움이 된다." 볼테르의 정원관은 퇴각이 아니라 공동선에 기여하는 아주 실용적인 개념이다.

"우리의 정원을 가꾸어야 한다"는 말은, 인생에는 돌봄이 필요하고 그것을 위해서는 우리 인생, 우리 공동체, 우리가 기거하는 환경을 형성하는 것이 가장 좋은 길이라는 사실을 받아들인다는 뜻이다. 볼테르 이야기의 교훈은 이상화한 인생을 추구하면서 문제를 외면하지 말라는 것이다. 주변에 있는 것을 최대한 활용하고, 현실적인 상황에 전념하라는 뜻이다.

오늘날 같은 가상 세계와 가짜 뉴스의 시대에, 정원은 우리를 현실로 되돌려준다. 알려지고 예측 가능한 종류의 현실은 아니다. 정원은 늘 우리를 놀라게 하고, 우리는 거기서 다른 종류의 '앎'을 경험한다. 감각적이고 물리적이며, 우리 존재의 정서적, 영적, 인지적 측면을 자극하는 앎이다. 이런 의미에서 원예는 오래된 것인 동시에 현대적이다. 오래되었다는 것은 두뇌와 자연의 진화적 협력 때문이고, 채집과 농업 사이 삶의 방식이기 때문이다. 그런 삶의 방식은 장소와 애착을 형성해야 하는 우리의 깊은 필요를 표현한다. 현대적이라는 것은 정원이란 기본적으로 앞을 내다보는 일이고, 원예가는 언제나 더 좋은 미래를 목표로 하기 때문이다.

경작은 양방향으로—외적 방향뿐 아니라 내적 방향으로도—작동하고, 정원을 돌보는 것은 인생에 대한 태도가 될 수 있다. 기술과 소비의 지배력이 점점 커지는 세상에서, 원예는 생명이 태어나고 유지되는 현실, 생명의 연약함과 찰나성에 직접적으로 접촉하게 해준다. 지금 우리는 그 어느 때보다, 우리 자신이 다른 무엇보다 땅의 창조물임을 상기해야 한다.

감사의 글

2013년 1회 가든 뮤지엄의 여름 문학 축제 강연에서 발전시킨 많은 아이디어가 이 책에 들어 있습니다. 그 행사에 강연자로 나를 초청해준 박물관의 열정적 관장 크리스토퍼 우드워드에게 영원히 감사를 드립니다.

가족사, 특히 우리 할아버지 테드 메이의 이야기가 이 책의 한 갈래를 이룹니다. 어머니 주디 로버츠, 오빠 나이절 에번스, 사촌 로저 코니시의 도움과 지원이 없었다면, 할아버지의 전쟁 경험과 원예 사랑을 탐구하지 못했을 것입니다. 그분들께 깊이 감사드립니다. 남편 톰과 함께 서지 힐에 '헛간'이라고 이름 붙인 정원도 또 다른 갈래입니다. 시부모님인 조앤과 머리 스튜어트-스미스의 너그러움이 없었다면 이루지 못할 일이었습니다. 이분들은 헤아릴 수 없이 많은 방식으로 우리가 '헛간'에서 삶을 일구도록 도와주셨습니다. 남편의 가족인 벨라, 마크, 케이트 스튜어트 스미스도 이 책을 쓰는 데 도움을 주었습니다. 케이트는 또 시간과 노력을 들여 마지막 원고를 편집해주었습니다. 예리한 안목에 감사드립니다.

정원과 원예로 인생에 도움을 받은 경험을 나와 공유해준 분들이 있습니다. 직접적 경험에서 나오는 열렬함과 설득력으로 핵심적 통찰을 제공해준 이분들의 기여가 없었다면, 이 책은 지금과 같은 모습을 갖추지 못했을 것입니다. 앤드루 올브라이트, 샤킴 앨런, 호세 알티아, 이안 벨처, 다그마라 베르노니, 후안 브란, 티퍼니 샹파뉴, 호세 디아스, 바네스 에란조, 해리 게이브드, 후세인 에르샤디, 데이비드 골든, 대린 헤인즈, 크리스천 하우얼스, 글렌 존슨, 벨벳 존슨, 밸러리 레오네, 데이비드 말도나도, 잭 매닝스, 호세 모타, 월머 오사이빈, 히로 퍼룰타, 캐럴라인 랠프, 후안 로다스, 호세 로드리게스, 프랭크 루이스, 제인 쉬림튼, 앨버트 실바놀리, 샤론 티저드, 에인절 베가, 리처드 워런, 홀랜드 윌리엄스, 케빈 윌리엄스가 그들입니다.

왕립원예협회, 특히 피오나 데이비슨(린들리 도서관)과 앨리스터 그리피스(과학과 수집 팀장)의 도움에 감사드립니다. 스라이브의 셜리 찰턴, 페니 쿡, 네이선 디피, 스티브 험프리스, 캐스린 로시터, 샐리 라이트에게 감사드립니다. 뉴욕 식물원은 미국에서 내 조사에 큰 도움이 되었습니다. 어설라 찬스, 바버라 코코란, 그레고리 롱은 여러 가지 방식으로 나를 각별히 도와주고, 흥미로운 프로젝트들을 소개해주었습니다. 시카고 식물원도 여러 프로그램과 사람들을 소개해주었습니다. 특히 일라이자 푸르니에, 레이철 킴튼, 바버라 크레스키에게 감사드리고 싶습니다.

여러 나라에서 공동체 프로젝트와 원예 치료 프로그램을 운영하는 많은 분이 자기 시간을 포기하고 함께 이야기를 나누어주었습니다. 자연과 일하는 것이 갖는, 삶을 변화시키는 잠재력에 대한 그들의 깊은 이해에 경의를 바치고 싶습니다. 모두 적으려고 했지만 혹시 빠뜨린 분이 있다면 용서를 바랍니다. 커트 애커먼, 애나 애더비, 샤니스 알렉산더, 오어 알가지, 애나 베이커 크레스웰, 바버라 바르비에리, 이소벨 반스, 모니카 바잔티, 리핸 블랙, 내털리 브리커질리크, 에스텔 브라운, 헤더 버지-리드, 아흐메트 카글라, 팻 캘러헌, 올리비아와 데이비드 채플, 킬리 시디키 찰릭, 메리 클리어, 폴라 콘웨이, 카일 콘포스, 필리스 다미코, 피노 다퀴시토, 엘리자베스 딜, 마이크 에릭슨, 마쿠에 팔가스, 크리스티안 페르난데스, 론 핀레이, 그웬 프리드, 대리 갠존, 안드레아스 킹켈, 패트릭 그란, 에드위나 그로브너, 렉스 헤이그, 마크 하딩, 소냐 하퍼, 폴 하트웰, 테레지아 하젠, 퀘이엄 존슨, 힐다 크러스, 진 라슨, 애덤 레빈, 루스 매더, 수재나 마지스트레티, 오린 마틴, 마리안나 메리시, 티치아노 모나코, 카라 몽고메리, 알폰소 몬티엘, 카이 내시, 콘라트 뉴버그, 존 파커, 키스 피터슨, 해리 로즈, 앤과 진-폴 리브, 리즈 로스차일드, 세실-존 루소, 캐럴 세일즈, 앨버트 살반스, 리베카 실버먼, 카트린 스니드, 제이 스톤 라이스, 말린 스트랜드, 린지 스완, 마이크 스윈번, 폴 탤리아드, 피비 태너, 앨릭스 테일러, 줄리/존 트레이시, 클레어 트루슬러, 루시 볼커, 베스 웨이트커스입니다.

다음 학자들, 의사들, 작가들은 내게 전문적 지식을 너그럽게 나누어주었고, 직접 언급하지 않은 경우에도 이 책을 풍성하게 해주었습니다. 윌리엄 버드, 데이비드 벅, 폴 캐믹, 크리스 컬런, 로빈 프랜시스, 도리언 풀러, 리처드 풀러, 찰스 가이, 얀 하싱크, 테레지아 하젠, 케네스 헬펀드, 글리니스 존스, 레이철 켈리, 켈리 램버트, 크리스토퍼 로리, 애니 맥코비, 앨런 매클레인, 안드레아스 마이어-린덴버그, 데이비드 너트, 매슈 패트릭, 줄스 프리티, 제니 로, 에드워드 로즌, 조

셈픽, 필립 시겔, 마틸다 판 덴 보슈, 피터 와이브로에게 감사를 전합니다. 덧붙여서 디자이너 케이티 봇, 게일 수터-브라운, 클리브 웨스트는 치유 정원을 만드는 데 무엇이 필요한지에 대한 이해를 키워주었습니다.

데버라 퍼시는 내가 잘 찾지 못하던 소스와 정보를 기가 막히게 찾아주었습니다. 햄프셔 가든스 트러스트의 샐리 밀러는 주 자료실을 뒤져서 9장에 나오는 새리즈버리 코트 관련 자료를 찾아주었습니다. 프로이트 박물관 사진 도서관의 브라이어니 데이비스와 프로이트가 토레 델 갈로에서 보낸 편지(10장)를 번역해준 프랜시스 워튼에게도 감사합니다.

하퍼콜린스의 편집자 아라벨라 파이크는 이 책을 즉시 받아들였습니다. 파이크의 확신과 세심한 판단은 귀중했습니다. 책을 만드는데는 많은 사람이 참여했고, 책의 수준을 한 단계 올리기 위해 수고를 아끼지 않은 하퍼콜린스의 팀 전체에게 빚을 졌습니다. 케이티 아처, 헬렌 엘리스, 크리스 거니, 줄리언 험프리스, 케이트 존슨, 앤 리얼리, 메리앤 타테포, 조 톰프슨, 마크 웰스에게 감사합니다. 미술가 라이야 요키넨은 아름다운 표지 이미지를 제공해주었습니다.

뉴욕의 출판사 스크리브너에도 감사를 드려야 합니다. 콜린 해리슨의 편집은 책에 여러 가지 방식으로 기여했고, 텍스트에 대한 열정적이고 명확한 관심은 내게 글쓰기에 대해 많은 것을 가르쳐주었습니다. 스크리브너사의 세라 골드버그, 낸 그레이엄, 마크 라플러, 릭 윌릿에게도 감사드립니다.

다른 편집적 도움을 준 버네사 보몬트는 전반부의 장들을 구성하는 것을 도와주었습니다. 마지막 단계에서는 헌신적이고 유머러스한 태도로 집중 교정을 봐준 내 소중한 친구 캐럴라인 울튼의 지성에 힘입어 원고를 가지치고 잡초를 뽑을 수 있었습니다.

친구, 가족, 동료들은 다양한 단계의 원고들을 일부 혹은 전부 읽어주었습니다. 특히 시릴 쿠브, 토니 게어릭, 수지 고드실, 캐런 젠킨슨, 애나 레드가드, 닐 모건, 퍼디 루빈의 평가와 통찰에 감사드리고 싶습니다. 집에서는 줄리아 매슬린이 생활 관리를 도와주고, 제니 레비는 내가 책을 쓰느라 책상에 매여 있을 때 채소밭을 돌봐주었습니다. 미국에서 나를 환대해준 자 버번, 존 포넨고, 엘리자베스 루이스, 마사 피치에게 감사드립니다.

내 소중한 친구 니시 다렌도르프는 펄리시티 브라이언이라는 출판 에이전트를 소개해 이 책을 시작하도록 해주었습니다. 펄리시티가 처음부터 흔들리지 않는 헌신과 에너지를 가지고 이 계획에 대해 엄청난 믿음을 보여준 덕분에 나는 정신을 위한 원예에 대해 생각을 심화할 수 있었습니다. 조이 판야멘타와 뉴욕에 있는 에이전시에도 감사드립니다.

친구와 동료들에게서 많은 격려와 도움을 받았습니다. 특히 필 애실, 지니 블룸, 매들린 번팅, 타니아 콤프턴, 앨릭스 콜터, 세라 드레이퍼, 헬레나 드라이스데일, 수재나 파인스, 프랜시스 하멜, 베스 헤론, 마이클 휴-윌리엄스, 메릴린 임리, 애나-마리아 이브스테트, 알리 조이, 조지프 쾨르너, 토드 롱스태프-고완, 애덤 로, 마틴 럽튼, 조 오라일리, 리베카 니컬슨, 로지 피어슨, 제임스 런시, 아그네스 슈미츠, 케이트 시백, 로빈 월든에게 감사합니다. 책을 써가는 과정에서 내게 책과 관련된 새로운 정보나 연구 프로젝트를 알려준 많은 친구들의 사려 깊은 도움에 감동받았습니다.

괴테는 "결혼한 두 사람이 서로에게 진 빚의 총합은 계산할 수가 없다"고 썼습니다. 내가 복되게도 생을 함께하게 된 남편 톰에게도 그렇습니다. 늘 나의 동반자가 되고, 글을 읽고 편집해주고, 내가 의기소침했을 때 격려해주고, 무엇보다 언제나 강력한 영감이 되어주어, 말로는 다 할 수 없이 감사합니다. 마지막으로 정원과 함께 자란 우리의 세 아이 로즈, 벤, 해리가 준 열정과 강력한 지지는 이 책이 만들어지는 내내 내 곁에 있었습니다.

주

1장. 마음을 가꾸는 식물

1   윌리엄 워즈워스William Wordsworth, 『서정담시집Lyrical Ballads』(1798) 중 「돌려놓은 탁자 The Tables Turned」에서 인용.

2   윌리엄 워즈워스, 『틴턴 수도원 몇 마일 위에서 지은 시들Lines Composed a Few Miles above Tintern Abbey』(1798/1994)에서 인용.

3   1976년 7월 10일, 이탈리아의 화학 공장에서 일어난 폭발 사고로 인해 누출된 다이 옥신이 밀라노 북부에 위치한 세베소시의 한 마을을 뒤덮었다. 가장 먼저 동물들이 죽기 시작했고, 4일 후 인간들이 부작용을 호소하기 시작했다. 마을에서 모두 대피 하기까지는 몇 주가 소요되었다.

4   2013년 세계보건기구WHO에 따르면 우울증은 질병 부담의 두 번째 주요 원인이었 다. 2014년에는 16세 이상의 영국인 중 19.7퍼센트가 불안과 우울 증상을 보였는데, 이는 2013년보다 1.5퍼센트 증가한 수치다. Mental Health Foundation report, 2016. 정신 질환의 주요 증상인 우울증과 불안증을 겪는 16~74세 사이의 사람들이 2007년 16.2퍼센트에서 2014년 17퍼센트로 상승했다. Office of National Statistics, 2016. *Adult psychiatric morbidity in England, 2014: results of a household suvery.*

5   McGhee, R. D. (1993). *Guilty pleasures: William Wordsworth's poetry of psychoanalysis.* The Whitston Publishing Co. 그리고 Harris Williams, M. & Waddell, M. (1991). *The chamber of maiden thought: Literary origins of the psychoanalytic model of the mind.* Routledge.

6   Ramachandran, V.S. and Blakeslee, S. (2005). *Phantoms in the brain: human nature and the architecture of the mind.* Harper Perennial을 참조할 것.

7   Wordsworth, D. (1991). *The Grassmere journals*. Oxford University Press. 그리고 Wilson, F. (2008). *The ballad of Dorothy Wordsworth*. London: Faber & Faber.

8   윌리엄 워즈워스의 시 「작별A Farewell」 (1802)에서 인용.

9   윌리엄 워즈워스, 『서정담시집』 중 「돌려놓은 탁자」의 '서문'에서 인용.

10 Buchanan, C. & Buchanan, R. (2001). *Wordsworth's gardens*. Texas Tech University Press, p.35. 다음과 같이 적혀 있다: '그는 평생 동안 정원에서 시를 썼고, 정원에서 걸으면서 리듬감을 느끼며 시를 읊었다.'

11 Dale, P. & Yen, B. C. (2018). *Wordsworth's gardens and flowers: The spirit of paradise*. ACC Art Books. 그리고 *Wordsworth's gardens*를 참조할 것.

12 워즈워스가 조지 보몬트George Beaumont에게 보낸 편지, *Wordsworth's gardens*. p. 30에서 인용.

13 Winnicott, D.W. (1953). Transitional objects and transitional phenomena., *Int J Psychoanal, 34*(2), 89-97.

14 Winnicott, D.W. (1971). *Playing and reality*. Tavistock Publications.

15 Winnicott, D.W. (1958). The capacity to be alone. *Int J Psychoanal* 39:416-420.

16 Holmes, J. (2014). *John Bowlby and attachment theory* (2nd ed). Routledge(제레미 홈즈, 『존 볼비와 애착이론』, 학지사, 2005)를 참조할 것.

17 Bowlby, J. (1971). *Attachment and loss: Vol. 2. Separation*. Pimlico. pp.177-178

18 다음을 참조할 것. Manzo, L. C. & Devine-Wright P. (2014). *Place attachment: Advances in theory, methods and applications*. Routledge. 그리고 Lewicka, M. (2011). Place attachment: How far have we come in the last 40 years? *Journal of Environmental Psychology, 31*, 207-230.

19 Chawla, L. (1992). Childhood place attachments. In I. Altman & S. M. Low (eds.), *Place Attachment*. Plenum Press. pp.63-86.

20 Klein, M. (1940/1998). Mourning and its relation to manic-depressive states. In *Love, guilt and reparation and other works 1921-1945*. Vintage Classics.

21 Lakoff, G. & Johnson, M. (1980). *Metaphors we live by*. University of Chicago Press(M. 존슨, 조지 레이코프, 『삶으로서의 은유』, 박이정, 2006)를 참조할 것.

22 Segal, H. (1981). *The work of Hanna Segal: A Kleinian approach to clinical practice.* London: J. Aronson. p.73

2장. 녹색 자연과 인간 본성

이 장에서 소개되는 사례 연구 참여자들의 이름과 특징적인 성격은 실제와 다르게 옮겼다. 인용된 참가자들의 인터뷰는 원문 그대로 실었다.

1 조지 허버트George Herbert, 「꽃The Flower」 (1633)에서 인용.

2 Thacker, C. (1994). *The genius of gardening.* Weidenfeld & Nicolson. 그리고 Jones, G. (2007). *Saints in the landscape.* Tempus Publishing을 참조할 것.

3 Butler, A. (1985). *Butler's Lives of the Saints.* Burns & Oates.

4 Brooke, C. (2003). *The age of the cloister: The story of monastic life in the middle ages.* Paulist Press.

5 Gerlach-Spriggs, N., Kaufman, R. E., & Warner, S. B. (2004). *Restorative gardens: The healing landscape.* Yale University Press. p.9에서 인용.

6 Fox, M. (2012). *Hildegard of Bingen: A Saint for our times.* Namaste.

7 Klein, M. (1998). *Love, guilt and reparation and other works: 1921-1945.* Vintage Classics.

8 멜라니 클라인의 1929년 논문 'Infantile anxiety situations reflected in a work of art and in the creative impulse' pp.210-118을 참조할 것.

9 New Statesman interview. (2 July 2017). https://www.newstatesman.com/2017/07/take-back-power-naomi-klein

10 Conn, A., Pedmale, U. V., Chory, J., Stevens, C. F., & Navlakha, S. (2017). A statistical description of plant shoot architecture. *Current Biology, 27*(14), 2078-2088.e3. https://doi.org/10.1016/j.cub.2017.06.009

11 Hughes, V. (2012). Microglia: The constant gardeners. *Nature, 485*(7400), 570-572. doi:10.1038/485570a.

Schafer, D. P., Lehrman, E. K., Kautzman, A. G., Koyama, R., Mardinly, A. R., Yamasaki, R., … Stevens, B. (2012). microglia sculpt postnatal neural circuits in an activity and complement-dependent manner. *Neuron, 74*(4), 691-705. doi:10.1016/j.neuron.2012.03.026

12 European Molecular Biology Laboratory. (26 March 2018). Captured on film for the first time: Microglia nibbling on brain synapses: Microglia help synapses grow and rearrange. *ScienceDaily.* www.sciencedaily.com/releases/2018/03/180326090326.htm

13 Ratey, J. J. & Hagerman, E. (2008). *Spark: The revolutionary new science of exercise and the brain. Little Brown.*(존 레이티, 에릭 헤이거먼, 『운동화 신은 뇌』, 녹색지팡이, 2009)

14 항우울제의 치료적 효과 중 하나는 BDNF의 수치를 높이는 것이다. 다음을 참조할 것. Lee, B.H & Kim, Y.K. (2010). The roles of BDNF in the pathophysiology of major depression and in antidepressant treatment. *Psychiatry Investigation, 7*(4), 231-235.

15 Cregan-Reid, V. (2018). *Primate change how the world we made is remaking us.* Hatchette.

16 Hickman, C. (2013). *Therapeutic landscapes.* Manchester University Press를 참조할 것.

17 Samuel Tuke. (1813). *Description of the Retreat*에서 인용.

18 벤저민 러시의 *Medical inquiries and observations upon the diseases of the Mind*는 1812년에 출간되었다.

19 Kilgarriff-Foster, A. & O'Cathain, A. (2015). Exploring the components and impact of social prescribing. *Journal of Public Mental Health, 14*(3) 127-134. Bragg, Rachel. et al., (2017). *Good practice in social prescribing for mental health: The role of nature-based interventions.* Natural England Report. number 228.

20 van den Bosch, M. & Bird, W. (2018). *Oxford textbook of nature and public health: The role of nature in improving the health of a population.* Oxford University Press.

21 Ireland, N. (2013). *Social Return on Investment (SROI) Report: Gardening in Mind.* http://www.socialvalueuk.org/app/uploads/2016/04/Gardening-in-Mind-SROI-Reportfinal-version-1.pdf도 참조할 것.

22 Bragg, R., Wood, C. & Barton, J. (2013). *Ecominds effects on mental wellbeing: An evaluation for MIND.*

23 Gonzalez, M. T., Hartig, T., Patil, G. G., Martinsen, E. W., & Kirkevold, M. (2010). Therapeutic horticulture in clinical depression: a prospective study of active components. *Journal of Advanced Nursing*. doi:10.1111/j.1365-2648.2010.05383.x.

Kamioka, H., Tsutani, K., Yamada, M., Park, H., Okuizumi, H., Honda, T., … Mutoh, Y. (2014). Effectiveness of horticultural therapy: A systematic review of randomized controlled trials. *Complementary Therapies in Medicine, 22*(5), 930-943. doi:10.1016/j.ctim.2014.08.009

24 Stigsdotter, U. K., Corazon, S. S., Sidenius, U., Nyed, P. K., Larsen, H. B., & Fjorback, L. O. (2018). Efficacy of nature-based therapy for individuals with stress-related illnesses: randomised controlled trial. *The British Journal of Psychiatry, 213*(1), 404-411. doi:10.1192/bjp.2018.2

25 Freud, S. (1930) *Civilisation and its Discontents. S.E.*, 21: 79-80.

26 Dickens, C. (1907). *Great expectations.* Chapman & Hall Ltd.(찰스 디킨스, 『위대한 유산』)

3장. 씨앗과 자신감

1 Fuller, T. (1732) *Gnomologia: Adages and Proverbs, Wise Sentences, and Wilty Sayings. Ancient and. Modern, Foreign, and British.* Barker & Bettesworth Hitch.

2 Pollan, M. (1991). *Second nature: A gardener's education.* Atlantic Press.(마이클 폴란, 『세컨 네이처』, 황소자리, 2009)

3 Milner, M. (1955). The role of illusion in symbol-formation in M. Klein (ed) *New Directions in Psycho-analysis.* Tavistock Publications.

4 Winnicott D.W. (1988). *Human nature.* Free Association Books를 참조할 것. 위니콧은 적었다: '아기들은 자기가 발견한 것을 스스로 창조했다고 착각한다.'

5 1901년에 최초로 출간된 카를 그로스Karl Groos의 *the play of man* (E. L. Baldwin, Trans.)에서 인용했다. 그로스의 사상은 위니콧에게 영향을 주었다.

6 Winnicott, D.W. (1953). Transitional objects and transitional phenomena. *Int J*

Psychoanal. 34(2), 89-97.

7   Winnicott, D.W. (1973). *The child, the family, and the outside world.* Penguin.

8   Grolnick, S. (1990). *The work & play of Winnicott.* Jason Aronson. p.20.

9   *RHS Gardening in Schools: a vital tool for children's learning.* (2010). Royal Horticultural
    Society, London, UK. www.rhs.org.uk/schoolgardening

10 Jiler, J. (2006). *Doing time in the garden.* Village Press.

11 Maruna, S. (2013). *Making good: How ex-convicts reform and rebuild their lives.* American
    Psychological Association.

12 '인사이트 가든 프로그램'을 위해 2002년 리사 벤햄Lisa Benham이 수행했다.

13 라이커스Rikers의 재범률은 유사한 프로그램과 비슷하다. van der Linden, S. (2015).
    Green prison programmes, recidivism and mental health: A primer. *Criminal Behaviour
    and Mental Health, 25*(5) 338-342을 참고할 것.

14 야외에 나가 놀지 않는 현상의 결과로, 70퍼센트에 가까운 아이들이 비타민D 부족
    을 겪는다. Voortman et al. (2015)를 참고할 것. 성장기 아이들의 비타민D 부족은 사
    회인구학과 생활 방식 요인과 관련된다. *The Journal of Nutrition,* 145(4), 791-798.
    5~12세 사이의 아이가 있는 10개국 1만 2000명의 부모가 참여한 '균형 잡힌 놀이
    (the play in balance)'의 연구 결과, 참여자의 아이들 중 70퍼센트가 하루 동안 야외
    에서 보내는 시간이 60분보다 적고, 30퍼센트의 아이들은 30분보다 적다는 사실이
    밝혀졌다. 이 연구는 2016년 퍼실Persil이 진행했다. 다음도 참조할 것. Benwell, R.,
    Burfield, P., Hardiman, A., McCarthy, D., Marsh, S., Middleton, J., Wynde, R. (2014).
    모두 다음에서 발췌. A Nature and Wellbeing Act: A green paper from the Wildlife
    Trusts and the RSPB. http://www.wildlifetrusts.org/sites/default/files/green_paper_
    nature_and_wellbeing_act_full_final.pdf; Moss, S. (2012). *Natural Childhood.* National
    Trust Publications.

15 Winnicott, D.W. (1990). *Deprivation and delinquency.* Routledge.(도널드 위니콧, 『박탈과
    비행』, 한국심리치료연구소, 2001)

16 Piaget, J. (1973). *The child's conception of the world.* Routledge. 다음도 참조할 것.
    Singer, D. G. & Revenson, T. A. (1978). *A Piaget primer.* Plume Books.

17 Milner, M. (2010). *On not being able to paint*. Routledge.

18 Pollan, M. (2002). *The botany of desire: A plant's-eye view of the world*. Bloomsbury.(마이클 폴란, 『욕망하는 식물』, 황소자리, 2007)

4장. 안전한 녹색 공간

1 Erik, E. (1958). *Young man Luther: a study on psychoanalysis and history*. Norton & Co. p.266.

2 Searles, H. F. (1960). *The nonhuman environment in normal development and in schizophrenia*. International Universities Press.

3 Rees, G. (1960). *A bundle of sensations: Sketches in autobiography*. Chatto & Windus. pp.205-240.

4 Winnicott, D.W. (1988). *Human nature*. London: Free Association Books. p.117.

5 Winnicott, D.W. (1988). *Human nature*. London: Free Association Books. p.118.

6 Appleton, J. (1975). *The experience of landscape*. John Wiley & Sons.

7 Panksepp, J. (1998). *Affective neuroscience: The foundations of human and animal emotions*. Oxford University Press.

8 van der Kolk, B. (2000). Posttraumatic stress disorder and the nature of trauma. *Dialogues Clin Neurosci. 2*(1), 7-22.

9 Herman, J. (1997). *Trauma and recovery: The aftermath of violence-from domestic abuse to political terror*. Basic Books.(주디스 루이스 허먼, 『트라우마』, 열린책들, 2012)

10 퇴역 군인에 대한 추가 연구는 Westlund, S. (2014). *Field exercises*. New Society Publishers와 Wise, J. (2015). *Digging for victory*. Karnac Books를 참조할 것.

11 Kline, N. & Rausch, J. (1985). Olfactory precipitants of flashbacks in post traumatic stress disorder: Case reports. *J. Clin.Psychiatry*, 46, 383-384.

12 Sternberg, E. M. (2010). *Healing spaces*. Harvard University Press.(에스더 M. 스턴버그, 『힐링 스페이스』, 더퀘스트, 2020)

13 다음의 예시를 참조할 것. Ulrich R. S. (1981). Natural versus urban scenes: Some psycho-physiological effects. *Environ Behav* 13, 523-556. Ulrich, R. S., Simons, R. F., Losito, B. D., Fiorito, E., Miles, M. A., & Zelson, M. (1991). Stress recovery during exposure to natural and urban environments. *Journal of Environmental Psychology, 11*(3), 201-230. doi:10.1016/s0272-4944(05)80184-7

14 Gladwell, V. F., Brown, D. K.,Barton, J. L., Tarvainen, M. P., Kuoppa, P., Pretty, J., ··· Sandercock, G. R. H. (2012). The effects of views of nature on autonomic control. *European Journal of Applied Physiology, 112*(9), 3379-3386. doi:10.1007/s00421-012-2318-8

15 van den Berg, A.E. & Custers, M. H. (2010). Gardening promotes neuroendocrine and affective restoration from stress. *Journal of Health Psychology, 16*(1), 3-11. doi:10.1177/1359105310365577

16 Williams, M. & Penman, D. (2011). *Mindfulness: a practical guide to finding peace in a frantic world*. Piatkus.(대니 펜맨, 마크 윌리엄스, 『8주, 나를 비우는 시간』, 불광출판사, 2013); Kabat-Zinn, J. (2013). *Full catastrophe living*. Piaktus.

17 Farb, N. A. S., Anderson, A. K., & Segal, Z. V. (2012). The mindful brain and emotion regulation in mood disorders. *The Canadian Journal of Psychiatry, 57*(2), 70-77. doi:10.1177/070674371205700203

18 Appleton, J. (1975). *The Experience of landscape*. John Wiley & Sons.

19 Lambert, G., Reid, C., Kaye, D., Jennings, G., & Esler, M. (2002). Effect of sunlight and season on serotonin turnover in the brain. *The Lancet, 360*(9348), 1840-1842. doi:10.1016/s0140-6736(02)11737-5

20 Frick, A., Åhs, F., Palmquist, Å. M., Pissiota, A., Wallenquist, U., Fernandez, M., ··· Fredrikson, M. (2015). Overlapping expression of serotonin transporters and neurokinin-1 receptors in posttraumatic stress disorder: a multi-tracer PET study. *Molecular Psychiatry, 21*(10), 1400-1407. doi:10.1038/mp.2015.180

21 Cotman, C. (2002). Exercise: a behavioral intervention to enhance brain health and plasticity. *Trends in Neurosciences, 25*(6), 295-301. doi:10.1016/s0166-2236(02)02143-4

Mattson, M. P., Maudsley, S., & Martin, B. (2004). BDNF and 5-HT: a dynamic duo in age-related neuronal plasticity and neurodegenerative disorders. *Trends in neurosciences, 27*(10), 589-594. doi:10.1016/j.tins.2004.08.001

Sayal, N. (2015). Exercise training increases size of hippocampus and improves memory. *Annals of neurosciences, 22*(2). doi:10.5214/ans.0972.7531.220209

22 Agudelo, L. Z., Femenía, T., Orhan, F., PorsmyrPalmertz, M., Goiny, M., Martinez-Redondo, V., ··· Ruas, J. L. (2014). Skeletal muscle pgc-1-1 modulates kynurenine metabolism and mediates resilience to stress-induced depression. *Cell, 159*(1), 33-45. doi:10.1016/j.cell.2014.07.051

23 Sapolsky, R. M. (2004). *Why zebras don't get ulcers.* St Martin's Press.(로버트 새폴스키, 『스트레스: 당신을 병들게 하는 스트레스의 모든 것』, 사이언스북스, 2008)

24 Barton, J., & Pretty, J. (2010). What is the best dose of nature and green exercise for improving mental health? A multi-study analysis. *Environmental Science & Technology, 44*(10), 3947-3955. doi:10.1021/es903183r

25 Chater, K. F. (2015). The smell of the soil. https://microbiologysociety.org/publication/past-issues/soil/article/the-smell-of-thesoil.html에서 볼 수 있다. 그리고 Polak, E.H. & Provasi, J. (1992). Odor sensitivity to geosmin enantiomers. Chemical Senses. 17. 10.1093/chemse/17.1.23.

26 Lowry, C. A., Smith, D. G., Siebler, P. H., Schmidt, D., Stamper, C. E., Hassell, J. E., Jr, ··· Rook, G. A. (2016). The Microbiota, Immunoregulation, and Mental Health: Implications for Public Health. *Current environmental health reports, 3*(3), 270-286. doi:10.1007/s40572-016-0100-5

Matthews, D. M., & Jenks, S. M. (2013). Ingestion of Mycobacterium vaccae decreases anxiety-related behavior and improves learning in mice. *Behavioural Processes, 96*, 27-35. doi:10.1016/j.beproc.2013.02.007

27 Anderson, S. C. with Cryan, J. F. & Dinan, T. (2017). *The psychobiotic revolution.* National Geographic. Yong, Ed. (2016). *I contain multitudes.* The Bodley Head.(에드 용, 『내 속엔 미생물이 너무도 많아』, 어크로스, 2017)

28 Poulsen, D. V., Stigsdotter, U. K., Djernis, D., & Sidenius, U. (2016). 'Everything just seems much more right in nature': How veterans with post-traumatic stress disorder experience nature-based activities in a forest therapy garden. *Health Psychology Open, 3*(1), 205510291663709. doi:10.1177/2055102916637090

29 Frazer, J. G. (1994). *The Golden Bough.* Oxford University Press.(제임스 조지 프레이저, 『황금가지』)

30 메닝거 인용의 출처는 다음과 같다. Relf, P. D. Agriculture and health care: The care of plants and animals for therapy and rehabilitation in the United States. In Hassink, Jan & van Dijk, Majken (eds) (2006). *Farming for health: green-care farming across Europe and the United States of America.* Springer. pp.309-343.

5장. 도시 식물

1 Olmsted, F. L. (1852). *Walks and talks of an American farmer in England.*

2 Kramer, S. N. (1981). *History begins at sumer: Thirty-Nine firsts in man's recorded history,* 3rd Ed. University of Pennsylvania Press.(새뮤얼 노아 크레이머, 『역사는 수메르에서 시작되었다』, 가람기획, 2018)

3 에블린의 '매연보고서Fumifugium'는 Cavert W. (2016). *The smoke of London: Energy and environment in the early modern city.* Cambridge University Press. p.181에 인용되었다.

4 Olmsted, F. & Nash, R. (1865). The value and care of parks. Report to the Congress of the State of California. 재판: *The American Environment,* Hillsdale, NJ. pp.18-24.

5 Beveridge, C. (ed). (2016) *Frederick Law Olmsted: Writings on landscape, culture, and society.* Library of America. p.426.

6 Gijswijt-Hofstra, M. & Porter, R. (2001). *Cultures of neurasthenia.* The Wellcome Trust.

7 McManus, S., Meltzer, H., Brugha, T. Bebbington, P. & Jenkins, R. (2009). Adult psychiatric morbidity in England, 2007: Results of a household survey. 10.13140/2.1.1563.5205.

Peen, J., Schoevers, R. A., Beekman, A. T., & Dekker, J. (2010). The current status of urban-rural differences in psychiatric disorders. *Acta Psychiatrica Scandinavica, 121*(2), 84-93. doi:10.1111/j.1600-0447.2009.01438.x

8   Newbury, J., Arseneault, L., Caspi, A., Moffitt, T. E., Odgers, C. L., & Fisher, H. L. (2017). Cumulative effects of neighborhood social adversity and personal crime victimization on adolescent psychotic experiences. *Schizophrenia Bulletin, 44*(2), 348-358. doi:10.1093/schbul/sbx060

9   Lederbogen, F., Kirsch, P., Haddad, L., Streit, F., Tost, H., Schuch, P., ··· Meyer-Lindenberg, A. (2011). City living and urban upbringing affect neural social stress processing in humans. *Nature, 474*(7352), 498-501. doi:10.1038/nature10190

Vassos, E., Pedersen, C. B., Murray, R. M., Collier, D. A., & Lewis, C. M. (2012). Meta-Analysis of the Association of Urbanicity With Schizophrenia. *Schizophrenia Bulletin, 38*(6), 1118-1123. doi:10.1093/schbul/sbs096

10   Office for National Statistics Commuting and Personal Well-being. 2014.

11   Hartig, T. (2008). Green space, psychological restoration, and health inequality. *The Lancet, 372*(9650), 1614-1615. doi:10.1016/s0140-6736(08)61669-4

Roe, J., Thompson, C., Aspinall, P., Brewer, M., Duff, E., Miller, D., ··· Clow, A. (2013). Green space and stress: Evidence from cortisol measures in deprived urban communities. *International Journal of Environmental Research and Public Health, 10*(9), 4086-4103. doi:10.3390/ijerph10094086

Keniger, L., Gaston, K., Irvine, K., & Fuller, R. (2013). What are the benefits of interacting with nature? *International Journal of Environmental Research and Public Health, 10*(3), 913-935. doi:10.3390/ijerph10030913

Shanahan, D. F., Lin, B. B., Bush, R., Gaston, K. J., Dean, J. H., Barber, E., & Fuller, R. A. (2015). Toward improved public health outcomes from urban nature. *American Journal of Public Health, 105*(3), 470-477. doi:10.2105/ajph.2014.302324

12   Fuller, R. A., Irvine, K. N., Devine-Wright, P., Warren, P. H., & Gaston, K. J. (2007). Psychological benefits of greenspace increase with biodiversity. *Biology Letters, 3*(4), 390-

394. doi:10.1098/rsbl.2007.0149

13 Shanahan, D.F et al., (2016). Health benefits from nature experiences depend on dose. *Scientific Reports, 6* 28551: 1-10.

14 Mitchell, R. J., Richardson, E. A., Shortt, N. K., & Pearce, J. R. (2015). Neighborhood environments and socioeconomic inequalities in mental well-being. *American Journal of Preventive Medicine, 49*(1), 80-84. doi:10.1016/j.amepre.2015.01.017

15 Kardan, O., Gozdyra, P., Misic, B., Moola, F., Palmer, L. J., Paus, T., & Berman, M. G. (2015). Neighborhood greenspace and health in a large urban center. *Scientific Reports, 5*(1). doi:10.1038/srep11610

16 Kuo, F. E., Sullivan, W. C., Coley, R. L., & Brunson, L. (1998). Fertile ground for community: Inner-city neighborhood common spaces. *American Journal of Community Psychology, 26*(6), 823-851. doi:10.1023/a:1022294028903

Kuo, F. E. (2001). Coping with poverty. *Environment and behavior, 33*(1), 5-34. doi:10.1177/00139160121972846

Kuo, F. E., & Sullivan, W. C. (2001). Aggression and violence in the inner city. *Environment and behavior, 33*(4), 543-571. doi:10.1177/00139160121973124

Kuo, F. E., & Sullivan, W. C. (2001). Environment and crime in the inner city. *Environment and behavior, 33*(3), 343-367. doi:10.1177/0013916501333002

17 Bratman, G. N., Hamilton, J. P., & Daily, G. C. (2012). The impacts of nature experience on human cognitive function and mental health. *Annals of the New York Academy of Sciences, 1249*(1), 118-136. doi:10.1111/j.1749-6632.2011.06400.x

18 Pretty, J. (2007). *The earth only endures.* Earthscan. p.217.

19 Kaplan, R. & Kaplan, S. (1989). *The experience of nature: A psychological perspective.* Cambridge University Press.

20 Berto, R. (2005). Exposure to restorative environments helps restore attentional capacity. *Journal of Environmental Psychology, 25*(3), 249-259. doi:10.1016/j.jenvp.2005.07.001

Lee, K. E., Williams, K. J., Sargent, L. D., Williams, N. S., & Johnson, K. A. (2015). 40-second green roof views sustain attention: The role of micro-breaks in attention restoration. *Journal of Environmental Psychology, 42*, 182-189. doi:10.1016/j.jenvp.2015.04.003

21 Berman, M. G., Jonides, J., & Kaplan, S. (2008). The Cognitive Benefits of Interacting With Nature. *Psychological Science, 19*(12), 1207-1212. doi:10.1111/j.1467-9280.2008.02225.x

22 이 부분은 McGilchrist, I. (2010). *The Master and his Emissary*. Yale University Press.(이언 맥길크리스트, 『주인과 심부름꾼』, 뮤진트리, 2014)에서 인용되었다.

23 Wilson, E.O. (1984). *Biophilia*. Harvard University Press.(에드워드 오스본 윌슨, 『바이오 필리아』, 사이언스북스, 2010)

24 Ellett, L., Freeman, D., & Garety, P. A. (2008). The psychological effect of an urban environment on individuals with persecutory delusions: The Camberwell walk study. *Schizophrenia Research, 99*(1-3), 77-84. doi:10.1016/j.schres.2007.10.027

Freeman, D., Emsley, R., Dunn, G., Fowler, D., Bebbington, P., Kuipers, E., … Garety, P. (2014). The Stress of the Street for Patients With Persecutory Delusions: A Test of the Symptomatic and Psychological Effects of Going Outside Into a Busy Urban Area. *Schizophrenia Bulletin, 41*(4), 971-979. doi:10.1093/schbul/sbu173

25 Roberts, S. & Bradley A. J. (2011). *Horticultural therapy for schizophrenia*. Cochrane Database of Systemati Reviews. Issue 11을 참조할 것.

26 Burrows, E. L., McOmish, C. E., Buret, L. S., Van den Buuse, M., & Hannan, A. J. (2015). Environmental Enrichment Ameliorates Behavioral Impairments Modeling Schizophrenia in Mice Lacking Metabotropic Glutamate Receptor 5. *Neuropsychopharmacology, 40*(8), 1947-1956. doi:10.1038/npp.2015.44

27 Kempermann, G., Kuhn, H. G., & Gage, F. H. (1997). More hippocampal neurons in adult mice living in an enriched environment. *Nature, 386*(6624), 493-495. doi:10.1038/386493a0

Sirevaag, A. M., & Greenough, W. T. (1987). Differential rearing effects on rat visual cortex synapses. *Brain Research, 424*(2), 320-332. doi:10.1016/0006-8993(87)91477-6

28 Lambert, K., Hyer, M., Bardi, M., Rzucidlo, A., Scott, S., Terhune-cotter, B., …

Kinsley, C. (2016). Natural-enriched environments lead to enhanced environmental engagement and altered neurobiological resilience. *Neuroscience, 330,* 386-394. doi:10.1016/j.neuroscience.2016.05.037

Lambert, K. G., Nelson, R. J., Jovanovic, T., & Cerdá, M. (2015). Brains in the city: Neurobiological effects of urbanization. *Neuroscience & Biobehavioral Reviews, 58,* 107-122. doi:10.1016/j.neubiorev.2015.04.007

29 U.S. Environmental Protection Agency. 1989. Report to Congress on indoor air quality: Volume 2. EPA/400/1-89/001C. Washington, DC.

30 Yamane, K., Kawashima, M., Fujishige, N., & Yoshida, M. (2004). Effects of interior horticultural activities with potted plants on human physiological and emotional status. *Acta Horticulturae,* (639), 37-43. doi:10.17660/actahortic.2004.639.3

Weinstein, N., Przybylski, A. K., & Ryan, R. M. (2009). Can nature make us more caring? effects of immersion in nature on intrinsic aspirations and generosity. *Personality and Social Psychology Bulletin, 35*(10), 1315-1329. doi:10.1177/0146167209341649

Zelenski, J. M., Dopko, R. L., & Capaldi, C. A. (2015). Cooperation is in our nature: Nature exposure may promote cooperative and environmentally sustainable behavior. *Journal of Environmental Psychology, 42,* 24-31. doi:10.1016/j.jenvp.2015.01.005

31 Kim, G., Jeong, G., Kim, T., Baek, H., Oh, S., Kang, H., ⋯ Song, J. (2010). functional neuroanatomy associated with natural and urban scenic views in the human brain: 3.0T Functional MR imaging. *Korean Journal of Radiology, 11*(5), 507. doi:10.3348/kjr.2010.11.5.507

32 Maas, J., Van Dillen, S. M., Verheij, R. A., & Groenewegen, P. P. (2009). Social contacts as a possible mechanism behind the relation between green space and health. *Health & Place, 15*(2), 586-595. doi:10.1016/j.healthplace.2008.09.006

주

6장. 뿌리

1 헨리 데이비드 소로, 『월든』(1854) 5장에서 인용.

2 Childe, V. G. (1948). *Man makes himself*. Thinker's Library.

3 Bellwood, P. (2005). *First farmers*. Blackwell.

4 Fuller, D. Q., Willcox, G., & Allaby, R. G. (2011). Early agricultural pathways: moving outside the 'core area' hypothesis in Southwest Asia. *Journal of Experimental Botany, 63*(2), 617-633. doi:10.1093/jxb/err307

  Bob Holmes. (28 October 2015). The real first farmers: How agriculture was a global invention. *New Scientist*.

5 Farrington, I. S. & Urry, J. (1985). Food and the Early History of Cultivation. *Journal of Ethnobiology, 5*(2), 143-157.

6 Sherratt, A. (1997). Climatic cycles and behavioural revolutions: the emergence of modern humans and the beginning of farming. *Antiquity, 7*(272).

7 Smith, B. D. (2011). General patterns of niche construction and the management of 'wild' plant and animal resources by small-scale pre-industrial societies. *Philosophical transactions of the Royal Society of London. Biological sciences, 366*(1566), 836-848.

8 Snir, A., Nadel, D., Groman-Yaroslavski, I., Melamed, Y., Sternberg, M., Bar-Yosef, O., & Weiss, E. (2015). The origin of cultivation and proto-weeds, long before neolithic farming. *PLOS ONE, 10*(7), e0131422. doi:10.1371/journal.pone.0131422

9 Smith, B. D. (2011). General patterns of niche construction and the management of 'wild' plant and animal resources by small-scale pre-industrial societies. *Philosophical transactions of the Royal Society of London. Biological sciences, 366*(1566), 836-848.

  Rowley-Conwy, P., & Layton, R. (2011). Foraging and farming as niche construction: stable and unstable adaptations. *Philosophical Transactions of the Royal Society B: Biological Sciences, 366*(1566), 849-862. doi:10.1098/rstb.2010.0307

10 Smith, B.D. (2001). Low-Level food production. *Journal of Archaeological Research, 9*, 1-43.

11 Holmes, Bob. (28 Oct. 2015). 'The real first farmers: How agriculture was a global invention' New Scientist.

12 Smith, B. D. (2007). Niche construction and the behavioral context of plant and animal domestication.' *Evolutionary Anthropology: Issues, News, and Reviews, 16*(5), 188-199.

13 McQuaid, C. D., & Froneman, P. W. (1993). Mutualism between the territorial intertidal limpet Patella longicosta and the crustose alga Ralfsia verrucosa. *Oecologia, 96*(1), 128-133. doi:10.1007/bf00318040

14 Chomicki, G., Thorogood, C. J., Naikatini, A., & Renner, S. S. (2019). Squamellaria : Plants domesticated by ants. *Plants, People, Planet, 1*(4), 302-305. doi:10.1002/ ppp3.10072

15 Zhenchang Zhu. (October 2016). Worms seen farming plants to be eaten later for the first time. *New Scientist*.

16 Flannery, K. V. (Ed). (1986). *Guilá Naquitz: Archaic Foraging and early agriculture in Oaxaca, Mexico*. Emerald Group Pub. Ltd.

17 Anderson, E. (1954). *Plants, man & life*. The Anchor Press.

18 Heiser, C. B. (1985). *Of plants and people*. University of Oaklahoma Press. pp.191-220. Heiser, Charles. (1990). *Seed to civilization: The story of food*. Harvard University Press. pp.24-26.(찰스 B. 헤이저 2세, 「문명의 씨앗, 음식의 역사」, 가람기획, 2000)

19 Malinowski, B. (2013). *Coral gardens and their magic: Volume 1. The description of gardening*. Severus.

20 Gell, A. (1992). The technology of enchantment and the enchantment of technology in *Anthropology, art and aesthetics*. J. Coote & A. Shelton. Eds. Clarendon Press. pp.60-63.

21 Malinowski, p.98.

22 Descola, P. (1994). *In the society of nature* (N. Scott, Trans.). Cambridge University Press.

23 Descola, P. (1994). *In the society of nature*. pp.136-220.

24 Descola, P. (1997). *The spears of twilight: Life and death in the Amazon jungle* (J. Lloyd Trans.). Flamingo. pp.92-94.

25 'Humphrey, N. (1984). *Consciousness regained*. Oxford University Press. pp.26-27.

26 Ingold, T. (2000). *The Perception of the environment*. Routledge. pp.86-87.

27 Ringuette, J. (2004). *Beacon Hill Park history, 1842-2004*. Victoria, B.C. 25에서 인용.

28 Suttles, W. (1987). *Coast Salish essays*. In D. D. Talonbooks. & N. J. Turner (eds). (2005). *Keeping it living: Traditions of plant use and cultivation on the northwest coast of north america*. University of Washington Press.

29 Acker, M. (2012). *Gardens aflame*. New Star Books.

30 Turner, N. J et al., (2013). Plant Management Systems of British Columbia's First Peoples. *BC Studies: The British Columbian Quarterly*, (179), 107-133

31 Jones, G. (2005). Garden cultivation of staple crops and its implications for settlement location and continuity. *World Archaeology, 37*(2), 164-176.

32 Best, E. (1987). *Maori agriculture*. Ams Press.

33 *History begins at sumer: Thirty-Nine firsts in man's recorded history*. 3rd Ed. University of Pennsylvania Press.(새뮤얼 노아 크레이머, 『역사는 수메르에서 시작되었다』, 가람기획, 2018)

34 Kramer, S. N. (1981). *History begins at sumer: Thirty-Nine firsts in man's recorded history*. p 306.

35 Tharoor, K. & Maruf, M. (11 March 2016). Museum of lost objects: looted sumerian seal. *BBC News Magazine*.

36 융의 모든 말은 Meredith Sabini, (2002). *The Earth has a soul: C.G. Jung's writings on nature, technology and modern life*. North Atlantic Books에서 인용했다.

37 Dash, R. (2000). *Notes from Madoo: Making a garden in the Hamptons*. Houghton Mifflin. p.234.

7장. 플라워 파워

1 https://fondation-monet.com/en/claude-monet/quotations/

2 Kant, I. (1790/2008) *Critique of Judgement*, p.60. Edited by N. Walker and trans. J. C. Meredith. Oxford World's Classics.

3 https://fondation-net.com/en/claude-monet/quotations/

4 Freud Bernays, A. (1940). My brother, Sigmund Freud. In H. M. Ruitenbeek (ed). (1973). *Freud as we knew him*. Wayne State University Press. p.141.

5 Jones, E. (1995). *The life and work of Sigmund Freud, Vol.1: The young Freud (1856-1900)*. Hogarth Press.

6 Freud, S. (1930). *Civilisation and its Discontents. S.E.*, 2I: 59-145.

7 Zeki, S., Romaya, J. P., Benincasa, D. M., & Atiyah, M. F. (2014). The experience of mathematical beauty and its neural correlates. *Frontiers in Human Neuroscience, 8*. doi:10.3389/fnhum.2014.00068을 참조할 것.

8 Berridge, K. C., & Kringelbach, M. L. (2008). Affective neuroscience of pleasure: reward in humans and animals. *Psychopharmacology, 199*(3), 457-480. doi:10.1007/s00213-008-1099-6

9 Crithlow, K. (2011). *The hidden geometry of flowers*. Floris Books를 참조할 것.

10 Ardetti, J., Elliott, J., Kitching, I. J. Wasserthal, L. T., (2012). 'Good Heavens what insect can suck it'-Charles Darwin, Angraecum sesquipedale and Xanthopan morganii praedicta. *Botanical Journal of the Linnean Society*. 169, 403-432.

11 Perry, C. J., Baciadonna, L., & Chittka, L. (2016). Unexpected rewards induce dopamine-dependent positive emotion-like state changes in bumblebees. *Science, 353*(6307), 1529-1531. doi:10.1126/science.aaf4454

전반적인 개요: Perry, C. J., & Barron, A. B. (2013). Neural mechanisms of reward in insects. *Annual Review of Entomology, 58*(1), 543-562. doi:10.1146/annurev-ento-120811-153631

또한 소량의 니코틴이나 카페인을 함유한 꿀은 벌이 충성을 유지하도록 돕는다: Thomson, J. D., Draguleasa, M. A., & Tan, M. G. (2015). Flowers with caffeinated nectar receive more pollination. *Arthropod-Plant Interactions, 9*(1), 1-7. doi:10.1007/s11829-014-9350-z

12 Sachs, H. (1945). *Freud: Master & friend*. Imago: London. p.165.

13 Freud, M. (1957). *Glory reflected: Sigmund Freud-man and father*. Angus & Robertson.

14 Doolittle, H. (1971). *Tribute to Freud*. New Direction Books.

15 Chioca, L. R., Ferro, M. M., Baretta, I. P., Oliveira, S. M., Silva, C. R., Ferreira, J., ··· Andreatini, R. (2013). Anxiolytic-like effect of lavender essential oil inhalation in mice: Participation of serotonergic but not GABAA/benzodiazepine neurotransmission. *Journal of Ethnopharmacology, 147*(2), 412-418. doi:10.1016/j.jep.2013.03.028

López, V., Nielsen, B., Solas, M., Ramírez, M. J., & Jäger, A. K. (2017). Exploring pharmacological mechanisms of lavender (Lavandula angustifolia) Essential Oil on Central Nervous System Targets. *Frontiers in Pharmacology, 8*. doi:10.3389/fphar.2017.00280

16 Moss, M., & Oliver, L. (2012). Plasma 1,8-cineole correlates with cognitive performance following exposure to rosemary essential oil aroma. *Therapeutic Advances in Psychopharmacology, 2*(3), 103-113. doi:10.1177/2045125312436573

17 Costa, C. A., Cury, T. C., Cassettari, B. O., Takahira, R. K., Flório, J. C., & Costa, M. (2013). Citrus aurantium L. essential oil exhibits anxiolytic-like activity mediated by 5-HT1A-receptors and reduces cholesterol after repeated oral treatment. *BMC Complementary and Alternative Medicine, 13*(1). doi:10.1186/1472-6882-13-42

18 Ikei, H., Komatsu, M., Song, C., Himoro, E., & Miyazaki, Y. (2014). The physiological and psychological relaxing effects of viewing rose flowers in office workers. *Journal of Physiological Anthropology, 33*(1), 6. doi:10.1186/1880-6805-33-6

19 Pinker, S. (1998). *How the mind works*. Penguin.(스티븐 핑커, 『마음은 어떻게 작동하는가』, 동녘사이언스, 2007)

20 Weiss, E., Kislev, M. E., Simchoni, O., Nadel, D., & Tschauner, H. (2008). Plant-food preparation area on an Upper Paleolithic brush hut floor at Ohalo II, Israel. *Journal of Archaeological Science, 35*(8), 2400-2414. doi:10.1016/j.jas.2008.03.012

21 Haviland-Jones, J., Rosario, H. H., Wilson, P., & McGuire, T. R. (2005). An environmental approach to positive emotion: Flowers. *Evolutionary Psychology, 3*(1), 147470490500300. doi:10.1177/147470490500300109

22 Goody, J. (1993). *The culture of flowers*. Cambridge University Press. p.43.

23 1883년 7월 13일 마르타 베르나이스Martha Bernays에게 보낸 편지에서, E. L. Freud (Ed)

(1961). *Letters of Sigmund Freud 1873-1913* (T. Stern & J. Stern, Trans.). The Hogarth Press. p.165.

24 *The Interpretation of Dreams S.E.* 4 & 5.

25 M. Gardiner (ed). (1973). *The Wolf-Man and Sigmund Freud* Penguin. p.139.

26 Appignanesi, L. & Forrester, J. (1992). *Freud's women.* Basic Books. p.29에서 인용.

27 1901년 5월 8일의 편지에서, Masson, G (Ed). (1986) *The complete letters to Wilhelm Fliess, 1887-1904.* Harvard University Press. p.440.

28 1885년 4월 28일 마르타 베르나이스에게 보낸 편지에서, Freud E. L. (Ed). (1961). *Letters of Sigmund Freud 1873-1913.* (T. Stern & J. Stern, Trans.). The Hogarth Press. p.152.

29 Freud, S.(1915). 'On Transience'. *S.E.* 14, pp.305-307.

30 Freud, S.(1915). 'On Transience'.

31 Meyer-Palmedo, I (Ed). (2014). *Sigmund Freud & Anna Freud Correspondence 1904-1938* (N. Somer, Trans.) Polity Press.

32 *Beyond the Pleasure Principle. S.E.,* 18: 7-64.

33 *Civilisation and its Discontents. S.E., 21*: 59-145.

34 Friedman, L. J. (2013). *The Lives of Erich Fromm.* Columbia Univ. Press. p.302를 참조할 것.

35 Fromm, E. *The anatomy of human destructiveness.* (1973). Holt, Rinehart & Winston. p.365.

36 Fromm, E. (1995). *The art of loving.* Thorsons.(에리히 프롬, 『사랑의 기술』, 문예출판사, 2019)

37 Wilson, E. O. (1984). *Biophilia.* Harvard University Press.(에드워드 오스본 윌슨, 『바이오필리아』, 사이언스북스, 2010)

38 Fuchs, T. (2011). The brain-A mediating organ. *Journal of Consciousness Studies,* 18, pp.196-221.

8장. 평등한 정원

1 R. Attenborough. (1982). *The Words of Gandhi.*

2   Cleveland-Peck, P. (2011). *Auriculas through the ages.* The Crowood Press.

3   Willes, M. (2014). *The gardens of the British working class.* Yale University Press를 참조할 것.

4   Willes, *The gardens of the British working class.* 18세기의 의사인 윌리엄 뷰컨William Buchan은 『가정 치료Domestic Medicine』라는 제목의 베스트셀러를 저술했는데, 그는 이 책에서 원예의 미덕을 극찬했다.

5   Uings, J. M. (April 2013). *Gardens and gardening in a fast-changing urban environment: Manchester 1750-1850.* A Thesis submitted to Manchester Metropolitan University for the degree of Doctor of Philosophy.

6   Gaskell, E. (1848/1996). *Mary Barton: A tale of Manchester life.* Penguin Classics.

7   Sabini, M. (2002). *The Earth has a soul: C.G. Jung's writings on nature, technology and modern life.* North Atlantic Books에서 전부 인용.

8   *Trapped in a bubble.* (December 2016). Report for The Co-Op and British Red Cross.

9   Holt-Lunstad, J., Smith, T. B., & Layton, J. B. (2010). Social relationships and mortality risk: A Metaanalytic Review. *PLoS Medicine, 7*(7), e1000316. doi:10.1371/journal. pmed.1000316

10 Joubert, L. (2016). *Oranjezicht City Farm.* NPC.

11 Reynolds, R. (2009). *On Guerrilla Gardening: A handbook for gardening without boundaries.* Bloomsbury.(리처드 레이놀즈, 『게릴라 가드닝』, 들녘, 2012)

12 Santo, R., Kim, B. F. & Palmer, A. M. (April 2016). *Vacant lots to vibrant plots: A review of the benefits and limitations of urban agriculture.* Report for The Johns Hopkins Center for a Livable Future.

13 Shepley, M., Sachs, N., Sadatsafavi, H., Fournier, C., & Peditto, K. (2019). The impact of green space on violent crime in urban environments: An evidence synthesis. *International Journal of Environmental Research and Public Health, 16*(24), 5119. doi:10.3390/ijerph16245119

14 Branas, C. C., Cheney, R. A., MacDonald, J. M., Tam, V. W., Jackson, T. D., & Ten Have, T. R. (2011). A difference-in-differences analysis of health, safety, and greening vacant urban space. *American Journal of Epidemiology, 174*(11), 1296-1306. doi:10.1093/

aje/kwr273

Branas, C.C., et al. (2018). Citywide cluster randomized trial to restore blighted vacant land and its effects on violence, crime, and fear. *Proceedings of the National Academy of Sciences, 115*(12) 2946-2951

15 Csibra, G. & Gergely, G. 'Natural pedagogy as evolutionary adaptation.' *Philosophical Transactions of the Royal Society B: Biological Sciences, 366*(1567) 1149-1157.

16 Cozolino, Louis. (2013). *The social neuroscience of education: optimizing attachment and learning in the classroom.* Norton을 참조할 것.

17 Sabini, M. (2002). *The Earth has a soul: C.G. Jung's writings on nature, technology and modern life.* North Atlantic Books.

18 Wandersee, J & Schussler, E의 논문 'Toward a Theory of Plant Blindness'는 https://www.botany.org/bsa/psb/2001/psb47-1.pdf에서 볼 수 있다.

19 https://www.theoi.com/Georgikos/Priapos.html

20 전래 동화는 수천 년 전으로부터 기원한다: Silva, S. & Tehrani, J. (2016). Comparative phylogenetic analyses uncover the ancient roots of Indo-European folktales. *Royal Society Open Science.* 3. 150645.

9장. 전쟁과 원예

1 베르길리우스, 『농경시』 2권, 536~538행에서 인용.

2 Hobhouse, P. (2009). *Gardens of Persia.* Norton. p.51.

3 Sassoon, S. (1945). *Siegfried's journey 1916-1920.* Faber & Faber.

4 Storr, A. (1990). *Churchill's black dog.* Fontana.(앤서니 스토, 『처칠의 검은 개 카프카의 쥐』, 글항아리, 2018) 그리고 Buczacki, S. (2007). *Churchill & Chartwell.* Frances Lincoln을 참조할 것.

5 Lewis-Stempel, J. (2017). *Where poppies blow: The British soldier, nature, the great war.* Weidenfeld & Nicolson. 그리고 Powell, A. *Gardens behind the Lines: 1914-1918 (2015).*

Cecil Woolf를 참조할 것.

6 'Slaughter on the Somme' in Moynihan, M. (Ed). (1973). *People at war 1914-18.* David & Charles. pp.69-82에서 인용.

7 Spencer, C. (1917). *War scenes I shall never forget.* Leopold Classic Library. pp.17-22.

8 Gillespie, A. D. (1916). *Letters from Flanders written by second lieutenant A D Gillespie.* Smith, Elder에서 모두 인용.

9 Seldon, A. and Walsh, D. (2013). *Public Schools and the Great War.* Pen & Sword Military. https://www.thewesternfrontway.com/our-story/를 참조할 것.

10 Sackville-West, V. (2004). *The Garden,* Frances Lincoln.

11 Helphand, K. I. (2008). *Defiant gardens: Making gardens in wartime.* Trinity. p.9.

12 Breen, J. (Ed.). (2014). *Wilfred Owen: selected poetry and prose* Routledge.

13 Tidball, K. G. and Krasny, M. E. (2014). *Greening in the Red Zone.* Springer. p.54.

14 Breen, J. (Ed.). (2014). *Wilfred Owen: selected poetry and prose* Routledge.

15 Brock, A. J. (1923). *Health and conduct.* Williams & Norgate.

16 Meller, H. (1990). *Patrick Geddes: social evolutionist and city planner.* Routledge. 그리고 Boardman, P. (1944). *Patrick Geddes maker of the future.* University of North Carolina Press를 참조할 것.

17 인용과 서술은 다음을 참조할 것. Crossman, A. M. (2003). The Hydra, Captain A J Brock and the treatment of shell-shock in Edinburgh, *The Journal of the Royal College of Physicians of Edinburgh,* Vol 33, pp.119-123; Webb, T. (2006). "Dottyville"— Craiglockhart War Hospital and shell-shock treatment in the First World War, *Journal of the Royal Society of Medicine,* Vol 99, pp 342-346; Cantor D. (2005). Between Galen, Geddes, and the Gael: Arthur Brock, modernity, and medical humanism in early twentieth century Scotland. *Journal of the history of medicine, 60*(1).

18 Hibberd, D. (2003). *Wilfred Owen: A new biography.* Weidenfeld & Nicolson.

19 Sassoon, S. (1945). *Siegfried's Journey 1916-1920.* Faber and Faber. p.61.

20 MacKay, R. (2003). *A precarious existence: British submariners in World War One.* Periscope Publishing Ltd.

21 Winton, J. (2001). *The submariners*. Constable.

22 Brodie, C. G. (1956). *Forlorn hope, 1915: The submarine passage to the Dardanelles*. Frederick Books.

23 Boyle, D. (2015). *Unheard unseen*. Creatspace의 설명을 참조할 것.

24 이는 최근 Ariotti, K. (2018). *Captive Anzacs: Australian POWs of the Ottomans during the First World War*. Cambridge University Press가 출간되면서 어느 정도는 달라졌다.

25 영국 해군 이등병 존 해리슨 위트John Harrison Wheat의 일기는 다음 홈페이지에서 볼 수 있다. http://blogs.slq.qld.gov.au/ww1/2016/05/22/diary-of-asubmariner/ 영국 해군 이등병 앨버트 에드워드 넥스Albert Edward Knaggs의 일기는 다음 홈페이지에 기록되었다. http://jefferyknaggs.com/diary.html 다음도 참고할 것. Still, J. (1920). *A prisoner in Turkey*. John Lane: London; White, M. W. D. Australian Submariner P.O.W.'s After the Gallipoli Landing, *Journal of the Royal Historical Society of Queensland*. Volume 14 1990 issue 4, pp.136-144. University of Queensland website.

26 *Report on the treatment of British Prisoners of War in Turkey*, HMSO, 1918. https://www.bl.uk/collection-items/report-on-treatment-of-british-prisonersof-war-in-turkey

27 Vischer, A. L. (1919). *Barbed wire disease - a psychological study of the prisoner of war*, John Bale & Danielson. 그리고 Yarnall, J. (2011). *Barbed wire disease*. Spellmount.

28 1919년 6월 27일 금요일, ≪Kent and Sussex Courier≫에 보도되었다. https://www.britishnewspaperarchive.co.uk

29 Sally Miller, 'Sarisbury Court and its Role in the re-training of Disabled Ex-Servicemen after the First World War', *Hampshire Gardens Trust Newsletter*, Spring 2016. http://www.hgt.org.uk/wp-content/uploads/2016/04/2016-03-HGT-Newsletter.pdf

30 Fenton, N. (1926). *Shell shock and its aftermath*. C. V. Mosby Co., St. Louis.

10장. 인생의 마지막 계절

1   Gothein, M. L. (1966). *A history of garden art* (L. ArcherHind, Trans.). J. M. Dent. p.20.

2   Montaigne, M de. 'That to philosophize is to learn to die'. Book 1, chapter 20 in *Complete Essays* (D.Frame Trans. 2005). Everyman. p.74.

3   *The Interpretation of Dreams S.E. 4&5*. p.204.

4   Jones, E. (1957). *The life and work of Sigmund Freud* Vol. 3: *The last phase (1919-39)*. Hogarth Press. pp.300-301. 남동생의 죽음은 그에게 '죄책감의 싹'을 남겼다. Schur, M. (1972). *Freud, living and dying*. Hogarth Press. p.199를 참조할 것.

5   *Beyond the Pleasure Principle, S.E.*, 18, 1920.

6   Dor-Ziderman, Y., Lutz, A., & Goldstein, A. (2019). Prediction-based neural mechanisms for shielding the self from existential threat. *NeuroImage, 202*, 116080. doi:10.1016/j.neuroimage.2019.116080

7   Taylor, T. (2003). *The buried soul: How humans invented death*. Fourth Estate.

8   Farrar, L. (2016). *Gardens and gardeners of the ancient world: History, myth and archaeology*. Oxbow.

9   Farrar, L. (2016). *Gardens and gardeners of the ancient world: History, myth and archaeology*. Oxbow.

10 Kunitz, S. with Lentine, G. (2007). *The wild braid*. Norton.

11 Athill, D. (2009). *Somewhere towards the end*. Granta.(다이애너 애실, 『어떻게 늙을까』, 뮤진트리, 2016)

12 Athill, D. 'How gardening soothes the soul in later life'. https://www.theguardian.com/lifeandstyle/2008/nov/29/gardening-old-age-diana-athill

13 'My grandparents' garden', *he Garden Museum Journal* vol 28., Winter 2013, Memoir: garden writing from the 2013 literary festival, p.33에 수록된 대담.

14 수많은 연구가 이와 같은 효과를 입증한다. 예를 들면, Simons, L. A., Simons, J., McCallum, J., & Friedlander, Y. (2006). Lifestyle factors and risk of dementia: Dubbo Study of the elderly. *Medical Journal of Australia, 184*(2), 68-70. doi:10.5694/j.1326-

5377.2006.tb00120.x는 정원을 가꾸는 사람들은 치매에 걸릴 확률이 36퍼센트 더 낮다는 사실을 밝혀냈다.

15 Erikson, E. H. (1998). *The life cycle completed*. Norton.(에릭 에릭슨, 조앤 에릭슨, 『인생의 아홉 단계』, 교양인, 2019)

16 연구 결과는 Vaillant, G. E. (2003). *Aging well*. Little Brown(조지 베일런트, 『행복의 조건』, 프런티어, 2010)에 요약되어 있다.

17 Rodman, F. R. (2004). *Winnicott life and work*. Da Capo Press. p.384.

18 Winnicott, C. 'D.W.W.: A Reflection', in Grolnick S.A. & Barkin L. Eds.(1978). *Between reality and fantasy*. Jason Aronson. p.19

19 Kahr, B. (1996). *D. W. Winnicott: A biographical portrait*. Karnac Books. p.125.

20 Jackson S., Harris J., Sexton S., (no date). Growing friendships: a report on the Garden Partners project, Age UK Wandsworth. London: Age UK Wandsworth.
https://www.ageuk.org.uk/bp-assets/globalassets/wandsworth/auw_annualreport-2013_14.pdf

21 Scott, T.L., Masser, B. M., & Pachana, N. A. (2014). Exploring the health and wellbeing benefits of gardening for older adults. *Ageing and Society, 35*(10), 2176-2200. doi:10.1017/s0144686x14000865를 참조할 것.

22 Gawande, A. (2014). *Being Mortal*. Profile Books. pp.123-125, pp.146-147.(아툴 가완디, 『어떻게 죽을 것인가』, 부키, 2015)

23 Klein, M. (1975/1963). 'On the sense of loneliness', in *Envy and Gratitude*. Hogarth Press. p.300.

24 Scruton, R. (2011). *Beauty: A very short introduction*. Oxford University Press. p.26.

25 Doolittle, H. (2012). *Tribute to Freud*. New Directions Press. p.195.

26 Freud, S. *Unser Herz zeigt nach dem Süden. Reisebriefe 1895-1923*, C Tögel, Ed. (Aufbau Taschenbuch, 2003). 발췌된 인용문은 프랜시스 워튼Frances Wharton이 이 책을 위해 번역해주었다.

27 1931년 7월 10일경 루 안드레아스 살로메Lou Andreas Salomé에게 보낸 편지에서, Pfeiffer, E. (Ed). (1985). *Sigmund Freud and Lou Andreas-Salomé, Letters*. Norton. p.194.

28 1929년 7월 28일 루 안드레아스 살로메에게 보낸 편지에서, ibid. Pfeiffer, E. (Ed).

(1985). *Sigmund Freud and Lou Andreas-Salomé, Letters*. Norton.

29 Jones, E. (1957). *The life and work of Sigmund Freud*: Volume 3. Hogarth Press. p.202. 또한 프로이트는 1934년 5월 2일 마리 보나파르트Marie Bonaparte에게 보낸 편지에 도 적었다: '이곳은 동화처럼 아름답다.'

30 Freud, M. (1957). *Glory reflected: Sigmund Freud-man and father*. Angus & Robertson.

31 1934년 5월 16일 루 안드레아스 살로메에게 보낸 편지에서, Jones, E. (1957). *The life and work of Sigmund Freud*: Volume 3. Hogarth Press. p.202.

32 G.S. Viereck-S. Freud, *An Interview with Freud* http://www.psychanalyse.lu/articles/FreudInterview.pdf

33 Schur, M. (1972). *Freud, living and dying*. Hogarth Press. p.485.

34 Schur, M. (1972). *Freud, living and dying*. Hogarth Press. p.491.

35 Sachs, H. (1945). *Freud: Master & friend*. Imago. p.171.

36 Montaigne, M de. 'Of Experience'. Book 3, chapter 13 in Complete Essays (D. Frame Trans. 2005). Everyman. p.1036.

37 Edmundson, M. (2007). *The Death of Sigmund Freud*. Bloomsbury. p.141(마크 에드문슨, 『광기의 해석』, 추수밭, 2008)을 참조할 것.

38 1938년 6월 6일의 편지에서, Freud, E. L. (Ed). (1961). *Letters of Sigmund Freud 1873-1913*. (T. Stern & J. Stern Trans.). Hogarth Press, p441.

39 https://youtu.be/SQOcf9Y-Uc8 그리고 http://www.freud-museum.at/online/freud/media/video-e.htm에서 볼 수 있다.

40 Sachs, H. (1945). *Freud: Master & friend*. Imago. p.185.

41 1938년 10월 8일 잔 랑플 드 그로트Jeanne Lampl de Groot에게 보낸 편지에서, Freud, L., Freud, E. & Grubrich-Simitis, I. (1978) *Sigmund Freud: His life in pictures and words*. Andre Deutsch. p.210.

42 Lifton, R. J. (1968). *Death in life*. Weidenfeld & Nicolson.

43 Edmundson, M. (2007). *The Death of Sigmund Freud*. Bloomsbury. pp.193-196(마크 에드문슨, 『광기의 해석』, 추수밭, 2008)을 참조할 것.

44 Worpole, K. (2009). *Modern hospice design*. Routledge.

45 Sachs, H. (1945). *Freud: Master & friend*. Imago. p.187.

46 Schur, Max. (1972). *Freud, living and dying*. Hogarth Press. p.526.

47 Jones, Ernest. (1957). *The life and work of Sigmund Freud Vol. 3 The last phase (1919-39)*. Hogarth Press. p.262. 그리고 Schur, *Freud, living and dying*: '그는 그가 사랑하는 꽃들이 있는 정원을 볼 수 있다.'

48 Meyer-Palmedo, I. (Ed). (2014). *Sigmund Freud & Anna Freud Correspondence 1904-1938* (N. Somer, Trans.) Polity Press. p.407.

49 1915년에 출간되었다. *Thoughts for the times on war and death, S.E. 14*: 175-300,

50 *The Theme of the Three Caskets, S.E. 12*.

51 Dunmore, H. (2017). *Inside the wave*. Bloodaxe.

11장. 가든 타임

1 Wittmann, M. The Inner Experience of Time. (2009) *Philosophical Transactions of the Royal Society B: Biological Sciences*, 364 (1525) 1955-67을 참조할 것.

2 Eagleman, D. M. (2005). Time and the Brain: How Subjective Time Relates to Neural Time. *Journal of Neuroscience, 25*(45), 10369-10371. doi:10.1523/jneurosci.3487-05.2005

3 Freudenberger, H. (1974) Staff Burnout *Journal of Social Issues, 30*(1) 159-165.

4 Stigsdotter, U. A. Grahn, P. (2002). What Makes a Garden a Healing Garden? *Journal of Therapeutic Horticulture*. 13. 60-69.

Adevi, A. A., & Mårtensson, F. (2013). Stress rehabilitation through garden therapy: The garden as a place in the recovery from stress. *Urban Forestry & Urban Greening, 12*(2), 230-237. doi:10.1016/j.ufug.2013.01.007

Grahn, P., Pálsdóttir, A. M., Ottosson, J., & Jonsdottir, I. H. (2017). Longer nature-based rehabilitation may contribute to a faster return to work in patients with reactions to severe stress and/or depression. *International Journal of Environmental Research and Public Health, 14*(11), 1310. doi:10.3390/ijerph14111310

5   Searles, H. (1972). Unconscious processes in relation to the environmental crisis. *Psychoanalytic Review, 59*(3), 368.

6   Ottosson, J., & Grahn, P. (2008). The role of natural settings in crisis rehabilitation: how does the level of crisis influence the response to experiences of nature with regard to measures of rehabilitation? *Landscape Research, 33*(1), 51-70. doi:10.1080/01426390701773813

7   Ottosson, J., (2001) The importance of nature in coping with a crisis. *Landscape Research,* 26, 165-172.

8   Csikszentmihalyi, M. (2002). *Flow: The classic work on how to achieve happiness.* Rider.

9   Grahn, P., Stigsdotter, U. K., Ivarsson, C. T. & Bengtsson, I-L. Using affordances as a health promoting tool in a therapeutic garden. Chapter in Ward Thompson, C., Bell, S. & Aspinall, A. Eds (2010). *Innovative Approaches to Researching Landscape and Health.* Routledge. pp.116-154.

10   Pálsdóttir, A. M., Grahn, P., & Persson, D. (2013). Changes in experienced value of everyday occupations after nature-based vocational rehabilitation. *Scandinavian Journal of Occupational Therapy,* 1-11. doi:10.3109/11038128.2013.832794

11   Pálsdóttir, A., Persson, D., Persson, B., & Grahn, P. (2014).The journey of recovery and empowerment embraced by nature-Clients' perspectives on nature-based rehabilitation in relation to the role of the natural environment. *International Journal of Environmental Research and Public Health, 11*(7), 7094-7115. doi:10.3390/ijerph11070709

12   Winnicott D.W. (1974) Fear of breakdown *International Review of Psycho-Analysis,* 1:103-107.

13   Sontag, S. (2008). *At the same time: Essays and speeches.* Penguin. p.214.(수전 손택, 『문학은 자유다』, 이후, 2007)

14   Bair, D. (2004). *Jung: A biography.* Little Brown.

15   Sabini, M. (2002). *The Earth has a soul: C.G. Jung's writings on nature, technology and modern Life.* North Atlantic Books.

16   Gladwell, V. F., Brown, D. K., Barton, J. L., Tarvainen, M. P., Kuoppa, P., Pretty, J., … Sandercock, G. R. (2012). The effects of views of nature on autonomic control.

European Journal of Applied Physiology, 112(9), 3379-3386. doi:10.1007/s00421-012-2318-8

17 Wood, C. J., Pretty, J., & Griffin, M. (2015). A case-control study of the health and well-being benefits of allotment gardening. *Journal of Public Health, 38*(3), e336-e344. doi:10.1093/pubmed/fdv146

18 Lambert, K. (2008). *Lifting depression.* Basic Books.

19 Lambert K. (2018). *WellGrounded.* Yale University Press.

20 Sabini, M. (2002). *The Earth has a soul: C.G. Jung's writings on nature, technology and modern Life.* North Atlantic Books.

21 Sempik, J., Aldridge, J. & Becker, S. (2005). *Health, well-being and social inclusion: Therapeutic horticulture in the UK.* The Policy Press.

12장. 자연의 처방전

1 Sacks, O. (2019). 'Why We Need Gardens' essay in *Everything in Its Place: First Loves and Last Tales.* Alfred A. Knopf. p.245.(올리버 색스, 『모든 것은 그 자리에』, 알마, 2019)

2 Haviland-Jones, J., Rosario, H. H., Wilson, P., & McGuire, T. R. (2005). An environmental approach to positive emotion: Flowers. *Evolutionary Psychology, 3*(1), 147470490500300. doi:10.1177/147470490500300109

3 Swain, F. (11 December 2013). Fresh air and sunshine: The forgotten antibiotics, *New Scientist.*

4 Beauchemin, K. M., & Hays, P. (1996). Sunny hospital rooms expedite recovery from severe and refractory depressions. *Journal of Affective Disorders, 40*(1-2), 49-51. doi:10.1016/0165-0327(96)00040-7

5 Nightingale, F. *Notes on nursing: What it is, and what it is not.* (1859) Chapter V.

6 British Medical Association (2011). The psychological and social needs of patients, BMA Science & Education,. 그리고 The Planetree Model. Antonovsky, A. (2001) *Putting patients first: Designing and practicing patient centered care.* San Francisco: Jossey-Bass를 참

조할 것.

7   Huisman, E., Morales, E., Van Hoof, J., & Kort, H. (2012). Healing environment: A review of the impact of physical environmental factors on users. *Building and Environment, 58,* 70-80. doi:10.1016/j.buildenv.2012.06.016

Ulrich, R.S. (2001). Effects of healthcare environmental design on medical outcomes. In: *Design and health: Proceedings of the second international conference on health and design.* Stockholm, Sweden, pp.49-59.

8   Ulrich, R. (1984). View through a window may influence recovery from surgery. *Science, 224*(4647), 420-421. doi:10.1126/science.6143402

9   Park, S., & Mattson, R. H. (2008). Effects of Flowering and Foliage Plants in Hospital Rooms on Patients Recovering from Abdominal Surgery. *HortTechnology, 18*(4), 563-568. doi:10.21273/horttech.18.4.563

10 Evans, D. (2003). *Placebo: The belief effect.* HarperColllins.

11 Jencks, C. (2006). The architectural placebo in Wagenaar, C. (Ed). *The architecture of hospitals.* NAi Publishers.

12 Ulrich R.S. (1991) Effects of health facility interior design on wellness: Theory and recent scientific research, *Journal of Health Care Design* (3), 97-109

13 Ulrich, R. et al. (1993). 'Effects of exposure to nature and abstract pictures on patients recovering from heart surgery'. *Thirty-third meeting of the Society for Psychophysiological Research.* 개요는 *Psychophysiology* Vol 30, p.7에 수록되었다.

14 Ulrich, Roger. (2002). Health Benefits of Gardens in Hospitals. Paper for conference, *Plants for People,* Floriade, The Netherlands.

15 Lanzoni, S. (2018). *Empathy a history.* Yale University Press를 참조할 것.

16 Ebisch, S. J., Perrucci, M. G., Ferretti, A., Del Gratta, C., Romani, G. L., & Gallese, V. (2008). The sense of touch: Embodied simulation in a visuotactile mirroring mechanism for observed animate or inanimate touch. *Journal of Cognitive Neuroscience, 20*(9), 1611-1623. doi:10.1162/jocn.2008.20111

17 D'Andrea, S., Batavia, M. & Sasson, N. (2007). Effects of horticultural therapy on

preventing the decline of mental abilities of patients with Alzheimer's type dementia. *Journal of Therapeutic Horticulture 2007-2008* XVIII.

18 Kuo, F. E., & Taylor, A. F. (2004). A potential natural treatment for attention-deficit/ hyperactivity disorder: Evidence from a national study. *American Journal of Public Health, 94*(9), 1580-1586. doi:10.2105/ajph.94.9.1580 그리고 Taylor A.F. & Kuo F (2009) Children with attention deficits concentrate better after walk in the park. *Journal of Attention Disorders, 12*(5), 402-409. doi:10.1177/1087054708323000

19 Sacks, O. 'Why we need gardens' essay in Sacks, O. (2019). *Everything in its place: First loves and last tales.* Alfred A. Knopf. pp.245-224.(올리버 색스, 『모든 것은 그 자리에』, 알마, 2019)

20 Nakamura, R & Fujii, E. (1990). Studies of the characteristics of the electroencephalogram when observing potted plants: Pelargonium hortorum 'Sprinter Red' and Begonia evansiana. *Technical Bulletin of the Faculty of Horticulture of Chiba University, 43*(1), 177-183. 그리고 Nakamura, R., & Fujii, E. (1992). A comparative study on the characteristics of electroencephalogram inspecting a hedge and a concrete block fence. *Journal of the Japanese Institute of Landscape Architecture, 55*(5), 139-144.

21 Hägerhäll, C. M., Purcell, T., & Taylor, R. (2004). Fractal dimension of landscape silhouette outlines as a predictor of landscape preference. *Journal of Environmental Psychology, 24*(2), 247-255. doi:10.1016/j.jenvp.2003.12.004

22 2010년 스위스 취리히에서 개최된 환경심리학에 대한 8번째 격년 회의에서, Joye, Y. & van den Berg, A. *Nature is easy on the mind: An integrative model for restoration based on perceptual fluency*

23 1799년 블레이크가 레버런드 존 트러슬러Reverend John Trusler에게 보낸 편지에서, Kazin, A. (Ed.) *The Portable Blake* (1979). Penguin Classics.

24 Ensler, E. (2014). *In the body of the world.* Picador.(이브 엔슬러, 『절망의 끝에서 세상에 안기다』, 자음과모음, 2014)

25 Sacks, O. (1991). *A leg to stand on.* Picador. pp.133-135.(올리버 색스, 『나는 침대에서 내 다리를 주웠다』, 알마, 2012)

26 Souter-Brown, G. (2015). *Landscape and Urban Design for Health and Well-Being*. Routledge.

27 Cooper Marcus, C. & Sachs, N. A. (2013). *Therapeutic Landscapes*. John Wiley & Sons.

13장. 다시, 정원으로

1 딜런 토머스Dylan Thomas의 시 「녹색 도화선 속으로 꽃을 몰아가는 힘The force that through the green fuse drives the flower」은 1934년에 출간된 『18편의 시18 Poems』라는 제목의 시집에 수록되었다.

2 https://www.plantlife.org.uk/uk/about-us/news/real-action-needed-to-save-our-vanishing-meadows

3 Wohlleben, P. (2016). *The hidden life of trees: What they feel, how they communicate-discoveries from a secret world* (Billinghurst, J. Trans.). Greystone Books.(페터 볼레벤, 「나무수업」, 위즈덤하우스, 2016)

4 예를 들면: Spencer, D., Sawai-Toyota, Satoe, J., Wang & Zhang, T., Koo, A., Howe, G. & Gilroy, S. (2018). Glutamate triggers long-distance, calcium-based plant defense signaling. *Science. 361.* 1112-1115. 10.1126/science.aat7744.

5 López Pereira, M., Sadras, V. O., Batista, W., Casal, J. J., & Hall, A. J. (2017). Light-mediated self-organization of sunflower stands increases oil yield in the field. *Proceedings of the National Academy of Sciences, 114*(30), 7975-7980. doi:10.1073/pnas.1618990114

6 가장 주요한 원인 두 가지는 기후변화와 농업 경영이다. https://nbn.org.uk/wp-content/uploads/2019/09/State-ofNature-2019-UK-full-report.pdf

7 Cameron, R. W., Blanuša, T., Taylor, J. E., Salisbury, A., Halstead, A. J., Henricot, B., & Thompson, K. (2012). The domestic garden-Its contribution to urban green infrastructure. *Urban Forestry & Urban Greening, 11*(2), 129-137. doi:10.1016/j.ufug.2012.01.002

8 Royal Horticultural Society. Greening Grey Britain. www.rhs.org.uk/science/ gardening-

in-a-changing-world/ greening-grey-britain

9   Thompson K & Head S, *Gardens as a resource for wildlife*. 온라인으로는 www.wlgf.org/ linked/the_garden_resource.pdf에서 볼 수 있다.

10 Edmondson, J. L., Davies, Z. G., Gaston, K. J. & Leake, J. R. (2014) Urban cultivation in allotments maintains soil qualities adversely affected by conventional agriculture. *Journal of Applied Ecology, 51*(4). pp.880-889. ISSN 0021-8901

11 https://ec.europa.eu/jrc/en/publication/soilerosion-europe-current-status-challenges-and-future-developments

12 Montgomery, D. R. (2008). *Dirt: The erosion of civilisations*. University of California Press.(데이비드 몽고메리, 『흙』, 삼천리, 2010)

13 Klein, N. (2015). *This changes everything: Capitalism vs. the climate*. Penguin. pp.419-420.

14 *Depression and Other Common Mental Health Disorders: Global Health Estimates*. (Geneva: WHO, 2017).

15 Voltaire (2006), *Candide, or Optimism*, (T. Cuffe, Trans.) Penguin Classics.

16 Davidson, I. (2004). *Voltaire in exile* Atlantic Books.

17 Clarence S. Darrow, Voltaire, Lecture given in the Court Theater on February 3, 1918 p.17. University of Minnesota Darrow's Writings and Speeches. http://moses.law.umn. edu/darrow/documents/Voltaire_by_Clarence_Darrow.pdf에서 인용했다.

참고 문헌

Bailey, D. S. (2017). Looking back to the future: the re-emergence of green care. *BJPsych. International, 14*(4), 79-79. doi:10.1192/s205647400000204x

Barton, J., Bragg, R. Wood, C., Pretty, J. (2016). *Green exercise.* Routledge.

Borchardt, R. (2006). *The passionate gardener.* McPherson & Company.

Bowler, D. E., Buyung-Ali, L. M., Knight, T. M., & Pullin, A. S. (2010). A systematic review of evidence for the added benefits to health of exposure to natural environments. *BMC Public Health, 10*(1). doi:10.1186/1471-2458-10-456

Bragg, R. and Leck, C. (2017). Good practice in social prescribing for mental health: *The role of nature-based interventions.* Natural England Commissioned Reports, Number 228. York.

Buck, D. (May 2016). *Gardens and health: implications for policy and practice.* The Kings Fund, report commissioned by the National Gardens Scheme. https://www.kingsfund.org.uk/sites/default/files/field/field_publication_file/Gardens_and_health.pdf

Burton, A. (2014). Gardens that take care of us. *The Lancet Neurology,* 13(5), 447-448. doi:10.1016/s1474-4422(14)70002-x

Cooper, D. E. (2006). *A philosophy of gardens.* Clarendon Press

Cooper Marcus, C. C., & Sachs, N. A. (2013). *Therapeutic landscapes: An evidence-based approach to designing healing gardens and restorative outdoor spaces.* John Wiley & Sons.

Francis, M., & Hester, R. T. (Eds). (1995). *The meaning of gardens: Idea, place and action.* MIT Press.

Frumkin, H., Bratman, G. N., Breslow, S. J., Cochran, B., Jr, P. H. K., Lawler, J. J., ⋯ Wood, S. A. (2017). Nature Contact and Human Health: A Research Agenda. *Environmental Health Perspectives, 125*(7), 075001. doi:10.1289/ehp1663

Goulson, D. (2019). *The garden jungle: Or gardening to save the planet*. Jonathan Cape.

Haller, R. L., Kennedy, K. L. L. Capra, C. L. (2019). *The profession and practice of horticultural therapy*. CRC Press.

Harrison, R. P. (2009). *Gardens: An essay on the human condition*. University of Chicago Press. (로버트 포그 해리슨, 『정원을 말하다: 인간의 조건에 대한 탐구』, 나무도시, 2012)

Hartig, T., Mang, M., & Evans, G. W. (1991). Restorative Effects of Natural Environment Experiences. *Environment and Behavior, 23*(1), 3-26. doi:10.1177/0013916591231001

Jordan, M. & Hinds, J. (2016). *Ecotherapy: Theory, Research and Practice*. Palgrave.

Kaplan, R. (1973). Some psychological benefits of gardening. *Environment and Behavior, 5*(2), 145-162. doi:10.1177/001391657300500202

Lewis, C. A. (1996). *Green nature/human nature: The meaning of plants in our lives*. University of Illinois Press.

Louv, R. (2010). *Last child in the woods saving our children from nature-deficit disorder*. Atlantic Books. (리처드 루브, 『자연에서 멀어진 아이들』, 즐거운 상상, 2017)

Mabey, R. (2008). *Nature cure*. Vintage Books.

McKay, G. (2011) *Radical gardening: Politics, idealism & rebellion in the garden*. Francis Lincoln.

Olds, A. (1989). Nature as healer. *Children's Environments Quarterly, 6*(1), 27-32.

Relf, D. (1992). *The role of horticulture in human well-being and social development: A national symposium*. Timber Press.

Ross, S. (2001). *What gardens mean*. Chicago: University of Chicago Press.

Roszak, T. Gomes, M. E. & Kanner, A. D. (Eds). (1995). *Ecopsychology: Restoring the earth, healing the mind*. Sierra Club Books.

Sempik, J. (2010). Green care and mental health: gardening and farming as health and social care. *Mental Health and Social Inclusion, 14*(3), 15-22. doi:10.5042/mhsi.2010.0440

Souter-Brown, G. (2015). *Landscape and urban design for health and wellbeing: Using healing, sensory, therapeutic gardens*. Abingdon, Oxon: Routledge.

Sternberg, E. M. (2010). *Healing spaces*. Harvard University Press. (에스더 M. 스턴버그, 『힐링

스페이스』, 더퀘스트, 2020)

Townsend, M. & Weerasuriya, R. (2010). *Beyond blue to green: The benefits of contact with nature for mental health and wellbeing*. Melbourne: Beyond Blue Ltd.

Wellbeing benefits from natural environments rich in wildlife: A literature review for The Wildlife Trusts. (2018). The University of Essex.

Williams, F. (2017). *The nature fix: Why nature makes us happier, healthier, and more creative*. W.W.Norton & Co. (플로렌스 윌리엄스, 『자연이 마음을 살린다』, 더퀘스트, 2018)

지은이 **수 스튜어트 스미스**Sue Stuart-Smith

정신과 의사이자 심리 치료사. 의사가 되기 전 케임브리지 대학에서 영문학을 전공했다. 수년간 영국 국립보건서비스NHS에서 일했으며, 하트포드셔의 심리 치료 담당 임상의로 일했다. 현재 런던의 타비스톡Tavistock 클리닉에서 강의를 하고 있으며, 앱 서비스 닥헬스DocHealth의 컨설턴트이다.

수 스튜어트 스미스는 유명한 정원 디자이너인 톰 스튜어트 스미스와 결혼하면서, 처음으로 정원을 가꾸기 시작했고, 정원과 식물이 인간의 마음을 치유할 수 있다는 사실을 체험한다. 그는 이 책에서 정원을 가꾸며 우울증, 트라우마, 중독, 공황, 불안 등을 극복한 사례자들을 만나고, 과학적인 연구를 통해 삶을 바꾸는 식물의 힘을 증명해낸다.

그는 남편과 30년 넘게 하트포드셔 서지 힐에서 정원을 가꾸고 있다. 하트포드셔의 풍경을 바꿔놓은 이곳은 영국에서도 유명한 정원이 되었다. 현재 자연과 함께 일하는 것이 우리의 건강과 마음을 근본적으로 바꿀 수 있다는 확신을 가지고 다양한 활동을 하고 있다. 조경만을 위한 정원이 아니라 식물의 성장과 함께 일할 수 있는 정원 공간 조성을 계획하고 있다.

옮긴이 **고정아**

연세대학교 영문학과를 졸업하고 전문 번역가로 활동하고 있다. 『순수의 시대』, 『하워즈 엔드』, 『전망 좋은 방』, 『오만과 편견』, 『히든 피겨스』, 『컬러 퍼플』, 『빨강 머리 앤』, 『우울증에 반대한다』, 『여주인공이 되는 법』 등을 옮겼고, 『천국의 작은 새』로 2012년 6회 유영번역상을 받았다.

정원의 쓸모 흙 묻은 손이 마음을 어루만지다

펴낸날 초판 1쇄 2021년 3월 20일
　　　　초판 5쇄 2024년 1월 20일
지은이 수 스튜어트 스미스
옮긴이 고정아
펴낸이 이주애, 홍영완
편집 양혜영, 김애리, 백은영, 문주영, 박효주, 최혜리, 장종철, 오경은
디자인 김주연, 기조숙, 박아형
마케팅 김태윤, 박진희, 김소연, 김슬기
경영지원 박소현
도움교정 김소원
펴낸곳 (주)윌북 **출판등록** 제2006-000017호
주소 10881 경기도 파주시 광인사길 217
전화 031-955-3777 **팩스** 031-955-3778
블로그 blog.naver.com/willbooks **포스트** post.naver.com/willbooks
트위터 @onwillbooks **인스타그램** @willbooks_pub
ISBN 979-11-5581-347-8 (03180)

• 책값은 뒤표지에 있습니다.
• 잘못 만들어진 책은 구입하신 서점에서 바꿔드립니다.